NIVEAU B1+ | B2 | C1
SICHER!

DEUTSCH ALS FREMDSPRACHE
ÜBUNGSGRAMMATIK

Axel Hering
Magdalena Matussek
Michaela Perlmann-Balme

Hueber Verlag

Quellenverzeichnis:
Cover: © Getty Images/E+/shapecharge
S. 25: © Thinkstock/Goodshoot
S. 59: © Thinkstock/iStock/Chris_Tefme
S. 67: © Thinkstock/Fuse
S. 72: Illustrationen: Gisela Specht, Wessling
S. 89: © Thinkstock/Hemera
S. 101: von oben: © fotolia/Andriy Petrenko; © Thinkstock/iStock/NADOFOTOS; © iStock/Juanmonino
S. 149: © Masterfile
S. 151: Frau: Florian Bachmeier, Schliersee; Mann: © fotolia/photofey
S. 159: © Thinkstock/iStock/Yobro10
S. 173: Florian Bachmeier, Schliersee

Zeichnungen: Jörg Saupe, Düsseldorf
Bildredaktion: Britta Sölla, Hueber Verlag, München

Der Verlag weist ausdrücklich darauf hin, dass im Text
enthaltene externe Links vom Verlag nur bis zum Zeitpunkt
der Buchveröffentlichung eingesehen werden konnten.
Auf spätere Veränderungen hat der Verlag keinerlei Einfluss.
Eine Haftung des Verlags ist daher ausgeschlossen.

Das Werk und seine Teile sind urheberrechtlich geschützt.
Jede Verwertung in anderen als den gesetzlich zugelassenen Fällen
bedarf deshalb der vorherigen schriftlichen Einwilligung des Verlags.

Eingetragene Warenzeichen oder Marken sind Eigentum des
jeweiligen Zeichen- bzw. Markeninhabers, auch dann, wenn diese
nicht gekennzeichnet sind. Es ist jedoch zu beachten, dass weder
das Vorhandensein noch das Fehlen derartiger Kennzeichnungen die
Rechtslage hinsichtlich dieser gewerblichen Schutzrechte berührt.

| 4. 3. 2. | Die letzten Ziffern |
| 2025 24 23 22 21 | bezeichnen Zahl und Jahr des Druckes. |

Alle Drucke dieser Auflage können, da unverändert,
nebeneinander benutzt werden.
1. Auflage
© 2018 Hueber Verlag GmbH & Co. KG, München, Deutschland
Die SICHER! Übungsgrammatik basiert auf der erfolgreichen em Übungsgrammatik
und ersetzt die ISBN 978–3–19–001657–0.
Umschlaggestaltung, Layout und Satz: Sieveking · Agentur für Kommunikation, München
Druck und Bindung: Passavia Druckservice GmbH & Co. KG, Passau
Printed in Germany
ISBN 978–3–19–301206–7

INHALT

Vorwort ... 6
Glossar: grammatische Fachsprache ... 7

1 Nomen

1.1	Genus	*der Mond – das Wasser – die Sonne*	8
1.2	Plural	*die Tage – die Bücher – die Rosen*	10
1.3	Kasus: Nominativ – Akkusativ	*Ich liebe dich.*	12
1.4	Kasus: Nominativ – Dativ – Akkusativ	*Maria gibt ihrem Freund ein Geburtstagsgeschenk.*	14
1.5	Kasus: Genitiv	*die Rechte des Bürgers*	16
1.6	*n*-Deklination	*Kennen Sie den Namen des neuen Kollegen?*	18
1.7	Adjektiv/Partizip als Nomen	*der Unbekannte – ein Unbekannter*	20
1.8	Wortbildung	*der Herzschlag – das Erlebnis – ...*	22
1.9	Fugenzeichen	*das Informationszentrum*	24

2 Artikelwörter

2.1	Bestimmter Artikel	*der Brief – dieses Buch – jede Zeitung*	26
2.2	Unbestimmter Artikel	*ein König – ein Schloss – eine Fee*	28
2.3	Nullartikel	*Brot und Spiele*	30
2.4	Possessivartikel	*mein Schlüssel*	32

3 Adjektive

3.1	Adjektivdeklination nach dem bestimmten Artikel	*der rote Stein*	34
3.2	Adjektivdeklination nach dem unbestimmten Artikel, Negativartikel und Possessivartikel	*ein roter Stein, kein grünes Licht, deine blauen Augen*	36
3.3	Adjektivdeklination ohne Artikel	*roter Stein, helles Licht, klare Luft*	38
3.4	Artikel – unbestimmte Zahlwörter	*alle netten Kollegen – mehrere unklare Antworten*	40
3.5	Komparativ und Superlativ	*jung – jünger – am jüngsten*	42
3.6	Vergleiche	*so groß wie – kürzer als – je ... desto*	44
3.7	Graduierung durch Adverbien	*sehr schön*	46
3.8	Zahlwörter	*eins, zwei, drei – erstens, zweitens, drittens*	48
3.9	Partizip als Adjektiv	*die kochende Suppe – die gekochte Suppe*	50
3.10	Wortbildung der Adjektive und Adverbien	*schriftlich – normalerweise – manuell – ...*	52

4 Pronomen

4.1	Personalpronomen	*er und sie – der und die*	54
4.2	*es*	*Na, wie geht´s?*	56
4.3	*das*	*Das sind meine Freunde.*	58
4.4	Indefinitpronomen	*man – jemand/niemand – etwas/nichts*	60
4.5	Präpositionalpronomen	*Worüber? Darüber!*	62

5 Adverbien, Präpositionen, Partikeln

5.1	Lokaladverbien (1)	*da und dort*	64
5.2	Lokaladverbien (2)	*hin und her*	66
5.3	Temporaladverbien und -adjektive	*morgen – morgens – morgendlich*	68
5.4	Lokale Präpositionen (1)	*zu – bei – durch – um ...*	70
5.5	Lokale Präpositionen (2): Wechselpräpositionen	*in – an – auf ...*	72
5.6	Temporale Präpositionen (1): Zeitdauer	*seit – bis – während ...*	74
5.7	Temporale Präpositionen (2): Zeitpunkt	*an – in – um ...*	76
5.8	Präpositionen: kausal, konzessiv, final, alternativ, modal	*wegen – trotz – für – aus ...*	78

INHALT

5.9	Präpositionen mit Dativ und Genitiv in der Schriftsprache	*laut, mangels, jenseits ...*	80
5.10	Modalpartikeln	*Das ist aber teuer!*	82
5.11	Graduierung durch Attribute	*Schon um 7 oder erst um 9 Uhr? – Hans hatte nur wenig Zeit.*	84

6 Verben

6.1	Präsens	*ich lerne*	86
6.2	Perfekt	*ich habe gesucht – ich bin gefahren*	88
6.3	Präteritum	*Die Köchin kochte Knödel ...*	90
6.4	Plusquamperfekt	*Warum hatte Maria Wolfgang betrogen?*	92
6.5	Futur	*Es wird regnen.*	94
6.6	*werden*	*Max wird Arzt. – Eva wird eine gute Ärztin sein. – Dora wird heute operiert.*	96
6.7	Verbergänzungen	*Ich frage dich, du antwortest mir.*	98
6.8	Verben mit Präpositionen	*Max denkt gern an seinen Urlaub.*	100
6.9	Reflexive Verben	*Ich wasche mich. Ich wasche mir die Hände.*	102
6.10	Modalverben (1)	*Ich kann, darf aber nicht.*	104
6.11	Modalverben (2)	*Ich muss und soll, will aber nicht.*	106
6.12	Modalverben subjektiv (1)	*Er soll der Dieb gewesen sein. Er will den Unfall gesehen haben.*	108
6.13	Modalverben subjektiv (2)	*Das muss/dürfte/könnte Hans sein.*	110
6.14	*brauchen + zu – haben + zu – sein + zu*	*Herr Doktor, Sie brauchen nicht zu kommen, es geht mir schon viel besser.*	112
6.15	*helfen – hören – sehen – lassen • bleiben – gehen – lernen*	*Du hast mich rufen hören und bist trotzdem sitzen geblieben!*	114
6.16	*kennen – wissen – können • mögen – gefallen ...*	*Kennst du den Mann? Gefällt dir das Haus?*	116
6.17	*legen/liegen – setzen/sitzen*	*Ich lege das Buch auf den Tisch. Das Buch liegt auf dem Tisch.*	118
6.18	Trennbare Vorsilben bei Verben	*abholen – Ich hole dich ab.*	120
6.19	Untrennbare Vorsilben bei Verben	*schreiben – beschreiben*	122
6.20	Passiv	*wird ... informiert*	124
6.21	Passiv mit Modalverben	*muss informiert werden*	126
6.22	Zustandspassiv	*Die Tür ist geöffnet.*	128
6.23	Passiv-Ersatzformen	*Die Reparatur ist machbar.*	130
6.24	Konjunktiv II (1): Gegenwart	*würde – wäre – hätte*	132
6.25	Konjunktiv II (2): Vergangenheit	*hätte getan – wäre gefahren*	134
6.26	Konjunktiv II (3): Bedingungen	*Was wäre, wenn ...*	136
6.27	Konjunktiv II (4): Wünsche, irreale Folgen	*Wäre ich doch bloß ... – zu ..., als dass*	138
6.28	Konjunktiv II (5): Vergleiche	*als ob – als*	140
6.29	Indirekte Rede	*Der Politiker meinte, die Steuern seien zu hoch.*	142
6.30	Nomen-Verb-Verbindungen	*Kritik üben*	144

7 Syntax

7.1	Hauptsatz: Vorfeld, Nachfeld	*Letztes Jahr haben die Müllers im Urlaub ein Apartment gemietet.*	146
7.2	Hauptsatz: Verbergänzungen, Angaben	*... heute wegen des schönen Wetters unbedingt ins Freibad ...*	148
7.3	Negation	*nicht – nichts – niemand – ...*	150
7.4	Imperativ (1): Formen	*Mach bitte deine Hausaufgaben!*	152

INHALT

7.5	Imperativ (2): Alternativen	*Komm bitte rein.*	154
7.6	Fragesatz	*Wann geht der nächste Zug nach Hamburg?*	156
7.7	Fragewörter	*wer – was – worüber – ...*	158
7.8	Hauptsatzverbindende Konnektoren	*und – oder – aber – denn – sondern*	160
7.9	Nebensatz	*Weil ich müde bin.*	162
7.10	*dass*-Satz	*Ich hoffe, dass wir uns bald wiedersehen.*	164
7.11	Infinitiv + *zu*	*Ich hoffe zu gewinnen.*	166
7.12	Relativsatz	*Der Mann, der niemals lachte.*	168
7.13	Relativsatz mit *wo, wohin, woher –* *was* und *wo(r) – wer, wen, wem, was*	*Kennst du das Land, wo die Zitronen blüh'n?*	170
7.14	zweiteilige Konnektoren	*entweder ... oder – sowohl ... als auch –* *nicht nur ... sondern auch – weder ... noch*	172
7.15	Temporalsatz: gleichzeitig (1)	*als – wenn – sooft*	174
7.16	Temporalsatz: gleichzeitig (2)	*während – solange – bis – seit – seitdem*	176
7.17	Temporalsatz: nicht gleichzeitig	*bevor – ehe – nachdem – sobald*	178
7.18	Kausalsatz	*denn – deshalb – weil/da*	180
7.19	Konditionalsatz (1)	*wenn – falls – sofern – je nachdem*	182
7.20	Konditionalsatz (2)	*sonst/andernfalls – es sei denn, (dass) –* *außer (wenn) – außer dass – nur dass*	184
7.21	Finalsatz	*damit – um ... zu*	186
7.22	Konsekutivsatz	*sodass – deshalb – infolgedessen – ...*	188
7.23	Konzessivsatz	*obwohl – trotzdem – dennoch*	190
7.24	Adversativsatz	*aber – doch – sondern – während*	192
7.25	Modalsatz	*indem – dadurch ..., dass – ohne dass – womit –* *wodurch – dadurch – (an)statt – stattdessen*	194
7.26	Verbalstil – Nominalstil	*träumen → der Traum*	196
7.27	Nominalstil – Verbalstil	*die Produktion → produzieren*	198

8 Rechtschreibung

8.1	Rechtschreibung (1)	*Buchstaben, Zusammenschreibung*	200
8.2	Rechtschreibung (2)	*Groß- und Kleinschreibung*	202
8.3	Zeichensetzung	*Punkt, Komma etc.*	204

Anhang

1	Die wichtigsten unregelmäßigen Verben: Alphabetische Liste	206
2	Die wichtigsten unregelmäßigen Verben: Liste nach Ablauten	210
3	Konjugation der Modalverben	214
4	Kasusergänzungen	215
5	Nomen-Verb-Verbindungen	220
6	Verben mit Präpositionen	225
7	Adjektive mit Präpositionen	230
8	Konnektoren – Präpositionen	233
9	Register	235

VORWORT

Liebe Lernende!

Die *Sicher! Übungsgrammatik* bietet Ihnen einen Überblick über frequente Grammatik-Phänomene der deutschen Sprache und ein vielfältiges Übungsangebot auf den Niveaustufen von B1+ bis C1.

Die *Sicher! Übungsgrammatik* ist eine gute und sinnvolle Ergänzung des eigentlichen Sprachunterrichts mit dem Lehrwerk *Sicher!* Sie können sich in der *Sicher! Übungsgrammatik* aber auch gezielt einzelne Kapitel heraussuchen, die Sie wiederholen oder vertiefen möchten. Auf diese Weise können Sie Ihr Wissen überprüfen und festigen sowie mehr Sicherheit in der Sprachanwendung gewinnen. Mithilfe des herausnehmbaren Lösungsschlüssels können Sie Ihre Lösungen selbstständig kontrollieren.

Sie halten eine *Übungsgrammatik* in der Hand. Das bedeutet, es geht darum, die Grammatik praxisnah zu verstehen und zu üben. Deshalb ist jedes Kapitel als Doppelseite aufgebaut: Auf der linken Erklärungsseite werden die Funktion, das Regelwerk *(Formen)* und das Vorkommen *(Positionen im Satz)* des jeweiligen grammatischen Phänomens dargestellt. Und zwar unter besonderer Berücksichtigung der Hauptschwierigkeiten und Hauptfehlerquellen von Lernenden. Der Fokus liegt dabei auf dem funktionalen Aspekt, also darauf, wann bzw. wofür eine bestimmte grammatikalische Struktur verwendet wird. Auf der rechten Übungsseite finden Sie ein gezieltes Angebot von Übungen, das sich mithilfe einer Kennzeichnung des Schwierigkeitsgrads an Ihr aktuelles Sprachniveau richtet. Je nachdem, wie viele Balken blau gekennzeichnet sind, bewegen Sie sich auf Niveau ≡ B1+, ≡ B1+ bis B2 und ≡ B2+ bis C1.

Die folgende Seite enthält ein Glossar mit den häufig gebrauchten grammatischen Begriffen und ihren Bedeutungen.
Damit Sie das, was Sie suchen, in der *Sicher! Übungsgrammatik* so schnell wie möglich finden, gibt es ein ausführliches Inhaltsverzeichnis nach grammatischen Kategorien mit Beispielen. Darüber hinaus hilft Ihnen das grammatische Schlagwortregister im Anhang bei der Suche nach der richtigen Seite.

Mit der *Sicher! Übungsgrammatik* können Sie sich auf wichtige Deutschprüfungen wie z. B. die Goethe-Zertifikate B2 und C1, TESTDAF, DSH, Telc Deutsch B2, C1 sowie ÖSD Deutsch B2 und C1 vorbereiten.

Wir wünschen Ihnen viel Spaß und Erfolg!
Autoren und Verlag

GLOSSAR: GRAMMATISCHE FACHSPRACHE

Begriff	Erklärung	Beispiel
Adjektiv	beschreibt, *wie* jemand/etwas ist	ein großer Mann / Der Mann ist groß.
Adverb	bestimmt ein Verb näher, z. B. Zeit, Ort, Modalität, Grund/Folge ...	Ich komme morgen/gern zu dir. Ich bin durstig, deshalb trinke ich Wasser.
Angabe	steht nicht notwendig nach dem Verb, enthält zusätzliche Informationen, z. B. temporale, kausale, modale, lokale, ... Angabe	Ich wohne seit drei Monaten aus beruflichen Gründen in Köln. Ich helfe meinem Bruder mit einer monatlichen Überweisung von London aus.
Artikel	steht vor einem Nomen mit identifizierender, individualisierender, generalisierender Funktion	der Baum dieser Baum ein Baum
Attribut	bestimmt ein Nomen z. B. durch Adjektivattribut, Partizipialattribut, Relativsatz graduiert eine Aussage mit einem Adverb	das blaue Auto, das schwer zu fahrende Auto das Auto, das schwer zu fahren ist Ich komme erst um halb 9 / schon um halb 5 / nur für zwei Stunden.
Deklination	Endung eines Artikels, Adjektivs, Nomens als Kasus-Signal	den blauen Wagen, mit französischem Käse
Ergänzung	steht notwendig nach Verben, die je nach Inhalt eine oder mehrere Ergänzungen verlangen, z. B. Akkusativ-, Dativ-Ergänzung, lokale Ergänzung	Gabi liebt ihren Mann. Bitte, helft meinem Bruder! Ich wohne in Köln.
Hilfsverb	steht in Verbindung mit einem Hauptverb und drückt verschiedene Inhalte aus, z. B. Tempus (Zeit), Modus (Indikativ/Konjunktiv), Passiv	ich bin angekommen ich habe gelernt Peter würde gerne verreisen. Das Flugzeug wird (von zwei Piloten) geflogen.
Infinitiv	Grundform eines Verbs	Frau Bäcker kann nicht kochen.
Konjugation	verändert ein Verb in Bezug auf Person, Numerus (Anzahl), Modus (Indikativ/Konjunktiv), Tempus (Zeit)	Ich fliege nach Rom. Die Kollegen fliegen nach Berlin. wir fliegen / würden fliegen ihr seid geflogen
Konnektor	verbindet Haupt- und/oder Nebensätze inhaltlich miteinander, z. B. kausal, temporal, alternativ	Ich kann nicht kommen, weil ich arbeiten muss. Hans geht schwimmen, danach kauft er ein. Entweder ihr kommt zu mir oder ich zu euch.
Modalverb	drückt aus, dass eine Aktion z. B. möglich, erlaubt/verboten, notwendig ist	Jennifer kann heute kommen. Hier dürfen Sie (nicht) parken. Sie müssen mehr Übungen machen.
Nomen	bezeichnet Personen/Sachverhalte	Lehrerin/Unterricht
Pronomen	steht anstelle eines Nomens, z. B. als Personalpronomen, Indefinitpronomen, Relativpronomen	Eva schläft noch, sie war sehr müde. Ist hier jemand? Mein Sohn, der Medizin studiert, lebt in den USA.
Verb	drückt eine Tätigkeit, ein Geschehen oder einen Zustand aus	Maria arbeitet. Das Fest findet morgen statt. Ich bin krank.

NOMEN

1.1 GENUS

der Mond – das Wasser – die Sonne

1 Funktion

der Mond
la lune
měsíc

das Wasser
l'eau
voda

die Sonne
le soleil
slunce

In vielen Sprachen werden die Nomen nach dem Genus unterschieden.
In der deutschen Sprache gibt es das maskuline (*der* Mond),
das neutrale (*das* Wasser) und das feminine (*die* Sonne) Genus.

2 Formen

Bei vielen Nomen kann man das Genus leider nicht sehen.
Deshalb lernen Sie die Nomen am besten immer zusammen mit dem Artikel.
Bei einigen Nomen (a–c) kann man das Genus aber erkennen.

a Das Genus richtet sich nach dem biologischen Geschlecht:

der Mann	der Student	der Professor	der Fabrikant	maskulin
die Frau	die Studentin*	die Professorin*	die Fabrikantin*	feminin

aber: *das Mädchen, das Kind, die Person*
* Bei Berufen hat das feminine Wort in der Regel die Endung -*in*.

b Das Genus kann man an der Nachsilbe erkennen:

-er	der Fehler aber: das Fenster, die Leiter	maskulin
-ling	der Schmetterling	
-ler	der Sportler	
-ent*	der Dozent	
-ant*	der Elefant	
-chen	das Häuschen***	neutral
-lein	das Bächlein***	
-ment	das Instrument	

-t	die Fahrt	feminin
-e**	die Reise	
-ung	die Zeitung	
-heit/ -keit	die Freiheit, die Fröhlichkeit	
-schaft	die Mannschaft	
-ei	die Bäckerei	
-ik	die Thematik	
-ie	die Demokratie	

* -*ent*, -*ant*: Die meisten Nomen auf -*ent*, -*ant* sind maskulin außer *das Restaurant*;
siehe auch *n*-Deklination → s. Seite 18
** aber: *der Junge* etc. *n*-Deklination → s. Seite 18, Wortbildung → s. Seite 22
*** Diminutive

c Das Genus kann man an der Bedeutung erkennen:

der Morgen, der Montag, der Januar, der Frühling, … aber: die Nacht	Tageszeiten, Wochentage, Monate, Jahreszeiten	maskulin
der Norden, der Süden, der Osten	Himmelsrichtungen	
der Wind, der Regen, … aber: die Wolke	Wetter	
der Wein, der Schnaps, … aber: das Bier	alkoholische Getränke	
der BMW, der Mercedes, der VW	Automarken	
das Blau, das Weiß	Farbnamen	neutral
die Yamaha, die Harley-Davidson	Motorradmarken	feminin

ÜBUNGEN

1 Mann oder Frau? – *der* oder *die*?

a) der Sohn
b) _____ Tante
c) _____ Bäcker
d) _____ Politiker
e) _____ Lieferant
f) _____ Tochter
g) _____ Onkel
h) _____ Nichte
i) _____ Ministerin
j) _____ Spielerin
k) _____ Schülerin
l) _____ Cousin
m) _____ Kundin
n) _____ Schwester
o) _____ Interessent

2 Maskulin, neutral oder feminin? – Unterstreichen Sie die Nachsilbe und ergänzen Sie den Artikel.

a) die Kind<u>heit</u>
b) _____ Freundschaft
c) _____ Schüler
d) _____ Freiheit
e) _____ Sicht
f) _____ Gruppe
g) _____ Schalter
h) _____ Fernseher
i) _____ Liebe
j) _____ Schrift
k) _____ Wäscherei
l) _____ Frühling
m) _____ Formulierung
n) _____ Brötchen
o) _____ Möglichkeit
p) _____ Schmetterling
q) _____ Hähnchen
r) _____ Computer
s) _____ Lösung
t) _____ Krankheit
u) _____ Bücherei
v) _____ Assistent
w) _____ Maler
x) _____ Politik
y) _____ Theorie

3 Wetter, Jahreszeit, Farbe oder ...? – Ergänzen Sie den Artikel.

a) der Regen
b) _____ Dienstag
c) _____ Bier
d) _____ Wolke
e) _____ Königsblau
f) _____ Westen
g) _____ Schneeweiß
h) _____ Sturm
i) _____ Mittag
j) _____ Schnee
k) _____ Yamaha
l) _____ Winter
m) _____ Nacht
n) _____ Wein
o) _____ Audi
p) _____ Samstag
q) _____ Osten
r) _____ Rolls-Royce

4 Maskulin? Neutral? Feminin? – Sortieren Sie die Nomen.

<u>Abend</u> • Abendrot • Blümchen • Spekulant • Champagner • Fahrt • Fiat • Frechheit • Freitag • Hilfe • Hühnchen • Kawasaki • Leistung • Leser • Klinik • Mädchen • Mai • März • Nebel • Norden • Opel • Schönheit • Präsident • Schwierigkeit • Spätsommer • Vorlesung • Wirklichkeit • Therapie • Händler

der | **das** | **die**

Abend

NOMEN

1.2 PLURAL

die Tage – die Bücher – die Rosen

1 Funktion

> Sag mal, hat die Freundin von Udo immer noch eine Katze?

> Ich glaube, sie hat jetzt sogar *sechs Katzen*.

2 Formen

-e	der Tag	die Tage	die meisten maskulinen und neutralen Nomen
	das Ereignis	die Ereignisse	Konsonantenverdoppelung
⸚e	der Bart	die Bärte	maskuline Nomen: oft mit Umlaut
	die Kuh	die Kühe	feminine Nomen: immer mit Umlaut
-en/-n	die Frau	die Frauen	die meisten femininen Nomen
	die Universität	die Universitäten	viele Fremdwörter
	die Freundin	die Freundinnen	Konsonantenverdoppelung
	der Student	die Studenten	alle maskulinen Nomen der *n*-Deklination
	der Russe	die Russen	→ s. Seite 18
	der Staat	die Staaten	einige weitere maskuline Nomen
-	der Fehler	die Fehler	maskuline und neutrale Nomen auf
	das Zeichen	die Zeichen	*-er, -en, -el, -chen, -lein, -sel*
⸚	der Apfel	die Äpfel	mit Umlaut nur maskuline Nomen
-er	das Lied	die Lieder	neutrale Nomen
	der Geist	die Geister	einige maskuline Nomen
⸚er	das Buch	die Bücher	immer mit Umlaut
	der Mann	die Männer	
-s	das Kino	die Kinos	Nomen, die auf *-a, -i, -o* enden
	der Opa	die Opas	aber: *das Thema / die Themen –*
			die Firma / die Firmen
	der Lkw	die Lkws	Abkürzungen
	das Team	die Teams	Fremdwörter aus dem Englischen und Französischen

ÜBUNGEN

1 Wie heißt der Plural? Umlaut oder kein Umlaut? – Sortieren Sie die Nomen.

~~der Arzt~~ • ~~das Blatt~~ • der Baum • der Beruf • das Buch • der Computer • das Ergebnis • das Fach • das Heft • das Jahr • der Kalender • der Kugelschreiber • der Ordner • der Stuhl • der Zettel

-e	¨e	-	¨er
	Ärzte		Blätter

≡ 2 **-en/-n, -s oder -nen? – Ergänzen Sie die Pluralendungen.**

a) die Bibliothek/_en_   f) die Fotokopie/____   k) der Buchstabe/____
b) das Büro/_s_   g) die Vorlesung/____   l) die Universität/____
c) das Thema/____   h) der Name/____   m) das Auto/____
d) der Radiergummi/____   i) die Studentin/____   n) die Dozentin/____
e) die Professorin/____   j) die CD/____   o) die Übung/____

≡ 3 **Prüfungsstress – Ergänzen Sie die Nomen im Plural.**

Liebe Lisa,

wie geht es Dir? Hier an der Uni ist zurzeit viel los, denn in den (a) _Prüfungen_ [Prüfung] muss man viel wissen, und dafür müssen wir lernen. Nur um Max mache ich mir langsam (b) _____ [Sorge]. In drei (c) _____ [Woche] hat er Examen, und eigentlich sollte er dafür etwas tun. Stattdessen sitzt er ständig in (d) _____ [Café] und plaudert dort mit anderen (e) _____ [Student]. Und nachmittags trifft er sich mit seinen (f) _____ [Freundin]. Die (g) _____ [Abend] verbringt er damit, dass er für seine Wohngemeinschaft kocht. Und nachts tanzt er in allen (h) _____ [Disco] der Stadt. Das kann doch nicht gut gehen! Ruf ihn mal an, vielleicht hört er ja auf Dich. Dir alles Liebe und bis bald!

Deine Elisabeth

≡ 4 **Ein Foto-Abend – Ergänzen Sie den Text.**

der Berg • das Bild • das Foto • der Freund • der Gast • der Markt • der Sonnenschirm • der Strand • die Stunde • ~~die Urlaubsreise~~

Hallo, Petra! Ich hab dir ja schon erzählt, dass unsere letzten beiden (a) _Urlaubsreisen_ wirklich toll waren – und gestern Abend haben wir uns mit unserem neuen Beamer die (b) _____ angesehen – einfach fantastisch! Wir haben auch einige (c) _____ eingeladen. Und ich muss sagen, Uli hat wirklich prima fotografiert! Zuerst die (d) _____ mit den schönen Obst- und Gemüseständen, dann das Meer und die (e) _____ mit den bunten (f) _____. Am Schluss gab es dann noch die (g) _____ aus der Schweiz: Die hohen (h) _____ dort sind immer wieder toll! Die ganze Vorführung hat drei (i) _____ gedauert! Und stell dir vor, unsere (j) _____ haben sich überhaupt nicht gelangweilt!

NOMEN

1.3 KASUS: NOMINATIV – AKKUSATIV

Ich liebe dich.

1 Funktion

Da im Deutschen die Satzglieder auf unterschiedlichen Positionen stehen können, dienen die Kasus zur Unterscheidung der Ergänzungen.

a bei Verben

	Tina	liebt	ihren Mann.
	Das Schiff	transportiert	Container.
	Person: *Wer?* Sache: *Was?*	Verb	Person: *Wen?* Sache: *Was?*
Kasus	Nominativ-Ergänzung		Akkusativ-Ergänzung

	Diesen Film	sieht	Thomas besonders gern.
	Was?	Verb	*Wer?*
Kasus	Akkusativ-Ergänzung		Nominativ-Ergänzung

Verbergänzungen → s. Seite 98

b bei Präpositionen

	Präposition	+ Kasus	
Eva denkt oft	an	ihren letzten Urlaub.	Akkusativ
Paul arbeitet	als	Lehrer.	Nominativ

Präpositionen → s. Seite 70–76, Verben mit Präpositionen → s. Seite 100

c Akkusativ bei Maßangabe/Zeitangabe

Diese Flasche enthält einen Liter Milch.	Wie viel?
Das Ticket kostet einen Euro.	Wie viel?
Nächsten Montag beginnt der Kurs.	Wann?
Dieser Kurs dauert genau einen Monat.	Wie lange?
Bitte kommen Sie jeden Tag.	Wie oft?

2 Formen

Im Deutschen erkennt man den Kasus hauptsächlich durch das Kasus-Signal am Artikelwort.

Singular	maskulin	neutral	feminin	Plural
Nominativ	der Tag	das Jahr	die Woche	die Tage/Jahre/Wochen
Akkusativ	den Tag	das Jahr	die Woche	die Tage/Jahre/Wochen
Dativ	dem Tag	dem Jahr	der Woche	den Tagen/Jahren/Wochen
Genitiv	des Tages	des Jahres	der Woche	der Tage/Jahre/Wochen

n-Deklination → s. Seite 18, Adjektivdeklination → s. Seite 34–38

ÜBUNGEN

1 Frauen und Männer kaufen ein. – Wie heißen das Fragewort und der Kasus?

a) Wissenschaftler haben die Unterschiede identifiziert.
   Wer? Nominativ   Was? Akkusativ

b) Frauen schätzen qualifizierte Verkäufer.

c) Das Einkaufen wollen Männer möglichst schnell erledigen.

d) Viele Frauen kaufen jeden Tag ein.

e) Die Warteschlange an der Kasse finden die meisten Männer zu lang.

f) Kleidung, Schmuck und Schuhe kaufen Frauen auch im Internet.

2 Gesunde Ernährung – Ergänzen Sie den bestimmten Artikel im Akkusativ.

a) Essen Sie täglich einen Apfel! Bevor Sie ihn essen, waschen Sie _den_ Apfel.

b) Wenn Sie Tee trinken wollen, kaufen Sie _____ Tee im Bioladen und trinken Sie täglich eine Kanne. Wärmen Sie _____ Teekanne an, bevor Sie _____ Wasser aufgießen.

c) Pflanzen Sie _____ Küchenkräuter [Pl.], die Sie oft verwenden, in _____ Garten oder in einen Topf auf der Fensterbank.

d) _____ Obst und _____ Gemüse, das Sie essen, kaufen Sie am besten frisch.

e) Und schließlich: Trinken Sie ruhig ab und zu ein Glas Wein, wenn Sie mögen. Aber: Trinken Sie _____ Wein langsam und genießen Sie _____ Geschmack.

3 Auf dem Markt – Ergänzen Sie im Akkusativ.

| 1 Monat • 1 Kilo • 1 Tag • ~~1 Zentner~~ • 1 Euro |

a) Huch, ist das schwer. Wie viel wiegt denn dieser Kartoffelsack? –
   Einen Zentner.

b) Was kostet die Petersilie? – Genau _____ _____.

c) Wenn Sie frische Eier wollen, müssen Sie noch _____ _____ warten. Unser Bauer liefert erst morgen.

d) Geben Sie mir bitte _____ _____ von den neuen Kartoffeln.

e) Es dauert noch _____ _____, bis die Markthalle fertig restauriert ist.

4 Leute – Formulieren Sie Sätze und beginnen Sie mit einem Akkusativ.

a) treffen – Tom – sein... Großvater [m] – jed... Woche [f]
   Seinen Großvater trifft Tom jede Woche. Oder: *Jede Woche trifft Tom seinen Großvater.*

b) brauchen – ein... Wintermantel [m] – Martina – nächst... Monat [m]

c) machen – Hans – sein... Examen [n] – nächst... Jahr [n]

d) es gibt – alle 15 Minuten – Nachrichten [Pl.]

e) besuchen – Ausstellung [f] – nächst... Mittwoch [m] – Alex

f) informieren – Chef [m] – Mitarbeiter [Pl.] – jed... Tag [m]

NOMEN

1.4 KASUS: NOMINATIV – DATIV – AKKUSATIV

Maria gibt ihrem Freund ein Geburtstagsgeschenk.

1 Funktion

a bei Verben

Da im Deutschen die Satzglieder auf unterschiedlichen Positionen stehen können, dienen die Kasus zur Unterscheidung der Ergänzungen. Der Dativ drückt häufig aus, dass die Handlung an einen Adressaten gerichtet ist.

	Tom	hilft	seiner Großmutter.	
	Alex	schenkt	seiner Freundin	ein Vogelhäuschen.
	Wer?	*Verb*	*Wem?*	*Was?*
Kasus	Nominativ-Ergänzung		Dativ-Ergänzung	Akkusativ-Ergänzung

	Seiner Freundin	gefällt	das Geschenk.
	Wem?	*Verb*	*Was?*
Kasus	Dativ-Ergänzung		Nominativ-Ergänzung

Verbergänzungen → s. Seite 98

b bei Präpositionen

	Präposition	+ Kasus	
Das ist ein Geschenk	zu	ihrem Geburtstag.	Dativ
Anna telefoniert	mit	ihrer Schwester.	
Sie freut sich	über	das Geschenk.	Akkusativ

Präpositionen → s. Seite 70–80, Verben mit Präpositionen → s. Seite 100,
Genitiv → s. Seite 16

2 Formen

Im Deutschen erkennt man den Kasus hauptsächlich durch das Kasus-Signal am Artikelwort.

Singular	maskulin	neutral	feminin	Plural
Nominativ	de**r** Tag	da**s** Jahr	di**e** Woche	di**e** Tage/Jahre/Wochen
Akkusativ	de**n** Tag	da**s** Jahr	di**e** Woche	di**e** Tage/Jahre/Wochen
Dativ	de**m** Tag	de**m** Jahr	de**r** Woche	de**n** Tage**n**/Jahre**n**/Wochen**n**
Genitiv	des Tages	des Jahres	der Woche	der Tage/Jahre/Wochen

Die Nomen enden im Dativ Plural auf *-n (Tagen, Jahren, Wochen)*.
Ausnahme: Wenn der Plural auf *-s* endet *(mit den Autos)*.
n-Deklination → s. Seite 18, Adjektivdeklination → s. Seite 34–38

ÜBUNGEN

1 Ein Wundermittel – Wie heißen das Fragewort und der Kasus?

a) Diese revolutionäre Creme hilft jedem Menschen.
   Was? Nominativ   Wem? Dativ

b) Sonnenlicht, Umwelteinflüsse und Rauchen schaden der Haut.

c) Die meisten kennen das Problem, dass die Haut frühzeitig altert.

d) Dieses neue Produkt hilft Ihnen, den Alterungsprozess aufzuhalten.

e) Den meisten Menschen gefällt diese Perspektive.

2 Er macht jetzt eine gute Figur. – Ergänzen Sie im Dativ.

a) Ich habe _meinem Mann_ [mein Mann] stundenlang zugeredet, bei _____ _____ [das Fitness-Programm] mitzumachen.

b) Er treibt ja selbst nicht so gerne Sport, meistens spricht er von _____ _____ [der Sportler, Pl.], über die etwas in der Zeitung steht.

c) Aber auf _____ _____ [das Foto, Pl.] vom letzten Urlaub sieht man ganz deutlich, dass er zu viel wiegt. Ich hätte mich bestimmt nicht in ihn verliebt, wenn er damals mit so _____ _____ [eine Figur] am Strand Volleyball gespielt hätte.

d) Es hat eine Zeit lang gedauert, bis er _____ _____ [mein Vorschlag] zugestimmt hat.

e) Ein Argument hat ihn schließlich überzeugt: Wenn du Sport treibst, gefällst du sicher allen _____ _____ [meine Freundin, Pl.] viel besser!

3 Familie – Formulieren Sie Sätze.

a) schmecken – meine Tante – das Essen
   Das Essen schmeckt meiner Tante. Oder: Meiner Tante schmeckt das Essen.
b) gefallen – das Foto – meine Schwester
c) gehören – mein Bruder – die Uhr
d) zuhören – das Kind [Pl.] – die Großmutter
e) gratulieren – der Großvater – der Enkel [Pl.] – zum 90. Geburtstag
f) danken – der Großvater – sein Enkel [Pl.] – für das Geschenk

4 Geburtstage – Formulieren Sie Sätze.

		Nominativ	Dativ	Akkusativ
a)	backen	Anna	ihr Bruder	Kuchen [m]
b)	schenken	mein Bruder und ich	meine Schwester	E-Book [n]
c)	kochen	meine Schwester	ihr Freund [Pl.]	Menü [n]
d)	pflücken	Leo	seine Freundin [Pl.]	Blumen [Pl.]
e)	geben	Tina	ihre Großmutter	Kuss [m]
f)	kaufen	Henry	sein Cousin	Sportuhr [f]

a) Anna backt ihrem Bruder einen Kuchen.

NOMEN

1.5 KASUS: GENITIV

die Rechte des Bürgers

1 Funktion

a bei Nomen

Das Nomen im Genitiv (Genitivattribut) gibt den Besitzer an:

		Nomen	+ Genitiv
Wessen Haus ist das?	Das ist	das Ferienhaus	eines Freundes.

In der Umgangssprache wird oft *von* + Dativ verwendet:
Das ist das Ferienhaus von einem Freund.

b bei Präpositionen

Einige wenige Präpositionen brauchen eine Ergänzung im Genitiv → s. Seite 70, 74, 78, 80:

	Präposition	+ Genitiv
Wir fahren	trotz	des schlechten Wetters.

2 Formen

a Deklination

maskulin	neutral	feminin	Plural	
des Monats	des Jahres	der Woche	der Monate/Jahre/Wochen	normale Deklination
des Menschen			der Menschen	n-Deklination*
des/eines Schönen	des Schönen	der/einer Schönen	der Schönen	Adjektiv/Partizip als Nomen → s. Seite 20

* *n*-Deklination → s. Seite 18

b maskuline und neutrale Nomen der normalen Deklination

-s	Vaters, Fahrers	mehrsilbige Nomen
-es	Tages, Jahres	oft bei einsilbigen Nomen*
	Prozesses, Reflexes	Nomen, die auf -s, -ss, -ß, -tsch, -x, -z, -tz enden
	Zeugnisses, Ergebnisses	Nomen auf -nis: Verdopplung des s

* aber: *des Chefs, des Films*

c Eigennamen

Norberts Fahrrad Agnes' Sonnenbrille	vorangestellte Eigennamen im Genitiv

d *von* + Dativ

das Fahrrad von Norbert die Sonnenbrille von Agnes das Ferienhaus von meinem Freund	häufig in der gesprochenen Sprache
der Import von Zitronen der Anbau von Wein	Nomen ohne Artikel

ÜBUNGEN

1 So eine Unordnung – Ergänzen Sie den Text.

a) Das ist doch die Hose von Herbert! – Du hast recht, das ist _Herberts Hose_.

b) Sag mal, sind das nicht die Socken von Hugo? –
Nein, das sind doch nicht _____ _____.

c) Tom lässt aber auch alles liegen! Hier sind seine Bücher. –
Nein, das sind ganz sicher nicht _____ _____.

d) Anna ist wirklich unmöglich. Schau mal, ihr nasses Handtuch liegt mitten im Wohnzimmer. –
Na, hör mal, das ist doch nicht _____ _____, das ist deins!

2 Ein Mann wird 50. – Ergänzen Sie die Endung und das Nomen im Genitiv.

der Bauch • der Diätplan • ~~die Geburtstagsfeier~~ • die Gesundheit • die Glatze • die Zeit

Hallo Silke,

stell Dir vor, gestern hab ich zufällig Fritz getroffen. Du weißt ja, während (a) sein_er_ _Geburtstagsfeier_ bekam er plötzlich eine Krise. Luise hat mir erzählt, dass er jetzt dichtes schwarzes Haar statt (b) sein_____ _____ haben wollte. Und anstelle (c) sein_____ dicken _____ sollten starke Muskeln treten. Auch wegen (d) d_____ _____ wollte er nun regelmäßig Sport treiben. Offenbar hat er dann auch Diät gemacht und mithilfe (e) ein_____ _____ 10 Kilo abgenommen. Innerhalb (f) kurz_____ _____ hat er sich so verändert, dass ich ihn gestern fast nicht wiedererkannt hätte. Also mir hat Fritz früher viel besser gefallen…

Liebe Grüße
Gabi

3 Alte Fotos – Formulieren Sie Sätze mit dem Genitiv.

a) Das ist die Mutter von meinem Freund.
Das ist die Mutter meines Freundes.

b) Ach, schau mal, das ist die Katze von Frau Sturm.

c) Und der Typ da, das ist der Sohn von unserem Deutschlehrer.

d) Wie nett! Das ist ja Kathi, als sie ganz jung war! Sie war schon immer die beste Freundin von meinem Bruder.

4 Fachliteratur richtig lesen – Ergänzen Sie den Artikel und das Nomen im Genitiv.

Die riesige Menge (a) _der Fachliteratur_ [die Fachliteratur] überfordert heute fast jeden Studenten. Niemand kann alle Texte lesen. Die gezielte Auswahl (b) _____ _____ [die Texte] und das frühzeitige Training (c) _____ _____ [das Lesen] haben deshalb eine wesentliche Bedeutung. Man muss bei den relevanten Texten die Gedanken (d) _____ jeweiligen _____ [der Autor] nachvollziehen und diese dann kritisch hinterfragen. Entscheidend ist auch, dass man beim Lesen eine klare Vorstellung davon hat, welche Gedanken in Bezug auf das Ziel (e) _____ eigenen _____ [die Arbeit] wichtig sind. Erst dann hat das genaue Durchlesen (f) _____ entscheidenden _____ [die Textstellen] einen Sinn.

NOMEN

1.6 N-DEKLINATION

Kennen Sie den Namen des neuen Kollegen?

1 Funktion

Alle maskulinen Nomen, die auf -e enden *(der Franzose, der Löwe)*,
und einige andere maskuline Nomen, die ein Lebewesen *(der Mensch, der Herr)*
bezeichnen, werden nach der *n*-Deklination dekliniert.

2 Formen

	Singular	Plural
Nominativ	der Kunde	die Kunden
Akkusativ	den Kunden	die Kunden
Dativ	dem Kunden	den Kunden
Genitiv	des Kunden	der Kunden

Dieser Deklination folgen:

a alle maskulinen Nomen, die auf -e enden:

der Junge, der Kollege, der Kunde, der Neffe, der Zeuge …	Personen
der Chinese, der Franzose, der Grieche, der Pole, der Russe …	Nationalitäten*
der Affe, der Hase, der Löwe, der Rabe …	Tiere

* aber: *der Deutsche / ein Deutscher* s. Adjektivdeklination → s. Seite 34–38

Ein zusätzliches -s im Genitiv Singular haben:

der Buchstabe, des Buchstabens	der Glaube, des Glaubens
der Friede(n), des Friedens	der Name, des Namens
der Gedanke, des Gedankens	der Wille, des Willens

b einige andere maskuline Nomen:

| der Bär, der Bauer, der Herr (den Herrn, dem Herrn, des Herrn, Plural: die Herren), der Mensch, der Nachbar … |

c alle maskulinen Nomen aus dem Lateinischen und Griechischen mit den Endungen:

-and/-ant	der Doktorand, der Demonstrant, der Elefant …
-ent	der Präsident, der Student, der Referent …
-ist	der Idealist, der Journalist, der Optimist …
-oge	der Biologe, der Pädagoge, der Psychologe …
-at	der Bürokrat, der Demokrat, der Diplomat …
andere	der Architekt, der Philosoph, der Ökonom, der Fotograf …

Außerdem gibt es ein neutrales Nomen:
das Herz, das Herz, dem Herzen, des Herzens – Plural: *die Herzen*

Wortbildung → s. Seite 22

ÜBUNGEN

1 *n*-Deklination oder normale Deklination? – Sortieren Sie die Nomen mit Artikel.

Assistent • Bauer • Chef • Direktor • Experte • Familie • Herz • Hund • Informatiker • Ingenieur • Katze • Löwe • Mathematiker • Nachbar • Name • Produzent • Professor • Russe • Tourist

n-Deklination	normale Deklination
der Assistent	

2 Ein Interview – Ergänzen Sie die Nomen.

Bürokrat • Gedanke • Jurist • Kommilitone • Paragraf • Student • Wille

Ein Berliner in Ägypten

(a) _Juristen_, die Karriere machen wollen, gehen gewöhnlich nicht nach Kairo. Warum sind Sie nach Ägypten gegangen?
Ich fand mein Studium am Anfang unglaublich langweilig: nichts als (b) _____. Da bin ich aus Neugier mal mit einem (c) _____ in eine Vorlesung über islamisches Recht gegangen, und wir waren begeistert.

Und wie sind Sie auf den (d) _____ **gekommen, in Kairo weiterzustudieren?**
Zum einen habe ich einen Horror davor, mal einer dieser ganz normalen (e) _____ zu werden, zum anderen wollte ich einfach was erleben.

Können Sie das auch anderen (f) _____ **empfehlen?**
Ja, unbedingt. Und ich habe den festen (g) _____, im nächsten Jahr in Kairo mein Studium fortzusetzen.

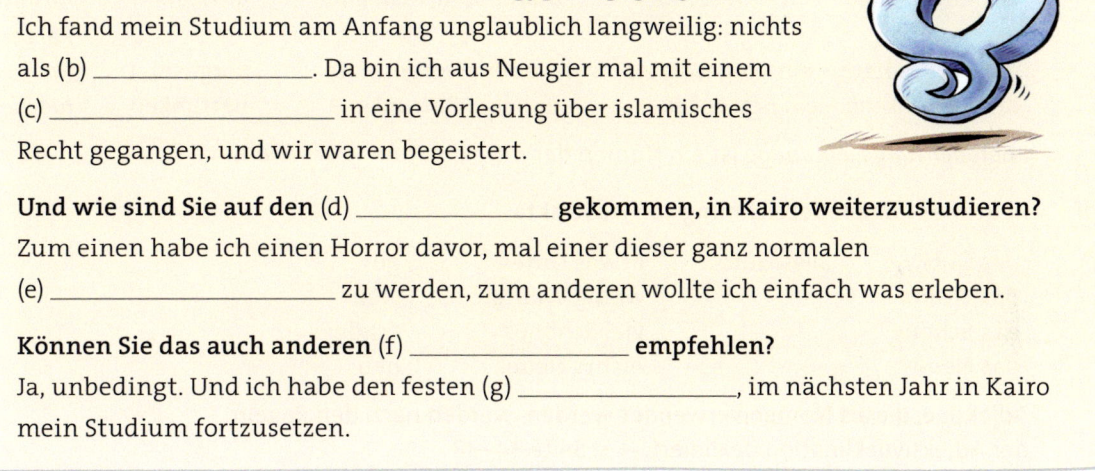

3 Zurück aus dem Urlaub – Formulieren Sie Antworten.

a) Frau Sommer, schön, dass Sie wieder da sind. Ihr Kollege möchte Sie dringend sprechen. [gleich anrufen] _Gut, ich werde den Kollegen gleich anrufen._
b) Dann wollte der Lieferant wissen, wie viele Tische und Stühle wir für das Sommerfest brauchen. [telefonieren mit] _In Ordnung, ..._
c) Und der Fotograf möchte wissen, wann er die Fotos vorbeibringen soll. [sprechen mit] _Gut, ..._
d) Herr Schäfer aus der Buchhaltung bittet um Rückruf. [sofort anrufen] _O.k., ..._
e) Und dann kommt der Praktikant heute zum ersten Mal. [gleich einarbeiten] _Na gut, ..._
f) Unser Kunde aus Japan hat sich übrigens schon zweimal über die verspätete Lieferung beschwert. [sich in Verbindung setzen mit] _Auch das noch! Gut, ..._

NOMEN

1.7 ADJEKTIV/PARTIZIP ALS NOMEN

der Unbekannte – ein Unbekannter

1 Funktion

Nomen aus Adjektiven und Partizipien bezeichnen Personen und Abstrakta.

Nomen	Adjektiv/Partizip	
ein Unbekannter	ein unbekannter Mann	Person
der große Unbekannte	der große unbekannte Mann	
die schöne Rothaarige	die schöne rothaarige Frau	
nichts Neues	keine neuen Informationen	Abstrakta

2 Formen

a maskuline und feminine Nomen: Bezeichnung von Personen

Nomen – maskulin	Nomen – feminin		
der Bekannte – ein Bekannter	die/eine Bekannte	bekannt	Adjektiv
der Arbeitslose – ein Arbeitsloser	die/eine Arbeitslose	arbeitslos	
der Jugendliche – ein Jugendlicher	die/eine Jugendliche	jugendlich	
der Gesunde – ein Gesunder	die/eine Gesunde	gesund	
der Kranke – ein Kranker	die/eine Kranke	krank	
der Reisende – ein Reisender	die/eine Reisende	reisend	Partizip I: Infinitiv + d
der Anwesende – ein Anwesender	die/eine Anwesende	anwesend	
der Vorgesetzte – ein Vorgesetzter	die/eine Vorgesetzte	vorgesetzt	Partizip II: (ge-)...-t (ge-)...-n
der Betrunkene – ein Betrunkener	die/eine Betrunkene	betrunken	

aber: *der Junge, ein Junge* ist ein Nomen der *n*-Deklination → s. Seite 18

b neutrale Nomen: Bezeichnung von Abstrakta

das Gute	alles Gute	etwas Gutes	gut
das Wahre		wenig Wahres	wahr
das Schöne		viel Schönes	schön
das Neue		nichts Neues	neu

Adjektive, die als Nomen verwendet werden, werden nach den Regeln der Adjektivdeklination dekliniert. → s. Seite 34–38

ÜBUNGEN

1 Wie heißen die Nomen?

Adjektiv/ Partizip	maskulin *der*	maskulin *ein*	feminin *die/eine*	Plural *die/–*
a) fremd	Fremde	Fremder	Fremde	Fremden/ Fremde
b) deutsch				
c) verwandt				

Adjektiv/ Partizip	maskulin *der*	maskulin *ein*	feminin *die/eine*	Plural *die/–*
d) angestellt				
e) abgeordnet				
f) verliebt				

≡ 2 **Was sind das für Leute? – Ergänzen Sie das passende Nomen.**

a) Jemand, der arbeitslos ist, ist _ein Arbeitsloser_.
b) Jemand, der angestellt ist, ist _____.
c) Jemand, der reist, ist _____.
d) Jemand, der betrunken ist, ist _____.
e) Jemand, der abwesend ist, ist _____.
f) Jemand, der anwesend ist, ist _____.

≡ 3 **Gegenteile – Wie heißen die Nomen? Achten Sie auf die Artikel.**

arm • bekannt • falsch • gesund • schuldig • böse • tot • langweilig

a) ein Fremder und ein _Bekannter_
b) der Unschuldige und der _____
c) alle Reichen und alle _____
d) ein Kranker und ein _____
e) ein Guter und ein _____
f) der Lebende und der _____
g) etwas Interessantes und nichts _____
h) viel Richtiges und wenig _____

≡ 4 **Mentales Training – Ergänzen Sie das passende Nomen.**

angenehm • erfreulich • folgend

Kein Mensch entdeckt am frühen Morgen in seinem Gesicht nur (a) _Erfreuliches_! Wenn Ihnen Ihr Gesicht frühmorgens nicht gefällt, können Sie (b) _____ tun: Machen Sie Ihre Augen für einen Moment zu und denken Sie an etwas (c) _____!

schwierig • unterbewusst

Wenn es Probleme gibt und Sie wirklich etwas (d) _____ vor sich haben, sagen Sie sich dreimal am Tag: Ja, ich kann es! Solche Sätze wirken auf das (e) _____.

besser • neu • wichtig

Das ist nichts (f) _____, trotzdem sagen wir es noch einmal: Wenn Sie etwas (g) _____ nicht vergessen wollen, schreiben Sie es auf! Es gibt nichts (h) _____, um sich etwas zu merken!

NOMEN

1.8 WORTBILDUNG

der Herzschlag – das Erlebnis – die Möglichkeit – die Engländerin

1 Zusammengesetzte Nomen

Zwei (oder mehr) Wörter bilden ein zusammengesetztes Nomen. Das letzte Nomen bestimmt Genus und Numerus. Die Betonung liegt auf dem ersten Wort.

Nomen	+ Nomen	die Sonne	+ der Schein	= der Sonnenschein
		der Mond	+ der Schein	= der Mondschein
Adjektiv	+ Nomen	hoch	+ das Bett	= das Hochbett
Verb	+ Nomen	rollen	+ der Koffer	= der Rollkoffer
Präposition	+ Nomen	neben	+ die Kosten (Pl.)	= die Nebenkosten

Zusammengesetzte Nomen werden immer zusammengeschrieben: *das* Schulbuch.
Die Schreibweise ist z. B. im Englischen anders: *school book*.
Besonders in der Schriftsprache entstehen lange Wörter: *der Partnervermittlungsvertrag, das Gesetzgebungsverfahren, die Kontoführungsgebühr.*
Fugenzeichen → s. Seite 24

2 Nominalisierung durch Ableitung

a ohne Nachsilben aus Verben

der		
besuchen	der Besuch	Verbstamm, aber häufig Vokalwechsel
fliegen	der Flug	
abfliegen	der Abflug	
schließen	der Schluss	
abschließen	der Abschluss	

das		
essen	das Essen	Infinitiv
wandern	das Wandern	
einkaufen	das Einkaufen	
trinken	das Getränk	Vorsilbe *Ge-*
backen	das Gebäck	

b mit Nachsilben aus Verben und Nomen

der		
gewinnen	der Gewinner	-er*
emigrieren	der Emigrant	-ant*
studieren	der Student	-ent*
handeln	der Händler	-ler*
lehren	der Lehrling	-ling
dirigieren	der Direktor	-or

das		
packen	das Päckchen	-chen
studieren	das Studium	-ium
erleben	das Erlebnis	-nis**
wachsen	das Wachstum	-tum

die		
fahren	die Fahrt	-t
lieben	die Liebe	-e
tendieren	die Tendenz	-enz
organisieren	die Organisation	-(at)ion
wohnen	die Wohnung	-ung
erkennen	die Erkenntnis	-nis**
erben	die Erbschaft	-schaft
der Feind	die Feindschaft	-schaft
der Bäcker	die Bäckerei	-ei

* Das Genus richtet sich nach dem biologischen Geschlecht: *der Gewinner, die Gewinnerin.* → s. Seite 8
** häufig neutral, manchmal feminin *erlauben, die Erlaubnis*

c mit Nachsilben aus Adjektiven

die		
nah	die Nähe	-e
tolerant	die Toleranz	-anz
sicher	die Sicherheit	-heit
möglich	die Möglichkeit	-keit

die		
kreativ	die Kreativität	-ität
bereit	die Bereitschaft	-schaft
wild	die Wildnis	-nis*

* oder neutral: *geheim, das Geheimnis*

ÜBUNGEN

≡ 1 Bilden Sie feminine Formen, a–f im Singular, g–p im Plural.

a) der Archäologe
   die Archäologin
b) der Autor
c) der Fabrikant
d) der Hörer
e) der Historiker
f) der Kommissar
g) der Leser
   die Leserinnen
h) der Physiker
i) der Politiker
j) der Spezialist
k) der Student
l) der Zuschauer
m) der Redakteur
n) der Chef
o) der Sänger
p) der Facharzt

≡ 2 Bilden Sie zusammengesetzte Nomen. Setzen Sie den passenden Artikel dazu. Jeweils eine Zusammensetzung ist nicht möglich.

a) das Geld – das Geschäft, das Institut, der Automat, der Mann, der Schein, die Anlage
   das Geldgeschäft, ...
b) die Kunst – das Werk, das Buch, der Grund, der Händler, die Ausstellung, die Galerie
c) die Schule – der Abend, das Ballett, das Haus, der Ski, der Grund, hoch, grün
d) groß – der Markt, die Familie, die Liebe, die Macht, die Mutter, die Stadt
e) der Laden – der Baum, das Buch, die Blumen, die Schreibwaren, die Spielwaren
f) die Zeit – frei, hoch, die Reise, der Punkt, das Haus, das Mahl, die Schule

≡ 3 Bilden Sie aus den Verben maskuline, neutrale und feminine Nomen. Manchmal sind mehrere Nomen möglich.

a) fließen → *der Fluss*
b) schießen
c) ziehen
d) beweisen
e) schalten
f) besitzen
g) anbieten → *das Angebot*
h) wiegen
i) trinken
j) sich ereignen
k) treffen
l) verhalten
m) schreiben → *die Schrift*
n) lügen
o) sprechen
p) werben
q) ankommen
r) sehen

≡ 4 Bilden Sie Nomen aus den Verben und ergänzen Sie den Text.

sitzen   Wie bleibt man in (a) *Sitzungen* wach?
präsentieren   Damit man bei der (b) *Präsentation* nicht einschläft, hilft
sich bewegen   etwas (c) *der Bewegung*; aufrecht sitzen, Bauch einziehen,
                 Brust raus und Füße bewegen. Dann ist die engagierte Beteiligung
diskutieren   an der (d) *Diskussion* wichtig. Frisches Obst ist zu
trinken   empfehlen und als (e) *Getränke* Fruchtsaft oder
                 Mineralwasser. Wenn man allerdings Alkohol trinkt,
tief schlafen   ist der (f) *tief Schlaf* garantiert.

≡ 5 Kennen Sie diese Internationalismen? Ergänzen Sie.

die Aggress..., Emo..., Evolu..., Informa..., Kommunika..., Na..., Varia..., Identi..., Kapazi..., Solidari..., Demokrat..., Diplomat..., Philosoph..., Soziolog..., Theolog...
das Argu..., Doku..., Instru..., Testa...
der Ego..., Fasch..., Kapital..., Pessim..., Kommun...

die Aggression, die Identität, das Argument, der Pessimist
die ... Emotion, die Kapazität, das Dokument, der Kommunikator
die Evolution, die Solidarität, das Instrument, kommunist
die Information, die Demokratie, das Testament
die Kommunikation, die Diplomatie, der Egoist
die Nation?, die Philosophie, der Faschist
die Variation, die Soziologie, der Kapitalist
die Theologie

NOMEN

1.9 FUGENZEICHEN

das Information**s**zentrum

1 Funktion

Kommunikation s technik
Les   e gewohnheit

Fugenzeichen kennzeichnen die Verbindungsstelle zwischen dem ersten und dem zweiten Wort bestimmter zusammengesetzter Nomen. Die meisten zusammengesetzten Nomen werden ohne Fugenelement gebildet. Wortbildung → s. Seite 22

2 Formen

-(e)s-	Globalisierung	s	gegner [der]	immer nach den Nachsilben
	Sicherheit	s	code [der]	*-ung, -heit, -keit, -schaft,*
	Geschwindigkeit	s	begrenzung [die]	*-tum, -ling, -ion,- ität*
	Wirtschaft	s	macht [die]	
	Wachstum	s	phase [die]	
	Frühling	s	fest [das]	
	Information	s	zeitalter [das]	
	Identität	s	krise [die]	
	Verhalten	s	forscher [der]	immer nach Infinitiv als Nomen: *verhalten → das Verhalten*
	Ankunft	s	zeit [die]	immer nach Ableitungen vom Verb auf *-t*: *ankommen → die Ankunft*
	Arbeit*	s	markt [der]	nach einigen femininen Nomen:
	Liebe	s	brief [der]	*die Arbeit, die Liebe*
	Ort	s	vorwahl [die]	häufig nach maskulinen oder neutralen Nomen:
	Gefühl	s	mensch [der]	*der Ort, das Gefühl*
	Jahr	es	urlaub [der]	häufig nach einsilbigen maskulinen und neutralen Nomen: *der Tag, das Jahr*

* aber: *Arbeitgeber, Arbeitnehmer*

-(e)n-	Kunde	n	dienst [der]	immer nach Nomen der *n*-Deklination:
	Satellit	en	schüssel [die]	*der Kunde*
	Masse	n	tourismus [der]	häufig nach femininen Nomen mit
	Gruppe	n	reise [die]	*-(e)n* im Plural: *die Masse, die Massen*
-er-	Bild	er	rahmen [der]	nach neutralen und einigen maskulinen
	Männ	er	sache [die]	Nomen mit *-er* im Plural: *das Bild, die Bilder; der Mann, die Männer*
-e-	Städt	e	reise [die]	nach Nomen mit *-e* im Plural: *die Stadt, die Städte*
	Häng	e	brücke [die]	nach Verbstämmen auf *-b, -d, -g, -s -t*:
	Wart	e	zimmer [das]	*häng-en, wart-en*
-(e)s-	Tag	es	zeitung [die]	Manche Nomen können mit verschiedenen
-e-	Tag	e	buch [das]	Fugenzeichen verbunden werden.

ÜBUNGEN

1 Was passt zusammen? Verbinden Sie die Nomen mit -s.

a) das Leben — der Kuchen   der Lebensabschnitt
b) die Universität — der Platz
c) der Urlaub — das Ei
d) der Geburtstag — ~~der Abschnitt~~
e) der Einkauf — die Bibliothek
f) die Arbeit — die Reise
g) das Gehalt — das Paar
h) die Wirtschaft — das Zentrum
i) die Liebe — das Wachstum
j) das Frühstück — die Erhöhung

2 Ergänzen Sie -n, -en, -er oder -e.

Im Urlaub
a) die Land _e_ bahn
b) ein Karte___gruß
c) das Gäst___zimmer
d) der Kind___spielplatz
e) im Lieg___stuhl
f) ein Kleid___bügel
g) Welle___reiten
h) Sonne___schein
i) viel Les___stoff

Im Büro
j) morgens die Bushalt___stelle
k) ein Experte___gespräch
l) intensiver Gedanke___austausch
m) der Aktie___kurs
n) in Wart___position
o) viel Gruppe___dynamik
p) die Praktikant___stelle
q) ein Kunde___gespräch
r) die Büch___sendung

3 Ergänzen Sie den Text.

WETTEN IM INTERNET

Jana Gutmann, 30, ist eine junge (a) Geschäft _s_ frau aus Hamburg. Früher hat sie (b) Kommunikation___wissenschaft und (c) Betrieb___wirtschaft studiert und nebenher ihr Geld als Fotomodell verdient. Heute hat sie ihr eigenes Internet-Wettbüro. Allerdings kein normales Wettbüro mit langweiligen Sportwetten, sondern eines mit hohem (d) Unterhaltung___wert. Bekommt die (e) Leben___gefährtin des neuen James-Bond-Darstellers ein Kind? Wer ist im Moment der (f) Liebling___hund der englischen Königsfamilie? Hat der amerikanische Präsident (g) Beziehung___probleme? Das war ihre (h) Geschäft___idee: „Alles, was diskutiert wird, ist eine Wette wert", sagt Jana. Die Gewinnhöhe ist von der Teilnehmerzahl abhängig. Bezahlt wird per Lastschrift oder per Zahlungsdienst. Immer am Ende eines Tages, am (i) Woche___ende, am (j) Monat___ende und am (k) Jahr___-ende wird der Wettsieger gefunden. Besonders beliebt sind Preise wie Haifisch-Tauchen, (l) Astronaut___training oder Fallschirmspringen. Die Wett-Idee lohnt sich für Jana wirklich, das sieht man an ihrer (m) Visite___karte: Janas Wettbüro befindet sich in einem der besten Viertel Hamburgs.

ARTIKELWÖRTER

2.1 BESTIMMTER ARTIKEL

der Brief – dieses Buch – jede Zeitung

1 Funktion

Im Unterschied z. B. zu den slawischen Sprachen verwendet man im Deutschen Artikelwörter. Sie zeigen das Genus, den Numerus und den Kasus des folgenden Nomens an.

a Der bestimmte Artikel …

… signalisiert, dass die Person oder Sache im Text vorher schon einmal explizit erwähnt wurde oder implizit enthalten ist. Oder sie ist aus der Alltagswelt bekannt:

| Das war ein tolles Hotel! Die Zimmer waren sehr gemütlich. | Kontext |
| Hallo, wie war's in der Arbeit? | Alltagswelt |

… signalisiert, dass es sich um etwas handelt, das nur einmal existiert:

der Bodensee, der Rhein, die Alpen, die Sonne, das Brandenburger Tor	Seen, Flüsse, Gebirge, Gestirne, Gebäude
die Mongolei, die Schweiz, die Türkei, der Irak	wenige Ländernamen
Das war der schönste Tag meines Lebens!	Superlativ
der 22. Oktober, am Freitag, das zweite Bier	Datum, Ordinalzahl

… signalisiert, dass ein Exemplar stellvertretend für die ganze Art steht:

| Die Seerose ist eine Wasserpflanze. | Generalisierung |

b Der Demonstrativartikel kennzeichnet das folgende Nomen als besonders auffällig:

Sag mal, siehst du diesen/den gut aussehenden Mann da hinten?	Anstelle von *dieser* kann auch der bestimmte Artikel benutzt werden.
In jenen Tagen waren sie glücklich.	signalisiert Ferne; heute veraltet
Ich kenne hier jede Straße.	signalisiert: jedes einzelne Exemplar nur im Singular

c Der bestimmte Artikel als Pronomen:

Wo ist die Zeitung? – Die liegt da drüben. / Ich kenne hier jeden.

2 Formen

a Artikelwörter und Pronomen*

	maskulin	neutral	feminin	Plural
Nominativ	der	das	die	die
Akkusativ	den	das	die	die
Dativ	dem	dem	der	den (*denen)
Genitiv	des (*dessen)	des (*dessen)	der (*deren)	der (*deren)

Genauso: *dieser, jeder* (Plural: *alle*)

b Präpositionen und bestimmter Artikel

an, bei, in, von, zu	+ dem	am, beim, im, vom, zum
zu	+ der	zur
an, in	+ das	ans, ins

ÜBUNGEN

1 Kontaktanzeige – Ergänzen Sie den Text.

am • ans • den • den • den • der • der • des • die • im • im

Sommer in München

Radeln, schwimmen und dann ein Picknick an (a) _den_ Ostersee machen, barfuß durch (b) _____ Englischen Garten laufen, frühstücken in (c) _____ Lenbachgalerie, lange spazieren gehen, (d) _____ schönsten Sonnenuntergang (e) _____ Sommers (f) _____ Starnberger See beobachten, wenn's regnet, in (g) _____ gemütliche Sauna (h) _____ Zentrum gehen und (i) _____ August vielleicht ein paar Tage (j) _____ Mittelmeer fahren. (k) _____ netteste Typ Münchens sucht eine Partnerin mit Geist und Lebensfreude zwischen 45 und 50.

2 Hätten Sie's gewusst? – Ergänzen Sie den bestimmten Artikel.

a) Wofür steht bei de_r_ Fernbedienung _die_ Taste mit _____ doppelten Dreiecken, die nach links zeigen?
   A Pause   B schneller Vorlauf   C Wiedergabe   D schneller Rücklauf

b) Wer hat _____ Telefon erfunden?
   A Graham Bell   B Philipp Reis   C Thomas Edison   D Werner von Siemens

c) Wie hieß _____ Forscher, der als Erster den Südpol erreicht hat?
   A Scott   B Cook   C Amundsen   D Peary

d) Welches ist _____ intelligenteste Haustier?
   A Hund   B Schwein   C Katze   D Kuh

e) Auf welchen Tieren überquerte Hannibal _____ Alpen?
   A Pferden   B Elefanten   C Eseln   D Kamelen

f) Wann ist _____ „Tag _____ Arbeit"?
   A 17. Juni   B 1. Mai   C 3. Oktober   D 1. November

Lösung: a) D; b) B; c) C; d) B, e) B, f) B

3 Warum wurde in Übung 1 und Übung 2 der bestimmte Artikel verwendet? Bestimmen Sie die Regel.

4 Ergänzen Sie den bestimmten Artikel.

Elefant spaziert durch Karlsruhe

Karlsruhe Ein Elefant hat mitten in Karlsruhe für Aufregung gesorgt. Wie (a) _die_ Polizei (b) a___ Freitag mitteilte, glaubte sie zuerst an einen Scherz, als Anrufer (c) a___ Donnerstag von einem Elefanten (d) in _____ Stadt berichteten. (e) _____ alarmierten Polizisten trauten ihren Augen kaum, als sie (f) _____ Rüsseltier an (g) _____ belebtesten Hauptverkehrsstraße sahen. (h) _____ Elefant verspeiste gerade Gras und einen jungen Baum. Erst herbeigerufene Mitarbeiter (i) _____ Zirkus Busch konnten dann (j) _____ dickhäutigen Ausreißer dazu bewegen, nach Hause zurückzukehren.

ARTIKELWÖRTER

2.2 UNBESTIMMTER ARTIKEL

ein König – ein Schloss – eine Fee

Die Erzieherin erzählt: „Es waren einmal ein König, ein Schloss und eine Fee ..."

1 Funktion

Der unbestimmte Artikel signalisiert, dass etwas folgt, das noch nicht näher identifiziert ist.

Es war einmal eine Fee, die in einem Wald in der Nähe eines Schlosses wohnte. Die Fee hatte eine Kugel aus Glas. Mithilfe der Kugel konnte sie wahrsagen.	häufig beim ersten Auftreten im Text; beim nächsten Auftreten im Text mit dem bestimmten Artikel weitergeführt → s. Seite 26
Der/Ein Elefant ist ein Rüsseltier. Elefanten sind Rüsseltiere.	in Definitionen bei dem Nomen, das die übergeordnete Klasse bezeichnet
Hast du eigentlich schon einen neuen Computer? – Noch nicht, aber ich kauf mir bald einen.	als Pronomen

2 Formen

a unbestimmter Artikel

	maskulin	neutral	feminin	Plural
Nominativ	ein	ein	eine	-
Akkusativ	einen	ein	eine	-
Dativ	einem	einem	einer	-
Genitiv	eines	eines	einer	-* / von + Dativ

* Nur mit Adjektiv: *Snowboard-Fahren ist eher ein Hobby junger Leute / von jungen Leuten.*

b Negativartikel

	maskulin	neutral	feminin	Plural
Nominativ	kein	kein	keine	keine
Akkusativ	keinen	kein	keine	keine
Dativ	keinem	keinem	keiner	keinen
Genitiv	keines	keines	keiner	keiner

Genauso: Possessivartikel *mein, dein* usw. → s. Seite 32

c Pronomen

Nur die markierten Formen werden anders dekliniert:

	maskulin	neutral	feminin	Plural
Nominativ	einer	ein(e)s	eine	welche
Akkusativ	einen	ein(e)s	eine	welche
Dativ	einem	einem	einer	welchen
Genitiv	eines	eines	einer	welcher

Genauso: Negativ- und Possessivpronomen → s. Seite 32; Indefinitpronomen → s. Seite 60

3 Varianten

Standardsprache	Umgangssprache
Das ist wirklich ein cooler Typ!	Das ist wirklich 'n cooler Typ!
Hast du einen Freund?	Hast du 'nen Freund?
Ich bin bei einer Tante eingeladen.	Ich bin bei 'ner Tante eingeladen.

ÜBUNGEN

1 Wissen Sie's? – Definieren Sie die Begriffe.

a) Was ist eine Fee? Mann aus dem Mittelalter mit Pferd
b) Was ist ein Zwerg? übernatürliche Wesen ohne Körper
c) Was ist eine Hexe? Frau mit magischen Kräften
d) Was sind Geister? gefährliches Tier, das Feuer spuckt
e) Was ist ein Ritter? sehr kleiner Mann mit Bart und Zipfelmütze
f) Was ist ein Drache? hässliche, alte Frau, die zaubern kann und meistens böse ist

a) *Eine Fee ist eine Frau mit magischen Kräften.*

2 Was ist denn das? – Formulieren Sie Sätze mit dem Genitiv Singular und dem Plural mit *von* + Dativ.

a) der Rat/Freund
   Das ist der Rat eines Freundes.
   Das ist der Rat von Freunden.
b) der Geruch/Zitrone
c) der Duft/Rose
d) der Ton/Flöte
e) der Gesang/Vogel
f) das Schreien/Möwe
g) der Schatten/Wolke

3 Ein Mann kocht. – Ergänzen Sie den unbestimmten Artikel und die Pronomen.

a) Also, Erna, ich brauche zuerst _ein_ scharfes Messer. Hast du denn überhaupt _eins_? Ach hier, danke!
b) Und sag mal, gibt es in dieser Küche eigentlich _____ Bretter zum Schneiden? Dann gib mir doch bitte mal _____!
c) Erna, _____ Bratpfanne kann ich auch nirgends finden! Hast du k_____?
d) Sag mal, hast du überhaupt _____ Zwiebeln und _____ Karotten eingekauft?
e) So, und jetzt brauche ich noch _____ Topf mit Wasser. Ich glaube, da drüben steht _____. Danke sehr, meine Liebe.
f) Ach, könntest du mir bitte mal _____ große Schüssel bringen?
g) Danke! Ich habe vorhin _____ Flasche Weißwein in den Kühlschrank gestellt. Schenk mir doch bitte _____ Glas ein! Und nimm dir selber auch _____.
h) _____ wunderbares Essen! Erna, jetzt brauchen wir bloß noch _____ Kerze auf dem Tisch. Na, wie schmeckt das? Ich bin doch _____ fantastischer Koch!

4 Lesen Sie den Text jetzt in der umgangssprachlichen Variante laut vor.

a) Also, Erna, ich brauch zuerst _'n_ scharfes Messer.

5 Fehlerkorrektur – Ergänzen Sie die fehlenden Artikel (bestimmte → s. Seite 26 und unbestimmte) an der richtigen Stelle.

Meine Freundin Christine hat *ein* Baby bekommen. Deshalb muss ich noch schnell in Geschäft, um Geschenk zu kaufen. Hast du vielleicht Idee, was ich Christine für Baby schenken könnte? Baby ist Junge, kleines Auto wäre ganz gut. Aber dafür ist Junge jetzt noch ein bisschen zu klein. Vielleicht Mütze für nächsten Winter. Mal sehen, Geschenk darf auch nicht zu teuer sein. Auf jeden Fall kaufe ich Buch mit Yoga-Übungen für Christine.

ARTIKELWÖRTER

2.3 NULLARTIKEL

Brot und Spiele

Der Nullartikel steht ...

Schau, da fliegt ein Vogel. Schau, da fliegen Vögel.	... als Plural des unbestimmten Artikels → s. Seite 28
Rom ist die Hauptstadt von Italien. Asien ist der größte Kontinent der Erde.	... vor Namen der meisten Länder, Kontinente und Städte
Lisa, das ist Uwe. Sei leise, Onkel Fritz schläft!	... vor Eigennamen
Auf Wiedersehen, Frau Dr. Semmler.	... vor Anreden und Titeln
Donald ist Amerikaner.	... vor Nationalitäten
Tanja wird Sängerin. Max arbeitet jetzt als Profi-Boxer.	... vor Berufen
Möchten Sie Kaffee oder Tee? Der Stuhl hier ist aus Holz.	... vor Stoffen ... vor Materialien
Wir brauchen noch Mineralwasser.	... vor unbestimmten Mengen
„Freiheit, Gleichheit, Brüderlichkeit" war die Parole der Französischen Revolution.	... vor Abstrakta
Ingeborg hat wirklich Mut. Max machte vor Freude einen Luftsprung.	... vor Eigenschaften und Gefühlen
bei Wind und Regen, mit Mühe, ein Zimmer ohne Dusche, zu Abend essen	... vor Nomen in genereller Bedeutung, besonders nach *mit, ohne, zu*
Bitte ein Glas Orangensaft. Ich hätte gern ein Kilo Zwiebeln.	... vor Nomen nach Maß-, Gewichts- und Mengenangaben
Tom kommt nächsten Montag.	... vor Zeitangaben ohne Präposition
Hilfe leisten, Atem holen, Frieden schließen, in Gefahr sein, in Gang setzen	... vor manchen Nomen-Verb-Verbindungen

Wenn das Nomen z. B. durch ein Adjektiv oder einen Relativsatz erweitert ist,
muss ein Artikel stehen:

das südliche Afrika Ach, da kommen ja der alte Tom und die verrückte Tante Frieda. Wo ist der Tee, den du gestern gekauft hast?	bestimmter Artikel
Puh, das ist ja ein scheußlicher Kaffee!	unbestimmter Artikel

ÜBUNGEN

≡ 1 Warum Nullartikel? – Kreuzen Sie an.

> **Besser schlafen**
>
> Es sind vor allem die verschiedenen Ereignisse eines Tages, die das Gedanken-Karussell im Kopf *in Gang setzen*. Obwohl man müde ist, klappt es mit dem Einschlafen nicht. Aber auch *Kaffee, Alkohol* und *Nikotin* können *Einschlafstörungen* verursachen. Aber es gibt *Hilfe*. Gut für das Einschlafen sind *Einschlafrituale*: „So wie *Kindern*, die nur mithilfe von *Gute-Nacht-Geschichten* einschlafen können, hilft auch *Erwachsenen* eine gewisse Einschlaf-Routine", meint *Professor Hartmann*.

	Plural	Stoff	Eigen-name	generelle Bedeutung	Nomen-Verb-Verbindungen
in Gang setzen					X
Kaffee, Alkohol, Nikotin					
Einschlafstörungen					
Hilfe					
Einschlafrituale					
Kindern					
Gute-Nacht-Geschichten					
Erwachsenen					
Professor Hartmann					

≡ 2   **Neue Produkte für die Küche** – Ergänzen Sie den Nullartikel, den bestimmten Artikel oder den unbestimmten Artikel.

Das ist wirklich (a) _ein_ Power-Snack! (b) _____ kleine Fruchtbecher enthält kaum (c) _____ Zucker, dafür aber (d) _____ Vitamin C und schmeckt toll erfrischend nach (e) _____ Himbeeren und (f) _____ Äpfeln.

Sie mögen (g) _____ Zitronen, Sie wollen aber (h) _____ Säure nicht? Dann ist für Sie (i) _____ Zitronenöl mit (j) _____ Vitamin E genau das Richtige für (k) _____ Salatsoßen und (l) _____ Marinaden. Übrigens: (m) _____ Zitronenöl stammt aus (n) _____ Sizilien.

≡ 3   **Ein Brief aus Italien** – Ergänzen Sie den bestimmten Artikel, den unbestimmten Artikel oder den Nullartikel. Manchmal gibt es zwei Möglichkeiten.

Liebe (a) _/_ Katharina,

wie geht es Dir? Stell Dir vor, ich bin in (b) _____ Florenz und mache seit vier Tagen (c) _____ Sprachkurs. (d) _____ Kurs ist immer (e) a_____ Vormittag, danach mache ich meine Hausaufgaben mit zwei anderen Studentinnen in (f) _____ kleinen „ristorante" neben (g) _____ Schule.
Nachmittags schauen wir uns meistens zu dritt (h) _____ Stadt an – und hier gibt es wirklich viel zu sehen, zum Beispiel (i) _____ „David" von Michelangelo – das ist (j) _____ schönste Statue, die ich kenne. Und es gibt noch so viel anderes zu besichtigen! Meistens endet unsere Tour in (k) _____ Café oder in (l) _____ Park.
Ich wohne bei (m) _____ italienischen Familie und abends esse ich meistens dort.
Später treffe ich mich dann noch mit einigen anderen Studenten in (n) _____ Diskothek oder in (o) _____ Bar und trinke ein Glas (p) _____ Wein.
So, und genau dorthin gehe ich jetzt auch, denn ich habe mich mit (q) _____ Eva und (r) _____ Frederico verabredet. (s) _____ Frederico ist (t) _____ Spanier und arbeitet als (u) _____ Software-Spezialist bei (v) _____ Computerfirma.
Hast Du (w) _____ Lust, mich hier zu besuchen? Schreib mir doch mal!

Alles Liebe,
Deine (x) _____ Sandra

ARTIKELWÖRTER

2.4 POSSESSIVARTIKEL

mein Schlüssel

1 Funktion

Der Possessivartikel und das Possessivpronomen signalisieren „Besitz" oder „Zusammengehörigkeit".

So, ich hab jetzt meinen Autoschlüssel, und da sind meine Handschuhe. Ich suche jetzt nur noch meine Brille.	Possessivartikel
Ist das eigentlich Ihr Handy? – Ja, das ist meins.	Possessivpronomen

2 Formen

a Possessivartikel

	maskulin	neutral	feminin	Plural
ich	mein	mein	meine	meine
du	dein	dein	deine	deine
er	sein	sein	seine	seine
es	sein	sein	seine	seine
sie	ihr	ihr	ihre	ihre
wir	unser	unser	uns(e)re	uns(e)re
ihr	euer	euer	eure	eure
sie/Sie	ihr/Ihr	ihr/Ihr	ihre/Ihre	ihre/Ihre

Deklination

	maskulin	neutral	feminin	Plural
Nominativ	mein	mein	meine	meine
Akkusativ	meinen	mein	meine	meine
Dativ	meinem	meinem	meiner	meinen
Genitiv	meines	meines	meiner	meiner

Genauso: *dein, deinen, deinem, deines; sein, seinen, seinem ...*

b Possessivartikel im Satz

Wo wohnt eigentlich Tom? – Keine Sorge, ich habe seine Adresse.
   3. Person maskulin   feminin

Diesen Ring will ich Julia zu ihrem Geburtstag schenken.
   3. Person   maskulin
   feminin

c Possessivpronomen

Nur die markierten Pronomen werden anders dekliniert:

	maskulin	neutral	feminin	Plural
Nominativ	meiner	mein(e)s	meine	meine
Akkusativ	meinen	mein(e)s	meine	meine
Dativ	meinem	meinem	meiner	meinen
Genitiv	meines	meines	meiner	meiner

ÜBUNGEN

1 Kurz vor dem Abflug – Ergänzen Sie die Possessivartikel.

● Frau Haller, wo ist eigentlich (a) _mein_ Pass?
■ Tut mir leid, ich weiß nicht, wo Sie (b) _____ Pass haben.
● Ich fliege nachher doch nach Zürich.
   Wissen Sie vielleicht, wo ich (c) _____ Ticket hingelegt habe?
■ Nein, aber schauen Sie doch mal in (d) _____ Büro nach.
   Es könnte auf (e) _____ Schreibtisch liegen.
● Ach, natürlich! Danke sehr!
■ So, jetzt rufe ich Ihnen aber gleich ein Taxi! (f) _____ Flugzeug geht nämlich in einer Stunde!

2 Auf Prominentenjagd – Formulieren Sie Antworten mit dem Possessivartikel.

a) Wohnt hier der letzte Oskargewinner? [die Villa] – Ja, das ist _seine Villa_.
b) Und mit diesem Auto fährt der Regisseur von „Gute Zeiten – schlechte Zeiten" herum? [der Wagen] – Genau, das ist _____ _____, aber er fährt nicht gerne Auto.
c) Das ist doch die Straße, die nach dem Clown Charlie benannt wurde? [die Straße] – Ja, man könnte sagen, dass das _____ _____ ist.
d) Und in diesem Fitnessstudio kommt wirklich die Kommissarin aus dem „Tatort" öfter vorbei? [das Fitnessstudio] – Ja, denn das ist _____ eigenes _____.

3 Stars privat – Ergänzen Sie die Possessivartikel.

KIM REITER, Schauspielerin, ist privat nicht so mutig wie in (a) _ihren_ Filmen. „Ich habe immer noch Angst vor (b) _____ öffentlichen Auftritten", sagte die Schauspielerin jetzt. Schon in (c) _____ Schulzeit habe (d) _____ Mutter die Lehrer um Verständnis für Kims Schüchternheit gebeten. Heute ist Reiter aber der Meinung, es sei besser, sich (e) _____ Ängsten zu stellen.

JOHN MÜLLER, Schauspieler, hat (f) _____ Filmkarriere unter anderem (g) _____ mangelnden Selbstbewusstsein zu verdanken. „(h) _____ Meinung von mir selbst war früher nicht sehr hoch", sagte der 50 Jahre alte Frauenschwarm. Aus ähnlichen Gründen seien die meisten (i) _____ Kollegen Schauspieler geworden, meinte John.

4 Nach einer Party – Ergänzen Sie das Possessivpronomen.

a) Tom, sind das deine Schuhe? – Ja, das sind _meine_.
b) Und diese Jacke hier. Ist die auch von dir? – Nein, das ist nicht _____, ich glaube, die ist von Steven.
c) Sind das auch seine Zigaretten? – Zeig mal her! Ja, das sind _____.
d) Und dieses Brillenetui hier gehört doch Liz? – Genau, das ist _____.
e) Und dieser Ring ist sicher von Julia. – Ja, das muss _____ sein.

ADJEKTIVE

3.1 ADJEKTIVDEKLINATION NACH DEM BESTIMMTEN ARTIKEL

der rote Stein

1 Funktion

Weil im Deutschen die Satzglieder auf unterschiedlichen Positionen stehen können, dienen die Kasus-Signale zur Unterscheidung der Ergänzungen. → s. Seite 12–18

| De**m** neu**en** Chef kann ich wirklich vertrauen. Dies**e** neu**e** Mitarbeiterin ist wirklich gut. | Bei dem bestimmten Artikel und den Demonstrativartikeln ist das Kasus-Signal am Artikelwort. |

2 Formen

a Wenn das Kasus-Signal am Artikelwort ist, bekommt das Adjektiv die Endung *-en*, nur in den markierten Formen bekommt es die Endung *-e*.

	maskulin			neutral			feminin			Plural		
Nom.	de**r**	rot**e**	Stein	da**s**	hell**e**	Licht	di**e**	klar**e**	Luft	di**e**	rund**en**	Formen
Akk.	de**n**	rot**en**	Stein	da**s**	hell**e**	Licht	di**e**	klar**e**	Luft	di**e**	rund**en**	Formen
Dat.	de**m**	rot**en**	Stein	de**m**	hell**en**	Licht	de**r**	klar**en**	Luft	de**n**	rund**en**	Formen
Gen.	de**s**	rot**en**	Steines	de**s**	hell**en**	Lichtes	de**r**	klar**en**	Luft	de**r**	rund**en**	Formen

Genauso nach den Artikelwörtern *dieser, jeder, welcher, mancher, alle*.

Wenn ein Nomen mehrere Adjektive hat, werden alle Adjektive gleich dekliniert:
die roten, gelben und braunen Blätter.

b Zusammenfassende Darstellung der Formen

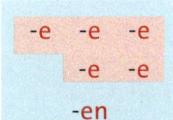

c Besondere Adjektive

hoch	der	hohe	Turm	
dunkel	jedes	dunkle	Geheimnis	Adjektive auf *-el* und *-er*
teuer	die	teure	Uhr	aber: *bitter, finster: eine bittere Medizin, …*
prima	dieser	prima	Vorschlag	Adjektive auf *-a* werden nicht dekliniert.
Münchner	das	Münchner	Bier	Adjektive von Städtenamen und einigen
Wiener	der	Wiener	Walzer	Ländernamen enden auf *-er*, werden groß-
Schweizer		Schweizer	Käse	geschrieben und nicht dekliniert.

ÜBUNGEN

1 Herbst – Unterstreichen Sie die Kasus-Signale und ergänzen Sie die Adjektivendungen im Nominativ.

maskulin
a) dies**er** blau_e_ Himmel
b) der bunt___ Wald
c) welcher alt___ Baum

neutral
d) das herrlich___ Wetter
e) dieses einmalig___ Blau
f) jedes einzeln___ Blatt

feminin
g) die klar___ Luft
h) die einzig___ Wolke
i) diese prima___ Idee

2 Ein Picknick im Grünen – Unterstreichen Sie die Kasus-Signale und ergänzen Sie die Adjektivendungen.

Akkusativ
a) über de**n** ganz**en** See
b) für das geplant___ Picknick
c) ohne die kleinst___ Pause

Dativ
d) zu dem alt___ Waldarbeiter
e) mit diesem klein___ Boot
f) in der golden___ Abendsonne

Genitiv
g) während des ganz___ Tages
h) trotz des gut___ Wetters
i) wegen der beginnend___ Dunkelheit

3 Natur pur – Unterstreichen Sie die Kasus-Signale und ergänzen Sie die Adjektivendungen im Plural.

a) durch di**e** herbstlich**en** Wälder
b) für alle hungrig___ Tiere
c) um die hölzern___ Bänke
d) zwischen den dunkl___ Bäumen
e) unter diesen hoh___ Tannen
f) mit den grün___ Zweigen
g) unterhalb der hoh___ Berge
h) jenseits der verschneit___ Alpen
i) während der kürzer werdend___ Tage

4 Haushaltstipps – Ergänzen Sie die Adjektive.

Kühlschrank: Wenn Ihr Kühlschrank nur die halb (a) _volle_ [voll] Flasche Wein von gestern Abend und den (b) _restlichen_ [restlich] (c) _Schweizer_ [Schweizer] Käse enthält, verbraucht er mehr Energie als im (d) _gefüllten_ [gefüllt] Zustand. Füllen Sie ihn also mit den (e) _gekauften_ [gekauft] Sachen auf: Mit dem (f) _grünen_ [grün] Salat zum Beispiel, den (g) _Wiener_ [Wiener] Würstchen oder auch der (h) _leckeren_ [lecker] Marmelade.

Geschirrspülmaschine: Auf dem (i) _gespülten_ [gespült] Geschirr sind die (j) _traurigen_ [traurig] Reste der Tomatensoße vom (k) _gestrigen_ [gestrig] Abendessen noch zu sehen? Dann war die Maschine wohl zu voll! Räumen Sie Ihre Spülmaschine beim (l) _nächsten_ [nächst] Mal so ein, dass das Wasser überall hinkommt, und reinigen Sie regelmäßig alle Siebe und Filter.

Waschmaschine: Stopfen Sie nicht die (m) _ganze_ [ganz] Schmutzwäsche der (n) _letzten_ [letzt] Wochen mit Gewalt in die (o) _arme_ [arm], (p) _alte_ [alt] Maschine, sonst wird der Motor zu stark belastet. Und waschen Sie die (q) _dunklen_ [dunkel] T-Shirts getrennt von den (r) _weißen_ [weiß] Hemden.

ADJEKTIVE

3.2 ADJEKTIVDEKLINATION NACH DEM UNBESTIMMTEN ARTIKEL, NEGATIVARTIKEL UND POSSESSIVARTIKEL

ein roter Stein, kein grünes Licht, deine blauen Augen

1 Funktion

Weil im Deutschen die Satzglieder auf unterschiedlichen Positionen stehen können, dienen die Kasus-Signale (→ s. Seite 12–18) zur Unterscheidung der Ergänzungen.

Im „Gloria-Kino" läuft heute ein neu**er** Film von ein**em** sehr gut**en** Regisseur.	Bei dem unbestimmten Artikel, dem Negativartikel und den Possessivartikeln → Kasus-Signal am Adjektiv bzw. am Artikelwort.

Der unbestimmte Artikel, der Negativartikel und die Possessivartikel haben manchmal …
… kein Kasus-Signal → das Kasus-Signal kommt an das Adjektiv → s. Seite 28, 38,
… ein Kasus-Signal → Adjektivdeklination wie nach dem bestimmten Artikel → s. Seite 28, 34

2 Formen

a unbestimmter Artikel

	Singular			Plural
	maskulin	neutral	feminin	
Nom.	ein rot**er** Stein	ein hell**es** Licht	eine klare Luft	– rund**e** Formen
Akk.	eine**n** rot**en** Stein	ein hell**es** Licht	eine klare Luft	– rund**e** Formen
Dat.	eine**m** rot**en** Stein	eine**m** hell**en** Licht	eine**r** klar**en** Luft	– rund**en** Formen
Gen.	eine**s** rot**en** Steines	eine**s** hell**en** Lichtes	eine**r** klar**en** Luft	– rund**er** Formen

b Negativartikel und Possessivartikel

	Singular			Plural
	maskulin	neutral	feminin	
Nom.	kein rot**er** Stein	kein hell**es** Licht	kein**e** klare Luft	kein**e** rund**en** Formen
Akk.	kein**en** rot**en** Stein	kein hell**es** Licht	kein**e** klare Luft	kein**e** rund**en** Formen
Dat.	kein**em** rot**en** Stein	kein**em** hell**en** Licht	kein**er** klar**en** Luft	kein**en** rund**en** Formen
Gen.	kein**es** rot**en** Steines	kein**es** hell**en** Lichtes	kein**er** klar**en** Luft	kein**er** rund**en** Formen

Genauso *mein/dein/sein roter Stein*, …

ÜBUNGEN

1 Welche Artikelwörter haben ein Kasus-Signal, welche haben keins? – Kreuzen Sie an.

	mit	ohne		mit	ohne		mit	ohne
einen	X	☐	einem	☐	☐	euren	☐	☐
ein	☐	☐	meine	☐	☐	euer	☐	☐
keinem	☐	☐	mein	☐	☐	eurer	☐	☐
kein	☐	☐	seiner	☐	☐	ihr	☐	☐
deinen	☐	☐	sein	☐	☐	Ihrem	☐	☐
dein	☐	☐	unseres	☐	☐	Ihr	☐	☐
keine	☐	☐	unser	☐	☐	ihren	☐	☐

2 Unterstreichen Sie die Kasus-Signale in Übung 1.

≡ 3   **Studenten ziehen um – Ergänzen Sie die Adjektivendungen.**

maskulin
a) so ein schön**er** Schreibtisch
b) einen ganz___ Tag
c) mit einem gemietet___ Lkw
d) statt eines privat___ Wagens
e) weiter___ Pläne
f) keine antik___ Stühle

neutral
g) ein modern___ Telefon
h) ohne sein alt___ Regal
i) aber mit meinem wunderbar___ Bett
j) trotz unseres eng___ Treppenhauses
k) zusätzlich___ Probleme
l) seine ganz___ Bücher

feminin
m) eine ziemlich hässlich___ Lampe
n) eine gebraucht___ Geschirrspülmaschine
o) neben meiner neu___ Mikrowelle
p) unterhalb deiner alt___ Küchenuhr
q) viel___ Fragen
r) unsere nächst___ WG-Party

≡ 4   **Eine neue Wohnung – Ergänzen Sie die Adjektive.**

Tobias hat endlich eine (a) **neue** [neu] und Gott sei Dank nicht sehr (b) _____ [teuer] Wohnung gefunden. Sie hat eine (c) _____ [hell] Küche, eine (d) _____ [sonnig] Terrasse, ein (e) _____ [klein] Wohnzimmer, einen (f) _____ [dunkel] Flur, und im Badezimmer steht eine (g) _____ [wunderschön], (h) _____ [altmodisch] Badewanne. Tobias sucht jetzt noch einen (i) _____ [gebraucht] Fernseher und einen (j) _____ [gemütlich] Sessel. Und dafür hat er auch schon eine (k) _____ [wichtig] Verabredung. Er will heute Nachmittag mit seiner Freundin Vera in die Stadt gehen und die Sachen kaufen, die noch fehlen. Aber das ist gar nicht so einfach: Denn ein (l) _____ [schön] und (m) _____ [gemütlich] Sessel ist ziemlich teuer, und Vera will eigentlich keinen (n) _____ [gebraucht] Fernseher. Sie möchte lieber ein (o) _____ [modern] Gerät mit einem (p) _____ [groß] Bildschirm. Das ist aber für Tobias viel zu teuer, deshalb kauft er erst einmal gar nichts. Er fährt mit seinem (q) _____ [rostig] Fahrrad nach Hause und setzt sich dort an seinen (r) _____ [alt] Computer. Er sieht sich eine (s) _____ [München] Serie an.

≡ 5   **Im Internet-Café – Ergänzen Sie die Adjektivendungen.**

Die Menschen gehen heute ins Internet-Café, weil sie keinen (a) eigen**en** Computer haben oder weil sie die hier (b) herrschend**e** Anonymität schätzen, die sie bei den (c) eigen**en** (d) digital**en** Geräten vermissen. Stammkunden in solchen Cafés sind Gruppen, die zum (e) aktuellst**en** Computerspiel an die (f) vernetzt**en** Laptops kommen. Stammkunden sind Schulkinder, die für ihre (g) neuest**en** Hausaufgaben einen Computer brauchen, und Stammkunden sind die Menschen, die weit weg von zu Hause sind und mit ihren (h) zurückgeblieben**en** Familienmitgliedern und ihren (i) lieb**en** Freunden in der Heimat kommunizieren möchten. 50 bis 80 Cent kostet eine Online-Stunde üblicherweise, das können sich die meisten leisten. Und Yalan aus China hat ein (j) speziell**es** Problem: Sie hat ihr (k) elektronisch**es** Ticket auf ihrem Tablet, aber keinen (l) funktionierend**en** Drucker in ihrem (m) gemietet**en** Apartment. Sie bittet deshalb den (n) sympathisch**en** (o) jung**en** Mann am Nebentisch, ihr zu helfen. Aber der muss gerade eine Frage beantworten, die ihm sein (p) alt**er** Freund aus Kanada stellt: Wie schmeckt das (q) deutsch**e** Bier? Jonathan trinkt gerade ein hell**es** Bier, nimmt einen (r) groß**en** Schluck und kann deshalb ehrlich antworten: „Great!"

≡ 6   **Unterstreichen Sie in Übung 5 alle Artikelwörter, die vor einem Adjektiv stehen und ein Kasus-Signal haben.**

ADJEKTIVE

3.3 ADJEKTIVDEKLINATION OHNE ARTIKEL (NULLARTIKEL)

roter Stein – helles Licht – klare Luft

1 Funktion

Weil im Deutschen die Satzglieder auf unterschiedlichen Positionen stehen können, dienen die Kasus-Signale (→ s. Seite 12–18) zur Unterscheidung der Satzglieder.

Neu**er** Schwung und gut**es** Timing haben den Polit-Thriller auf Platz 1 gebracht. In alt**en** Filmen gibt es oft eine ganz besondere Atmosphäre.	Wenn es keinen Artikel (Nullartikel) gibt, hat das Adjektiv das Kasus-Signal.

2 Formen

Wenn es keinen Artikel (Nullartikel) gibt oder das Artikelwort kein Kasus-Signal (→ s. Seite 28, 30, 36) hat (*ein, kein, mein* usw.), bekommt das Adjektiv das Kasus-Signal.

	Singular			Plural
	maskulin	neutral	feminin	
Nom.	rot**er** Stein	hell**es** Licht	klar**e** Luft	rund**e** Formen
Akk.	rot**en** Stein	hell**es** Licht	klar**e** Luft	rund**e** Formen
Dat.	rot**em** Stein	hell**em** Licht	klar**er** Luft	rund**en** Formen
Gen.	rot**en** Stein**es**	hell**en** Licht**es**	klar**er** Luft	rund**er** Formen

Ausnahme: Genitiv Singular maskulin und neutral: Hier hat jeweils das Nomen das Kasus-Signal *-(e)s*, das Adjektiv die Endung *-en*.
Genauso: nach Kardinalzahlen, z. B. *mit drei grünen Smaragden, anstelle zehn roter Edelsteine*.

Wenn ein Nomen mehrere Adjektive hat, werden alle Adjektive gleich dekliniert:
in klarer, frischer Luft.

ÜBUNGEN

≡ 1 Setzen Sie die Kasus-Signale *-er*, *-es*, *-e*, *-en*, *-em* ein, die an das Adjektiv kommen.

	Singular			Plural
	maskulin	neutral	feminin	
Nominativ	-er			
Akkusativ				
Dativ				
Genitiv	-en	-en		

≡ 2 Sommer – Ergänzen Sie die Adjektivendungen nach dem Nullartikel und Artikel ohne Kasussignal im Nominativ.

maskulin
a) ein weit_er_ Weg
b) rot _er_ Wein
c) französisch___ Käse
d) stark___ Kaffee

neutral
e) mein neu___ Rad
f) dein alt___ Radio
g) dunkl___ Brot
h) ein scharf___ Messer

feminin
i) leis___ Musik
j) gesalzen___ Butter
k) würzig___ Wurst
l) frisch___ Milch

Plural
m) hoh___ Tannen
n) süß___ Trauben
o) lachend___ Kinder
p) groß___ Bäume

3 Aktivurlaub – Ergänzen Sie die Adjektive (nach Nullartikel und unbestimmtem Artikel).

Akkusativ

Sie wollen mal richtig raus aus dem Alltag? Sie mögen (a) _gutes_ [gut] Essen und (b) _____ [exzellent] Wein, lieben (c) _____ [klassisch] Musik und wünschen sich nebenbei auch noch (d) _____ [sportlich] Aktivitäten? Dann buchen Sie für ein (e) _____ [lang] Wochenende ein (f) _____ [komfortabel] Doppel- oder Einzelzimmer in unserem Hotel! Sie werden hier (g) _____ [unvergesslich] Tage verbringen!

Dativ

Bei (h) _____ [frisch] Neuschnee können Sie auf allen Pisten Ski fahren oder in (i) _____ [klar] Bergluft einmalige Wanderungen machen. Danach geht's in den Fitnessraum: mit (j) _____ [gezielt] Muskeltraining gegen den Speck! Nach dem Sport in die Sauna und danach in (k) _____ [eiskalt] Wasser schwimmen: Da vergessen Sie den Alltag bestimmt! Übrigens: Unsere Skikurse finden alle in (l) _____ [klein] Gruppen statt.

Genitiv

Sie werden sich innerhalb (m) _____ [kürzest] Zeit wie neugeboren fühlen! Auf der Basis (n) _____ [individuell] Beratung wird Ihr ganz persönliches Fitnessprogramm zusammengestellt: Anstelle (o) _____ [untrainiert] Muskeln und (p) _____ [trüb] Gedanken werden bald der Anblick eines (q) _____ [muskulös] Bauchs und Optimismus ihr Leben bestimmen.

4 Deine blauen Augen sind phänomenal! – Ergänzen Sie die Adjektivendungen.

(a) Blauäugig _e_ Männer haben offenbar (b) besser___ Chancen beim Flirten – auf jeden Fall bei (c) englisch___ Frauen. Denn nach einer kürzlich veröffentlichten Studie von (d) britisch___ Psychologen der Universität Manchester ist dort fast jede zweite Frau von (e) blau___ Augen fasziniert. (f) Verschieden___ Testmänner mussten sich für die Studie (g) farbig___ Kontaktlinsen einsetzen und wurden so fotografiert. Die Testfrauen mussten anhand der Fotos dann (h) folgend___ Fragen beantworten und auf einer Skala bewerten: Ist das ein (i) sympathisch___ Mann? Ist das ein (j) attraktiv___ Mann? Ist das ein (k) intelligent___ Mann? Dabei wussten sie nicht, dass es bei der Befragung um die Augen ging. Das Ergebnis: (l) Braunäugig___ Männer wirken auf 21 Prozent der Frauen attraktiv, 33 Prozent bevorzugen (m) grün___ Augen. Bei Männern mit (n) blau___ Augen wurden 46 Prozent der befragten Frauen schwach. Darüber hinaus haben (o) blauäugig___ Männer einen weiteren Vorteil: „Findet man jemanden wegen (p) schön___ Augen attraktiv, spricht man ihm auch (q) höher___ Intelligenz zu", hat Studienleiter Martin Eagle herausgefunden.

5 Computer und Co. – Formulieren Sie Sätze.

a) leistungsfähig – Computer – sein – heutzutage – billig
   Ein leistungsfähiger Computer ist heutzutage billig.
b) gut – und – augenschonend – Bildschirme – dürfen – nicht – flimmern
c) professionell – Drucker – müssen – hoch – Farbqualität – bieten
d) klein – Aktivboxen – sein – auch – im – Kaufpreis – enthalten
e) an – die Laptops – können – extern – Festplatten – angeschlossen werden

ADJEKTIVE

3.4 ARTIKEL – UNBESTIMMTE ZAHLWÖRTER

alle netten Kollegen – mehrere unklare Antworten

1 Funktion

Um Adjektive korrekt zu deklinieren, muss man wissen, ob das Wort vor dem Adjektiv ein Artikelwort oder ein unbestimmtes Zahlwort ist.

2 Formen

a Artikelwörter

Artikelwörter	Adjektiv	Nomen	Adjektivdeklination
alle			
keine			Artikelwörter mit Kasus-Signal
manche	aktuellen	Informationen	→ Adjektivdeklination wie nach
sämtliche			bestimmten Artikeln
solche			(→ s. Seite 34)
welche			

b Unbestimmte Zahlwörter

unbestimmte Zahlwörter	Adjektiv	Nomen	Adjektivdeklination
andere			
einige			
etliche			
folgende			unbestimmte Zahlwörter
mehrere*	interessante	Antworten	→ Adjektivdeklination wie nach
verschiedene			Nullartikel (→ s. Seite 38)
viele**			
wenige**			
zahlreiche			

andere, folgende, verschiedene, viele, wenige, zahlreiche werden manchmal auch mit Artikelwörtern wie *die/diese* verwendet → Adjektivdeklination wie nach dem bestimmten Artikel: *diese vielen neuen Informationen*.

* *mehrere = einige* nicht verwechseln mit *mehr*. *mehr* ist der Komparativ von *viel* und wird nicht dekliniert: *mehr gutes Geld*. So auch *weniger*: *weniger schlechte Luft*
** Im Singular: *viel neues Wissen, wenig freier Raum*

c Pronomen

Wie viele Freunde hast du eigentlich eingeladen? – Alle.	*alle, einige, keine**,
Haben Sie alle Fragen beantwortet? – Nein, nur einige.	*manche, solche*
Gibt es noch Brötchen? – Nein, es gibt keine mehr.	können auch als Pronomen
Das sind aber schöne Stifte! Solche möchte ich auch haben.	verwendet werden

* → s. Seite 28

ÜBUNGEN

1 Benimmregeln fürs Büro – Unterstreichen Sie die Artikelwörter und die unbestimmten Zahladjektive. Ergänzen Sie die Adjektivendungen.

TELEFON Führen Sie keine (a) privat_en_ Gespräche vom Firmenapparat aus, besonders dann nicht, wenn Sie zahlreiche auswärts (b) wohnend___ Freunde und Bekannte haben. In etlichen (c) modern___ Firmen gilt jedoch ein pragmatischer Umgang mit diesem Thema, wenn nicht allzu viel (d) wertvoll___ Arbeitszeit geopfert wird und sich die Kosten im Rahmen halten.

DUZEN Wenn Sie neu in einer Firma anfangen, werden Sie natürlich nicht alle (e) älter___ Kollegen duzen. Aber für die zahlreichen (f) jugendlich___ Freunde des „Du" sind bessere Zeiten in Sicht: Es gibt mehrere (g) eindeutig___ Hinweise darauf, dass der Trend dahin geht, sich beim Vornamen zu nennen – selbst in etlichen (h) konservativ___ Branchen.

FÜSSE Die Füße bleiben unter dem Tisch, denn der Chef mag keine (i) entspannt___ Mitarbeiter. Auch wenn Sie glauben, alle (j) cool___ Leute müssten die Füße auf den Tisch legen: Das ist nicht so, und manche (k) wichtig___ Geschäftspartner reagieren auf diese bequeme Haltung ausgesprochen allergisch.

2 So geht's nicht weiter! – Formulieren Sie Sätze mit dem Akkusativ.

Wir fordern ...
a) weniger unbezahlt Überstunden
   ... weniger unbezahlte Überstunden!
b) mehr frei Zeit
c) mehr bezahlt Urlaub
d) nur wenig künstlich Licht im Büro
e) viel frisch Luft
f) mehr grün Pflanzen

3 Betriebsversammlung – Formulieren Sie Sätze.

a) Es gibt nur noch ...   wenig – frei – Plätze
   Es gibt nur noch wenige freie Plätze.
b) Der Personalchef hat ...   viel – neu – Informationen
c) Er äußert sich tatsächlich zu ...   all – gestellt – Fragen
d) Es gibt allerdings auch ...   etlich – gut hörbar – Zwischenrufe
e) Ein junger Mitarbeiter macht ...   einig – kritisch – Bemerkungen
f) Der Personalchef beantwortet plötzlich ...   kein – weiter – Fragen – mehr
g) Auf der Betriebsversammlung sieht man heute auch ...   zahlreich – unbekannt – Gesichter

4 Alltägliches – Ergänzen Sie die Artikelwörter, Adjektive und Pronomen.

| einiges • mehr • mehrere (2x) • solche • viel (2x) • viele • wenig (2x) • wenige |

a) Terry hat heute leider nicht _viel_ Zeit.
b) Andy verdient nur 800 Euro pro Monat. Das ist ziemlich _____.
c) Ich bin heute so müde! Ich habe eigentlich nur _____ Lust, ins Kino zu gehen.
d) Ich kenne nur _____ Leute, die so viel essen können wie Hugo.
e) Karin hat wirklich zu _____ Arbeit. Sie braucht _____ Zeit für sich.
f) In dem Bereich ist sie Expertin. Da weiß sie _____.
g) Ich habe zum Geburtstag gleich _____ deutsche Bücher bekommen!
h) Das sind aber schöne Gläser! _____ hätte ich auch gern.
i) So _____ Brote hast du gemacht? Wer soll denn die alle essen?
j) Wo warst du denn gestern? Ich habe _____ Male versucht, dich anzurufen!

ADJEKTIVE

3.5 KOMPARATIV UND SUPERLATIV

jung – jünger – am jüngsten

1 Funktion: Vergleich

Moritz ist 10 Jahre alt. Er ist noch jung. *Julia ist erst 5. Sie ist jünger als Moritz.* *Alex ist erst 8 Monate alt. Er ist am jüngsten.*

2 Formen

a beim Verb

Alex ist		dick			Grundform	nicht dekliniert
Fritz ist		dick		er.	Komparativ	
Karl ist	am	dick	st	en.	Superlativ	

Diana läuft		schnell			Grundform	nicht dekliniert
Anna läuft		schnell		er.	Komparativ	
Elena läuft	am	schnell	st	en.	Superlativ	

b beim Nomen

ein		dick		er	Mann	Grundform	Adjektivdeklination → s. Seite 34–38
ein		dick	er	er	Mann	Komparativ	
der		dick	st	e	Mann	Superlativ	Superlativ nur mit bestimmtem Artikel

c unregelmäßige Formen

alt	älter	ältest-	a → ä	bei vielen einsilbigen
groß	größer	größt-	o → ö	Adjektiven
jung	jünger	jüngst-	u → ü	
frisch	frischer	frischest-	nach -s, -d, -sch, -ss, -ß, -t, -tz, -x, -z: -est-
intelligent	intelligenter	intelligentest-	Ausnahme: *größt-*
dunkel	dunkler	dunkelst-	-e- fällt im Komparativ weg
teuer	teurer	teuerst-	Ausnahme: *heiter, lecker, munter*
hoch	höher	höchst-	
nah	näher	nächst-	
viel	mehr	meist-	*mehr/weniger* steht vor artikellosen Nomen
gut	besser	best-	und wird nicht dekliniert: *Mehr Unfälle,*
gern	lieber	liebst-	*aber weniger Tote!*

ÜBUNGEN

1 Ergänzen Sie die Tabelle.

a) arm	ärmer	am ärmsten
b)		am besten
c)	mehr	
d)	lieber	
e) teuer		
f) hoch		
g)		am dunkelsten
h) nah		
i)	jünger	
j) weit		

2 Unübertrefflich – Ergänzen Sie das passende Adjektiv im Superlativ.

giftig • hoch • lang • ~~schnell~~ • schwierig

a) Der Gepard ist das _schnellste_ Säugetier der Welt.
b) Der Mount Everest ist der _____ Berg der Welt.
c) Der Nil ist der _____ Fluss der Welt.
d) Die Kobra ist die _____ Schlange der Welt.
e) Deutsch ist sicher nicht die _____ Sprache der Welt.

3 Zirkus-Festival – Ergänzen Sie in der richtigen Form.

Viele Leute besuchen heute ja (a) _lieber_ [gern, Komparativ] einen modernen Zirkus, denn da gibt es (b) _____ [wenig, Komparativ] Programme mit Clowns und dressierten Tieren und (c) _____ [viel, Komparativ] Akrobaten, Tänzer und Musiker. Das Motto bei manchen modernen Zirkus-Auftritten könnte „(d) _____ [leicht, Komparativ], (e) _____ [bunt, Komparativ], (f) _____ [frech, Komparativ]" sein, denn die Akrobaten haben oft so viel Schwung, dass sie in ihren bunten Trikots auf (g) _____ [elegant, Superlativ] Art fast bis zum (h) _____ [hoch, Superlativ] Punkt des Zeltdaches fliegen. Außerdem gibt es Auftritte mit viel Humor. Die vielleicht (i) _____ [berühmt, Superlativ] Nummer beim diesjährigen Festival ist ein Jongleur, von dem behauptet wird, der (j) _____ [gut, Superlativ] der Welt zu sein. Er jongliert mit drei Bällen, drei Hüten und drei Zigarrenkisten. Und die Karten sind auch nicht (k) _____ [teuer, Komparativ] als bei den anderen Veranstaltungen.

ADJEKTIVE

3.6 VERGLEICHE

so groß wie – kürzer als – je ... desto

1 Funktion

*Mein letzter Urlaub war **kürzer als** alle anderen. Ich glaube, ich mache nächstes Jahr mal wieder **einen längeren** Urlaub. Und wie war es bei dir?*

*Unser Ferienhaus in den Bergen, das war **so groß wie** ein Schloss. Das war wirklich **eines der schönsten** Häuser, in denen ich bisher gewohnt habe.*

2 Formen

a *so* + Grundform + *wie*

| Die Lebensqualität in Hamburg ist **so gut wie** die Lebensqualität in München. | Zwei Dinge sind gleich. |

Der Vergleich mit *wie* kann auch nach dem zweiten Teil des Verbs stehen:
Für die Miete muss man in Hamburg so viel bezahlen wie in München.

b Komparativ + *als*

| Die Luft in Hamburg ist **besser als** die Luft in München. | Zwei Dinge sind nicht gleich. |

Der Vergleich mit *als* kann auch nach dem zweiten Teil des Verbs stehen:
In Hamburg können größere Schiffe anlegen als in Bremen.

c Komparativ allein

| Stefan will im nächsten Jahr mal **einen längeren Urlaub** machen.
= ein Urlaub, der länger ist als ein normaler Urlaub | Der Komparativ bedeutet, dass mehr oder weniger als normalerweise üblich gemeint ist. |

d Indefinitpronomen *einer/eines/eine* + Superlativ

| Karl und Manu wohnen in **einer der schönsten Wohnungen** Hamburgs.
= Die schönsten Wohnungen in Hamburg. Karl und Manu wohnen in einer davon. | Das Indefinitpronomen *einer/eines/eine* zusammen mit dem Superlativ bedeutet, dass ein Exemplar aus einer Menge mit gemeinsamer Eigenschaft gemeint ist. |

Das Genus von *eines/einen/einer/eine/einem* hängt vom Nomen ab.

e *je* + Komparativ ... *desto/umso* + Komparativ:
Zwei Aussagen oder Prozesse werden miteinander verglichen.

Nebensatz			Hauptsatz		
je + Komparativ		Position Ende	*desto/umso* + Komparativ	Position 2	
Je mehr* Freunde	man	einlädt,	desto lustiger	wird	die Party.
Je länger	ich darüber	nachdenke,	umso besser	gefällt	mir dein Vorschlag.

* Wenn es kein Adverb oder Adjektiv gibt, das man in den Komparativ setzen kann, benutzt man *mehr* oder *weniger*; *mehr* und *weniger* werden vor einem Nomen nicht dekliniert.

ÜBUNGEN

≡ 1 Formulieren Sie mit dem Komparativ und *als* bzw. mit *nicht so ... wie*.

a) Zu Hause gibt Nico nicht so viel Geld aus wie im Urlaub. [wenig]
   Zu Hause gibt Nico weniger Geld aus als im Urlaub.
b) Im Urlaub schmeckt ihm das Essen besser als zu Hause. [gut]
   Zu Hause schmeckt ihm das Essen nicht so gut wie im Urlaub.
c) Im Urlaub schläft Nico nicht so schlecht wie zu Hause. [gut]
d) Zu Hause steht er früher auf als im Urlaub. [spät]
e) Im Urlaub ist er nicht so müde wie zu Hause. [aktiv]
f) Im Urlaub ist es sowieso spannender als zu Hause. [langweilig]

≡ 2 Nach dem Urlaub – Formulieren Sie die Sätze aus Ü 1 im Perfekt und stellen Sie den Vergleich nach den zweiten Teil des Verbs.

a) *Zu Hause hat Nico weniger Geld ausgegeben als im Urlaub.*
b) *Zu Hause hat ihm das Essen nicht so gut geschmeckt wie im Urlaub.*

≡ 3 Auf Geschäftsreise – Ersetzen Sie die unterstrichenen Satzteile durch einen Komparativ in der richtigen Form.

a) Marko macht eine nicht so kurze Geschäftsreise nach Russland.
   Marko macht eine *längere* Geschäftsreise nach Russland.
b) Er fährt in eine nicht so kleine Stadt. Er fährt in eine _____ Stadt.
c) Er bezahlt für das Hotelzimmer einen nicht so niedrigen Betrag.
   Er bezahlt für das Hotelzimmer einen ...
d) Er trifft einen Geschäftspartner, der nicht mehr richtig jung ist. Er trifft einen ...
e) Er hat bei dem Geschäftstermin am nächsten Morgen nicht so große Probleme mit der Sprache.
   Er hat bei dem Geschäftstermin am nächsten Morgen ...

≡ 4 Keine Übertreibungen – Ergänzen Sie den Superlativ und formulieren Sie dann Sätze mit dem relativen Superlativ.

a) Naomi ist die *schönste* Frau Europas. [schön]
   Das stimmt nun wirklich nicht! – *Na gut, aber sie ist eine der schönsten Frauen Europas.*
b) Der Mops ist der _____ Hund der Welt. [hässlich]
   Jetzt übertreibst du aber! – *O. k., aber ...*
c) Rothenburg ist die _____ Stadt in Deutschland. [hübsch]
   So ein Unsinn! – *Na ja, aber ...*
d) In München gibt es das _____ technische Museum Europas. [gut]
   Das stimmt einfach nicht. – *Na gut, aber ...*
e) Harald ist wirklich der _____ Mensch der Welt! [nett]
   Finde ich nicht. – *Gut, aber ...*

≡ 5 Weinproduktion – Formulieren Sie Vergleichssätze mit *je ... desto/umso*.

a) Die Traube bleibt lange am Stock. Der Wein wird süß.
   Je länger die Traube am Stock bleibt, desto/umso süßer wird der Wein.
b) Der Wein lagert lange. Er wird wertvoll.
c) Die Ernte ist klein. Der Wein wird teuer.
d) Die produzierte Menge ist gering. Der Preis ist hoch.
e) In Europa wird viel Wein produziert. Die Preise sinken stark.
f) Der Wein ist trocken. Er ist heutzutage bei den Kunden beliebt.

ADJEKTIVE

3.7 GRADUIERUNG DURCH ADVERBIEN

sehr schön

1 Funktion

Verstärkung oder Abschwächung der Bedeutung eines Adjektivs.

| Lernt Paul eigentlich viel für sein Examen? | Also ich finde, dass er | zu
sehr

gar nicht | viel
viel
viel
viel | lernt. | Verstärkung*
Verstärkung

Abschwächung |

* negative Beurteilung

2 Formen

a Adverbien und Adjektive

Verstärkung	Verstärkung einer Negation	Abschwächung	über dem Normalmaß
außerordentlich hübsch ausgesprochen schön besonders schlecht ganz* leer sehr schnell überaus sparsam ungewöhnlich laut	Der Film war gar/ überhaupt nicht gut. – Er hat mir gar/überhaupt nicht gefallen.	einigermaßen frisch ganz** nett halbwegs pünktlich recht schnell relativ groß vergleichsweise klein ziemlich teuer	zu dick viel zu dick allzu dünn

* betont   ** unbetont

b Wortbildung

Diese Zusammensetzungen werden vor allem in der Werbe-, Umgangs- und Jugendsprache verwendet. Sie können aber nicht mit jedem Adjektiv kombiniert werden (ein ~~stockschöner~~ Garten):

*hoch*aktuell	*tief*blau	*hyper*aktiv	*riesen*groß
*extra*breit	*super*schnell	*bild*schön	*brand*aktuell
*stock*dunkel	*top*modern	*nagel*neu	*tod*traurig

ÜBUNGEN

1 Ein vergleichsweise netter Abend – Verstärkung oder Abschwächung? Kreuzen Sie an.

	Verstärkung	Abschwächung
a) Na, das war ja ein ausgesprochen schlechter Film.	X	☐
b) Was? Also ich fand den Film recht gut.	☐	☐
c) „Gut" sagst du? Also, die Schauspieler haben vielleicht ganz nett gespielt,	☐	☐
d) aber die Handlung war doch einigermaßen uninteressant.	☐	☐
e) Und den Schluss fand ich überhaupt nicht logisch.	☐	☐
f) Was? Ich fand, der Schluss war besonders spannend.	☐	☐
g) Dafür habe ich auf den engen Sitzen ganz steife Beine bekommen.	☐	☐

2 Ein überaus schöner Mann! – Ergänzen Sie die passenden Adverbien.

Verstärkung ++ | Abschwächung +

- Also, Kurt hat ja eine (a) _ausgesprochen_ lange Nase.
- Na ja, sie ist zwar (b) _____ lang, aber trotzdem schön. [ausgesprochen] [relativ]

- Und er hat auch (c) _____ große Ohren.
- Ja, die sind schon (d) _____ groß, aber man sieht sie ja kaum. [ungewöhnlich] [ziemlich]

- Einen (e) _____ dicken Bauch hat er übrigens auch.
- Hm. Dick würde ich nicht sagen. Er ist einfach (f) _____ stark. [recht] [sehr]

- Und dann noch diese (g) _____ kurzen Beine. Er sieht wirklich wie eine kleine Kugel aus.
- Das ist nicht wahr! Seine Beine sind vielleicht (h) _____ kurz, aber mir gefällt der Mann. [besonders] [vergleichsweise]

3 Kino – Ergänzen Sie die Sätze mit *zu* und dem passenden Adjektiv.

- Das Abendessen war wirklich sehr gut! Ich kann mich kaum noch bewegen. Ich habe wieder mal viel (a) _zu viel_ gegessen.
- Jetzt werde bloß nicht müde! Unser Film fängt gleich an. Ich will auf keinen Fall (b) _____ _____ kommen.
- Ach, das letzte Mal waren wir doch auch schon viel (c) _____ _____ im Kino und mussten noch ewig warten.
- Aber heute sind wir schon spät dran! Sag mal, warum fährst du eigentlich nur 30? Hier darf man 60 fahren! Du fährst viel (d) _____ _____.
- Immer mit der Ruhe! Wir kommen schon noch rechtzeitig. Die Werbung hat das letzte Mal fast eine Stunde gedauert. Das ist einfach (e) _____ _____.
- Ach, ich glaube, du schläfst während des Films wieder ein. Du bist einfach viel (f) _____ _____, um ins Kino zu gehen.

4 Extragut! – Ergänzen Sie die passenden Vorsilben.

extra · hoch · brand · tief · super · tod · top · voll

a) Unsere Bratwürste sind _extra_ lang und schmecken _super_ gut. ✓
b) Diese _top_ moderne Küchenmaschine funktioniert natürlich _voll_ automatisch. ✓
c) Gerade wenn Sie sich _tief_ müde fühlen, wirkt unser Kräutertee Wunder! Trinken Sie zwei Tassen und Sie sind wieder _hoch_ fit. ✗ top
d) Der Farbton von unserem _tod_ violetten Nagellack ist _brand_ neu. ✓

hoch ✓
tod ✓
tief

ADJEKTIVE

3.8 ZAHLWÖRTER

eins, zwei, drei – erstens, zweitens, drittens

1 Funktion

Ich glaube, sie hat **fünf** Katzen.	*Wie viel? Wie viele?*	Mengenangabe
Die Veranstaltung beginnt am **5. 7.** um **16** Uhr.	*Wann?*	Zeitangabe
Das ist mein **zweites** Bier.	*Das wievielte?*	Position in einer Reihe

2 Formen

a Kardinalzahlen

1	Ich muss unbedingt zum Geldautomaten. Ich hab nur noch **einen** Euro in der Tasche, und im Geldbeutel ist auch nur noch **einer**.	Deklination wie unbestimmter Artikel/ Pronomen → s. Seite 28
	Ich habe jetzt **einen** Monat Urlaub.	beim Sprechen betont
	Eins und **eins** ist zwei. Aber: **Ein** mal eins ist eins.	beim Zählen und Rechnen: *eins*
2–999.999	Sie hat **zwölf** Enkel, **drei** Jungen und **neun** Mädchen.	nicht dekliniert
1.000.000 1.000.000.000	eine **Million**, zwei Millionen … eine **Milliarde**, zwei Milliarden …	feminine Nomen
	Könnten Sie mir bitte diesen **Hunderter** wechseln?	maskuline Nomen
aus den 80er Jahren mehrere Hundert mehrere Zehntausend	Das ist ein Film aus den **Achtzigern**. Die Zuschauer kamen zu **Hunderten**. **Zehntausende** demonstrierten gegen den Krieg.	Plural

b Ordinalzahlen

1.	der/	**ers**te	Der Kurs beginnt am Montag, dem **zwölften neunten**. (12. 9.) Heute ist der **fünfundzwanzigste sechste**. (25. 6.) Er hat am **vierten zweiten** Geburtstag. (4. 2.)	Datum (dekliniert*)
2.	die/	**zwei**te		
3.	das	**drit**te		
4.		**vier**te		
…		…		
7.		**sieb**te	Wir fahren nicht in Urlaub, denn zu Hause ist es **erstens** ruhiger und **zweitens** billiger. Beim Radrennen wurde er **Zweiter**.	Reihenfolge (dekliniert*)
8.		**ach**te		
…		…		
20.		**zwanzigs**te	Karl V. – Karl der **Fünfte** Friedrich II. – Friedrich der **Zweite**	Herrschernamen (dekliniert*)
…		…		
100.		**hundertst**e	Wir kommen **zu zweit**. Im letzten Kurs waren wir nur **zu dritt**.	Personenzahl
101.		**hunderters**te		
102.		**hundertzwei**te		
…		…		

* Adjektivdeklination → s. Seite 34–38

ÜBUNGEN

1 Wann fahren die Züge wohin? – Lesen Sie die Informationen aus dem Fahrplan laut vor.

a) 08.32 Uhr – Rom
b) 11.11 Uhr – Prag
c) 12.58 Uhr – Paris
d) 16.14 Uhr – Brüssel
e) 18.06 Uhr – Barcelona
f) 00.53 Uhr – Warschau

um acht Uhr zweiunddreißig nach Rom

2 Daten und Termine – Lesen Sie den Text laut vor.

a) Den Wievielten haben wir heute? – Moment mal, gestern war Montag, der 23., dann haben wir heute Dienstag, den 24.
b) In diesem Monat bekommen wir unser Gehalt erst am 31., denn es gibt Probleme in der Buchhaltung.
c) Unser Geschäft ist vom 14. 8. bis zum 1. 9. geschlossen. Ab 4. 9. sind wir wieder für Sie da.
d) In diesem Jahr dauern die Herbstferien vom 30. 10. bis zum 3. 11.
e) Ich brauche noch einen Termin bei Dr. Haye. – Gern. Der nächste freie Termin ist am 2. 3. um 10:00 Uhr.
f) Heinrich VIII. von England ist am 28. 6. 1491 geboren und am 28. 1. 1547 gestorben.

3 Sommerferien – Ergänzen Sie die Zahlen in der richtigen Form.

a) Gott sei Dank, in _einer_ [1] Woche beginnen die Ferien.
b) Sigls fahren dieses Jahr wieder mit ihren Söhnen in den Urlaub. – Mit allen? – Nein, _____ [1] will nicht, er will lieber mit seiner Freundin wegfahren.
c) Was ist denn das für Musik? – Ich glaube, das ist ein Hit aus den _____ [80er].
d) Im letzten Sommer waren wir in Finnland. Da gab es _____ [1000, Plural] von Mücken.
e) Können Sie mir bitte diesen _____ [50er] wechseln? Am besten in zwei _____ [20er] und einen _____ [10er].

4 Klatsch und Tratsch – Ergänzen Sie die Ordinalzahlen in der richtigen Form.

a) Stell dir vor, er heiratet jetzt schon zum _dritten_ [3.] Mal. Ich kenne ja nur seine _____ [1.] Frau, und die ist eigentlich sehr nett. Seine _____ [2.] Frau soll eine ziemliche Hexe gewesen sein.
b) Doris hat aber auch wirklich Pech. Das ist jetzt ihr _____ [4.] Auto, und gestern ist ihr jemand reingefahren. Beim _____ [3.] Auto war nach kurzer Zeit der Motor kaputt, das _____ [2.] hat ihr Freund ruiniert, und ihr _____ [1.] Wagen war sehr bald durchgerostet.
c) Ich hab ihm das schon zum _____ [100.] Mal gesagt, aber es nützt nichts. Er lässt seine Sachen überall liegen.
d) Silvia ist von ihrem neuen Nachbarn total begeistert: _____ [1.] hat er viel Humor, _____ [2.] sieht er prima aus, und dann kann er auch noch sehr gut kochen.
e) Petra hat jetzt einen neuen Freund, aber mit ihrem alten versteht sie sich auch noch sehr gut. Sie fahren im Sommer sogar zu _____ [3] in den Urlaub.

ADJEKTIVE

3.9 PARTIZIP ALS ADJEKTIV

die kochende Suppe – die gekochte Suppe

1 Funktion

der Zug, der durch einen Tunnel fährt Der Zug fährt durch einen Tunnel.	verwandelt eine verbale Struktur (Satz) in eine
der durch einen Tunnel fahrende Zug	nominale Struktur (Adjektiv + Nomen)

Erweiterte Partizipien an der Position des Adjektivs werden im Deutschen nur in der Schriftsprache gebraucht – und auch da ausschließlich in Texten mit gehobenem Sprachniveau, z. B. in juristischen oder wissenschaftlichen Texten.
Verbalstil/Nominalstil → s. Seite 196, 198
Relativsätze → s. Seite 168

2 Formen

Partizip I		Infinitiv	d	Adjektivendung	
	das	parken	d	e	Auto

Partizip II		(ge)	Stamm	t	Adjektivendung	
	das	ge	park	t	e	Auto
	der		verkauf	t	e	Wagen
	das	ge	les		en e	Buch

unregelmäßige Partizipien → s. Seite 206

	Partizip als Adjektiv	Die Handlung …	verbale Struktur
Partizip I	die gerade eintreffende Sendung	… dauert an (Aktiv)	Die Sendung, die gerade eintrifft.
zu + Partizip I (Gerundiv)	die täglich einzunehmenden Tabletten	… muss/kann/soll realisiert werden (Passiv)	die Tabletten, die täglich eingenommen werden müssen/können/sollen
Partizip II	die gestern eingetroffene Sendung	… ist abgeschlossen (Aktiv)	die Sendung, die gestern eingetroffen ist
	der gefasste Dieb	(Passiv)	Der Dieb, der gefasst wurde.

Kein Partizip II als Adjektiv haben *sein* und *haben* und Verben ohne Akkusativ-Ergänzung mit *haben* im Perfekt, z. B. *arbeiten, leben, schlafen, sitzen, stehen, antworten, danken, drohen, gefallen, nützen, schaden.*

3 Schriftsprache

Das Partizip I von reflexiven Verben wird vor allem in der Schriftsprache verwendet.

Die Regierung ergriff sich widersprechende Maßnahmen.	Maßnahmen, *die sich widersprechen.*

ÜBUNGEN

≡ 1 Das Happi-Kochstudio empfiehlt – Markieren Sie die Partizipien I und die Partizipien II.

Für dieses Rezept benötigen Sie folgende Zutaten:
2 Liter kochendes Wasser, 3 gewürfelte Kartoffeln, 3 geschälte Karotten, ein Bund gehackte Petersilie, ein mit Mais gefüttertes Huhn, unsere nicht spritzende Margarine, 4 getrocknete Lorbeerblätter, eine klein geschnittene Peperoni, eine ungespritzte Zitrone – und natürlich unsere bewährten aromatisierenden Zusätze.

2 Welches Partizip passt? Manchmal sind auch beide Lösungen möglich.

	Nomen	Verb	Partizip I	Partizip II
a)	die Nachfrage	steigen	die steigende Nachfrage	die gestiegene Nachfrage
b)	das Angebot	sinken		
c)	die Zahl der offenen Stellen	zunehmen		
d)	die Kosten	reduzieren		
e)	Rechnungen	bezahlen		
f)	die wirtschaftliche Lage	sich verbessern		

3 Ein feiner Urlaub – Entscheiden Sie: Partizip I oder Partizip II.

a) Hinter der Rezeption sitzt ein _unrasierter_ Portier! [nicht rasieren]
b) Die billigsten Zimmer haben nicht einmal _fließendes_ Wasser! [fließen]
c) Frisch _____ Brot gibt es nur einmal pro Woche! [backen]
d) Ein ständig _____ Paar im Nachbarzimmer! [streiten]
e) _____ Hunde vor dem Balkon! [bellen]
f) Die Zimmer haben schlecht _____ Türen! [schließen]
g) Kein ordentlich _____ Bad! [putzen]
h) Unter dem Bett eine _____ Maus! [vertrocknen]

4 Ein Autounfall – Formulieren Sie die Relativsätze als Partizipien.

a) drei Autofahrer, die verletzt sind
   drei verletzte Autofahrer
b) auf der Straße, die verschneit ist
c) die Passagiere, die aus dem Wrack befreit werden müssen
d) mit einem Airbag, der sich nicht öffnet
e) mit Bremsen, die quietschen
f) der Krankenwagen, der sofort alarmiert wurde
g) die Unfallgefahr, die nicht unterschätzt werden soll

5 Ein neuer Sportwagen – Ergänzen Sie das Partizip.

Auf der letzten Frankfurter Automobilausstellung wurde ein neu (a) _entwickelter_ [entwickeln] offener Sportwagen präsentiert. Vor der (b) _____ [versammeln] Fachpresse wies der Vorsitzende des Konzerns auf die technischen Innovationen des Prototyps hin. An erster Stelle nannte er das aus Aluminium (c) _____ [herstellen], in Sekundenschnelle (d) _____ [geöffnet werden können] Dach. Den Antrieb übernehmen drei synchron (e) _____ [arbeiten], per Computer (f) _____ [steuern] Elektromotoren. Ein Sicherheitssystem erlaubt das Öffnen und Schließen nur bei (g) _____ [laufen] Motor und (h) _____ [stehen] Fahrzeug. Dem Beifall (i) _____ [klatschen] Publikum versprach der Vorsitzende einen knapp (j) _____ [kalkulieren] Preis.

ADJEKTIVE

3.10 WORTBILDUNG DER ADJEKTIVE UND ADVERBIEN

schriftlich – normalerweise – manuell – hellgrau

1 Nachsilben

a Adjektive

Aus einem Nomen oder Verb wird durch eine Nachsilbe ein Adjektiv.

Nachsilbe	Beispiel
-lich	täglich, monatlich* schriftlich, menschlich
-isch	fachmännisch griechisch, lateinisch
-bar	spürbar
-ig	witzig

Nachsilbe	Beispiel
-abel	praktikabel
-ant, -ent	elegant, intelligent
-ibel	sensibel
-ell, -iell	manuell, potenziell
-iv	aggressiv
-ös	nervös

* Temporaladjektive → s. Seite 68

b Adverbien mit -weise

Aus einem Adjektiv oder einem Nomen wird mit der Endung -weise ein Modaladverb.

normal	er	weise	= normalerweise	Beschreibung, wie man etwas macht / Kommentar / Bewertung
dumm	er	weise	= dummerweise	
die Ausnahme	s	weise	= ausnahmsweise	
die Stelle	n	weise	= stellenweise	
die Probe		weise	= probeweise	

Modaladverbien stehen entweder auf Position 1 oder im Mittelfeld: *Dummerweise habe ich meinen Lebenslauf nicht dabei. / Ich habe meinen Lebenslauf dummerweise nicht dabei.*

2 Zusammensetzung

hell + grau → hellgrau hoch + aktuell → hochaktuell	Adjektiv + Adjektiv
die Leistung + fähig → leistungsfähig der Alkohol + frei → alkoholfrei	Nomen + Adjektiv
lernen + willig → lernwillig	Verb + Adjektiv

→ s. Graduierung, Seite 46

3 Negation

Durch bestimmte Vor- und Nachsilben verändert sich die Bedeutung eines Adjektivs ins Negative.

Vorsilbe	Beispiel
a-	atypisch
de-/des-/dis-	desillusioniert
il-	illegitim
in-	instabil

Vor-/Nachsilbe	Beispiel
ir-	irreal
miss-	missverständlich
non-	nonverbal
un-	unfähig
-los	hilflos

4 Alternativen

Das Problem ist lösbar.	lässt sich lösen	kann gelöst werden
Der Schaden ist reparabel.	lässt sich reparieren	kann repariert werden

→ s. Passiv-Ersatzformen, Seite 130

ÜBUNGEN

1 Ordnen Sie Ausdrücke mit gleicher Bedeutung zu.

desillusioniert — b) hat keine Illusionen mehr
uninformiert
hochinteressant
misstrauisch
unverständlich
irreparabel
missverständlich
praktikabel

a) man kann es nicht verstehen
b) hat keine Illusionen mehr
c) lässt sich leicht machen
d) der Schaden lässt sich nicht beheben
e) weiß nicht Bescheid
f) sehr wissenswert
g) ohne viel Vertrauen
h) man kann es falsch verstehen

2 Analyse – Ordnen Sie die Adjektive aus den Texten.

Negation		-lich	
Verstärkung	himmelhoch,	-isch	
-ig		andere	

Wildwest. Natur ohne Grenzen – <u>himmelhoch</u> und abgrundtief. Der neue Tour-Set-Führer „Colorado" beschreibt ein Mekka für aktive Urlauber. Toller Freizeitspaß zwischen Gipfeln und Canyons. Der Führer ist kostenfrei erhältlich.

Revue. Ob rasant, feurig, traurig oder witzig – das Deutsche Theater in München wartet mit musikalischen Spitzenproduktionen auf. Unsere Leser kommen in den Genuss von supergünstigen Karten.

Flair. Unternehmen Sie einen Streifzug durch nächtliche Schlossgärten, erleben Sie den Charme königlicher Architektur in den romantischen Potsdamer Schlössern. Unvergessliche Stunden erwarten Sie.

3 Was bedeuten diese Wörter?

a) alkoholfrei, gebührenfrei
   ohne Alkohol, ...
b) anpassungsfähig, lernfähig
c) humorvoll, liebevoll
d) verantwortungslos, bargeldlos
e) preiswert, überlegenswert
f) funktionsbereit, hilfsbereit
g) erfolgreich, zahlreich
h) teilweise, glücklicherweise
i) nonstop, nonkonform

4 Wein – Formulieren Sie mit -bar.

a) Der neue Müller-Thurgau lässt sich wirklich gut trinken.
   Er ist wirklich gut trinkbar.
b) Der 98er Riesling kann leider nicht mehr geliefert werden.
c) Diesen Jahrgang kann man nicht mehr bezahlen.
d) Der Markenname auf dem Etikett lässt sich schwer lesen.
e) Eine Lieferung frei Haus lässt sich nicht durchführen.
f) Unser Lieferproblem kann gelöst werden.

5 Wie heißt das Gegenteil? – Bilden Sie die Negation mit Vorsilben.

a) befristet
   unbefristet
b) kritisch
c) berechtigt
d) formell
e) höflich
f) kompetent
g) übersichtlich
h) unterbrochen
i) ordentlich
j) rational
k) relevant
l) verbindlich
m) verständlich
n) vernünftig

PRONOMEN

4.1 PERSONALPRONOMEN

er und sie – der und die

1 Funktion

Mein alter Freund Werner hat gerade angerufen. Er hat jetzt einen neuen Job.	unbetonte Weiterführung im Text
Stell dir vor, der hat jetzt einen neuen Job.	betonte Weiterführung im Text

Die betonten Pronomen werden hauptsächlich in Alltagsdialogen verwendet.

2 Formen

a unbetonte Pronomen

	Singular					Plural		
			maskulin	neutral	feminin			
Nominativ	ich	du	er	es	sie	wir	ihr	sie
Akkusativ	mich	dich	ihn	es	sie	uns	euch	sie
Dativ	mir	dir	ihm	ihm	ihr	uns	euch	ihnen

Rechtschreibung: Die formelle Anrede *Sie, Ihnen* wird großgeschrieben.

b betonte Pronomen

			maskulin	neutral	feminin	
Nominativ			der	das	die	die
Akkusativ			den	das	die	die
Dativ			dem	dem	der	denen

Die betonten Pronomen gibt es nur in der 3. Person Singular und Plural.

3 Positionen im Satz

a unbetonte Pronomen

Der Chef sucht sein Tablet.

Ich habe es ihm doch gerade gebracht.

Alex will einen kleinen Hund.

Wir haben ihm einen gekauft.

Ich habe	**es**	**ihm**		gerade gebracht.	Das Personalpronomen im Akkusativ steht vor dem Pronomen im Dativ.
Wir haben	**ihm**	einen/diesen/den/ keinen/welche	gekauft.	Alle anderen Pronomen stehen nach dem Pronomen im Dativ.

b betonte Pronomen

Das	habe ich	**ihm**	gerade gebracht.	Die betonten Pronomen stehen meistens auf Position 1.
Den	haben wir	**ihm**	gekauft.	

ÜBUNGEN

1 Leserbrief an Dr. Sommer – Ergänzen Sie die unbetonten Pronomen.

Schüchtern!

(a) _Ich_ weiß nicht mehr, was (b) _____ machen soll. In meiner Schule gibt es einen süßen Jungen, der (c) _____ wirklich gefällt. Gestern hat (d) _____ (e) _____ gefragt, ob (f) _____ mit (g) _____ auf das Sommerfest am nächsten Samstag gehen will. (h) _____ habe mich nicht getraut, „ja" zu sagen, obwohl (i) _____ schon Lust gehabt hätte. Immer wenn (j) _____ (k) _____ in der Pause oder nach der Schule sehe, dann werde (l) _____ rot, und mein Kopf ist absolut leer. (m) _____ habe schon mit meinen Freundinnen darüber gesprochen. (n) _____ sagen, dass (o) _____ mal was mit (p) _____ unternehmen soll, aber dazu fehlt (q) _____ der Mut. Können Sie (r) _____ bitte einen Rat geben? Was soll (s) _____ machen?

Jana (14)

2 Teenager unter sich – Ergänzen Sie die betonten Pronomen.

● Schau mal, siehst du da hinten den Typen mit den blonden Haaren? (a) _Den_ finde ich richtig cool!

■ Stimmt. (b) _____ finde ich auch süß. Aber der große, der da am Tisch gegenüber sitzt, (c) _____ gefällt mir noch besser. Kennst du (d) _____ zufällig?

● Welchen meinst du denn? (e) _____ mit der Sonnenbrille oder (f) _____ daneben?

■ (g) _____ Großen mit der Brille. Aber schau jetzt nicht rüber, (h) _____ merken sonst, dass wir über sie reden.

● O. k. Ach, da kommt ja Ulrike! Na, (i) _____ sieht ja wieder mal schrecklich aus!

■ Und das Kleid, das (j) _____ anhat. (k) _____ hat ja eine scheußliche Farbe. Dein Blonder geht übrigens gerade rüber zu Ulrike! Was (l) _____ wohl vorhat?

● So was! Jetzt tanzt (m) _____ auch noch mit (n) _____.

■ Und was macht mein Typ mit der Brille? Wo ist (o) _____ denn hingegangen? Siehst du (p) _____ irgendwo?

● Nee, (q) _____ kann ich nirgends entdecken.

■ Na ja, so interessant ist (r) _____ auch gar nicht gewesen.

3 Großvater hat einen Computer. – Formulieren Sie Antworten mit den unbetonten Pronomen im Akkusativ und Dativ.

a) Max, gibst du mir mal das Kabel her? – Moment, _ich gebe es dir gleich._
b) Und bring mir doch bitte auch gleich den Stecker mit. – Gut, ...
c) Julia, erklärst du mir mal, wie diese Programme funktionieren? – Klar, ...
d) Und zeig mir bitte auch noch, wie man ins Internet kommt. – O. k., ...
e) Ach, Max, erklärst du mir mal die Funktion dieser Tasten? – Moment, ...

4 Vater repariert etwas. – Ergänzen Sie *mir* und die betonten Pronomen.

a) Max, ich brauche den Schraubenzieher. Bringst du _mir den_ mal?
b) Wo ist eigentlich das Werkzeug? Max, suchst du _____ _____ bitte?
c) Max, neben dir liegen die Schrauben. Gibst du _____ _____ mal?
d) Ach, Max, den Hammer brauche ich noch. Reichst du _____ _____ bitte?
e) Und die Luftpumpe ist in der Garage. Kannst du _____ _____ auch gleich bringen?
f) Max, das geht nicht ohne Bohrer! Hol _____ _____ doch aus dem Keller.

5 Max hat keine Zeit. – Antworten Sie jetzt mit *dir* und den unbetonten Pronomen.

a) _Julia soll ihn dir bringen!_

PRONOMEN

4.2 es

Na, wie geht's?

Funktion und Formen

a als Pronomen – *es* ist obligatorisch

	es ersetzt …
Dieses Mineralwasser schmeckt prima. **Es** hat auch nicht so viel Kohlensäure.	… ein Nomen im Nominativ
Vera hat **es*** in dem neuen Getränkemarkt besorgt.	… ein Nomen im Akkusativ
Meine Kolleginnen sind topfit, ich bin **es*** leider nicht.	… ein Adjektiv oder Partizip
Manchmal gehe ich nach der Arbeit zum Joggen, aber ich muss sagen, ich tue **es*** nicht sehr gern.	… einen Satzteil oder einen ganzen Satz

* Hier kann *es* nicht auf Position 1 stehen.

b als unpersönliches Subjekt oder Objekt – *es* ist obligatorisch

es regnet, **es** schneit, **es** donnert, **es** blitzt, **es** ist kalt	Wetter	*es* = Subjekt
Es ist 10 Uhr. **Es** ist noch früh. **Es** wird bald Mitternacht.	Zeit	
Es geht mir gut. **Es** tut mir weh. **Es** juckt mich am Bein.	persönliches Befinden	
Es schmeckt mir gut. **Es** gefällt mir nicht. **Es** duftet hier nach Flieder.	Sinneseindrücke	
es klopft, **es** klingelt, **es** läutet, **es** pfeift, **es** raschelt	Geräusche	
es gibt, **es** handelt sich um, **es** geht um, **es** kommt an auf, **es** hängt ab von	Thema	
Er hat **es** eilig. Er hat **es** weit gebracht. Sie nimmt **es** leicht. Er hatte **es** schwer. Sie meint **es** ernst.	feste Wendungen	*es* = Objekt

c als Repräsentant für einen Nebensatz oder Infinitivsatz – *es* ist nicht obligatorisch*

Es ist wunderbar, dass du heute Abend kochst. **Es** tut mir leid, dass du nicht kommen kannst.	*dass*-Satz
Es ist normal, auch im Urlaub mal an den Job zu denken. Ich liebe **es**, in meiner Hängematte zu liegen.	Infinitivsatz
Es ist noch unsicher, ob er morgen kommen kann. **Es** ist noch nicht klar, wen er mitbringt.	indirekter Fragesatz

* Wenn der Nebensatz oder Infinitivsatz vorangestellt ist, fällt *es* weg oder wird ersetzt durch *das*: *Dass du heute Abend kochst, (**das**) ist wunderbar.*

d Betonung des Subjekts – *es* ist nicht obligatorisch*

Es haben sich einige Probleme ergeben. **Es** werden heute weniger Briefe geschrieben als früher. **Es** spricht der Präsident.	*es* auf Position 1

* *Einige Probleme haben sich ergeben. / Heute werden weniger Briefe geschrieben als früher. / Der Präsident spricht.*

e gesprochene Sprache

Na, wie geht'**s**? Mir schmeckt'**s** prima.	*es* kann zu '*s* verkürzt werden

ÜBUNGEN

1 Welt der Bücher – Formulieren Sie Sätze.

a) In diesem Buch – gehen um – einen kleinen Jungen
   In diesem Buch geht es um einen kleinen Jungen.
b) Diesen Harry-Potter-Band – geben – leider gerade nicht
c) bei diesem Roman – ankommen auf – den Schluss
d) abhängen von – Vermarktung, wie gut sich ein Buch verkauft
e) bei diesem Buch – sich handeln um – einen Fantasy-Roman

2 Menschen wie Silvia – Formulieren Sie die Sätze um. Beginnen Sie mit dem unterstrichenen Satzteil.

a) Es gibt viele <u>Menschen wie Silvia</u>.
   Menschen wie Silvia gibt es viele.
b) Es regnet <u>seit drei Tagen</u> ununterbrochen, und es geht ihr wirklich schlecht.
c) Es summt <u>in ihrem Kopf</u> wie in einem Bienenkorb.
d) Es ist auch schon <u>spät</u>, sie muss jetzt ins Bett.
e) Es gefällt <u>ihr</u> auch nicht, dass Rudolf sich nicht meldet.

3 Nur Fliegen ist schöner. – Sind folgende Sätze richtig oder falsch? Kreuzen Sie an.

	richtig	falsch
a) Billige Flüge gibt leider nicht mehr.	☐	☒
b) Sich am Flughafen zu orientieren kann schwierig sein.	☐	☐
c) Bei diesem Surfbrett handelt sich um Sperrgepäck.	☐	☐
d) Ob die Maschine pünktlich startet, ist nicht sicher.	☐	☐
e) Wenn neblig ist, kann die Maschine nicht landen.	☐	☐
f) Wo ist denn mein Ticket? – Also ich habe nicht.	☐	☐
g) Dich wiederzusehen ist wunderschön!	☐	☐

4 Korrigieren Sie die falschen Sätze aus Übung 3.

a) *Billige Flüge gibt es leider nicht mehr.*

5 Tipps zum Abschalten – Markieren Sie, an welcher Stelle im Text *es* fehlt.

Sie haben im Job weit gebracht, und deshalb haben Sie auch den ganzen Tag sehr   [es es]
eilig. Umso wichtiger ist, nach der Arbeit abschalten zu können. Denn nur so erholt   [es]
sich Ihr Nervensystem – und Sie brauchen ja am nächsten Tag wieder in Bestform,   [es]
denn Sie wollen in Ihrem Job ja noch weit bringen. Leider gibt bei uns keinen Knopf [es es]
zum Ausschalten wie bei einer Maschine. Ihnen kann körperlich gut gehen, aber wenn [es]
Streit mit der Kollegin gegeben hat, ist klar, dass Sie nicht einfach abschalten können. [es]
Finden Sie heraus, wie Sie persönlich am besten entspannen können. Manche Leute
mögen, in der Hängematte zu träumen. Andere legen eine Whirlpoolmatte in die   [es]
Badewanne, dann sprudelt im Wasser überall – und für manche gibt nur eins: [es 's]
eine Viertelstunde mit geschlossenen Augen ausruhen.

PRONOMEN

4.3 *das*

Das sind meine Freunde.

1 Funktion

Was ist denn das da? – Das hier ist ein Wetterfrosch.	*das* verweist auf einen Gegenstand und wird häufig mit *da* und *hier/dort* kombiniert.
Zu welcher Tageszeit das Meer am saubersten ist, das haben jetzt britische Forscher untersucht.	*das* verweist auf etwas, das vorher schon im Text stand.
Wer hat denn gerade angerufen? – Das war unser Nachbar. Das schneit heute vielleicht. Sie meint das wirklich ernst.	*das* wird häufig statt *es* in Gesprächen gebraucht, um etwas besonders zu betonen oder hervorzuheben.*

* In folgenden Fällen kann *es* nicht durch *das* ersetzt werden: *es geht gut/schlecht, es gibt, es handelt sich um, es eilig haben, es weit bringen, es leicht nehmen, es schwer haben.*
es → s. Seite 56

2 Formen

Nominativ	Das sind alle meine Freundinnen.
Akkusativ	Das meint sie wirklich ernst. Sie meint das wirklich ernst.

das steht meistens auf Position 1.
Die Verbform richtet sich nach dem Subjekt des Satzes: *Schau dir mal dieses Foto an: Das sind wir und das seid ihr.*

betont: Die wichtige Information steht vor dem Pronomen.	unbetont: Die wichtige Information kommt noch.
Mal laut Musik zu hören, das ist doch normal.	Es ist doch normal, mal laut Musik zu hören.
Wie du das machst, das gefällt mir gut.	Es gefällt mir gut, wie du das machst.
Mit dem Studium in England – das meint sie ernst.	Sie meint es ernst mit dem Studium in England.

ÜBUNGEN

1 Schülerleben – Formulieren Sie Sätze.

a) um sieben Uhr morgens duschen – hassen
   Um sieben Uhr morgens duschen – das hasse ich.
b) Vokabeln lernen – überhaupt nicht mögen
c) morgens lange schlafen – mögen
d) gemütlich frühstücken – super finden
e) die Mathearbeit morgen schreiben müssen – mir gar nicht gefallen

2 Urlaubsfotos – Formulieren Sie Sätze mit *das hier* und *das da*.

a) wir am Strand – Schmids von Zimmer 401
   Schau mal, das hier sind wir am Strand, und das da sind die Schmids von Zimmer 401.
b) du im Swimmingpool – ich im Liegestuhl
c) Peter mit seinem Mountainbike – ihr beim Volleyballspielen
d) Frau Bolte mit ihrem schrecklichen Hund – meine Freunde auf dem Segelboot
e) die Sandburg am Strand – Nico und Linus am Lagerfeuer
f) Mario mit seiner Gitarre – ich beim Schwimmen
g) der nette Ober – du, als du mit ihm geflirtet hast
h) Herr Schmid, der schon ziemlich viel Bier getrunken hat – wir alle beim Sommerfest

3 Alltag – Ersetzen Sie *es* durch *das*.

a) Mich freut es, dass du noch bleiben kannst.
   Dass du noch bleiben kannst, das freut mich.
b) Mir schmeckt es wirklich sehr gut.
c) Mir gefällt es einfach nicht.
d) Ich finde es gut, dass du kommst.
e) Es ist doch normal, am Sonntag mal auszuschlafen.
f) Es tut mir leid, dass ich mich verspätet habe.
g) Es ist sehr schade, dass Anna nicht mitkommen kann.

4 Das Interview der Woche – Ergänzen Sie *das* oder *es*.

Frau Stein, Sie sind noch jung und haben (a) __es__ *schon weit gebracht: Sie sind mit 25 Jahren eine der erfolgreichsten Schauspielerinnen in Deutschland und sicher die, die die meisten Stofftiere hat. Wozu brauchen Schauspieler Maskottchen?*

Wir sind alle nicht ganz normal, wir Schauspieler. Beim Theater gibt (b) _____ eine Menge Aberglauben.

Sie beginnen sowohl privat wie beruflich einen neuen Lebensabschnitt. Handelt (c) _____ *sich da um einen Zufall?*

(d) _____ sehe ich beruflich nicht so. Privat schon eher. Seit der Trennung von meinem Partner gibt (e) _____ natürlich auch häufiger Momente, in denen (f) _____ mir nicht so gut geht.

Was erwarten Sie von Ihren Freunden?

Ich brauche viel Geborgenheit und Zärtlichkeit. Ich will aber auch objektive Kritik von meinen Freunden. (g) _____ brauche ich zum Leben.

Bei Männern sagt man: (h) _____ *gibt drei große Lieben im Leben. Bei den Frauen auch?*

(i) _____ werde ich ausprobieren und dann sage ich Ihnen Bescheid.

Eine Kollegin hat mal über Sie gesagt: „Die Deutschen mögen solche Frauen, wie Sie eine sind: rund, dick und blond."

(j) _____ ist für mich ein Zeichen von Verbitterung. Diese Kollegin hat (k) _____ wahnsinnig schwer gehabt und erlebt dann jemanden wie mich, der in kurzer Zeit nach oben kommt. (l) _____ hat sie sicher nicht so gemeint.

Frau Stein, wir danken Ihnen für dieses Gespräch.

PRONOMEN

4.4 INDEFINITPRONOMEN

man – jemand/niemand – etwas/nichts

1 Funktion

Wenn **man** das Abitur hat, kann **man** an der Universität studieren.	alle Menschen, die Leute
Hier ist es so laut, dass **man** sein eigenes Wort nicht versteht.	Verallgemeinerung
Klopft da **jemand**? – Ich höre **niemanden**.	unbestimmte oder unbekannte Person
Irgendjemand hat mich gefragt, wo du bist.	Verstärkung
Ich habe dir **etwas/was** mitgebracht! Wir haben **nichts** von ihm gehört.	unbestimmte Sachen oder Sachverhalte
Wenn mir doch nur **irgendetwas** einfallen würde!	Verstärkung

2 Formen

Nominativ	ein**er**/ein**s**/ein**e**	man	(irgend)jemand	niemand	(irgend)etwas	nichts
Akkusativ	ein**en**/ein**s**/ein**e**	einen	(irgend)jemand(**en**)*	niemand(**en**)*	(irgend)etwas	nichts
Dativ	ein**em**/ein**em**/ein**er**	einem	(irgend)jemand(**em**)*	niemand(**em**)*	(irgend)etwas	nichts

* Werden auch endungslos gebraucht. In der Schriftsprache eher mit Endung.
unbestimmter Artikel → s. Seite 28

Wenn **man** mehr Zeit hätte, könnte **man** mehr lernen. Das würde **einem** bei der Prüfung helfen.	**man** wird im Text mit *man, einen, einem* weitergeführt
Wenn ihr noch (irgend)**jemanden** aus unserem Kurs seht, sagt **ihm**, wo **er** uns morgen treffen kann.	(irgend)**jemand** wird im Text mit *er/ihn/ihm* weitergeführt
Falls du noch **irgendetwas** von der Prüfung hörst, sag **es** mir.	(irgend)**etwas** wird mit *es/das* weitergeführt

Standardsprache	Umgangssprache
Irgendjemand hat gesagt, dass du krank bist.	**Irgendwer** hat gesagt, dass du krank bist.
Dir wird schon noch **irgendetwas** einfallen.	Dir wird schon noch **irgendwas/was** einfallen.

ÜBUNGEN

1 In einer Berghütte – Ergänzen Sie *etwas/was* oder *nichts*.

● Hey, kannst du mich nicht hören? Ich hab dich (a) _etwas/was_ gefragt!

■ Was sagst du? Gibt es hier überhaupt elektrisches Licht? Es ist absolut (b) _____ zu sehen.

● Warte mal, wenn ich den Vorhang und den Fensterladen aufmache, kommt vielleicht ein bisschen Licht rein.

■ Nein, das nützt auch (c) _____. Es ist immer noch stockdunkel.

● Du hast doch im Auto sicher (d) _____, womit wir Licht machen können!

■ Ja, im Handschuhfach habe ich eine Taschenlampe, die hole ich mal.

● Huch, hast du das auch gehört? Da bewegt sich (e) _____.

■ Du bist ein Angsthase, da ist wirklich (f) _____.

≡ 2 **An der Hotelrezeption – Ergänzen Sie *jemand* und *niemand*.**

- Hallo, hallo, ist da (a) _jemand_? Wir möchten unser Zimmer bezahlen.
- Ich kann (b) _____ sehen. Aber du könntest unser Gepäck schon ins Auto laden.
- Hier ist immer noch (c) _____ gekommen. Ich gehe jetzt mal in die Küche, da ist sicher (d) _____.
- Und? Hast du (e) _____ gefunden?
- Nein, das Hotel ist wie ausgestorben. In der Küche war auch (f) _____.
- Also, wenn in fünf Minuten (g) _____ hier ist, dann fahren wir einfach weiter, ohne zu bezahlen.
- Aha, jetzt kommt (h) _____.

≡ 3 **Ein Montagmorgen – Ergänzen Sie *man/einen/einem*.**

Wenn (a) _man_ morgens zu spät aufwacht und wenn (b) _____ nicht richtig ausgeschlafen ist, reicht es eigentlich schon. (c) _____ kommt kaum aus dem Bett, dann findet (d) _____ den zweiten Schuh nicht, und der Kaffee weckt (e) _____ auch nicht so richtig auf. Das Auto springt nicht an, und dann verpasst (f) _____ auch noch den Bus! Im Büro schaut (g) _____ der Chef so komisch an, weil (h) _____ nur ein kleines bisschen zu spät gekommen ist. Alter Pedant! Der Kollege erzählt (i) _____ sein Wochenende in allen Einzelheiten, so ein Langweiler! In der Besprechung muss (j) _____ sich dann sehr konzentrieren, um nicht einzuschlafen – wirklich eine uninteressante Präsentation! Den Kollegen ist wieder gar nichts Neues eingefallen. Schön wär's, wenn (k) _____ sich zurücklehnen und ein kleines Schläfchen machen könnte. – Tja, es wird (l) _____ wirklich nicht leicht gemacht!

≡ 4 **Ein Telefonat – Ergänzen Sie *jemand/er/ihn*.**

Ja, wir haben heute das Thema fertig besprochen. Aber wenn (a) _jemand_ noch weitere Fragen hat, dann soll (b) _____ ins Kolloquium kommen.

Gut, und wenn du noch (c) _____ aus unserem Seminar triffst, grüß (d) _____ von mir.

≡ 5 **Prüfungsstress – Formulieren Sie unpersönlich mit *man/einen*.**

a) In der Bibliothek ist das Buch, das ich gerade brauche, immer ausgeliehen.
   In der Bibliothek ist das Buch, das man gerade braucht, immer ausgeliehen.
b) Das kann mich wirklich wahnsinnig machen. Wie soll ich da meine Seminararbeit rechtzeitig fertig bekommen?
c) Bei der Vorlesung über Reptilien musst du unbedingt mitschreiben.
d) Denn wenn du in der Prüfung nicht weißt, was der Professor über Krokodile gesagt hat, kannst du leicht durchfallen.
e) Wenn ich doch nur wüsste, was mich in der Zukunft erwartet.

PRONOMEN

4.5 PRÄPOSITIONALPRONOMEN

Worüber? Darüber!

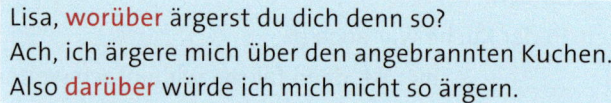

1 Funktion

a Repräsentant von präpositionalen Ergänzungen

Lisa, **worüber** ärgerst du dich denn so? Ach, ich ärgere mich über den angebrannten Kuchen. Also **darüber** würde ich mich nicht so ärgern.	bei Sachen und Sachverhalten
Von wem hat sie sich denn gerade verabschiedet? Ich glaube, von ihrer Mutter. Wenn sie sich **von ihr** verabschiedet, muss sie immer weinen.	bei Personen/Lebewesen/ Institutionen

b Repräsentant von Nebensätzen

Ich kann mich genau **daran** erinnern, dass du einkaufen wolltest.	*dass*-Satz
Er kann sich einfach nicht **daran** gewöhnen, so früh aufzustehen.	Infinitivsatz
Wir sprechen gerade **darüber**, was wir morgen kochen.	indirekter Fragesatz
Das hängt **davon** ab, ob Helga zu Besuch kommt oder nicht.	

2 Formen

a bei Sachen und Sachverhalten

Frage	wofür? womit?	woran? worüber? ...	Fragewort: *wo(r)** + Präposition
Antwort	dafür damit	daran darüber ...	Pronomen: *da(r)** + Präposition

* Das *-r-* wird eingefügt, wenn zwei Vokale aufeinandertreffen.

b bei Personen/Lebewesen/Institutionen

Frage	für wen? mit wem?	an wen? über wen? ...	Präposition + Fragewort
Antwort	für ihn/sie mit ihm/ihr	an ihn/sie über ihn/sie ...	Präposition + Pronomen

ÜBUNGEN

1 Unterstreichen Sie die präpositionalen Ergänzungen und formulieren Sie Fragen dazu.

> ### Rentner gewinnt 64 Millionen Dollar
>
> **Chicago** Ein 63 Jahre alter Kleinunternehmer hat in Chicago den Jackpot geknackt und 64 Millionen Dollar gewonnen. Wir haben mit <u>Alex Snow</u> gesprochen und ihn <u>nach seinen Plänen</u> gefragt. „Zuerst habe ich es nicht geglaubt, als mir meine Frau von dem Gewinn erzählt hat, aber dann habe ich mich bei dem Chef der Lottostelle erkundigt, und es hat gestimmt!" Jetzt kann sich das Ehepaar endlich den ersten Urlaub seit 43 Jahren leisten. „Wir freuen uns natürlich sehr über den Gewinn, aber jetzt müssen wir uns noch auf einen gemeinsamen Urlaubsort einigen." Weil er und seine Frau so viel Geld gar nicht ausgeben können, will er einen großen Teil an wohltätige Organisationen und an seine vier Kinder und sechs Enkel verteilen.

Mit wem haben Sie gesprochen? Wonach haben Sie ihn gefragt?

2 Vor dem Urlaub – Ergänzen Sie die Präpositionalpronomen.

a) Ich kann mich genau _daran_ erinnern, dass du die Tickets besorgen wolltest.
b) Hast du denn schon _____ angefangen, deinen Koffer zu packen?
c) Nein, ich denke gerade _____ nach, welche Kleider ich mitnehmen soll.
d) Sag mal, du wolltest doch _____ denken, der Nachbarin den Briefkastenschlüssel zu geben.
e) Ach, ich freu mich schon richtig _____, morgen Abend nur im T-Shirt auf einer Terrasse zu sitzen.

3 Hier hört jemand schlecht! – Stellen Sie Fragen.

a) Du weißt doch, wir waren dieses Jahr mit Franz im Urlaub. Am Anfang haben wir uns ja sehr über das Hotelzimmer geärgert.
Wie bitte? Worüber habt ihr euch geärgert?
b) Wir wollten uns schon beim Hoteldirektor beschweren.
Was sagst du? Bei wem wolltet ihr euch beschweren?
c) Aber dann haben wir uns an die Aussicht gewöhnt.
d) Und stell dir vor, Franz hat sich in seine Surflehrerin verliebt.
e) Zuerst hat er sich ja nur für die neuen Surfbretter interessiert.
f) Und dann hat er an einem Surfkurs teilgenommen.
g) Und da hat er sich dann verliebt. Jetzt denkt er nur noch an seine neue Freundin.

4 Streit in der Wohngemeinschaft – Kreuzen Sie die richtige Lösung an.

(a) [X] Über wen [ ] Worüber ärgerst du dich denn so? – Über Bruno! Es geht wieder mal
(b) [ ] um ihn [ ] darum, dass er nicht abwäscht, wenn er gekocht hat. Und dass er Bratkartoffeln mit Zwiebeln gemacht hat, weiß das ganze Haus, denn sogar im Treppenhaus riecht es
(c) [ ] nach ihm [ ] danach. Und dann bringt er fast jeden Abend seine Freunde mit und spielt
(d) [ ] damit [ ] mit ihnen bis Mitternacht Karten! Und wenn ich mich (e) [ ] über ihn [ ] darüber beschwere, dass es zu laut ist, sagt er nur, ich soll mir was in die Ohren stecken! Könntest du nicht mal (f) [ ] mit ihm [ ] damit sprechen? Vielleicht hört er ja (g) [ ] auf dich [ ] darauf.

5 Eine Mühle als Ferienhaus – Ergänzen Sie die Verben und Präpositionalpronomen.

achten • _bestehen_ • entstehen • sich wenden • verfügen

a) Die Mühle durfte nicht abgerissen werden, _darauf hat_ der alte Besitzer bei den Verkaufsverhandlungen _bestanden_. [Perfekt]
b) Auch wir wollten den ursprünglichen Charakter der Mühle erhalten, _____ _____ wir bei den Renovierungsarbeiten sehr _____. [Perfekt]
c) Das Gebäude war beim Kauf fast eine Ruine. Nach fünf Jahren Arbeit _____ _____ ein wunderschönes Ferienhaus _____. [Perfekt]
d) Im Garten gibt es jetzt auch einen Swimmingpool und eine überdachte Sommerküche. _____ _____ nicht viele Ferienhäuser in dieser Preiskategorie.
e) Wenn es bei Ihrem Aufenthalt Schwierigkeiten geben sollte, sprechen Sie mit Herrn Gunfermann, alle Feriengäste _____ _____ bei Problemen _____ _____.

ADVERBIEN, PRÄPOSITIONEN, PARTIKELN

5.1 LOKALADVERBIEN (1)

da und dort

1 Funktion

↑ oben

↓ unten

Hallo, Mami, ich bin **hier oben**.	*wo?*	Ort
Stellt die Gartenstühle **nach unten**, in den Keller.	*wohin?*	Richtung
Den alten Spiegel habe ich **von unten**, der war noch im Keller.	*woher?*	

2 Formen

a   Adverbien

Wo?	Wohin? *nach/-hin*	Woher? *von/-her*
da	dahin	von da / daher
hier	hierhin	von hier
dort	dorthin	von dort / dorther
außen*	nach außen	von außen
draußen**	nach draußen / hinaus	von draußen
oben	nach oben / hinauf / aufwärts	von oben
vorn	nach vorn / vorwärts	von vorn
links, rechts	nach links, nach rechts	von links, von rechts

*   *außen/innen* = an der äußeren/inneren Seite:
    Dieser Apfel ist **außen** rot und **innen** weiß.
** *draußen/drinnen* = außerhalb/innerhalb eines Raumes:
    Draußen regnet es. Die Kinder sind schon **drinnen**.

b   unbestimmte Lokaladverbien

irgendwo	Irgendwo muss meine Brille doch sein.
irgendwohin	Wenn ich irgendwohin muss, nehme ich immer das Auto.
irgendwoher	Sieh mal das große Auto. Irgendwoher müssen unsere Nachbarn viel Geld haben.

Negation → s. Seite 150

c   Kombination von zwei Lokaladverbien

Ich bin **hier oben**. Das Gartentor ist **hinten links**. Die Bierkästen stehen **dort unten**.	Zur Präzisierung des Ortes (*Wo?*) kann man zwei Lokaladverbien miteinander kombinieren.

d   Adjektive aus Lokaladverbien

Adverbien	Adjektive
das Stockwerk **oben**	das **obere** Stockwerk
die Tür **vorne**	die **vordere** Tür
der Baum **rechts**	der **rechte** Baum

ÜBUNGEN

1 Wo? – Ergänzen Sie die Lokaladverbien.

außen • da • ~~dort~~ • draußen • hier oben • oben

a) Wart ihr schon einmal in Rom? – Ja, wir waren letztes Jahr _dort_.
b) Wo wohnt bitte Frau Wagner? – _____ im dritten Stock.
c) Julia, wo bist du denn? – _____ _____ auf dem Balkon.
d) Oh je, es regnet! Und die Gartenmöbel stehen immer noch _____.
e) Guck dir mal unser Gartenhäuschen an! _____ geht die ganze Farbe ab.
f) Bist du heute Abend zu Hause? – Ja, ich bin auf jeden Fall _____.

2 Wohin? Woher? – Ergänzen Sie die Präposition und die Lokaladverbien.

a) Woher kommt denn dieser Lärm? – Ich glaube, _von oben_ aus dem Kinderzimmer.
b) Das Wetter ist so schön heute! Wir sollten noch ein bisschen _____ _____ gehen.
c) Ich bleibe hier unten im Garten. – Ich nicht. Ich gehe _____ _____ und setze mich auf den Balkon.
d) Wo ist denn das Mineralwasser? – Ich hab die Kästen _____ _____ in den Keller gestellt.
e) Wie komme ich bitte zum Bahnhof? – Gehen Sie immer geradeaus und biegen Sie an der zweiten Kreuzung _____ _____ ab.
f) Woher kommt denn dieser schreckliche Gestank? – Ich glaube _____ _____, mach doch bitte die Fenster zu!
g) Woher kommt Silvia? – _____ _____, es regnet und sie ist ganz nass geworden.
h) Woher kommt Mia? – _____ _____, sie war auf der Dachterrasse.
i) Wohin will denn die Katze schon wieder? – _____ _____, sie hat im Garten eine Maus gesehen.

3 Eine Idylle – Ergänzen Sie die Lokaladverbien und -adjektive.

~~außen~~ • hinten • links • nach oben • nach unten • oben • oberen • rechts • rechts oben • unten • vorn

Das Bild zeigt das Leben in einer Kleinstadt. In der Mitte steht ein Haus, das (a) _außen_ gelb gestrichen ist. In dem Haus lebt eine Familie. (b) _____ kommt der Vater gerade aus der Haustür, er schaut (c) _____ in den Himmel. Vor ihm steht seine Frau mit einem Baby auf dem Arm. (d) _____ im Bild sieht man Kinder und einen kleinen Hund. (e) _____ im Bild spielen ein Junge und ein Mädchen Ball, (f) _____ sitzt ein Mädchen am Brunnen und isst ein Eis. Im (g) _____ Stockwerk des Hauses schaut ein Mann aus dem Fenster (h) _____ auf die Straße. Ganz (i) _____ sieht man ein Liebespaar, das sich küsst. (j) _____ im Bild steht eine Kirche, (k) _____ fliegen zwei Vögel.

ADVERBIEN, PRÄPOSITIONEN, PARTIKELN

5.2 LOKALADVERBIEN (2)

hin und her

1 Funktion

hin	Wo läufst du denn hin?	Richtung vom Sprecher weg
her	Wo kommst du denn her?	Richtung zum Sprecher

2 Formen

a *hin-* und *her-* + Verb

hin-	her-
Bringst du die Kinder morgen in die Schule? – Na gut, ich bring sie hin.	Ich kann hier nicht vom Telefon weg. Bringst du mir bitte mal den Ordner her?
Könntest du mich bitte hinfahren?	Wie lange seid ihr denn hergefahren?
Gehst du auch zu Florian? – Ja, ich komme auch hin.	Immer fahren wir zu euch. Jetzt kommt ihr mal her!
Jetzt ist Schluss! Setzt euch hin!	Setz dich doch mal her zu mir!
Sie träumte so vor sich hin. Er starrte die ganze Zeit vor sich hin.	Der Hund lief die ganze Zeit vor/neben/hinter mir her.
In Verbindung mit *vor sich*: Handlung, die nicht an einen Partner adressiert ist.	In Verbindung mit *vor, hinter, neben*: zwei Bewegungen in gleicher Richtung.

b *hin-/her-* + Präposition + Verb

hin-	her-
Max trug seine Einkäufe ins Haus hinein. Paula sah traurig zum Fenster hinaus.	Kommen Sie doch bitte herein! Gehen Sie mehr aus sich heraus, wenn Sie erfolgreich sein wollen!
Die Katze ist den Baum hinaufgeklettert. Er sah lange zu ihr hinüber.	Die Katze sprang vom Baum herunter. Könnten Sie mir bitte das Salz herüberreichen?

c Neutralisierung von *hin-* und *her-*

Gesprochene Sprache		
Komm rein!	rein	*hinein – herein*
Ach, gehen wir doch kurz mal raus!	raus	*hinaus – heraus*
Ich bin hier oben im Baumhaus. Komm doch auch rauf!	rauf	*hinauf – herauf*
Peter! Steig sofort vom Schrank runter!	runter	*hinunter – herunter*
Ich schick Ihnen den fertigen Text gleich rüber.	rüber	*hinüber – herüber*

ÜBUNGEN

1 Ein Sommerabend – Ergänzen Sie *raus, rauf, rein, rüber, runter*.

a) Es ist so schön warm draußen. Wollen wir uns nicht in den Garten _raus_ setzen?
b) Ich glaube, wir können sogar draußen essen. Stell doch die Gartenmöbel schon mal _____.
c) Bei den Nachbarn ist heute Abend ein Gartenfest. Sie haben gefragt, ob wir nicht _____ kommen wollen.
d) Tom, ich glaube, wir haben keinen Wein mehr. – Doch, doch, ich geh gleich _____ in den Keller und hol noch welchen _____.
e) Wo ist denn bei euch die Toilette? – Oben im ersten Stock links. – Gut, dann geh ich jetzt mal kurz _____.
f) So langsam wird es mir hier draußen zu kalt. Können wir uns nicht _____ setzen?

2 Kurz vor dem Gipfel – Ergänzen Sie *hin* oder *her*.

● Bernd, komm doch (a) _her_ zu mir!
■ Ich würde ja gerne, aber ich trau mich nicht. Rechts und links geht es ja schließlich ziemlich tief (b) _____unter.
● Ach, dir kann überhaupt nichts passieren. Du darfst halt nicht (c) _____schauen.
■ Nein, ich bleibe hier. Schau (d) _____, hier ist ein wunderschöner Platz. Willst du nicht zu mir (e) _____kommen? Dann können wir unser Picknick gemütlich zusammen machen.
● Hier oben hat man aber einen besseren Ausblick! Man kann sogar bis nach Italien (f) _____übersehen. Ich helfe dir auch (g) _____auf.

3 Gespräch beim Abendessen – Ergänzen Sie die Verben.

| herfahren • ~~herschicken~~ • hinbringen • hinfahren • hingehen • hinlegen • hinstellen |

Mutter: Unsere Waschmaschine ist jetzt schon wieder kaputt. Morgen früh will die Firma einen Mechaniker (a) _herschicken_. – Max, wenn du das Glas so schief hältst, kann ich dir nicht einschenken. (b) _____ das Glas bitte _____!

Lisa: Mutti, darf ich morgen zu der Geburtstagsfeier von Florian? Bitte!!! Alle anderen aus meiner Klasse (c) _____ auch _____.

Mutter: Ja, gut. Ich (d) _____ dich dann morgen Nachmittag _____. Bloß, wie kommst du am Abend wieder zurück nach Hause?

Vater: Ich kann nach der Arbeit (e) _____ und Lisa abholen. Max, lass diesen Unsinn mit dem Messer! (f) _____ es sofort _____.

Mutter: Stellt euch vor, als ich vorhin vom Italienischkurs nach Hause gefahren bin, (g) _____ die ganze Zeit ein Polizeiauto hinter mir _____ [Perfekt].

67

ADVERBIEN, PRÄPOSITIONEN, PARTIKELN

5.3 TEMPORALADVERBIEN UND -ADJEKTIVE

morgen – morgens – morgendlich

1 Funktion

Wann wollen wir denn mit unserem Sportprogramm anfangen?	Wie wäre es mit morgen?	Zeitpunkt	
Ab wann sind Sie in München?	Ab übermorgen.		
Seit wann joggst du eigentlich?	Seit gestern.	Zeitraum	
Bis wann kann ich die Bücher haben?	Bis übermorgen.		
Wie lange dauert dein Englischkurs?	Das ist ein dreimonatiger Kurs.	Zeitdauer	
Wie oft gehst du zum Joggen?	In letzter Zeit ziemlich oft. Wenn es geht, täglich. Sonst immer dienstags und freitags.	Häufigkeit Wiederholung	
Zuerst laufe ich eine halbe Stunde, und dann gehe ich noch fünf Minuten.		zeitliche Reihenfolge	

Amal hat gestern erst um 23.30 Uhr angerufen.	später	als erwartet*
George ist heute schon um 5.30 Uhr aufgewacht.	früher	
Es ist 12 Uhr, aber Mustafa schläft immer noch.	länger	
Hat Tom schon eingekauft? – Nein, er hat noch nicht eingekauft.	Negation	
Arbeitet Anna noch? – Nein, sie arbeitet nicht mehr.		

* → siehe auch Graduierung durch Attribute, Seite 84

2 Formen

a Adverbien

morgens mittags abends (...)	Nomen + -s	Tageszeiten	Wiederholung
montags mittwochs freitags (...)	Nomen + -s	Wochentage	

zuerst	dann/danach	anschließend	schließlich/zuletzt	zeitliche Reihenfolge

immer	meistens*	oft	öfters	manchmal	selten	nie	Häufigkeit
100 %						0 %	

* *meistens = sehr oft*: Ich jogge meistens im Wald.
  am meisten = Superlativ von viel: Paul isst von uns allen am meisten.

schon	noch nicht	Negation von schon und noch
noch	nicht mehr	

b Adjektive

Er fährt täglich mit dem Rad zur Arbeit. Die wöchentliche Arbeitszeit beträgt 40,5 Stunden.	Adjektiv auf -lich mit Umlaut	Wiederholung
Sein morgendliches Frühstück besteht aus einer Zigarette und schwarzem Kaffee.	ohne Umlaut: morgendlich, monatlich	
Sie nimmt an einem mehrtägigen Fortbildungskurs teil.	Adjektiv auf -ig mit Umlaut	Dauer

ÜBUNGEN

1 Wann? Bis wann? Seit wann? Wie oft? Wie lange? – Formulieren Sie Fragen.

a) Das ist eine zweistündige Vorlesung.
   Wie lange dauert die Vorlesung?
b) Ich esse täglich in der Mensa, das Essen ist gar nicht so schlecht.
c) Dienstags findet ein Kolloquium zur Vorlesung statt.
d) Seit vorgestern habe ich einen neuen Computer.
e) Bis übermorgen muss ich das Referat fertig haben.
f) Diese Zeitschrift erscheint monatlich.

2 Lehrer-Alltag – Ergänzen Sie die Temporaladverbien und -adjektive.

> abendliche • abends • morgendliche • ~~morgens~~ • täglich • wöchentliche

(a) *Morgens* muss Anna um halb sieben aufstehen, denn sie ist Lehrerin für Physik und Mathematik. Um diese Uhrzeit ist sie oft noch etwas müde, deshalb fällt das (b) _____ Joggen meistens aus. Sie fährt aber (c) _____ mit dem Rad in die Schule, um sich fit zu halten. Ihre (d) _____ Stundenzahl beträgt 24 Stunden. Das ist ziemlich viel, findet Anna. (e) _____ ist sie auch oft müde, und der (f) _____ Spaziergang findet deshalb nicht immer statt.

3 Ein Sportlehrer – Ergänzen Sie *meistens* oder *am meisten*.

Wenn ich nach Hause komme, mache ich mir (a) *meistens* erst mal einen Kaffee und lese die Zeitung. Von allen Teilen interessiert mich da der Sportteil (b) _____, aber (c) _____ lese ich auch die Kommentare zu den politischen Ereignissen. Nach der Zeitungslektüre mache ich (d) _____ noch etwas Sport. Nach dem Abendessen gehe ich dann (e) _____ noch in eine Kneipe oder manchmal auch ins Kino. Actionfilme interessieren mich (f) _____, da langweilt man sich nämlich (g) _____ nicht.

4 Familientreffen – Antworten Sie mit *Nein* und *erst* oder *schon*.

a) Kommt Charly schon vor dem Abendessen? [nach] –
   Nein, er kommt erst nach dem Abendessen.
b) Gibt es erst um 21 Uhr etwas zu essen? [19 Uhr]
c) Spielt die Musik erst am Abend? [Nachmittag]
d) Gehen die Kinder heute schon um 19 Uhr ins Bett? [21 Uhr]
e) Gehst du schon vor dem Frühstück zum Joggen? [nach]
f) Fahren deine Eltern erst morgen Abend ab? [morgen Vormittag]
g) Musst du schon morgen wieder arbeiten? [übermorgen]

5 Ein Sommerfest – Antworten Sie mit *Nein* oder *Doch* und *noch, schon, noch nicht/noch kein-* und *nicht mehr/kein- mehr*.

a) Sind Anna und Max schon da? –
   Nein, noch nicht.
b) Ich habe gehört, Hans studiert nicht mehr in Frankfurt. – *Doch, er studiert noch in Frankfurt.*
c) Kann man schon tanzen? *Nein, ...*
d) Gibt es noch Kartoffelsalat? *Nein, ...*
e) Ich glaube, Elisabeth und Alexander sind immer noch nicht verheiratet. – *Doch, ...*
f) Karl und Manu haben schon eine neue Wohnung gefunden. *Nein, ...*
g) Tanzt Martina noch? *Nein, ...*
h) Regnet es schon? – *Nein, ...*
i) Hast du morgen schon was vor? – *Nein, ...*

ADVERBIEN, PRÄPOSITIONEN, PARTIKELN

5.4 LOKALE PRÄPOSITIONEN (1)

zu – bei – durch – um …

a Präpositionen mit Dativ

ab	Der Flug geht ab Frankfurt. Ab der nächsten Ampel fahren Sie bitte immer geradeaus.	Ausgangspunkt
aus	Er nahm das Geschenk aus dem Schrank.	Bewegung aus einem Raum
	Sie kommt aus Finnland.	Herkunft generell
bei	Starnberg liegt bei München.	Ort in der Nähe
	Eva wohnt noch bei ihren Eltern.	Person
	Er arbeitet bei einer Werbeagentur, sie bei BMW.	Arbeitsplatz, Firma
gegenüber	Das Hotel liegt gegenüber der Post.* Das Hotel liegt der Post gegenüber.* Mir gegenüber saß ein Kollege aus Rom.*	auf der anderen Seite eines Platzes, einer Straße u. a.
nach	Sie fährt mit dem Zug nach Frankfurt. nach Süden** / Hause / oben / vorne / links …	Richtungsangaben
von	Ich komme gerade von meinem Bruder. Die Flasche ist vom Tisch gefallen.	Herkunft aktuell
von … aus	Von hier aus hat man eine tolle Aussicht.	Perspektive
	Alle Seminare werden von Berlin aus organisiert.	Ausgangsort eines Ereignisses
zu	Ich fahre jetzt zu meiner Freundin / zur Arbeit / zum Flughafen …	Ziel

* bei Nomen Vor- oder Nachstellung, bei Pronomen nur Nachstellung
** bei Nomen mit bestimmtem Artikel *in*: *Der Zug fährt in den Süden / in das schöne Frankfurt / in die Türkei.*

b Präpositionen mit Akkusativ

bis	Der Zug geht nur bis Frankfurt. (ohne Artikel) Ich bringe dich bis zur Bushaltestelle. (Dativ)* Er fuhr uns bis vors Kino. (Akkusativ)*	Endpunkt
durch	Der Magier ging durch die Tür.	
entlang	Sie spazierten den Fluss entlang.**	Parallelität (Bewegung)
gegen	Das Motorrad fuhr gegen einen Bus.	Herstellung eines Kontakts
um	Die Gäste standen um das Buffet (herum). Wir bauen einen Zaun um den Garten (herum).	Umkreisung

* Oft mit zweiter Präposition. Der Kasus richtet sich dann nach der zweiten Präposition.
** immer nachgestellt; bei einer hohen seitlichen Begrenzung mit *an* + Dat.:
Wir spazierten an der Stadtmauer entlang.

c Präpositionen mit Genitiv

innerhalb	Das Ticket gilt nur innerhalb der Stadtgrenze.	Begrenzung
außerhalb	Außerhalb der Stadt ist die Luft viel besser.	
oberhalb	Die neuesten Häuser befinden sich oberhalb der Stadt.	
unterhalb	Unterhalb der Küstenstraße ist ein schöner Strand.	
entlang	Entlang der Marathonstrecke standen viele Zuschauer.	Parallelität (statisch)

Im Zusammenhang mit Städte- und Ländernamen sowie in der gesprochenen Sprache wird bei diesen Präpositionen auch *von* + Dativ verwendet: *innerhalb von Oslo – außerhalb von Frankreich; Unterhalb von der Burg findest du viele Kneipen.*

ÜBUNGEN

1 Urlaubsfreuden I – Markieren Sie die passende Präposition.
Es können auch zwei Lösungen richtig sein.

nach – zu – in
bei – mit – zu
bei – vor – außerhalb von
Von … ab – Von … aus – Aus … heraus
entlang – gegenüber – durch
um – neben – innerhalb
Bis – Bis nach – Bis zu

a) Nach seinem Abitur ist Stefan zuerst mal … England gefahren.
b) Dort kann er … Freunden wohnen.
c) Sie haben ein Haus … Cambridge.
d) … seinem Zimmer … hat er eine tolle Aussicht auf einen Park.
e) Aber Stefan liebt es, am frühen Morgen den Fluss … zu joggen.
f) Anschließend läuft er … den ganzen Park herum.
g) … Hause sind es zu Fuß 30 Minuten.

2 Woher kommt Paul gerade? – Antworten Sie mit *aus* oder *von*.
Es gibt manchmal zwei Möglichkeiten.

Büro • Ute • London • Klinik • Kino • Skifahren • Keller • Arbeit • Gardasee • sein Chef • Wasser • Bahnhof • Joggen • oben • Domplatz • U-Bahn

Woher kommt Paul? *Aus dem Büro.*

3 Petra und Joachim – Ergänzen Sie *bei, zu* oder *nach*.

Petra ist gleich nach ihrem 18. Geburtstag (a) *zu* Karl-Heinz, ihrem Freund, gezogen. Sie hat es (b) _____ ihren Eltern einfach nicht mehr ausgehalten. Aber (c) _____ Karl-Heinz auch nicht lange. (d) _____ Hause zurück (e) _____ ihren Eltern wollte sie auf gar keinen Fall, also ist sie vorübergehend (f) _____ Steffi, ihrer besten Freundin, gezogen. Aber das ist auch keine Lösung. Sie hat sich deshalb entschlossen, (g) _____ Paris zu gehen. Sie wird dort (h) _____ einer Modefirma arbeiten und befürchtet, dass Karl-Heinz dann gleich (i) _____ ihr zu Besuch kommt.

Joachim ist 24. Er wohnt noch immer (j) _____ seiner Mutter. Sie hat eine 3-Zimmer-Wohnung (k) _____ Starnberg. Jeden Morgen fährt er (l) _____ München (m) _____ Universität. Da er im Sommer (n) _____ Frankreich fahren möchte, hat er für die Semesterferien einen Job (o) _____ Siemens angenommen. Er muss dann jeden Morgen um sechs Uhr aufstehen, um gerade noch rechtzeitig (p) _____ Arbeit zu kommen. Da ihn seine Mutter nervös macht, verbringt er die Wochenenden oft (q) _____ Steffi. Aber (r) _____ der wohnt im Moment so eine verrückte Petra.

4 Urlaubsfreuden II – Ergänzen Sie die Präpositionen.

Liebste Karin,

endlich Urlaub im sonnigen Süden – haben Tom und ich uns gedacht, als wir in Frankfurt (a) *aus* dem Bus in das Flugzeug gestiegen sind. Unser Flug (b) _____ Frankfurt war ganz in Ordnung – bis auf das Gewitter, (c) _____ das wir geflogen sind. Aber dann … Die erste Überraschung war das Hotel, das wir (d) _____ Deutschland _____ gebucht hatten. (e) _____ unserem Balkon _____ hat man zwar eine tolle Aussicht – aber direkt unserem Zimmer (f) _____ ist eine Diskothek! Und direkt (g) _____ des Zimmers befindet sich die Terrasse mit einer Band, die täglich bis in die Nacht spielt. Für den Lärm tagsüber sorgen die Baustellen, die sich (h) _____ das Hotel gruppiert haben. (i) _____ der Uferstraße steht schon jetzt ein Hotelkasten neben dem anderen! Unser einziger Trost ist das Meer! Man kann kilometerweit den Strand (j) _____ laufen.

Viele Grüße von Deiner tapferen Freundin Claudia

ADVERBIEN, PRÄPOSITIONEN, PARTIKELN

5.5 LOKALE PRÄPOSITIONEN (2): WECHSELPRÄPOSITIONEN

in – an – auf …

Die folgenden Präpositionen stehen mit dem Dativ, wenn sie „Ort" (Wo?) bedeuten, mit dem Akkusativ, wenn sie „Richtung" (Wohin?) bedeuten:

		Wo? + Dativ	Wohin? + Akkusativ
in		Die Zeitung ist im (in dem) Wohnzimmer.	Er geht ins (in das) Wohnzimmer.
an		Ich saß am (an dem) Klavier.	Ich setzte mich ans (an das) Klavier.
auf		Das Buch liegt auf der Kommode.	Sie legt das Buch auf die Kommode.
über		Die Lampe hängt über dem Bett.	Ich hänge die Lampe über das Bett.
unter		Der Hund liegt unter dem Tisch.	Der Hund legt sich unter den Tisch.
vor		Die Bank steht vor dem Haus.	Wir stellen die Bank vor das Haus.
hinter		Das Auto parkt hinter dem Haus.	Ich fahre das Auto hinter das Haus.
neben		Er saß neben einem hübschen Mädchen.	Er setzte sich neben ein hübsches Mädchen.
zwischen		Jetzt sitzt er zwischen zwei hübschen Mädchen.	Dann setzte er sich zwischen zwei hübsche Mädchen.

Umgangssprachlich auch: *überm (über dem), übers (über das), unterm, unters, vorm, vors, hinterm, hinters*

Bitte unterscheiden Sie:

nach – in	Ich fahre nach Italien/Rom …	*nach* bei Länder- und Städtenamen ohne Artikel
	Ich fahre in die Türkei / Bundesrepublik Deutschland / USA …	*in* bei Länder- und Städtenamen mit Artikel
zu – in	Ich gehe zum Bahnhof.	Ziel
	Ich gehe in den Bahnhof.	Gebäude

Bei *Post, Bank, Polizei, Bahnhof, Flughafen* gibt es eine spezielle Verwendung von *auf*:
Ich gehe auf die Post / Bank / Polizei / den Bahnhof / den Flughafen. (Alternative: *zu*)

ÜBUNGEN

1 Dativ oder Akkusativ? – Ergänzen Sie den Artikel.

- Sag mal, wollen wir heute nicht in (a) d_as_ neue italienische Lokal in (b) d_____ Maximilianstraße gehen? Du weißt schon, hinter (c) d_____ Oper.
- Ich habe gehört, dass man in (d) d_____ Lokal zwar gut, aber auch ganz schön teuer isst.
- Gerd hat gesagt, man muss in (e) d_____ Lokal gehen – und zwar soll man unbedingt das Menü von der Tageskarte nehmen, die an (f) d_____ Wand hängt.
- Ein ganzes Menü – das ist mir zu viel und liegt mir dann nur (g) i_____ Magen. Ich schaue lieber in (h) d_____ Karte.
- Und Gerd sagt, auf (i) d_____ Tisch stellen sie jeden Tag frische Orchideen.
- Ein bisschen übertrieben, oder? Ich hätte für das Geld lieber was Ordentliches auf (j) d_____ Teller.
- Wollen wir uns an (k) d_____ Bar oder vor (l) d_____ Restaurant treffen? Wir könnten auch vorher noch in (m) d_____ Maximilianstraße einen kleinen Schaufensterbummel machen.
- Das wird mir zeitlich zu knapp. Ich stehe Punkt 8 vor (n) d_____ Eingangstür. In (o) d_____ Bar können wir ja nachher gehen. Wenn wir dann noch einen Cent in (p) d_____ Tasche haben!

2 Wohin gehen/fahren Sie, wenn Sie Folgendes tun wollen? – Ergänzen Sie *in*, *auf* oder *zu*. Manchmal gibt es zwei Möglichkeiten.

> der Arzt • der Bahnhof • die Bank • die Drogerie • die Post • das Reisebüro • das Theater

a) Wenn Sie Sonnencreme kaufen wollen, _gehen Sie zur/in die Drogerie_.
b) Wenn Sie Geld überweisen wollen, _____.
c) Wenn Sie Briefmarken brauchen, _____.
d) Wenn Sie eine Reise buchen wollen, _____.
e) Wenn Sie gesund werden wollen, _____.
f) Wenn Sie Goethes „Faust" sehen möchten, _____.
g) Wenn Sie nach Nürnberg fahren möchten, _____.

3 Reiselust – Ergänzen Sie die Wechselpräpositionen und Artikel bzw. Pronomen.

Was vor 30 Jahren noch möglich war – Ein fliegender Stadtstreicher

Frankfurt – Die Stewardessen (a) _in der_ Lufthansa-Maschine trauten ihren Augen nicht. (b) _____ ihnen saß (c) _____ Luxussessel der Reihe 3 ein ärmlich gekleideter älterer Mann. „Eine Flasche Sekt bitte", verlangte der Fluggast (d) _____ abgetragenen Mantel. Die Recherche ergab Folgendes: Einem Stadtstreicher war es gelungen, sich als blinder Passagier (e) _____ Flugzeug zu schmuggeln. Tatsache ist, der Mann kannte sich (f) _____ Frankfurter Flughafen gut aus. Wenn es (g) _____ Straßen und Plätzen und (h) _____ Parks der Stadt zu kalt wurde, fand er (i) _____ Gebäuden des Flughafens eine warme Unterkunft. Jetzt packte ihn die Reiselust. Unerkannt spazierte er (j) _____ Großraum-Jet und setzte sich selbstbewusst (k) _____ erste Klasse. Dort machte er es sich (l) _____ eleganten Geschäftsleuten bequem. (m) _____ New Yorker Kennedy Airport stellte sich heraus, dass sich (n) _____ löcherigen Anzug des Obdachlosen weder ein Pass noch ein Cent Geld befanden. Nach sechsstündigem Aufenthalt wurde er (o) _____ seine Heimatstadt Frankfurt zurücktransportiert. Nach einer Vernehmung (p) _____ dortigen Polizeistation durfte er gehen. Das waren noch Zeiten.

ADVERBIEN, PRÄPOSITIONEN, PARTIKELN

5.6 TEMPORALE PRÄPOSITIONEN (1): ZEITDAUER

seit – bis – während …

ab = von … an	Ab heute habe ich einen Internetanschluss. Von nächster Woche an bin ich verreist.	+ Dat.	Beginn in der Vergangenheit/Gegenwart/Zukunft
seit	Ich bin seit letzter Woche krank.		Beginn in der Vergangenheit und Dauer bis zur Gegenwart
von … bis	Wir sind vom 8. 1. bis 21. 1. verreist.		Beginn und Ende
zwischen	Die Praxis ist zwischen Weihnachten und Neujahr geschlossen.		
bis zu	Paul bleibt noch bis zum Ende der Woche.		Endpunkt
bei*	Beim Joggen hat sie mir von ihrem neuen Job erzählt.		Gleichzeitigkeit
über	Ich fahre übers Wochenende weg.	+ Akk.	Zeitraum
bis	Bis nächste Woche muss ich mich entscheiden.		
während	Während der Woche gehe ich nie aus.	+ Gen.	
innerhalb	Ich muss innerhalb eines Monats antworten. Ich muss innerhalb von einem Monat antworten. (von + Dat.: gesprochene Sprache)		
außerhalb	Außerhalb der Öffnungszeiten bin ich in dringenden Fällen zu Hause erreichbar.		

* oft mit nominalisiertem Infinitiv

Für die Angabe der Länge eines Zeitraums gebraucht man den Akkusativ ohne Präposition:
Hans und Inge waren einen Monat (lang) in Schottland.

ÜBUNGEN

1 Hans im Glück I – Mit oder ohne Präposition?
Markieren Sie – wo nötig – die Präposition.

seit / bis / ab
während / in / über
Über / Zwischen / Bis zu
Außerhalb / Innerhalb / Während

Von … an / Von … bis / Bis … zu
Zwischen / Bei / Über

Bei / Ab / Innerhalb

Bis zu / Innerhalb / Während

beim / zwischen dem / seit

bis zu / von / ab

a) Hans lebt erst … zwei Jahren in München.
b) Als Kind hat er … viele Jahre auf dem Land gelebt.
c) … seinem 19. Lebensjahr hat er in Köln gewohnt.
d) … der ersten vier Semester seines Studiums war er in Heidelberg.
e) … 2015 … 2017 studierte er dort Philosophie.
f) … das Wochenende fuhr er meistens zu seiner Kölner Freundin.
g) … 2017 stand für Hans der Entschluss, nach München zu gehen, fest.
h) Hans im Glück: … einer Woche hatte er in München eine passende Wohnung.
i) Er hatte die Annonce ganz zufällig … Surfen in einem Immobilienportal gefunden.
j) Bald muss er schon wieder umziehen, denn er wird … ein Jahr in London arbeiten.

≡ 2 **Firmenalltag – Ergänzen Sie während, innerhalb oder außerhalb.**

a) Entwickeln Sie bitte _innerhalb_ einer Woche eine neue Werbestrategie!
b) _____ der Arbeitszeit dürfen Sie nicht privat ins Internet.
c) Die Rechnung muss _____ der nächsten 14 Tage bezahlt werden.
d) _____ der Bürozeiten können Sie mich auf meinem Handy erreichen.
e) Können wir das nicht _____ des Essens besprechen?
f) _____ von zwei Stunden musste eine Entscheidung getroffen werden.

≡ 3 *ab, von … an, von … bis, bis zu* oder *zwischen*? –
Ergänzen Sie die richtige Präposition und – wo nötig – den Artikel.

a) _Bis zum_ 23.12. ist die Praxis geöffnet, _____ 27.12. _____ 7.1. wenden Sie sich bitte an meinen Urlaubsvertreter.
b) _____ 1. Januar des nächsten Jahres gilt die um zwei Prozentpunkte höhere Mehrwertsteuer. _____ Mitte des Jahres soll auch über eine Erhöhung der Erbschaftsteuer entschieden werden.
c) Sie wollen einen Termin _____ dem 21. und 24. März? Das wird leider nicht klappen, denn _____ 20. _____ bin ich auf einem Kongress – und zwar _____ _____ 24. März.

≡ 4 **Arbeit und Freizeit – Ergänzen Sie die Präpositionen.**

| ab • beim • bis • bis zum • ~~übers~~ • während |

● Hast du Lust, (a) _übers_ Wochenende mit zum Skifahren zu gehen?
■ Lust schon, aber ich muss (b) _____ nächsten Mittwoch meine Seminararbeit fertig haben. Und mir ist (c) _____ jetzt kaum etwas eingefallen. Und (d) _____ Dienstagabend habe ich wieder den Kneipenjob.
● Du wirst sehen, (e) _____ Wintersport kommen einem oft die besten Ideen. Stell dir vor, mir ist neulich (f) _____ eines Sauna-Gangs ein geniales Konzept für ein Psychologiereferat eingefallen.

≡ 5 **Hans im Glück II – Ergänzen Sie – wo nötig – die Präpositionen und die Artikel.**

Liebe Evelyn,

stell Dir vor, es hat mit London geklappt! (a) _Ab_ nächster Woche werde ich dort (b) _____ ein Jahr bei einer Werbeagentur als „creative assistant" arbeiten. Ich musste mich (c) _____ drei Tagen entscheiden. Ich hoffe, es geht (d) _____ Januar _____ finanziell ein wenig aufwärts mit mir. Nötig wäre es! Anstrengend wird es sicherlich: Als ich mir (e) _____ einen Tag lang die Agentur angesehen habe, sind die meisten Leute zwar erst so (f) _____ 10 und 11 Uhr gekommen, dann ging es aber (g) _____ 9 Uhr abends rund. (h) _____ Abendessen hat man mir erzählt, dass das normal ist. (i) _____ wichtigen Projekten bleiben die Leute angeblich auch mal (j) _____ Nacht im Büro. Im Vergleich zu München ist selbst wochentags eine Menge los in London – leider kann ich das Freizeitangebot nur (k) _____ Arbeitszeit nutzen! (l) _____ nächsten paar Wochen werde ich mich um meine neue Wohnung kümmern müssen, aber dann kommst Du mich ja hoffentlich mal (m) _____ ein verlängertes Wochenende besuchen. (n) _____ dann!

Dein Hans

ADVERBIEN, PRÄPOSITIONEN, PARTIKELN

5.7 TEMPORALE PRÄPOSITIONEN (2): ZEITPUNKT

an – in – um …

an	Sie besucht mich am Dienstag.	+ Dat.	Tag
	Bertolt Brecht wurde am 10. 2. 1898 geboren.		Datum
	Ich möchte lieber am Vormittag einkaufen.*		Tageszeit
	Paula besucht mich an Ostern.		Feiertag
aus	Dieser Tisch ist aus dem 17. Jahrhundert.		zeitliche Herkunft
in	Ich besuche dich in der nächsten Woche.		Woche
	Richard verreist im August.		Monat
	Im Frühling ist Mallorca am schönsten.		Jahreszeit
	In den 70ern waren viele Studenten politisch aktiv.		Jahrzehnt
	Bertolt Brecht ist im 19. Jahrhundert geboren. Aber: Er ist 1898 geboren.		Jahrhundert
	Im nächsten Jahr fliege ich nach Australien.		Zukunft
	Ich habe ihn in letzter Zeit oft gesehen.		Zeitraum
nach	Nach dem Kino gehen wir noch essen.		Zeitraum
vor	Ich war vor der Prüfung ziemlich nervös.		Zeitraum
zu	Zu dieser Zeit war ich in London.		Zeitpunkt/Zeitraum in der Vergangenheit**
für	Können Sie für morgen / für 19:00 Uhr einen Tisch reservieren?	+ Akk.	Zeitraum/Zeitpunkt (Zukunft)
gegen	Wir kommen erst gegen Abend.		ungenaue Tageszeit
	Die Party beginnt gegen 8.		ungenaue Uhrzeit
	Dieses Gebäude entstand gegen Ende des 17. Jahrhunderts.		ungenaue Zeitangabe
um	Das Flugzeug startet um 22:16 Uhr.		genaue Uhrzeit
	Dieses Gebäude ist um 1700 entstanden.		ungenaue Zeitangabe mit Jahreszahl

* aber: *in der Nacht*   ** immer in Verbindung mit den Nomen *Zeit/Zeitpunkt*

ÜBUNGEN

1 Mit oder ohne Präposition? Markieren Sie – wo nötig – die Präposition.

am / im / in   a) Eva-Maria wurde … 28. 1. 1993 geboren.
im / in / innerhalb   b) Ihr Bruder Paul ist … 1997 geboren.
Vor / Seit / Ab   c) … einem Jahr ist Bärbel nach Hamburg gezogen.
in / um / gegen   d) Wir treffen uns so … halb acht.
nach / um / an   e) Wir waren … 10 vor 8 verabredet.
Im / Am / Vor   f) … nächsten Jahr werde ich sicher nach Rom fahren.
vor / nach / in   g) Wir können erst … der Vorlesung schwimmen gehen.
gegen / während / an   h) Ich kann dich erst … Weihnachten besuchen.
zu / um / gegen   i) Dieses Bild wurde … 1800 gemalt.
in / vor / innerhalb   j) Peter ist … den letzten Wochen so still geworden.
am / im / um   k) Warst du … Vormittag in der Stadt?
Während / Bis / Im   l) … Herbst bin ich am liebsten in den Bergen.
an / um / in   m) Herbert kam erst spät … der Nacht von der Reise zurück.
zu / in / bei   n) Ich hatte … dem Zeitpunkt einfach kein Geld.
gegen / um / zu   o) Das Stück wurde … Ende des 19. Jahrhunderts komponiert.
In / Für / Ab   p) … nächstes Wochenende habe ich noch nichts vor.

2 an oder in? um oder gegen? – Ergänzen Sie die richtige Präposition und – wo nötig – den Artikel.

an oder *in*

a) __am__ Nachmittag
b) _____ Nacht
c) _____ zwei Wochen
d) _____ 28. 2. 1987
e) _____ Herbst
f) _____ Ostern
g) _____ Morgen
h) _____ Mai
i) _____ Montag
j) _____ letzten Jahr

um oder *gegen*

k) __um__ 19.52 Uhr.
l) _____ sieben (ungefähr)
m) _____ halb vier (genau)
n) _____ Mitte des 18. Jahrhunderts
o) _____ 1900

3 vor oder seit? – Ergänzen Sie die Präpositionen und – wo nötig – den Artikel.

● Wie lange arbeiten Sie schon hier?
■ (a) __Seit__ 30 Jahren. Ich habe fast auf den Tag genau (b) _____ 30 Jahren hier angefangen.
● (c) _____ damals hat sich sicherlich eine Menge verändert?
■ Natürlich. Die größte Veränderung kam (d) _____ 12 Jahren – durch die Fusion.
● Was ist (e) _____ dieser Zeit so anders?
■ Nun, als unsere Firma (f) _____ 12 Jahren übernommen wurde, wurden alle früheren Extras sofort gestrichen. Und (g) _____ zwei Jahren gibt es regelmäßig Samstagsarbeit.

4 in oder zu? – Ergänzen Sie die Präpositionen und – wo nötig – den Artikel.

a) __In__ meiner Jugendzeit träumte ich davon, in ferne Länder zu reisen. Bloß hatte ich _____ _____ Zeit überhaupt kein Geld.
b) Die industrielle Agrarproduktion ist _____ letzter Zeit wieder ziemlich ins Gerede gekommen.
c) „_____ meiner Zeit hätte es ein solches Benehmen nicht gegeben!", schimpfte die alte Dame mindestens fünfmal pro Tag.
d) _____ Zeit König Ludwigs I. lebten die meisten Bayern noch auf dem Land.
e) „Ich habe _____ nächster Zeit leider keine einzige freie Minute für dich, mein Schatz", sagte der Firmenchef zu seiner misstrauischen Ehefrau.

5 Hans und Evelyn – Ergänzen Sie die Präpositionen und – wo nötig – den Artikel.

Lieber Hans,

über Deine E-Mail aus London habe ich mich wirklich sehr gefreut. Auch bei mir hat sich (a) __in den__ letzten Wochen und Monaten viel getan. (b) __Nach__ meiner Ausbildung zur Innenarchitektin habe ich (c) __im__ Frühling ein Praktikum bei einem Antiquitätenhändler begonnen. Es macht mir ausgesprochen Spaß, und ich lerne so „wichtige" Dinge wie z.B., ob ein französischer Tisch (d) __aus dem__ frühen, mittleren oder späten 18. Jahrhundert stammt. Oder ob ein englischer Schrank (e) __um__ 1900 oder schon (f) __gegen__ Mitte des 19. Jahrhunderts angefertigt wurde. Nicht nur Dein neuer Job in London ist anstrengend: Ich muss (g) __an__ fünf Wochentagen (h) __um__ Punkt 8.30 Uhr anfangen und komme meist erst so (i) __gegen__ 8 Uhr abends nach Haus. Was Deine nette Einladung nach London betrifft: (j) __Bis__ März kann ich auf gar keinen Fall weg, aber vielleicht klappt es ja (k) __an__ Ostern. (l) __Für__ Pfingsttage habe ich auch noch nichts geplant. Bis bald!

Deine Evelyn

PS: Ich weiß, Du hast (m) __am__ letzten Wochenende angerufen, aber (n) __zu dem__ Zeitpunkt war ich bei meinen Eltern.

ADVERBIEN, PRÄPOSITIONEN, PARTIKELN

5.8 PRÄPOSITIONEN: KAUSAL, KONZESSIV, FINAL, ALTERNATIV, MODAL

wegen – trotz – für – aus …

1 kausale Präpositionen

Warum ist das so? → Grund, Ursache   Kausalsätze → s. Seite 180

wegen	Wegen eines Unfalls hatte die U-Bahn Verspätung. Wegen seinem Charme konnte ich ihm nicht böse sein. Ich habe das wegen dir / deinetwegen getan.	+ Genitiv/ Dativ
aus*	Ich habe ihm aus Mitleid geholfen.	+ Dativ
vor**	Er zitterte vor Angst.	

* Mit *aus* + Nomen ohne Artikel beschreibt man eine psychische Ursache für eine Handlung.
** Mit *vor* + Nomen ohne Artikel beschreibt man eine psychische Ursache für eine körperliche Reaktion.

2 konzessive Präpositionen

Angabe eines Grundes, der gegen eine Handlung, Beschaffenheit oder einen Zustand spricht:

trotz*	Trotz seiner Grippe ist er ins Kino gegangen.	+ Genitiv

* regional oft mit Dativ   Konzessivsätze → s. Seite 190

3 finale Präpositionen

Wofür / *Wozu* / *Für wen* brauchst/tust du das? → Ziel, Zweck, Addressat

für	Ich mache das nicht für dich, sondern für meine Karriere.	+ Akkusativ
zu	Was brauchst du alles zum* Kochen heute Abend?	+ Dativ

* oft mit substantiviertem Infinitiv   Finalsätze → s. Seite 186

4 alternative Präposition

Nicht A …, sondern B …

(an)statt	Statt meiner Schwester habe ich meine Freundin mitgebracht.	+ Genitiv

5 modale Präpositionen

Wie mache ich das? → Art und Weise   *Wie* ist das? → Eigenschaft, Beschaffenheit

aus	Dieser Tisch ist aus Aluminium.	+ Dat.	Beschaffenheit
in	Ich erkläre dir alles im Einzelnen. Meinst du das im Ernst?		Art des Erklärens und Meinens
mit	Ich fahre mit dem Auto nach Berlin.		Art und Weise / Mittel
außer	Außer meinem Frühstück habe ich heute noch nichts gegessen.		Gegenüberstellung
nach	Nach Ansicht des Experten ist der Schaden groß. Meiner Meinung nach* ist die Lage äußerst ernst.		„Wiedergabe"
zu	Zu meiner großen Freude ist Paul wieder gesund.		Gefühlsausdruck
auf	Wie heißt das auf Spanisch? Ich komme auf jeden Fall.	+ Akk.	Sprache Art und Weise
durch	Die Stadt wurde durch Bomben zerstört.		Art und Weise
für	Für so viel Arbeit wirst du so schlecht bezahlt.		Vergleich
ohne	Ohne Diplom bekommst du den Job nicht.		Fehlen von etwas

* mit Possessivartikel immer nachgestellt   Konditionalsätze → s. Seite 184, Modalsätze → s. Seite 194

ÜBUNGEN

1 Das liebe Geld! – Ergänzen Sie die Ausdrücke in Klammern.

a) Wegen [seine schlechten Finanzen] kann sich Paul dieses Jahr keinen teuren Urlaub leisten. Aus [dieser Grund] ist er ziemlich schlecht gelaunt. Zu [die Überraschung seiner Freunde] plant er jetzt, mit [das Fahrrad] quer durch Deutschland zu fahren.

Wegen seiner schlechten Finanzen kann sich Paul dieses Jahr keinen teuren Urlaub leisten.

b) Außer [ein Rucksack] nimmt er kein Gepäck mit. Zu [das Übernachten] sucht er sich eine Jugendherberge statt [ein teures Hotel]. Sein sparsames Budget gibt er lieber für [ein guter Rotwein] am Abend aus. „Es geht eben auch auf [diese Weise], ohne [der übliche Komfort]!", sagt er sich trotz [seine müden Beine].

2 Komische Vögel – Ergänzen Sie die Präpositionen.

| anstatt • auf (2x) • aus • außer • durch • für (2x) • in (2x) • mit (2x) • nach • ohne • trotz |

ÖSTERREICHER SCHRECKEN VÖGEL AB

Wien – Einen Weltrekord (a) _im_ [+ dem] Abschrecken gefräßiger Vögel will ein kleiner Ort in Österreich aufstellen. (b) _____ Unterstützung der gesamten Bevölkerung – (c) _____ den Kleinkindern natürlich! – sollen in Wippenham bis Herbst Vogelscheuchen gebastelt werden. (d) _____ diese Weise möchte man nicht nur die lästigen Felddiebe loswerden – und das (e) _____ Gewaltanwendung. „Wir machen die Aktion auch (f) _____ eine Eintragung ins Guinnessbuch der Rekorde", so der Bürgermeister. (g) _____ einiger Bedenken der Landschaftsschützer hat man die ersten 1000 Vogelscheuchen (h) _____ Holz und Stoff bereits aufgestellt.

HILFLOSER VATER SCHEITERT AN MILCHFLASCHE

Braunschweig – (i) _____ Panik, seine kleine Tochter könnte verhungern, hat ein Vater aus Braunschweig die Polizei alarmiert. Dem 24 Jahre alten Mann, der sich zum ersten Mal (j) _____ der Mutter um das Kind kümmern musste, gelang es den Polizeiangaben (k) _____ nicht, die Milch des Kindes zu erwärmen. (l) _____ einen „Großeinsatz" der Polizei kam das schreiende Kind doch noch zu seinem Abendessen. (m) _____ einem Buch (n) _____ junge Väter will der Vater künftig derartige Notrufe überflüssig machen. Doch leider ist das Buch (o) _____ Schwedisch!

3 Ergänzen Sie die Ausdrücke in Klammern mit der Präposition.

| ~~aus~~ • in • mit • ohne • statt • trotz • wegen • zu (2x) • vor |

(a) _Aus Liebe_ [Liebe] ist Karl (b) _____ [das schlechte Wetter] am Wochenende zu seiner kranken Freundin Anne gefahren. „(c) _____ [deine Eltern] kümmere ich mich selbstverständlich um dich!" – (d) „_____ [der starke Schneefall] kommst du aber besser (e) _____ [der Zug]", rief sie besorgt am Telefon. Er hörte leider nicht auf sie: Die Straßen waren (f) _____ [ein schrecklicher Zustand]: spiegelglatt und voll. (g) _____ [sein großer Ärger] waren auch noch viele Sonntagsfahrer unterwegs. (h) _____ [das Pausemachen] hatte er keine Nerven mehr. (i) _____ [Unterbrechung] fuhr Karl, bis er an seinem Ziel war. Die junge Frau weinte (j) _____ [Freude], als sie ihn sah.

ADVERBIEN, PRÄPOSITIONEN, PARTIKELN

5.9 PRÄPOSITIONEN MIT DATIV UND GENITIV IN DER SCHRIFTSPRACHE

laut – mangels – jenseits …

a Präpositionen mit Dativ

zuliebe*	Ich mache das alles doch nur dir zuliebe!	kausal
entgegen	Entgegen den Erwartungen wurde Herr Meyer zum Vorsitzenden gewählt.	adversativ
entsprechend gemäß	Entsprechend/Gemäß den Vorschriften sind in vielen Wohngegenden nur 30 km/h Höchstgeschwindigkeit erlaubt.	modal
laut zufolge*	Laut Süddeutscher Zeitung / Der Süddeutschen Zeitung zufolge wird der Außenminister in Kürze zurücktreten.	

* immer nachgestellt

b Präpositionen mit Genitiv

angesichts	Angesichts der schlechten Haushaltslage kann das Gesetz erst übernächstes Jahr in Kraft treten.	kausal
anlässlich	Anlässlich der Regierungskrise wurden drei Minister ausgewechselt.	
bezüglich hinsichtlich	Gibt es bezüglich/hinsichtlich unserer neuen Marketingstrategie noch Fragen?	Thema
zugunsten zuungunsten	Der Richter hat zugunsten/zuungunsten des Angeklagten entschieden.	Vorteil/ Nachteil
ungeachtet	Ungeachtet der Proteste setzte der Politiker seine Rede fort.	konzessiv
zwecks	Das Gericht hat zwecks Beratung* eine Pause beschlossen.	final
diesseits	Diesseits der Grenze gibt es viele Dörfer.	lokal
jenseits	Aber jenseits der Grenze ist es fast menschenleer.	
seitens vonseiten	Er bekommt seitens/vonseiten seiner Familie viel Unterstützung.	Richtung

* ohne bestimmten Artikel

c Präpositionen mit Genitiv und Dativ bzw. *von* + Dativ

aufgrund	Viele Betriebe wurden aufgrund der Krise geschlossen. / Aufgrund von Lieferproblemen können wir die Bestellung nicht ausführen.	kausal
dank	Dank dieses Patents / diesem Patent ist die Firma Marktführer.	
infolge	Infolge der Sparpolitik werden die Renten gekürzt. Infolge von Preiserhöhungen sanken die Verkaufszahlen.	
mangels	Mangels staatlicher Fördermittel werden nur noch teure Wohnungen gebaut. / Der Angeklagte wurde mangels Beweisen* freigesprochen.	
anhand	Anhand dieses Modells / von diesem Modell können Sie die Funktionsweise der Anlage nachvollziehen.	instrumental modal
mithilfe	Mithilfe dieser / von dieser neuen Therapie wurde er geheilt.	
mittels	Er konnte das Schloss nur mittels eines Spezialwerkzeugs öffnen. Die beiden Geräte waren mittels Kabeln* verbunden.	
abseits	Das Hotel *Aurora* liegt abseits der / von der großen Straße.	lokal
inmitten	Die Skating-Bahn wurde inmitten des Stadtparks / von Wiesen gebaut.	
unweit	Unser Büro befindet sich unweit des Bahnhofs / vom Bahnhof.	
anstelle	Anstelle des Ministers / von Minister Müller antwortete der zuständige Staatssekretär auf die Frage der Journalisten.	alternativ

* im Plural Dativ, wenn das Nomen allein steht. Im Singular dann ohne Endung: *mangels Beweis*

ÜBUNGEN

1 So eine Bürokratie! – Markieren Sie die passende Präposition.

a) Anhand / Anlässlich / **Laut** neuer Ökodesignrichtlinie für energieverbrauchende Produkte müssen Heizungen höhere Anforderungen erfüllen.
b) Bitte wenden Sie sich anlässlich / bezüglich / mittels Ihrer Baupläne an meinen Kollegen.
c) Die Vorschriften mussten dank / infolge / zugunsten eines neuen Gesetzes geändert werden.
d) Nur angesichts / anhand / mithilfe eines Rechtsanwalts konnte er den Vertragstext verstehen.
e) Die Behörde entschied entgegen / gemäß / zugunsten des Antragstellers.
f) Bitte reichen Sie mittels / zuliebe / zwecks einer erneuten Prüfung weitere Unterlagen ein.
g) Anhand / Gemäß / Laut dieser Unterlagen können wir uns ein besseres Bild machen.
h) Die Abgase müssen gemäß / mithilfe / zufolge einer EU-Richtlinie reduziert werden.
i) Die Abfälle müssen den Gesetzen entsprechend / infolge / zuliebe entsorgt werden.
j) Abseits / Anstelle / Inmitten des Naturschutzgebiets darf keine Hotelanlage gebaut werden.

2 Armes Land! – Ergänzen Sie die Ausdrücke in Klammern.

a) Laut [eine Studie] wird die deutsche Bevölkerung bis 2030 um 500 000 Einwohner schrumpfen. Für viele Gemeinden abseits [die großen Städte] wird sich dieser Trend aufgrund [die Landflucht] noch viel stärker auswirken als in Großstädten wie Berlin, München und Hamburg, wo unweit [die Stadtgrenze] die Immobilienpreise mangels [Grundstücke] explodieren. Anlässlich [eine Tagung] der zuständigen Minister rief der Bundeswirtschaftsminister zu einem Handeln gemäß [diese Entwicklung] auf: Man wolle die Vorschriften zwecks [Bebauungsverdichtung] lockern, und zwar für die Bevölkerung, nicht zuliebe [die Bauindustrie].

Laut einer Studie wird die deutsche Bevölkerung bis 2030 um 500 000 ...

b) Ungeachtet [höhere Steuereinnahmen] droht [ein Bericht der Neuen Zeitung] zufolge ein Haushaltsloch von zwei Milliarden Euro. Infolge [die geplante Familienförderung] wird für das nächste Jahr noch eine weitere Finanzlücke in Höhe von vier Milliarden Euro erwartet. Angesichts [diese Belastungen] plant die Regierung, zwecks [Gegenfinanzierung] an anderer Stelle zu sparen. Dies tue sie, da solche Defizite jenseits [die finanzpolitische Vernunft] seien, wie anstelle [die Ministerin] der Regierungssprecher betonte.

3 Patente Erfinder! – Ergänzen Sie die Präpositionen.

> angesichts/aufgrund (2x) • anhand • dank • bezüglich/hinsichtlich •
> entgegen • laut • mangels • mithilfe von / mittels • seitens/vonseiten

Otto Geistesblitz würde sich hierzulande wohlfühlen, denn Deutschland ist ein Land der Erfinder. (a) _Dank_ ihrem Erfindungsreichtum werden nirgendwo in Europa so viele Patente angemeldet wie hier. (b) _____ Statistik sind es rund 70 000 im Jahr. (c) _____ derselben Statistik kann man sehen: Die meisten Erfinder sind in Baden-Württemberg und Bayern zu Hause – kein Wunder, (d) _____ der vielen forschungs- und entwicklungsfreudigen Weltkonzerne wie Bosch, Daimler, BMW, Siemens und Schaeffler, die dort sitzen! Ein Großteil der Erfindungen wird nämlich nicht in Garagen zusammengeschraubt, sondern entsteht (e) _____ der erforderlichen Kapitalgröße in den Entwicklungsabteilungen großer Konzerne. Die wenigsten Patentanmeldungen kommen aus dem Norden und Osten der Republik – aber nicht unbedingt (f) _____ Erfindungsreichtum: (g) _____ weit verbreiteter Meinung werden Wissensvorsprünge nämlich nicht nur (h) _____ Patenten gesichert. Viele Firmen schützen sich (i) _____ ihrer Innovationen lieber mit internen Geheimhaltungsvereinbarungen vor der Nachahmung (j) _____ der Konkurrenz.

ADVERBIEN, PRÄPOSITIONEN, PARTIKELN

5.10 MODALPARTIKELN

Das ist aber teuer!

Im gesprochenen Deutsch drücken diese zusätzlichen Wörter eine Absicht oder emotionale Färbung aus. Wie häufig diese Wörter gebraucht werden, hängt vom Sprecher ab. Man kann auch mehrere Partikeln in einem Satz kombinieren. Die meisten Partikeln haben mehrere Funktionen bzw. Bedeutungen.

a Aussagesätze

eben	Die letzte U-Bahn für heute ist vor 5 Minuten abgefahren. Dann müssen wir eben zu Fuß gehen.	Unabänderliche Konsequenz
halt	Warum willst du denn nicht? – Ich will halt nicht.	Resignation
einfach	Diese Übung verstehe ich einfach nicht. Wenn Sie kein Bargeld dabeihaben, dann zahlen Sie einfach mit Kreditkarte.	Unzufriedenheit Problemlösung
eigentlich	Eigentlich wollte er heute kommen.	Erstaunen, Kritik
ja*	Das ist ja bekannt. Sie brauchen mich nicht mehr. Dann kann ich ja gehen.	Bekanntes Selbstverständliches
schon	Das wird schon gut gehen.	Beruhigung

b Aufforderungen

mal	Würden Sie mir mal helfen? Gib mir doch mal den Hammer. Könnten Sie mir bitte mal Ihren Stift leihen?	Bitte
doch***	Setz dich doch hin. Das hättest du mir doch sagen können.	Rat
ja**	Tu das ja nicht.	Warnung
bloß	Tu das bloß nicht.	
nur	Tu das nur nicht.	
ruhig	Lass das Licht ruhig an, wenn du rausgehst. Es verbraucht nicht viel Strom.	Ermunterung

c Fragen

denn	Was gibt es denn zu essen? Hast du denn keinen Hunger? Was macht denn eigentlich unser alter Freund Tim?	Interesse
eigentlich	Warst du eigentlich schon mal in der neuen Disco?	

d Ausrufe

doch***	Das ist doch nicht richtig!	Gegensatz
ja*	Es hat ja geschneit. Das ist ja gar nicht teuer.	Überraschung
aber	Das ist aber teuer. Das ist aber nett.	
vielleicht	Das ist vielleicht ein Service!	Verärgerung

*   unbetont
** betont
*** Wünsche → s. Seite 138; Negation → s. Seite 150; Imperativ → s. Seite 154; Fragesatz (Antwort) → s. Seite 156; Adversativsatz → s. Seite 192

ÜBUNGEN

1 Empfehlungen – Formulieren Sie kleine Dialoge mit *doch mal* und *eigentlich*.

a) den Artikel in der „Frankfurter Allgemeinen Zeitung" (FAZ) lesen
   Lies doch mal den Artikel in der FAZ! – Ich lese eigentlich nicht gerne die FAZ.
b) klassische Musik hören
c) mit deiner Chefin sprechen
d) die alten Fotos anschauen
e) ein bisschen mehr Sport treiben

2 Theaterbesuch – Ergänzen Sie *aber, denn, ja, ruhig, vielleicht*. Manchmal gibt es mehrere Möglichkeiten.

Vorher:

Was, es gibt noch Karten für die „Zauberflöte"? Das ist (a) *ja* super. Was sollen die Karten (b) _____ kosten? Nur 10 Euro? Das ist (c) _____ wirklich preiswert. Das können wir uns (d) _____ leisten, finde ich.

Nachher:

Das Stück war (e) _____ langatmig. Das hätte ich mir (f) _____ denken können. Wer schaut sich (g) _____ heute noch Opern an? Und außerdem: Die Königin der Nacht hat (h) _____ leise gesungen.

3 Beim Psychoanalytiker – Ergänzen Sie in diesem Dialog *eben, einfach, doch, denn*. Manchmal gibt es mehrere Möglichkeiten.

Patientin   Heute ist mir nicht nach Reden zumute. Mir fällt (a) *einfach* nichts ein, was wichtig wäre ...
Psychologin Wichtig oder unwichtig, darauf kommt es (b) _____ gar nicht an.
Patientin   Ich will (c) _____ nicht.
Psychologin Möchten Sie (d) _____ darüber sprechen, warum Sie nicht reden möchten?
Patientin   Ich fühle mich (e) _____ nicht wohl. Wollen Sie wirklich wissen, wie es mir geht? Das ist Ihnen (f) _____ völlig egal.
Psychologin Warum? Sie sind (g) _____ meine Patientin.

4 Alte Bekannte – Ergänzen Sie *denn, eigentlich* und *ja*. Manchmal gibt es mehrere Möglichkeiten.

● Mensch, das ist (a) *ja* eine Überraschung. Wie kommst du (b) _____ hierher?
■ Ach, ich habe in der Nähe zu tun. Das ist (c) _____ wirklich ein Zufall, dich zu treffen. Wie geht es dir (d) _____ so?
● Ganz gut, danke. Sag mal, weißt du (e) _____, ob Andrea noch hier wohnt?
■ Nein, leider nicht.
● Lebt (f) _____ euer Hund noch?
■ Nein, der war (g) _____ damals schon 16 Jahre alt.
● Hast du (h) _____ die Eva mal wieder gesehen?
■ Ja, die sehe ich (i) _____ regelmäßig. Die arbeitet (j) _____ hier in der Nähe.
● Hat die (k) _____ ihren Freund geheiratet?
■ Nein. Aber das war (l) _____ klar, die haben (m) _____ wirklich nicht zusammengepasst.
● Stimmt. Ich muss leider weiter. Hier ist meine Telefonnummer. Wir könnten (n) _____ mal zusammen was trinken gehen.

ADVERBIEN, PRÄPOSITIONEN, PARTIKELN

5.11 GRADUIERUNG DURCH ATTRIBUTE

Schon um 7 oder erst um 9 Uhr? – Hans hatte nur wenig Zeit.

1 Funktion

Durch ein Attribut kann man ein Satzglied hervorheben.

Auf der Hochzeitsfeier hat sogar die ältere Dame getanzt.

Aber nur eine Minute. Danach war sie erschöpft.

2 Formen

nicht	**Nicht** er spielt Tennis(, sondern sie). Er spielt **nicht** Tennis(, sondern Fußball). (→ s. Seite 150)	Negation eines Satzglieds
nur bloß	Er spielt Tennis, aber **nur**/**bloß** selten. Ich liebe **nur**/**bloß** dich. Ich wollte **nur**/**bloß** sagen, ich komme … Petra verdient **nur**/**bloß** 1000 EUR.	Einschränkung: nicht oft, sondern … niemand anderen als … nichts anderes als … nicht mehr als …
schon bereits*	Wir gehen **schon**/**bereits** um halb 12 essen. Paul verdient **schon**/**bereits** 5000 EUR.	das Gegenteil von *erst*: früher als erwartet oder erwünscht Zahl höher als erwartet oder erwünscht
erst**	Wir gehen **erst** um drei Uhr essen. Petra verdient **erst** 1000 EUR im Monat.	Einschränkung: später als erwartet oder erwünscht Zahlengröße noch nicht so hoch wie erwartet oder erwünscht
allein***	**Allein** im Restaurant gibt es 20 Angestellte. **Allein** im ersten Monat verkaufte sich das Buch 7000 Mal.	räumliche bzw. zeitliche Einschränkung: auch anderswo, aber hier ist nur vom Restaurant die Rede. auch sonst, aber hier ist nur vom ersten Monat die Rede.
auch	**Auch** unsere Nachbarn waren verreist.	Einschließen
sogar selbst****	**Sogar**/**Selbst** die alte Tante hat getanzt! **Sogar**/**Selbst** Eva hat gebacken!	Überraschung
besonders gerade vor allem	**Besonders** die Armen leiden unter der Krise. Ich finde **gerade** ihn sympathisch. Ich mag **vor allem** deinen Bruder.	Sonderstatus

* Das Gegenteil von *schon/bereits* ist *erst*: Wir gehen heute nicht um halb zwölf zum Essen, sondern *erst* um drei Uhr.
  Aber:
** *Erst* (= zuerst) gehen wir essen, dann tanzen.
*** Wir waren in dem Restaurant ganz *allein* (= ohne andere Gäste).
**** Eva hat *selbst* (= ohne fremde Hilfe) gebacken.

ÜBUNGEN

1 Max will Karriere machen. – Kreuzen Sie an.

	nur	allein	erst	schon
a) Max ist ... spät in der Nacht nach Hause gekommen.	☐	☐	X	☐
b) Na, immerhin verdiene ich für mein Alter ... eine Menge Geld.	☐	☐	☐	☐
c) Jetzt denkt er ... noch an eins: schlafen gehen.	☐	☐	☐	☐
d) Und morgen früh muss er ... wieder um 6 Uhr aufstehen!	☐	☐	☐	☐
e) Ist das etwa ein schönes Leben? Ich bin doch ... 23!	☐	☐	☐	☐
f) Und ich habe doch ... dieses eine Leben!	☐	☐	☐	☐
g) Er musste ... heute 100 E-Mails schreiben!	☐	☐	☐	☐
h) Aber wenn ich 30 bin, verdiene ich ... doppelt so viel wie heute!	☐	☐	☐	☐

2 Nichts als Fragen – Antworten Sie mit *nur* bzw. *erst*.

a) Wie lange bleibst du hier? [zwei Wochen] *Nur zwei Wochen.*
b) Wie lange bist du schon in München? [seit drei Tagen]
c) Hat die Fahrt lange gedauert? [40 Minuten]
d) Wann bist du angekommen? [um 23 Uhr]
e) Wie viel hat das Ticket gekostet? [20 Euro]
f) Möchtest du noch eine Kartoffel oder zwei? [eine Kartoffel]
g) Na ja, kein Wunder, du hast ja heute Abend schon drei Kartoffeln gegessen, oder? [Nein, eine Kartoffel]

3 Finanzen – Antworten Sie.

a) Haben Sie schon von unserem neuesten Finanzprodukt gehört? – [erst – hat – bei mir – Ihr Kollege – gestern – angerufen] *Erst gestern hat Ihr Kollege bei mir angerufen.*
b) Sie haben sicher noch Fragen dazu ... – [geht – es – die Sicherheit – besonders – mir – um]
c) Da kann ich Sie beruhigen. – [sogar – eine große Bank – garantieren – keine ... mehr – Sicherheit – kann]
d) Sie sehen das zu pessimistisch. – [nicht – möchte – ich – das neue Produkt, – ein Sparbuch, sondern – lieber]
e) Das bringt keine hohen Zinsen. – [nur – ich – weiß, – ein Prozent]
f) Wann kommen Sie zu uns? – [nächste Woche – habe – Zeit – ich – erst]
g) Wie wäre es am Freitag? – [da – bloß – kann – vormittags – ich]
h) Würde 10:00 Uhr bei Ihnen gehen? [bereits – um 10:00 – einen Termin – ich – habe]

4 Falsch geparkt! – Ergänzen Sie *allein, besonders, bloß, erst, nicht, nur, schon, sogar*.

(a) *Schon* 12 000 Mitbürger hat Georg Müller angezeigt – und das in (b) _____ vier Jahren! (c) _____ im letzten Jahr konnten sich 3584 Personen im norddeutschen Städtchen Flinburg bei Georg Müller für eine Anzeige „bedanken". (d) _____ die direkten Nachbarn fürchten den Hobby-Polizisten: (e) _____ vor Kurzem hat jemand eine tote Maus in den Briefkasten des 60-jährigen Frührentners geworfen. Zu seiner Verteidigung sagt Georg Müller: „Ich bin (f) _____ verrückt, sondern ich will (g) _____ Ordnung!" (h) _____ seine Mutter findet die Aktivitäten ihres Sohnes übertrieben. Sie erzählt: „(i) _____ als kleiner Junge wollte mein Georg am liebsten (j) _____ mit Polizeiautos spielen. Kontakt mit Kindern gleichen Alters hatte er (k) _____ selten. Leider ist mir (l) _____ spät aufgefallen, dass das nicht normal ist. Da war es (m) _____ zu spät! (n) _____ die Polizei lacht heimlich über ihn."

VERBEN

6.1 PRÄSENS

ich lerne

1 Funktion

Sag mal, wo ist denn die Monika? Die kommt doch sonst auf jede Party.

Die ist schon seit Wochen im Krankenhaus. Beinbruch! Aber übermorgen kommt sie raus.

„Und – was machst du gerade so?"	in diesem Moment Gegenwärtiges
Ich studiere seit drei Monaten in Berlin.	Handlungen und Zustände, die zum Zeitpunkt des Sprechens noch andauern
Ich fliege erst nächsten Donnerstag.	Zukünftiges (+ Zeitangabe)
Die Erde ist rund.	zeitlos Gültiges
Als Maria die Tür öffnet, steht Karl vor ihr. Er bittet sie um Verzeihung.	Vergangenes (um es lebendiger zu schildern, Schrift- und Literatursprache)

Um Aktualität zu betonen, gibt es drei Möglichkeiten:

Siehst du nicht, dass ich gerade arbeite? – Er wohnt derzeit in Rom.	Temporalangaben, wie z. B. *gerade, derzeit, im Augenblick, im Moment* u. a.
Was hältst du von seiner E-Mail? – Ich bin gerade dabei, sie zu lesen.	*dabei sein* + Infinitiv mit *zu*
Stör Anna jetzt nicht. Sie ist gerade beim/am* Kochen.	*sein* + *am/beim* + nominalisierter Infinitiv

* umgangssprachlich

2 Formen

a regelmäßige Verben

	sagen	antworten	reisen	sammeln
ich	sage	antworte	reise	sammle
du	sagst	antwortest	reist	sammelst
er/sie/es	sagt	antwortet	reist	sammelt
wir	sagen	antworten	reisen	sammeln
ihr	sagt	antwortet	reist	sammelt
sie/Sie	sagen	antworten	reisen	sammeln

b unregelmäßige Verben

	sehen	geben	schlafen	halten	stoßen	laufen	wissen
ich							weiß
du	siehst	gibst	schläfst	hältst	stößt	läufst	weißt
er/sie/es	sieht	gibt	schläft	hält*	stößt	läuft	weiß
	e → ie	e → i	a → ä	a → ä	o → ö	au → äu	i → ei

* Stamm auf *-t*, aber ohne *e*-Erweiterung

Liste der unregelmäßigen Verben → s. Seite 206 ff.

ÜBUNGEN

1 Vorstellungsgespräch – Fragen Sie mit *seit wann + schon*.

a) in München leben   c) Ingenieur sein   e) bei BMW arbeiten
b) Spanisch lernen   d) Golf spielen   f) Rallyes fahren

a) Seit wann leben Sie schon in München?

2 Muttersorgen – Ergänzen Sie die Verben im Präsens.

Lieber Harald,
ich (a) *weiß* (wissen), dass Du in Kürze nach Brasilien (b) _____ (fliegen) und von morgens bis abends (c) _____ (arbeiten), aber vielleicht (d) _____ (lesen) Du ja meine Zeilen doch noch. Ich (e) _____ (hoffen), Du (f) _____ (nehmen) es mir nicht übel, wenn ich Dich jetzt noch mit meinen Sorgen (g) _____ (belästigen). Ich habe entdeckt, dass mein Sohn (h) _____ (stehlen). Ich (i) _____ (sehen) schon seit Langem, dass er sehr viel Geld (j) _____ (ausgeben). Wenn man ihn (k) _____ (fragen), von wem er es (l) _____ (bekommen), dann (m) _____ (sehen) er weg und (n) _____ (antworten): „Ich (o) _____ (stehlen) nicht, ich (p) _____ (sammeln) nur."
Das (q) _____ (brechen) mir das Herz! Was (r) _____ (raten) Du mir?
Alles Liebe
Deine Angelika

3 Pläne für die Zukunft – Formulieren Sie Sätze im Präsens.

a) nächstes Wochenende – besuchen – mich – meine Freundin Paula – am Samstag – gehen – wir – zum Einkaufen – in einer Woche – fahren – wir – nach Berlin – kommen – ihr – mit
   Nächstes Wochenende besucht mich meine Freundin Paula. Am Samstag ...

b) im Oktober – beginnen – ich – mit meinem Studium – ich – studieren – dann – Ökonomie – in Konstanz am Bodensee – ich – brauchen – drei Jahre – dafür – danach – machen – ich – ein Aufbaustudium – in Harvard

c) in etwa zehn Jahren – übernehmen – ich – die Firma – meines Vaters – anschließend – gründen – ich – eine Familie – und – bauen – ein Haus – in 20 Jahren – bekommen – ich – die Midlife-Crisis – dann – suchen – ich – mir – eine Freundin – in 30 Jahren – sein – ich – vielleicht – bereits – Großvater – und in 40 Jahren – aufhören – ich – zu arbeiten

4 Abgelehnt – Beantworten Sie die Fragen negativ. Verwenden Sie die angegebenen Verben und abwechselnd *ich bin gerade dabei* und *ich bin gerade am*.

a) „Kommst du mit zum Schwimmen?" – [aufräumen]
   „Nein, ich bin gerade dabei, aufzuräumen."
b) „Hast du Lust, ein Eis zu essen?" – [abnehmen]
   „Nein, ich bin gerade am Abnehmen."
c) „Möchtest du eine Zigarette?" – [mir das Rauchen abgewöhnen]
d) „Hast du einen Moment Zeit für mich?" – [weggehen]
e) „Wollen wir eine Runde Tennis spielen?" – [mein Auto reparieren]
f) „Kannst du deine Frau rufen?" – [fernsehen]
g) „Hilfst du mir bei den Hausaufgaben?" – [die Küche putzen]
h) „Siehst du dir nicht die Nachrichten an?" – [Koffer packen]

VERBEN

6.2 PERFEKT

ich habe gesucht – ich bin gefahren

1 Funktion

„Was hast du gestern Abend gemacht?" – „Ich habe meine Eltern besucht."	Tempus für die Vergangenheit in der gesprochenen Sprache
Seitdem er weggezogen ist, sehen wir uns nur noch selten.	abgeschlossene Vorgänge in der Vergangenheit mit Gegenwartsbezug
Morgen in einer Woche habe ich die Arbeiten an diesem Projekt abgeschlossen.	für Zukünftiges (als Ersatz für das Futur II)

2 Formen

a *haben* und *sein*

haben	Ich habe die Koffer gepackt.	die meisten Verben
	Wir haben uns gut unterhalten.	alle reflexiven Verben
sein	Ich bin ins Kino gegangen.	Verben der Ortsveränderung (ohne Akkusativ): *fahren, kommen, gehen* u. a.*
	Ich bin heute erst um 12 Uhr aufgewacht.	Verben der Zustandsveränderung: *einschlafen, aufstehen, werden* u. a.
	Wir sind zu Hause geblieben.	*sein, bleiben, gelingen, misslingen, (miss-)glücken*

* Einige Verben der Ortsveränderung – *fahren, fliegen, reiten* – können auch eine Akkusativ-Ergänzung haben. Sie bilden dann das Perfekt mit *haben*: Ich habe immer diese Automarke gefahren.

b Partizip II

	Partizip II				
regelmäßige Verben		ge	mach	t	hat gearbeitet, hat geholt, hat gesagt ...
	ab	ge	sag	t	hat aufgemacht, hat festgestellt ...
			verkauf	t*	hat erzählt, hat besucht, hat zerstört ...
			telefonier	t*	hat studiert, ist passiert ...
unregelmäßige Verben		ge	fahr	en	hat getrunken, ist gegangen ...
	an	ge	komm	en	hat weggenommen, ist mitgefahren ...
			zerriss	en*	hat verglichen, ist gelungen ...
Mischverben		ge	kann	t	hat gebracht, hat genannt, hat gewusst ...

* Die Verben mit *be-, emp-, ent-, er-, ge-, miss-, ver-, zer-* (untrennbare Verben) sowie die Verben auf *-ieren* bilden das Perfekt ohne *ge-*.

sein und *haben* und die Modalverben *(wollen, müssen, können ...)* stehen meist im Präteritum, selten im Perfekt → s. Seite 90, 214; trennbare und untrennbare Vorsilben bei Verben → s. Seite 120, 122; unregelmäßige Verben → s. Seite 206 ff.

3 Positionen im Satz

	Position 2 haben/sein		Satzende Partizip II
Ich	habe	den Koffer	gepackt.
Ich	bin	ins Kino	gegangen.

Das Hilfsverb in Sätzen mit mehreren Verben muss man nur wiederholen, wenn dieses sich ändert: *Ich habe gearbeitet und danach geschlafen. – Ich habe gearbeitet und bin dabei eingeschlafen.*

ÜBUNGEN

1 Bilden Sie von folgenden Verben das Partizip II und tragen Sie es ein.

schreiben · ankommen · streiten · rasieren · ausmachen · anbieten · bekämpfen · denken · umziehen · abstellen · versuchen · einladen · misstrauen · entdecken · schneiden · besprechen · sich entscheiden · studieren · wegbringen · empfehlen

(...)ge-...-t	(...)ge-...-en	...-t	...-en
ausgemacht, gedacht, weggebracht, abgestellt	angekommen, geschrieben, gestritten, angeboten, umgezogen, eingeladen	rasiert, misstraut, bekämpft, entdeckt, versucht, studiert	besprochen, entschieden, empfohlen

Das hat ihm überhaupt nicht gefallen, und vor lauter Ärger ist er fast explodiert!

ich mag → ich habe gemocht. Das hatte mir gern. Ich werde mögen.

2 Gespräch mit einem „Nachtwächter" – Ergänzen Sie *haben* bzw. *sein* in der richtigen Form.

Herr Fachner, (a) _ist_ denn heute Nacht viel passiert?
Nein, Gott sei Dank nicht. Ich (b) _habe_ meine Runden gemacht, ohne dass es etwas gegeben (c) _hat_.
Wie viele Menschen (d) _haben_ Sie denn schon getroffen?
Nach ein Uhr (e) _habe_ ich höchstens vier oder fünf gesehen. Die meisten Lokale in unserer kleinen Stadt (f) _haben_ ja ab Mitternacht geschlossen.
Wir (g) _haben_ Sie gestern tagsüber kaum erreicht. Wo (h) _sind_ Sie denn so gewesen?
Zuerst (i) _habe_ ich mich um meinen normalen Job als Postbote gekümmert, und dann (j) _bin_ ich nach Hause gefahren, wo ich geschlafen (k) _habe_.

Wie (l) _sind_ Sie überhaupt dazu gekommen, als „Nachtwächter", also als Ordnungshüter im städtischen Sicherheitsdienst zu arbeiten?
Nun, der Bürgermeister (m) _hat_ mich gefragt, und da (n) _habe_ ich einfach zugesagt. Wir (o) _haben_ in unserem kleinen Ort immer schon einen „Nachtwächter" gehabt, und der alte (p) _ist_ gestorben.
Was (q) _hat_ denn Ihre Frau zu ihrem neuen Job gesagt?
Zuerst (r) _hat_ sie ein wenig dumm geschaut, weil sich das natürlich auf unser Familienleben ausgewirkt (s) _hat_, aber dann (t) _hat_ sie sich wieder beruhigt.
(u) _haben_ Sie auf Ihrer Runde denn schon einmal richtig Angst gehabt?
Ja, schon. Einmal, da (v) _ist_ einem Bauern nachts sein bissiger Hund weggelaufen. Und der (w) _hat_ mich dann durch die Straßen gejagt. Zum Glück (x) _ist_ aber dann die Polizei gekommen.

gewesen = sind

3 Gesundheitsstress – Formulieren Sie Sätze im Perfekt.

a) Der Arzt [verbieten] meinem Vater das Rauchen.
   Der Arzt hat meinem Vater das Rauchen verboten.
b) In einem Monat [überstehen] er die schlimmste Krise.
   In einem Monat hat er die schlimmste Krise überstanden.
c) Der Arzt [sagen] ihm auch, dass er mehr Sport treiben muss.
   Der Arzt hat ihm gesagt...
d) Heute [laufen] mein Vater erstmals eine halbe Stunde. Das [umbringen] ihn fast.
   Heute ist mein Vater gelaufen. Das hat ihn fast umgebracht.
e) Danach [sich hinlegen] er gleich wieder und [einschlafen].
   Danach hat er sich hingelegt und eingeschlafen.
f) Erst um 12:00 Uhr [aufstehen] er und [gehen] ins Bad.
   Erst ist er um 12 Uhr aufgestanden und ins Bad gegangen.
g) Zum Mittagessen [bekommen] er nur Gemüse und etwas gekochten Fisch.
h) Das [gefallen] ihm überhaupt nicht, und vor lauter Ärger [explodieren] er fast!

VERBEN

6.3 PRÄTERITUM

Die Köchin kochte Knödel für den König.

1 Funktion

Es war einmal ein König. Der liebte eine Köchin …	Tempus für die Vergangenheit in der geschriebenen Sprache (Berichte, Erzählungen, Meldungen in den Medien)
Der Vorschlag der Regierung, die Öko-Steuer zu erhöhen, stieß bei der Opposition auf Kritik. Sie kritisierte vor allem den Zeitpunkt des Vorschlags und kündigte harte Verhandlungen an.	
„Du hattest doch gestern so starke Kopfschmerzen. Sind sie weg?" – „Ja, zum Glück. Die Schmerzen waren wirklich schlimm, ich konnte mich kaum noch auf den Beinen halten, und es gab im ganzen Haus keine Tablette."	bei *haben* und *sein* häufig statt des Perfekts, bei *es gibt* und den Modalverben *(wollen, müssen …)* fast immer statt des Perfekts

2 Formen

	regelmäßige Verben	unregelmäßige Verben	Hilfsverben		Mischverben	Modalverben
	fragen	warten	kommen	sein	haben	denken	können
ich	fragte	wartete	kam	war	hatte	dachte	konnte
du	fragtest	wartetest	kamst	warst	hattest	dachtest	konntest
er/sie/es	fragte	wartete	kam	war	hatte	dachte	konnte
wir	fragten	warteten	kamen	waren	hatten	dachten	konnten
ihr	fragtet	wartetet	kamt	wart	hattet	dachtet	konntet
sie/Sie	fragten	warteten	kamen	waren	hatten	dachten	konnten

ÜBUNGEN

1 Bilden Sie das Präteritum.

a) ich   *legte*   legen
b) du   _____   anfangen
c) er   _____   glauben
d) wir   _____   argumentieren
e) sie [Pl.]   _____   rennen
f) ihr   _____   haben
g) ich   _____   liegen
h) wir   _____   denken
i) sie   _____   sitzen
j) es   _____   regnen
k) ich   _____   nehmen

l) ihr   _____   sein
m) wir   _____   dürfen
n) er   _____   antworten
o) du   _____   wollen
p) er   _____   hängen
q) sie   _____   zerstören
r) sie [Pl.]   _____   bringen
s) er   _____   müssen
t) es   _____   geben
u) ich   _____   können
v) wir   _____   abfahren

SICHER!
DEUTSCH ALS FREMDSPRACHE
LÖSUNGSSCHLÜSSEL

B1+
C1
NIVEAU

Hueber

LÖSUNGSSCHLÜSSEL

Seite 9
Genus

1. b) die c) der d) der e) der f) die g) der h) die i) die j) die k) die l) der m) die n) die o) der

2. b) die c) der d) die e) die f) die g) der h) der i) die j) die k) die l) der m) die n) das o) die p) der q) das r) der s) die t) die u) die v) der w) der x) die y) die

3. b) der c) das d) die e) das f) der g) das h) der i) der j) der k) die l) der m) die n) der o) der p) der q) der r) der

4. der Spekulant, Champagner, Fiat, Freitag, Leser, Mai, März, Nebel, Norden, Opel, Spätsommer, Präsident, Händler
das Abendrot, Blümchen, Hühnchen, Mädchen
die Fahrt, Frechheit, Hilfe, Kawasaki, Leistung, Klinik, Schönheit, Schwierigkeit, Vorlesung, Wirklichkeit, Therapie

Seite 10/11
Plural

1. -e: Berufe, Ergebnisse, Hefte, Jahre
¨e: Bäume, Stühle
-: Computer, Kalender, Kugelschreiber, Ordner, Zettel
¨er: Bücher, Fächer

2. c) ∅ en d) s e) nen f) n g) en h) n i) nen j) s k) n l) en m) s n) nen o) en

3. (b) Sorgen (c) Wochen (d) Cafés (e) Studenten (f) Freundinnen (g) Abende (h) Discos

4. (b) Fotos (c) Freunde/Gäste (d) Märkte (e) Strände (f) Sonnenschirmen (g) Bilder (h) Berge (i) Stunden (j) Gäste/Freunde

Seite 13
Kasus: Nominativ – Akkusativ

1. b) Wer? Nominativ – Wen? Akkusativ
c) Was? Akkusativ – Wer? Nominativ
d) Wer? Nominativ – Wie oft? Akkusativ
e) Was? Akkusativ – Wer? Nominativ
f) Was? Akkusativ – Wer? Nominativ

2. b) den, die, das c) die, den d) Das, das e) den, den

3. b) einen Euro c) einen Tag d) ein Kilo e) einen Monat

4. b) Nächsten Monat braucht Martina einen Wintermantel. Oder: Einen Wintermantel braucht Martina nächsten Monat. c) Sein Examen macht Hans nächstes Jahr. Oder: Nächstes Jahr macht Hans sein Examen. d) Nachrichten gibt es alle 15 Minuten. Oder: Alle 15 Minuten gibt es Nachrichten. e) Die Ausstellung besucht Alex nächsten Mittwoch. Oder: Nächsten Mittwoch besucht Alex die Ausstellung. f) Den Chef informieren die Mitarbeiter jeden Tag. Oder: Jeden Tag informieren die Mitarbeiter den Chef. – Oder: Die Mitarbeiter informiert der Chef jeden Tag. Oder: Jeden Tag informiert der Chef die Mitarbeiter.

Seite 15
Nominativ – Dativ – Akkusativ

1. b) Was? Nominativ – Wem? Dativ c) Wer? Nominativ – Was? Akkusativ – Was? Nominativ d) Was? Nominativ – Wem? Dativ – Was? Akkusativ e) Wem? Dativ – Was? Nominativ

2. a) dem Fitness-Programm b) den Sportlern c) den Fotos, einer Figur d) meinem Vorschlag e) meinen Freundinnen

3. b) Das Foto gefällt meiner Schwester. Oder: Meiner Schwester gefällt das Foto. c) Die Uhr gehört meinem Bruder. Oder: Meinem Bruder gehört die Uhr. d) Die Kinder hören der Großmutter zu. Oder: Der Großmutter hören die Kinder zu. Oder: Die Großmutter hört den Kindern zu. Oder: Den Kindern hört die Großmutter zu. e) Die Enkel gratulieren dem Großvater zum 90. Geburtstag. Oder: Dem Großvater gratulieren die Enkel zum 90. Geburtstag. Oder: Zum 90. Geburtstag gratulieren die Enkel dem Großvater. f) Der Großvater dankt seinen Enkeln für das Geschenk. Oder: Seinen Enkeln dankt der Großvater für das Geschenk. Oder: Für das Geschenk dankt der Großvater seinen Enkeln.

4. b) Mein Bruder und ich schenken meiner Schwester ein E-Book. c) Meine Schwester kocht ihren Freunden ein Menü. d) Leo pflückt seinen Freundinnen Blumen. e) Tina gibt ihrer Großmutter einen Kuss. f) Henry kauft seinem Cousin eine Sportuhr.

Seite 17
Genitiv

1. b) Hugos Socken c) Toms Bücher d) Annas Handtuch

2. (b) seiner Glatze (c) seines … Bauches (d) der Gesundheit (e) eines Diätplans (f) kurzer Zeit

3. b) Ach, schau mal, das ist Frau Sturms Katze. c) Und der Typ da, das ist der Sohn unseres Deutschlehrers. d) … Sie war schon immer die beste Freundin meines Bruders.

4. (b) der Texte (c) des Lesens (d) des … Autors (e) der … Arbeit (f) der … Textstellen

LÖSUNGSSCHLÜSSEL

Seite 19
n-Deklination

1. n-Deklination: der Bauer, der Experte, das Herz, der Löwe, der Nachbar, der Name, der Produzent, der Russe, der Tourist
   normale Deklination: der Chef, der Direktor, die Familie, der Hund, der Informatiker, der Ingenieur, die Katze, der Mathematiker, der Professor

2. (b) Paragrafen (c) Kommilitonen (d) Gedanken (e) Bürokraten (f) Studenten (g) Willen

3. b) ... ich werde mit dem Lieferanten telefonieren.
   c) ... ich werde mit dem Fotografen sprechen.
   d) ... ich werde Herrn Schäfer sofort anrufen.
   e) ... ich werde den Praktikanten gleich einarbeiten.
   f) ... ich werde mich mit dem Kunden in Verbindung setzen.

Seite 20/21
Adjektiv/Partizip als Nomen

1. b) Deutsche, Deutscher, Deutsche, Deutschen / Deutsche c) Verwandte, Verwandter, Verwandte, Verwandten / Verwandte d) Angestellte, Angestellter, Angestellte, Angestellten / Angestellte e) Abgeordnete, Abgeordneter, Abgeordnete, Abgeordneten / Abgeordnete f) Verliebte, Verliebter, Verliebte, Verliebten / Verliebte

2. b) ein Angestellter c) ein Reisender d) ein Betrunkener e) ein Abwesender f) ein Anwesender

3. b) Schuldige c) Armen d) Gesunder e) Böser f) Tote g) Langweiliges h) Falsches

4. (b) Folgendes (c) Angenehmes (d) Schwieriges (e) Unterbewusste (f) Neues (g) Wichtiges (h) Besseres

Seite 23
Wortbildung

1. b) die Autorin c) die Fabrikantin d) die Hörerin e) die Historikerin f) die Kommissarin h) die Physikerinnen i) die Politikerinnen j) die Spezialistinnen k) die Studentinnen l) die Zuschauerinnen m) die Redakteurinnen n) die Chefinnen o) die Sängerinnen p) die Fachärztinnen

2. a) das Geldinstitut, der Geldautomat, der Geldschein, die Geldanlage b) das Kunstwerk, das Kunstbuch, der Kunsthändler, die Kunstausstellung, die Kunstgalerie c) die Abendschule, die Ballettschule, das Schulhaus, die Skischule, die Grundschule, die Hochschule d) der Großmarkt, die Großfamilie, die Großmacht, die Großmutter, die Großstadt e) der Buchladen, der Blumenladen, der Schreibwarenladen, der Spielwarenladen f) die Freizeit, die Hochzeit, die Reisezeit, der Zeitpunkt, die Mahlzeit, die Schulzeit

3. b) der Schuss c) der Zug d) der Beweis e) der Schalter / die Schaltung f) der Besitz / der Besitzer h) die Waage / die Wiege i) das Getränk j) das Ereignis k) das Treffen l) das Verhalten / das Verhältnis n) die Lüge / der Lügner o) die Sprache / der Spruch / der Sprecher p) die Werbung q) die Ankunft r) die Sicht

4. (b) Präsentation (c) Bewegung (d) Diskussion (e) Getränk / Getränke (f) Tiefschlaf

5. die Aggression, Emotion, Evolution, Information, Kommunikation, Nation, Variation, Identität, Kapazität, Solidarität, Demokratie, Diplomatie, Philosophie, Soziologie, Theologie
   das Argument, Dokument, Instrument, Testament
   der Egoist/Egoismus, Faschist/Faschismus, Kapitalist/Kapitalismus, Pessimist/Pessimismus, Kommunist/Kommunismus

Seite 25
Fugenzeichen

1. b) die Universitätsbibliothek c) die Urlaubsreise d) der Geburtstagskuchen e) das Einkaufszentrum f) der Arbeitsplatz g) die Gehaltserhöhung h) das Wirtschaftswachstum i) das Liebespaar j) das Frühstücksei

2. b) Kartengruß c) Gästezimmer d) Kinderspielplatz e) Liegestuhl f) Kleiderbügel g) Wellenreiten h) Sonnenschein i) Lesestoff j) Bushaltestelle k) Expertengespräch l) Gedankenaustausch m) Aktienkurs n) Warteposition o) Gruppendynamik p) Praktikantenstelle q) Kundengespräch r) Büchersendung

3. b) Kommunikationswissenschaft c) Betriebswirtschaft d) Unterhaltungswert e) Lebensgefährtin f) Lieblingshund g) Beziehungsprobleme h) Geschäftsidee i) Wochenende j) Monatsende k) Jahresende l) Astronautentraining m) Visitenkarte

Seite 27
Bestimmter Artikel

1. (b) den (c) der (d) den (e) des (f) am (g) die (h) im (i) im (j) ans (k) Der

2. a) den b) das c) der d) das e) die f) der der

3. Die Nomen bezeichnen Dinge, die nur einmal existieren oder die aus dem Kontext (Taste, Dreieck) oder der Alltagswelt (Telefon) bekannt sind.

4. (b) am (c) am (d) der (e) Die (f) das (g) der (h) Der (i) des (j) den

LÖSUNGSSCHLÜSSEL

Seite 29
Unbestimmter Artikel

1. b) Ein Zwerg ist ein sehr kleiner Mann mit Bart und Zipfelmütze. c) Eine Hexe ist eine hässliche, alte Frau, die zaubern kann und meistens böse ist. d) Geister sind übernatürliche Wesen ohne Körper. e) Ein Ritter ist ein Mann aus dem Mittelalter mit Pferd. f) Ein Drache ist ein gefährliches Tier, das Feuer spuckt.

2. b) Das ist der Geruch einer Zitrone. Das ist der Geruch von Zitronen. c) Das ist der Duft einer Rose. Das ist der Duft von Rosen. d) Das ist der Ton einer Flöte. Das ist der Ton von Flöten. e) Das ist der Gesang eines Vogels. Das ist der Gesang von Vögeln. f) Das ist das Schreien einer Möwe. Das ist das Schreien von Möwen. g) Das ist der Schatten einer Wolke. Das ist der Schatten von Wolken.

3. b) — ... eins c) eine ... keine d) — ... — e) einen ... einer f) eine g) eine ... ein ... eins h) Ein ... eine ... ein

5. Meine Freundin Christine hat ein Baby bekommen. Deshalb muss ich noch schnell in ein Geschäft, um ein Geschenk zu kaufen. Hast du vielleicht eine Idee, was ich Christine für das Baby schenken könnte? Das Baby ist ein Junge, ein kleines Auto wäre ganz gut. Aber dafür ist der Junge jetzt noch ein bisschen zu klein. Vielleicht eine Mütze für den nächsten Winter. Mal sehen, das Geschenk darf auch nicht zu teuer sein. Auf jeden Fall kaufe ich ein Buch mit Yoga-Übungen für Christine.

Seite 30/31
Nullartikel

1. Kaffee, Alkohol, Nikotin: Stoff; Einschlafstörungen: Plural; Einschlafrituale: Plural; Kindern: Plural; Hilfe: generelle Bedeutung; Gute-Nacht-Geschichten: Plural; Erwachsenen: Plural; Professor Hartmann: Eigenname

2. (b) der (c) — (d) — (e) — (f) — (g) — (h) die (i) — (j) — (k) — (l) — (m) Das (n) —

3. (b) — (c) einen (d) Der (e) am (f) dem/einem (g) der (h) die (i) den (j) die (k) einem (l) einem (m) einer (n) einer/der (o) einer/der (p) — (q) — (r) — (s) — (t) — (u) — (v) einer (w) — (x) —

Seite 33
Possessivartikel

1. (b) Ihren (c) mein (d) Ihrem (e) Ihrem (f) Ihr

2. b) sein Wagen c) seine Straße d) ihr ... Fitnessstudio

3. (b) meinen (c) ihrer (d) ihre (e) seinen (f) seine (g) seinem (h) Meine (i) seiner

4. b) meine c) seine d) ihr(e)s e) ihrer

Seite 34/35
Adjektivdeklination

1. b) der bunte c) welcher alte d) das herrliche e) dieses einmalige f) jedes einzelne g) die klare h) die einzige i) diese prima

2. b) das geplante c) die kleinste d) dem alten e) diesem kleinen f) der goldenen g) des ganzen h) des guten i) der beginnenden

3. b) alle hungrigen c) die hölzernen d) den dunklen e) diesen hohen f) den grünen g) der hohen h) der verschneiten i) der kürzer werdenden

4. (b) restlichen (c) Schweizer (d) gefüllten (e) gekauften (f) grünen (g) Wiener (h) leckeren (i) gespülten (j) traurigen (k) gestrigen (l) nächsten (m) ganze (n) letzten (o) arme (p) alte (q) dunklen (r) weißen

Seite 36/37
Adjektivdeklination

1/2 einen: mit; ein: ohne; keinem: mit; kein: ohne; deinen: mit; dein: ohne; keine: mit; einem: mit; meine: mit; mein: ohne; seiner: mit; sein: ohne; unseres: mit; unser: ohne; euren: mit; euer: ohne; eurer: mit; ihr: ohne; Ihrem: mit; Ihr: ohne; ihren: mit

3. b) ganzen c) gemieteten d) privaten e) weitere f) antiken g) modernes h) altes i) wunderbaren j) engen k) zusätzliche l) ganzen m) hässliche n) gebrauchte o) neuen p) alten q) viele r) nächste

4. (b) teure (c) helle (d) sonnige (e) kleines (f) dunklen (g) wunderschöne (h) altmodische (i) gebrauchten (j) gemütlichen (k) wichtige (l) schöner (m) gemütlicher (n) gebrauchten (o) modernes (p) großen (q) rostigen (r) alten (s) Münchner

5/6 Die Menschen gehen heute ins Internet-Café, weil sie keinen (a) eigenen Computer haben oder weil sie die (b) hier herrschende Anonymität schätzen, die sie bei den (c) eigenen (d) digitalen Geräten

LÖSUNGSSCHLÜSSEL

vermissen. Stammkunden in solchen Cafés sind Gruppen, die zu<u>m</u> (e) aktuellsten Computerspiel an <u>die</u> (f) vernetzen Laptops kommen. Stammkunden sind Schulkinder, die für <u>ihre</u> (g) neuesten Hausaufgaben einen Computer brauchen und Stammkunden sind die Menschen, die weit weg von zu Hause sind und mit <u>ihren</u> (h) zurückgebliebenen Familienmitgliedern und <u>ihren</u> (i) lieben Freunden in der Heimat kommunizieren möchten. 50 bis 80 Cent kostet eine Online-Stunde üblicherweise, das können sich die meisten leisten. Und Yalan aus China hat ein (j) spezielles Problem: Sie hat ihr (k) elektronisches Ticket auf ihrem Tablet, aber <u>keinen</u> (l) funktionierenden Drucker in <u>ihrem</u> (m) gemieteten Appartement. Sie bittet deshalb <u>den</u> (n) sympatischen (o) jungen Mann am Nebentisch, ihr zu helfen. Aber der muss gerade eine Frage beantworten, die ihm sein (p) alter Freund aus Kanada stellt: Wie schmeckt <u>das</u> (q) deutsche Bier? Jonathan trinkt gerade ein (r) helles Bier, nimmt <u>einen</u> (s) großen Schluck und kann deshalb ehrlich antworten: „Great"!

Seite 38/39
Adjektivdeklination

1 Nominativ: -er / -es / -e / -e
Akkusativ: -en / -es / -e / -e
Dativ: -em / -em / -er / -en
Genitiv: -en / -en / -er / -er

2 b) roter c) französischer d) starker e) neues
f) altes g) dunkles h) scharfes i) leise j) gesalzene
k) würzige l) frische m) hohe n) süße o) lachende
p) große

3 Akkusativ: (b) exzellenten (c) klassische (d) sportliche (e) langes (f) komfortables (g) unvergessliche
Dativ: (h) frischem (i) klarer (j) gezieltem (k) eiskaltem (l) kleinen
Genitiv: (m) kürzester (n) individueller (o) untrainierter (p) trüber (q) muskulösen

4 (b) bessere (c) englischen (d) britischen (e) blauen
(f) Verschiedene (g) farbige (h) folgende
(i) sympathischer (j) attraktiver (k) intelligenter
(l) Braunäugige (m) grüne (n) blauen (o) blauäugige (p) schöner (q) höhere

5 b) Gute und leistungsfähige Computer dürfen nicht flimmern. c) Professionelle Drucker müssen hohe Farbqualität bieten. d) Kleine Aktiv-Boxen sind auch im Kaufpreis enthalten. e) Laptops können an externe Festplatten angeschlossen werden.

Seite 41
Artikel – unbestimmte Zahlwörter

1 (b) zahlreiche ... wohnende (c) etlichen modernen (d) viel wertvolle (e) alle älteren (f) zahlreichen jugendlichen (g) mehrere eindeutige (h) etlichen konservativen (i) keine entspannten (j) alle coolen (k) manche wichtigen

2 b) ... mehr freie Zeit. c) ... mehr bezahlten Urlaub. d) ... nur wenig künstliches Licht im Büro. e) ... viel frische Luft. f) ... mehr grüne Pflanzen.

3 b) Der Personalchef hat viele neue Informationen. c) Er äußert sich tatsächlich zu allen gestellten Fragen. d) Es gibt allerdings auch etliche gut hörbare Zwischenrufe. e) Ein junger Mitarbeiter macht einige kritische Bemerkungen. f) Der Personalchef beantwortet plötzlich keine weiteren Fragen mehr. g) Auf der Betriebsversammlung sieht man heute auch zahlreiche unbekannte Gesichter.

4 b) wenig c) wenig d) wenige e) viel, mehr
f) einiges g) mehrere h) Solche i) viele j) mehrere

Seite 43
Komparativ und Superlativ

1 b) gut, besser (c) viel, am meisten (d) lieb/gern, am liebsten (e) teurer, am teuersten (f) höher, am höchsten (g) dunkel, dunkler (h) näher, am nächsten (i) jung, am jüngsten (j) weiter, am weitesten

2 b) höchste c) längste d) giftigste e) schwierigste

3 (b) weniger (c) mehr (d) leichter (e) bunter
(f) frecher (g) eleganteste (h) höchsten
(i) berühmteste (j) Beste (k) teurer

Seite 45
Vergleiche

1 (c) Im Urlaub schläft Nico besser als zu Hause.
(d) Zu Hause steht er nicht so spät auf wie im Urlaub. (e) Im Urlaub ist er aktiver als zu Hause.
(f) Im Urlaub ist es nicht so langweilig wie zu Hause.

2 (c) Im Urlaub hat Nico besser geschlafen als zu Hause. (d) Zu Hause ist er nicht so spät aufgestanden wie im Urlaub. (e) Im Urlaub ist er aktiver gewesen als zu Hause. (f) Im Urlaub ist es nicht so langweilig gewesen wie zu Hause.

3 (b) größere (c) höheren Betrag. (d) älteren Geschäftspartner. (e) kleinere Probleme mit der Sprache.

4 (b) hässlichste – O. k. aber er ist einer der hässlichsten Hunde der Welt. (c) hübscheste – Na

LÖSUNGSSCHLÜSSEL

ja, aber sie ist eine der hübschesten Städte in Deutschland. (d) beste – Na gut, aber es ist eins der besten technischen Museen Europas. (e) netteste – Gut, aber er ist einer der nettesten Menschen der Welt.

5 (b) Je länger der Wein lagert, desto/umso wertvoller wird er. (c) Je kleiner die Ernte ist, desto/umso teurer wird der Wein. (d) Je geringer die produzierte Menge ist, desto/umso höher ist der Preis. (e) Je mehr Wein in Europa produziert wird, desto/umso stärker sinken die Preise. (f) Je trockener der Wein ist, desto/umso beliebter ist er heutzutage bei den Kunden.

Seite 46/47
Graduierung durch Adverbien

1 b) Abschwächung c) Abschwächung d) Abschwächung e) Verstärkung f) Verstärkung g) Verstärkung

2 (b) relativ (c) ungewöhnlich (d) ziemlich (e) sehr (f) recht (g) besonders (h) vergleichsweise

3 (b) zu spät (c) zu früh (d) zu langsam (e) zu lang(e)/viel (f) zu müde

4 a) supergut b) hochmoderne ... vollautomatisch c) todmüde ... topfit d) tiefvioletten ... brandneu

Seite 49
Zahlwörter

3 b) einer c) Achtzigern d) Tausende e) Fünfziger ... Zwanziger ... Zehner

4 a) erste ... zweite b) viertes ... dritten ... zweite ... erster c) hundertsten d) Erstens ... zweitens e) dritt

Seite 50/51
Partizip als Adjektiv

1 Für dieses Rezept benötigen Sie <u>folgende</u> Zutaten: 2 Liter <u>kochendes</u> Wasser, 3 <u>gewürfelte</u> Kartoffeln, 3 <u>geschälte</u> Karotten, einen Bund <u>gehackte</u> Petersilie, ein mit Mais <u>gefüttertes</u> Huhn, unsere nicht <u>spritzende</u> Margarine, 4 <u>getrocknete</u> Lorbeerblätter, eine klein <u>geschnittene</u> Peperoni, eine <u>ungespritzte</u> Zitrone – und natürlich unsere bewährten <u>aromatisierenden</u> Zusätze.

2 b) das sinkende Angebot, das gesunkene Angebot c) die zunehmende Zahl der offenen Stellen d) die reduzierten Kosten e) die zu bezahlenden Rechnungen, die bezahlten Rechnungen f) die sich verbessernde wirtschaftliche Lage, die verbesserte wirtschaftliche Lage

3 c) gebackenes d) streitendes e) Bellende f) schließende g) geputztes h) vertrocknende/vertrocknete

4 b) auf der verschneiten Straße c) die aus dem Wrack befreiten Passagiere / die aus dem Wrack zu befreienden Passagiere d) mit einem sich nicht öffnenden Airbag e) mit quietschenden Bremsen f) der sofort alarmierte Krankenwagen g) die nicht zu unterschätzende Unfallgefahr

5 (b) versammelten (c) hergestellte (d) zu öffnende (e) arbeitende (f) gesteuerte (g) laufendem (h) stehendem (i) klatschenden (j) kalkulierten

Seite 53
Wortbildung

1 a) unverständlich c) praktikabel d) irreparabel e) uninformiert f) hochinteressant g) misstrauisch h) missverständlich

2 Negation: kostenfrei, Unvergessliche
Verstärkung: himmelhoch, abgrundtief, supergünstigen
-ig: feurig, traurig, witzig
-lich: erhältlich, nächtliche, königlicher, Unvergessliche
-isch: musikalischen, romantischen
andere: neue, aktive, Toller, rasant, Deutsche

3 a) ... ohne Gebühren b) kann sich anpassen, kann lernen c) hat Humor, macht etwas mit Liebe d) ohne Verantwortung, ohne Bargeld e) der Preis ist gerechtfertigt / Preis und Qualität stehen in einem guten Verhältnis, es ist sinnvoll, genauer darüber nachzudenken f) funktioniert ohne weitere Installation, bereit zu helfen g) hat (viel) Erfolg, in großer Zahl h) nur zum Teil, zu einem Teil, zum Glück i) ohne Ende, unangepasst

4 b) Der 98er Riesling ist leider nicht mehr lieferbar. c) Dieser Jahrgang ist nicht mehr bezahlbar. d) Der Markenname auf dem Etikett ist schwer lesbar. e) Eine Lieferung frei Haus ist nicht durchführbar / undurchführbar. f) Unser Lieferproblem ist lösbar.

5 b) unkritisch c) unberechtigt d) informell e) unhöflich f) inkompetent g) unübersichtlich h) ununterbrochen i) unordentlich j) irrational k) irrelevant l) unverbindlich m) unverständlich n) unvernünftig

Seite 55
Personalpronomen

1 (b) ich (c) mir (d) er (e) mich (f) ich (g) ihm (h) Ich (i) ich (j) ich (k) ihn (l) ich (m) Ich (n) Sie (o) ich (p) ihm (q) mir (r) mir (s) ich

LÖSUNGSSCHLÜSSEL

2 (b) Den (c) der (d) den (e) Den (f) den (g) Den (h) die (i) die (j) die (k) Das (l) der (m) der (n) der (o) der (p) den (q) den (r) der

3 b) ... ich bringe ihn dir gleich. c) ... ich erkläre sie dir gleich. d) ... ich zeige es dir gleich. e) ... ich erkläre sie dir gleich.

4 b) mir das c) mir die d) mir den e) mir die f) mir den

5 b) Julia soll es dir suchen! c) Julia soll sie dir geben! d) Julia soll ihn dir reichen! e) Julia soll sie dir bringen! f) Julia soll ihn dir holen!

Seite 57
es

1 b) Diesen Harry-Potter-Band gibt es leider gerade nicht. c) Bei diesem Roman kommt es auf den Schluss an. d) Es hängt von der Vermarktung ab, wie gut sich ein Buch verkauft. e) Bei diesem Buch handelt es sich um einen Fantasy-Roman.

2 b) Seit drei Tagen regnet es ununterbrochen, und ihr geht es wirklich schlecht. c) In ihrem Kopf summt es wie in einem Bienenkorb. d) Spät ist es auch schon, sie muss jetzt ins Bett. e) Ihr gefällt es auch nicht, dass Rudolf sich nicht meldet.

3 b) richtig c) falsch d) richtig e) falsch f) falsch g) richtig

4 c) Bei diesem Surfbrett handelt es sich um Sperrgepäck. e) Wenn es neblig ist, ... f) ... Also ich habe es nicht.

5 Sie haben es im Job weit gebracht, und deshalb haben sie es auch den ganzen Tag sehr eilig. Umso wichtiger ist (es), nach der Arbeit abschalten zu können. Denn nur so erholt sich ihr Nervensystem – und Sie brauchen es ja am nächsten Tag wieder in Bestform, denn Sie wollen es in Ihrem Job ja noch weit bringen. Leider gibt es bei uns keinen Knopf zum Ausschalten wie bei einer Maschine. Ihnen kann es körperlich gut gehen, aber wenn es Streit mit der Kollegin gegeben hat, ist klar, dass Sie nicht einfach abschalten können. Finden Sie heraus, wie Sie persönlich am besten entspannen können. Manche Leute mögen es, in der Hängematte zu träumen. Andere legen eine Whirlpoolmatte in die Badewanne, dann sprudelt es in der Badewanne überall – und für manche gibt's nur eins: eine Viertelstunde mit geschlossenen Augen ausruhen.

Seite 58/59
das

1 b) Vokabeln lernen – das mag ich überhaupt nicht. c) Morgens lange schlafen – das mag ich. d) Gemütlich frühstücken – das finde ich super. e) Die Mathearbeit morgen schreiben müssen – das gefällt mir gar nicht.

2 b) Das hier bist du im Swimmingpool, und das da bin ich im Liegestuhl. c) Das hier ist Peter mit seinem Mountainbike, und das da seid ihr beim Volleyballspielen. d) Das hier ist Frau Bolte mit ihrem schrecklichen Hund, und das da sind meine Freunde auf dem Segelboot. e) Das hier ist die Sandburg am Strand, und das sind Nico und Lukas am Lagerfeuer. f) Das ist Mario mit seiner Gitarre, und das bin ich beim Schwimmen. g) Das hier ist der nette Ober, und das da bist du, als du mit ihm geflirtet hast. h) Das hier ist Herr Schmid, der schon ziemlich viel Bier getrunken hat, und das da sind wir alle beim Sommerfest.

3 b) Das schmeckt mir wirklich sehr gut. c) Das gefällt mir einfach nicht. d) Dass du kommst, das finde ich gut. / Das finde ich gut, dass du kommst. e) Am Sonntag mal auszuschlafen, das ist doch normal. / Das ist doch normal, am Sonntag mal auszuschlafen. f) Dass ich mich verspätet habe, das tut mir leid. / Das tut mir leid, dass ich mich verspätet habe. g) Das ist schade, dass Anna nicht mitkommen kann. / Dass Anna nicht mitkommen kann, das ist schade.

4 (b) es (c) es (d) Das (e) es (f) es (g) Das (h) Es (i) Das (j) Das (k) es (l) Das

Seite 60/61
Indefinitpronomen

1 (b) nichts (c) nichts (d) etwas/was (e) etwas/was (f) nichts

2 (b) niemand(en) (c) niemand (d) jemand (e) jemand(en) (f) niemand (g) niemand (h) jemand

3 (b) man (c) Man (d) man (e) einen (f) man (g) einen (h) man (i) einem (j) man (k) man (l) einem

4 (b) er (c) jemand(en) (d) ihn

5 b) Das kann einen wirklich wahnsinnig machen. Wie soll man da seine Seminararbeit rechtzeitig fertig bekommen? c) Bei der Vorlesung über Reptilien muss man unbedingt mitschreiben. d) Wenn man in der Prüfung nicht weiß, was der Professor über Krokodile gesagt hat, kann man

LÖSUNGSSCHLÜSSEL

leicht durchfallen. e) Wenn man doch nur wüsste, was einen in der Zukunft erwartet.

Seite 62/63
Präpositionalpronomen

1 <u>von dem Gewinn</u>: Wovon hat ihm seine Frau erzählt? <u>bei dem Chef der Lottostelle</u>: Bei wem hat er sich erkundigt? <u>über den Gewinn</u>: Worüber freuen sie sich? <u>auf einen gemeinsamen Urlaubsort</u>: Worauf müssen sie sich noch einigen? <u>an wohltätige Organisationen und an seine vier Kinder und sechs Enkel</u>: An wen will er einen großen Teil verteilen?

2 (b) damit c) darüber d) daran e) darauf

3 c) Wie bitte? Woran habt ihr euch gewöhnt? d) Was sagst du? In wen hat sich Franz verliebt? e) Wie bitte? Wofür hat er sich interessiert? f) Was sagst du? Woran hat er teilgenommen? g) Wie bitte? An wen denkt er nur noch?

4 (b) geht ... darum (c) riecht ... danach (d) spielt mit ihnen (e) darüber beschwere (f) mit ihm sprechen (g) hört ... auf dich

5 (b) darauf haben ... geachtet c) daran ist ... entstanden d) darüber verfügen e) wenden sich ... an ihn

Seite 65
Lokaladverbien (1)

1 b) Oben c) Hier oben d) draußen e) Außen f) da

2 b) nach draußen (raus) c) nach oben (rauf) d) nach unten (runter) e) nach links/rechts f) von draußen g) Von draußen h) Von oben i) Nach draußen

3 b) unten; c) nach oben; d) vorn; e) rechts; f) links; g) oberen; h) nach unten; i) oben; j) hinten; k) rechts oben

Seite 67
Lokaladverbien (2)

1 b) raus c) rüber d) runter ... rauf e) rauf f) rein

2 (b) hin- (c) hin- (d) her- (e) her- (f) hin- (g) her-

3 (b) Stell ... hin (c) gehen ... hin (d) bringe ... hin (e) hinfahren (f) Leg ... hin (g) ist ... hergefahren

Seite 69
Temporaladverbien und -adjektive

1 b) Wie oft isst du in der Mensa? c) Wann findet ein Kolloquium zur Vorlesung statt? d) Seit wann hast du einen neuen Computer? e) Bis wann musst du das Referat fertig haben? f) Wie oft erscheint diese Zeitschrift?

2 (b) morgendliche (c) täglich (d) wöchentliche (e) Abends (f) abendliche

3 (b) am meisten (c) meistens (d) meistens (e) meistens (f) am meisten (g) meistens

4 b) Nein, es gibt schon um 19 Uhr etwas zu essen. c) Nein, die Musik spielt schon am Nachmittag. d) Nein, die Kinder gehen heute erst um 21 Uhr ins Bett. e) Nein, ich gehe erst nach dem Frühstück joggen. f) Nein, meine Eltern fahren schon morgen Vormittag ab. g) Nein, ich muss erst übermorgen wieder arbeiten.

5 c) Nein, noch nicht. d) Nein, es gibt keinen mehr. e) Doch, sie sind schon verheiratet. f) Nein, sie haben noch keine gefunden. g) Nein, sie tanzt nicht mehr. h) Nein, noch nicht. i) Nein, noch nicht.

Seite 71
Lokale Präpositionen (1)

1 b) bei c) bei / außerhalb von d) Von ... aus e) entlang f) um g) Bis nach

2 Von Ute. Aus London. Aus der Klinik. Aus dem Kino. Vom Skifahren. Aus dem Keller. Von der Arbeit. Vom Gardasee. (Aus dem Gardasee.) Von seinem Chef. Aus dem Wasser. Aus dem Bahnhof. / Vom Bahnhof. Vom Joggen. Von oben. Vom Domplatz. Aus der U-Bahn. / Von der U-Bahn.

3 (b) bei (c) bei (d) Nach (e) zu (f) zu (g) nach (h) bei (i) zu (j) bei (k) bei (l) nach (m) zur (n) nach (o) bei (p) zur (q) bei (r) bei

4 (b) ab (c) durch (d) von ... aus (e) Von ... aus (f) gegenüber (g) unterhalb (h) um (i) entlang (j) entlang

Seite 73
Lokale Präpositionen (2)

1 (b) der (c) der (d) dem (e) das (f) der (g) im (h) die (i) den (j) dem (k) der (l) dem (m) der (n) der (o) die (p) der

2 b) ... gehen Sie zur Bank. / auf die Bank. c) ... gehen Sie zur Post. / auf die Post. d) ... gehen Sie ins Reisebüro. e) ... gehen Sie zum Arzt. f) ... gehen Sie ins Theater. g) ... gehen Sie zum Bahnhof.

3 (b) Vor (c) im / in einem (d) im / mit dem (e) in das / ins (f) im / auf dem (g) auf den (h) in den (i) in den (j) in den (k) in die (l) zwischen/neben (den) (m) Im / Auf dem / Am (n) im (o) in (p) auf der / in der

LÖSUNGSSCHLÜSSEL

Seite 74/75
Temporale Präpositionen (1)

1. b) — c) Bis zu d) Während e) Von … bis f) Über g) Ab h) Innerhalb i) beim j) —
2. b) Während c) innerhalb d) Außerhalb e) während f) Innerhalb
3. a) vom … bis zum b) Ab … — c) zwischen … vom 20. an … bis zum
4. (b) bis (zum) (c) bis (d) ab (e) beim (f) während
5. (b) — (c) innerhalb von (d) von … an (e) — (f) zwischen (g) bis (h) Beim (i) Bei (j) über (k) außerhalb der (l) Während der (m) über (n) Bis

Seite 76/77
Temporale Präpositionen (2)

1. b) – c) Vor d) gegen e) um f) Im g) nach h) an i) um j) in k) am l) Im m) in n) zu o) gegen p) Für
2. b) in der c) in d) am e) im f) an g) am h) im i) am j) im l) gegen m) um n) gegen o) um
3. (b) vor (c) Seit (d) vor (e) seit (f) vor (g) seit
4. a) zu der b) in c) Zu d) Zur e) in
5. (b) Nach (c) im (d) aus dem (e) um (f) gegen/— (g) an (h) —/um (i) gegen (j) Im/Bis (k) an/zu (l) Für (m) am (n) zu dem

Seite 79
Präpositionen

1. a) Aus diesem Grund … Zur Überraschung seiner Freunde … mit dem Fahrrad b) Außer einem Rucksack … Zur Übernachtung … statt eines teuren Hotels … für einen guten Rotwein … auf diese Weise … ohne den üblichen Komfort … trotz seiner müden Beine
2. (b) Mit der (c) außer (d) Auf (e) ohne (f) für (g) Trotz (h) aus (i) In (j) (an)statt (k) nach (l) Durch (m) mit (n) für (o) auf
3. (b) trotz des schlechten Wetters (c) Statt deiner Eltern (d) Wegen des starken Schneefalls (e) mit dem Zug (f) in einem schrecklichen Zustand (h) Zu seinem großen Ärger (h) Zum Pausemachen (i) Ohne Unterbrechung (j) vor Freude

Seite 81
Präpositionen mit Dativ und Genitiv in der Schriftsprache

1. b) bezüglich c) infolge d) mithilfe e) zugunsten f) zwecks g) Anhand h) gemäß i) entsprechend j) Inmitten
2. a) Laut einer Studie … abseits der großen Städte … aufgrund der Landflucht … unweit der Stadtgrenze … mangels Grundstücke … Anlässlich einer Tagung … gemäß dieser Entwicklung … zwecks Bebauungsverdichtung … zuliebe der Bauindustrie
   b) Ungeachtet höherer Steuereinnahmen … einem Bericht der Neuen Zeitung zufolge … Infolge der geplanten Familienförderung … Angesichts dieser Belastungen … zwecks Gegenfinanzierung … jenseits der finanzpolitischen Vernunft … anstelle der Ministerin
3. (b) Laut (c) Anhand (d) angesichts/aufgrund (e) angesichts/aufgrund (f) mangels (g) Entgegen (h) mithilfe von / mittels (i) bezüglich/hinsichtlich (j) seitens/vonseiten

Seite 83
Modalpartikeln

1. b) Hör doch mal klassische Musik! – Ich höre eigentlich nicht gern klassische Musik. c) Sprich doch mal mit deiner Chefin! – Ich spreche eigentlich nicht gern mit meiner Chefin. d) Schau dir doch mal die alten Fotos an! – Ich schaue eigentlich nicht gern alte Fotos an. e) Treib doch ein bisschen mehr Sport! – Ich treibe eigentlich nicht gern Sport.
2. (b) denn (c) ja/aber (d) ruhig (e) vielleicht/aber (f) ja (g) denn (h) vielleicht
3. (b) doch (c) eben/einfach (d) denn (e) eben/einfach (f) doch (g) doch
4. (b) denn (c) ja (d) denn (e) denn/eigentlich (f) denn/eigentlich (g) ja (h) denn/eigentlich (i) eigentlich (j) ja (k) denn/eigentlich (l) eigentlich/ja (m) ja (n) ja/eigentlich

Seite 85
Graduierung durch Attribute

1. b) schon c) nur d) schon e) erst f) nur g) allein h) schon
2. b) Erst seit drei Tagen. c) Nur 40 Minuten. d) Erst um 23 Uhr. e) Nur 20 Euro. f) Nur eine. g) Nein, ich habe erst eine Kartoffel gegessen.
3. b) Es geht mir besonders um die Sicherheit. c) Sogar eine große Bank kann keine Sicherheit mehr garantieren. d) Ich möchte nicht das neue Produkt, sondern lieber ein Sparbuch. e) Ich weiß, nur ein Prozent. f) Ich habe erst nächste Woche Zeit. g) Da kann ich bloß vormittags. h) Ich habe um 10:00 Uhr bereits einen Termine.

LÖSUNGSSCHLÜSSEL

4 (b) nur/allein (c) allein (d) Besonders/Sogar (e) Erst (f) nicht (g) nur/bloß (h) Sogar (i) Schon/Sogar (j) nur (k) nur (l) erst (m) schon (n) Sogar

Seite 87
Präsens

1 b) Seit wann lernen Sie schon Spanisch? c) Seit wann sind Sie schon Ingenieur? d) Seit wann spielen Sie schon Golf? e) Seit wann arbeiten Sie schon bei BMW? f) Seit wann fahren Sie schon Rallyes?

2 (b) fliegst (c) arbeitest (d) liest (e) hoffe (f) nimmst (g) belästige (h) stiehlt (i) sehe (j) ausgibt (k) fragt (l) bekommt (m) sieht (n) antwortet (o) stehle (p) sammle (q) bricht (r) rätst

3 a) ... gehen wir zum Einkaufen. In einer Woche fahren wir nach Berlin. Kommt ihr mit? b) Im Oktober beginne ich mit meinem Studium. Ich studiere dann Ökonomie in Konstanz am Bodensee. Ich brauche drei Jahre dafür. Danach mache ich ein Aufbaustudium in Harvard. c) In etwa zehn Jahren übernehme ich die Firma meines Vaters. Anschließend gründe ich eine Familie und baue ein Haus. In 20 Jahren bekomme ich die Midlife-Crisis. Dann suche ich mir eine Freundin. In 30 Jahren bin ich vielleicht bereits Großvater. Und in 40 Jahren höre ich zu arbeiten auf. / auf zu arbeiten.

4 c) Nein, ich bin gerade dabei, mir das Rauchen abzugewöhnen. d) Nein, ich bin gerade am Weggehen. e) Nein, ich bin gerade dabei, mein Auto zu reparieren. f) Nein, ich bin gerade am Fernsehen. g) Nein, ich bin gerade dabei, die Küche zu putzen. h) Nein, ich bin gerade am Kofferpacken.

Seite 89
Perfekt

1 (...)ge...t: ausgemacht, gedacht, abgestellt, weggebracht
(...)ge...en: geschrieben, angekommen, gestritten, angeboten, umgezogen, eingeladen, geschnitten
...t: bekämpft, versucht, misstraut, entdeckt, studiert
...en: besprochen, sich entschieden, empfohlen

2 (b) habe (c) hat (d) haben (e) habe (f) haben (g) haben (h) sind (i) habe (j) bin (k) habe (l) sind (m) hat (n) habe (o) haben (p) ist (q) hat (r) hat (s) hat (t) hat (u) Haben (v) ist (w) hat (x) ist

3 b) In einem Monat hat er die schlimmste Krise überstanden. c) Der Arzt hat ihm auch gesagt, dass ... d) Heute ist mein Vater erstmals eine halbe Stunde gelaufen. Das hat ihn fast umgebracht. e) Danach hat er sich gleich wieder hingelegt und ist eingeschlafen. f) Erst um 12:00 Uhr ist er aufgestanden und ins Bad gegangen. g) Zum Mittagessen hat er nur Gemüse und etwas gekochtes Fleisch bekommen. h) Das hat ihm überhaupt nicht gefallen, und vor lauter Ärger ist er fast explodiert.

Seite 90/91
Präteritum

1 b) fingst an c) glaubte d) argumentierten e) rannten f) hattet g) lag h) dachten i) saß j) regnete k) nahm l) wart m) durften n) antwortete o) wolltest p) hängte q) zerstörte r) brachten s) musste t) gab u) konnte v) fuhren ab

2 König Johann war ein mächtiger Mann. In seinem Land lebten 30 Millionen Menschen. Aber all seine Macht und sein Reichtum brachten ihm kein Glück. Er fühlte sich einsam, und die Leute an seinem Hof begannen, sich Sorgen zu machen. Doch eines Tages rettete ihn seine Hofköchin Fanni aus seiner Depression. Sie versuchte, durch ständig neue Knödel-Rezepte die Laune des Königs zu verbessern. Jeden Abend bis spät in die Nacht studierte sie deswegen Kochbücher. Als man dem König eines Tages ihre neueste Kreation, einen Spinat-Pilz-Knödel mit 20 cm Durchmesser, brachte, wusste er, dass sein Leben wieder einen Sinn hatte. Obwohl er nach dem Essen des riesigen Knödels kaum noch sitzen konnte, ließ er die Hofköchin kommen. König Johann verliebte sich sofort in sie. „Meine Knödel-Königin" nannte er sie satt lächelnd. Bald darauf machte er ihr einen Heiratsantrag. Sie wollte zuerst nicht, da sie bereits verlobt war, aber als man sie mit lebenslangem Reichtum lockte, stimmte sie zu.

3 Der Zeuge kam gerade aus dem Restaurant, als er sah, wie ein Bagger auf den Parkplatz fuhr. Dabei beschädigte der Bagger mehrere Autos, auch das Auto des Zeugen. Dann hielt der Bagger endlich an. Aus dem Fahrzeug stieg ein junger Mann. Als der Zeuge versuchte, ihn festzuhalten, erzählte der Mann etwas von „persönlichen Problemen". Dann blieb er freiwillig stehen und bat den Zeugen, nichts davon seiner Freundin zu erzählen. Der Mann machte einen sehr verwirrten Eindruck auf den Zeugen. Der Zeuge rief dann über sein Handy die Polizei, die nach etwa 10 Minuten kam.

4 (b) lag (c) drehte (d) berührte (e) wechselte (f) wählte (g) ließ (h) hatte (i) drückten (j) ging

LÖSUNGSSCHLÜSSEL

Seite 92/93
Plusquamperfekt

1. (b) <u>hängte</u> Präteritum (c) <u>gereinigt hatte</u> Plusquamperfekt (d) <u>gab</u> Präteritum (e) <u>wusch</u> Präteritum (f) <u>wurden verschoben</u> Präteritum (Passiv) (g) <u>entstand</u> Präteritum (h) <u>habe ... getraut</u> Perfekt (i) <u>gesehen habe</u> Perfekt (j) <u>sagte</u> Präteritum (k) <u>Verletzt wurde</u> Präteritum (Passiv) (l) <u>glaubt</u> Präsens (m) <u>verflüchtigt hatten</u> Plusquamperfekt (n) <u>hatte ... bewahrt</u> Plusquamperfekt (o) <u>wurde ... belohnt</u> Präteritum (Passiv) (p) <u>hatte ... gehört</u> Plusquamperfekt (q) <u>versuchte</u> Präteritum (r) <u>wehrte</u> Präteritum (s) <u>stieß</u> Präteritum (t) <u>erlitt</u> Präteritum (u) <u>macht</u> Präsens (v) <u>hat ... gefasst</u> Perfekt Außerdem in der Überschrift: explodiert (Präsens), belohnt (Präsens)

2. In Argentinien (a) <u>haben</u> Wissenschaftler einen etwa 150 Millionen Jahre alten Dinosaurier-Friedhof mit versteinerten Knochen <u>entdeckt</u>. „Von einem Dinosaurier (b) <u>ist</u> fast das vollständige Skelett erhalten", (c) <u>berichtete</u> einer der dort tätigen Wissenschaftler. Die Nachrichtenagentur ANA (d) <u>schrieb</u> von einem „Jurassic Parc" in Patagonien. Paläontologen (e) <u>hatten</u> seit Langem <u>gehofft</u>, eine Lücke in der Forschung schließen zu können. Argentinien (f) <u>erweist sich</u> immer mehr als einer der wichtigsten Fundorte der Paläontologie: Erst vor einem Jahr (g) <u>waren</u> die Überreste des längsten bekannten Dinosauriers <u>gefunden worden</u>. Der pflanzenfressende Riese (h) <u>kommt</u> auf eine Länge von 48 bis 59 Metern. Bauarbeiter (i) <u>hatten</u> entsprechende Hinweise <u>gegeben</u>. Im Jahr zuvor (j) <u>hatten</u> Forscher in Patagonien bereits Überreste des vermutlich größten fleischfressenden Dinos <u>gefunden</u>. „An der neuen Fundstätte (k) <u>sind</u> auch Versteinerungen von Schildkröten, Flugechsen und sogar einem Säugetier <u>ausgegraben worden</u>", (l) teilte der Wissenschaftler <u>mit</u>.

3. (b) zusammengelebt hatten (c) gerieten (d) geworfen hatte (e) gegangen war (f) wurde (g) erlebt hatte (h) sollte (i) plante (j) hingelegt hatte (k) erklärte (l) gab ... auf

4. b) Nachdem er einen Anruf seiner kranken Mutter erhalten hatte, konnte er nicht ins Kino gehen. c) Nachdem sein Kollege krank geworden war, musste er dessen Arbeit auch noch übernehmen. d) Nachdem er sein Auto von der Reparatur abgeholt hatte, ging es gleich wieder kaputt. e) Nachdem er die Verabredung mit seiner Freundin vergessen hatte, wartete sie umsonst. f) Nachdem es deswegen Streit mit ihr gegeben hatte, ging er zu Freunden zum Kartenspielen.

Seite 95
Futur

1. b) V c) S d) A e) Z f) V

2. b) Ja, ich werde sicher auch ein paar Tipps für den „Neuen Markt" geben. c) Nein, dieses Jahr wird es vermutlich/wahrscheinlich/wohl nicht zu einer Krise kommen. d) Ja, ich werde wahrscheinlich/wohl auch in Aktienfonds investieren.

3. b) Du wirst dein Fahrrad putzen! c) Du wirst jetzt den Hobbyraum aufräumen! d) Du wirst sofort mit dem Hund spazieren gehen! e) Ihr werdet auf der Stelle den Fernseher ausschalten!

4. Das Auto der Zukunft <u>wird</u> kaum noch Umweltprobleme <u>verursachen</u>. Es <u>wird</u> einen Wasserstoff- oder Elektroantrieb <u>haben</u>. Außerdem <u>wird</u> es leiser <u>sein</u> als die Autos von heute. Und es <u>wird</u> viel sicherer <u>sein</u>: Airbags <u>werden</u> die Körper der Passagiere nicht nur von vorne und seitlich, sondern auch von oben und im Fußraum <u>schützen</u>. Es <u>wird</u> dann ein Radar <u>geben</u>, das die Bremse automatisch betätigt. Außerdem <u>wird</u> das Auto autonom <u>fahren</u> und der Fahrer <u>wird</u> sich entspannen <u>können</u>. Und das alles <u>wird</u> es dann nicht mehr nur in unbezahlbaren Luxusautos <u>geben</u>, sondern ...

5. ..., weil ich mich so lange nicht gerührt habe. Du <u>wirst</u> von meiner Trennung von Maria bereits <u>gehört haben</u>. Sie <u>wird</u> unglücklicher <u>sein</u> über unsere Trennung als ich. Aber so, wie ich sie einschätze, <u>wird</u> sie mich in einem Monat schon <u>vergessen haben</u>. Demnächst erzähle ich Dir mehr. Es wird Dich ja vielleicht interessieren, wie das passiert ist.

Seite 96/97
werden

1. b) P c) F d) K e) V f) G g) F h) P

2. b) wird sie c) werde ich d) er wird e) Sie wird f) er ist ... geworden

3. (b) geworden (c) worden (d) geworden (e) geworden (f) worden (g) geworden (h) worden (i) geworden

4. (b) wird (c) werden (d) wird (e) werden (f) wurde (g) worden (h) wird (i) worden (j) wurden (k) geworden (l) würde

LÖSUNGSSCHLÜSSEL

Seite 99
Verbergänzungen

1 b) D/N c) N d) D/A e) A/G

2 (b) Es gelingt mir heute nichts. (c) Leihst du mir dein Auto? (d) Er kennt mein Problem. (e) Ich danke dir für die Hilfe. (f) Er ist ein fairer Spieler. (g) Du wirst immer fauler. (h) Man überführte mich des Betrugs. (i) Ich glaube dir kein Wort. (j) Er scheint nett zu sein.

3 (b) ihr (c) uns Frauen (d) jedem (e) ihre Meinung (f) ein ewiger Problemfall (g) dieser Frau (h) keinem Menschen (i) ihr (j) einen Menschen (k) anderen (l) Meinem Freund (m) keinen ruhigen Moment (n) privaten Kontakte (o) seinen alten Freunden (p) einen Gruß (q) ihm (r) mir (s) ihn (t) des Steuerbetrugs

4 b) Ein langjähriger Mitarbeiter der Spionageabwehr BND hat dem Dienst von 1990 bis 1995 dessen eigene geheime Informationen verkauft. c) Als „Nachrichtenquelle" trat ein ehemaliger Kollege auf. d) Der 49-Jährige muss jetzt den ergaunerten Agentenlohn zurückbezahlen. e) Die Aufklärung dauerte Monate und bedurfte der Hilfe polnischer Kollegen. f) Das Duo hatte seine Informationen auch dem polnischen Geheimdienst angeboten. g) Dieser informierte die deutschen Kollegen. h) So gelang den deutschen Justizbehörden, den guten Geschäften der beiden ein Ende zu bereiten.

Seite 101
Verben mit Präpositionen

1 um: es geht um
bei: helfen bei
über: nachdenken über, sich freuen über
als: gelten als (2 x), empfinden als
an: denken an
mit: sich treffen mit

2 (b) nach (c) über (d) für (e) als (f) über

3 (b) ins (c) von dem (d) davon (e) über (f) über die (g) für ein (h) von (i) von frischem (j) in einen (k) über

Seite 103
Reflexive Verben

1 b) D c) A d) A e) D

2 (b) sich (c) miteinander (d) mir (e) sich (f) dir (g) sich (h) mich (i) dich (j) uns (k) uns (l) sich (m) sich (n) sich

3 b) Überlegen Sie sich manchmal, sich von ihm zu trennen? c) Aber Sie fürchten sich vor dem Alleinsein? d) Dann sollten Sie sich auf jeden Fall unseren Ratgeber „Ex" kaufen. Sie finden dort 1000 Tipps, wie Sie sich an ein Leben ohne „sie" oder „ihn" gewöhnen. e) Am besten, Sie besorgen sich das Buch noch heute, um sich auf das Leben von morgen vorzubereiten.

4 b) Dann kämm dir doch die Haare! c) Dann zieh dir doch den Pullover aus! d) Dann wasch dir doch die Hände! e) Dann kauf dir doch das Fahrrad! f) Dann holt euch doch die Tennisschläger rauf!

5 b) Dann kämm sie dir doch! c) Dann zieh ihn dir doch aus! d) Dann wasch sie dir doch! e) Dann kauf es dir doch! f) Dann holt sie euch doch rauf!

Seite 105
Modalverben (1)

1 (b) durftest (c) durfte (d) durftet (e) durften (f) durften

2 b) kannst c) kann/darf d) kannst e) kann/darf f) kann g) können h) darf

3 b) Nach weiteren sechs Monaten konnten wir die ersten Gespräche mit ihm führen. Du konntest in diesem Alter nur schreien. c) Mit vier Jahren durfte/konnte er die Schule besuchen. d) Als Peterchen fünf war, konnte er sich mit euch bereits über Aktien unterhalten. e) In der Schule konnten die Lehrer ihm kaum etwas beibringen. f) Und er war so höflich: Wenn Besuch kam, fragte er sofort: Darf/Dürfte ich Ihnen ein Stück Kuchen anbieten? g) Man konnte/durfte ihn allerdings nicht berühren: Er biss sofort zu.

4 (b) verboten/untersagt (c) fähig (d) imstande (e) erlaubt (f) Recht (g) Möglichkeit (h) verbieten

Seite 107
Modalverben (2)

1 b) N c) P d) E e) R f) N

2 c) Ich soll mich den ganzen Abend mit seiner arroganten Mutter unterhalten. d) Er erwartet/möchte/verlangt/will (von mir), dass ich die fette Gans esse. e) Ich soll den hässlichen neuen Schrank schön finden. f) Ich soll mit seinem alten Onkel tanzen. g) Er erwartet/möchte/verlangt/will (von mir), dass ich über die dummen Witze seines Vaters lache. h) Er erwartet/möchte/verlangt/will (von mir), dass ich mir die langweiligen Urlaubsfotos ansehe. i) Und ich soll sogar den geschmacklosen Familienschmuck tragen!

LÖSUNGSSCHLÜSSEL

3 (b) soll (c) sollte (d) sollen/müssen (e) Musst (f) sollen/müssen (g) soll/sollte (h) müssen (i) solltest (j) sollst (k) muss

4 b) Ich soll das Examen mit Bestnote machen. c) Darum muss ich jeden Tag bis Mitternacht lernen. d) Leider muss ich noch dreißig Bücher durchlesen. e) Mein Vater will, dass ich ab nächstem Jahr in seiner Firma arbeite. / Ich soll ab nächstem Jahr in der Firma meines Vaters arbeiten. f) Dann muss ich Tag für Tag tun, was der „alte Herr" sagt. g) Er will sich leider erst in 10 Jahren aus der Firmenleitung zurückziehen. h) Ich glaube, ich sollte erst mal ein halbes Jahr verreisen.

Seite 109
Modalverben subjektiv (1)

1 b) 1 c) 2 d) 1 e) 1 f) 2 g) 1 h) 2

2 b) will c) soll d) will e) soll f) soll g) will h) soll i) soll j) will

3 b) Das Nachrichtenmagazin „Fakten" will als erstes Presseorgan davon erfahren haben. c) Innerhalb der Regierung soll es noch Differenzen über den Zeitpunkt geben. d) Der Wirtschaftsminister soll gegen eine sofortige Erhöhung sein. e) Der Finanzminister will alle Alternativen geprüft haben. f) Die Erhöhung soll nur 1,5 Prozent betragen. g) Die Regierung will bei der nächsten Steuerreform kinderreiche Familien berücksichtigen. h) Außerdem sollen die Kinderfreibeträge erhöht werden.

4 Man berichtet, dass er sich seit seinem sechsten Lebensjahr für Pilze interessiert hat. Es heißt, dass er in seiner Jugend ein Einzelgänger gewesen ist. Er behauptete, dass er schon mit 18 Deutschlands Pilzexperte Nr. 1 gewesen ist. Gerüchten zufolge hat er seine spätere Frau Charlotte auf einem internationalen Pilzkongress kennengelernt. Sie versichert, dass sie große Teile ihres Vermögens für die Rettung gefährdeter Pilzarten ausgegeben hat.

Seite 111
Modalverben subjektiv (2)

1 b) 50 % c) 75 % d) 100 % e) 90 %

2 (b) könntest (c) kann (d) können (e) muss (f) müsste

3 Nur er kann dieses Verbrechen begangen haben. Das Motiv dürfte Geldgier gewesen sein. Aber auch Eifersucht könnte eine Rolle gespielt haben. Auch der Chauffeur dürfte beteiligt gewesen sein. Der Fall müsste bald abgeschlossen sein.

4 Die Rettungsmannschaft ist überzeugt, dass sie bei Nebel vom richtigen Weg abgekommen sind. Zu diesem Zeitpunkt war es wahrscheinlich bereits dunkel. Dabei sind möglicherweise einige der Jugendlichen in Panik geraten. / Dabei sind einige der Jugendlichen möglicherweise in Panik geraten. Es hat sich bei ihnen mit Sicherheit um völlige Anfänger gehandelt. / Mit Sicherheit hat es sich bei ihnen um völlige Anfänger gehandelt. Die Schweizer Behörden: Sie haben bestimmt aus Sparsamkeitsgründen auf einen Bergführer verzichtet.

Seite 113
brauchen + zu – haben + zu – sein + zu

1 b) ja c) nein d) ja e) ja f) ja g) nein
b) Er braucht zum Glück nur fünf Minuten für seinen Schulweg einzuplanen. d) Heutzutage brauchen die Schüler nicht aufzustehen, wenn der Lehrer kommt. e) Zum Glück braucht er heute keinen Test zu schreiben. f) Am Nachmittag braucht er bloß ein paar Vokabeln zu lernen.

2 c) Paul braucht sie nur noch zu gießen. d) Ihr braucht sie nur noch auszupacken. e) Eva muss ihn bloß noch füttern. f) Wir müssen nicht essen gehen. g) Du brauchst den Kindern keine Geschichte vorzulesen.

3 b) Ja, er hat noch seine Hausaufgaben zu machen. c) Nein, sie hat nicht im Bett zu schlafen. d) Ja, er hat noch den Rasen zu mähen. e) Nein, sie hat während der Woche nicht in die Disco zu gehen.

4 b) Doch, sie ist noch zu essen. c) Doch, es ist noch zu renovieren. d) Nein, sie ist nicht mehr zu flicken. e) Nein, es ist nicht mehr zu reparieren.

5 b) Jeder Besucher/Gast muss die Haus- und Badeordnung beachten. c) Aus hygienischen Gründen dürfen Badeschuhe ausschließlich im Trockenbereich getragen werden. d) In den Badebereichen müssen auch Kleinkinder Badekleidung tragen. e) Bei Verlust der Eintrittskarte muss der geltende Tagespreis gezahlt werden. f) Die Badegäste müssen alle Einrichtungen des Badeparadieses sorgfältig behandeln. g) Für Papier und sonstige Abfälle müssen die Abfallbehälter benutzt werden.

Seite 115
*helfen – hören – sehen – lassen •
bleiben – gehen – lernen*

1 b) Ins Büro fährt er nicht selbst, sondern er lässt sich fahren. c) Den Kaffee kocht er nicht selbst, sondern er lässt ihn (sich) kochen. d) Das Mittagessen holt er nicht selbst, sondern er lässt

LÖSUNGSSCHLÜSSEL

es (sich) holen. e) Seine Mails schreibt er nicht selbst, sondern er lässt sie (sich) schreiben. f) Das Meeting für nächste Woche organisiert er nicht selbst, sondern er lässt es (sich) organisieren. g) Das Geschenk für seine Tochter kauft er nicht selbst, sondern er lässt es (sich) kaufen. h) Sogar seine Brille putzt er nicht selbst, sondern er lässt sie (sich) putzen.

2 b) Sie hat ihn aus ihrer Tasse trinken lassen. c) Sie hat ihn auf dem hellen Sofa liegen lassen. d) Sie hat ihn in ihrem Lieblingssessel sitzen lassen. e) Sie hat ihn auch nachts im Garten bellen lassen. f) Sie hat ihn die Katzen der Nachbarn jagen lassen. g) Sie hat ihn die teuren Schuhe kaputt beißen lassen. h) Sie hat ihn sogar in ihrem Bett schlafen lassen.

3 b) Hörst du die Vögel singen? c) Hörst du die Katzen schreien? d) Siehst du die Liebespaare sich umarmen? e) Siehst du die Fledermäuse fliegen? f) Hörst du das Meer rauschen? g) Siehst du den Mond durch die Wolken scheinen? h) Hörst du die Leute im Nachbargarten singen?

4 b) Sie haben die Eisbären fressen sehen. c) Sie haben die Affen tanzen sehen. d) Sie haben die Papageien schreien hören. e) Sie haben die Taranteln krabbeln sehen. f) Sie haben die Elefanten trompeten hören.

5 b) Deshalb bleibe ich nicht zu lange im Bett liegen. c) Und bleibe auch am Frühstückstisch nicht länger sitzen als nötig. d) Und gehe schon um 8:00 Uhr mit dem Hund spazieren. e) Um 18:00 Uhr lerne ich bei einem Pianisten Klavier spielen. f) Und um 21:00 Uhr lerne ich in der Volkshochschule Tango tanzen.

6 b) Deshalb bin ich nicht zu lange im Bett liegen geblieben. c) Und bin auch am Frühstückstisch nicht länger sitzen geblieben als nötig. d) Und bin schon um 8:00 Uhr mit dem Hund spazieren gegangen. e) Um 18:00 Uhr habe ich bei einem Pianisten Klavier spielen gelernt. f) Und um 21:00 Uhr habe ich in der Volkshochschule Tango tanzen gelernt.

Seite 117
kennen – wissen – können • mögen – gefallen

1 weißt Du noch, wer ich bin? Es ist ja schon lange her, dass wir uns in Rom getroffen haben, und ich kenne Dich ja kaum. Deshalb weiß ich nicht, ob es richtig ist, Dir diese E-Mail zu schicken. Aber ich kenne nur wenige Männer, mit denen ich mich gleich so gut unterhalten habe. Kannst Du Dich noch an unser kleines Café erinnern? Ich kann mich genau noch an den Abend erinnern, als wir uns kennengelernt haben. Vielleicht kannst Du mir ja mal antworten. Ciao! Maria
P. S.: Wie findest Du mein Deutsch? Leider kann ich immer noch nicht so genau zwischen können, kennen und wissen unterscheiden.

2 a) kann … kenne … Kennen/Wissen b) wusste … gewusst … konnte c) wissen … Kennen … gewusst … gekannt … konnte

3 (b) mag (c) geschmeckt (d) gefallen (e) habe … gern (f) mag (g) hat … gern (h) liebt (i) liebt (j) gefallen (k) möchte

Seite 118/119
legen/liegen • setzen/sitzen

1 Karin stellt den Blumenstrauß auf den Tisch. Max hängt den Mantel in den Schrank. Veronika steckt in großen Schwierigkeiten. Christina legt sich ins Bett. Jürgen setzt sich auf die Gartenbank. Felix hängt wie eine Spinne an der Felswand. Georg sitzt auf dem Barhocker. Karl-Heinz steckt den Brief in die Jackentasche. Erich steht an der Bushaltestelle.

2 Karin stellte den Blumenstrauß auf den Tisch. / Karin hat den Blumenstrauß auf den Tisch gestellt. Max hängte den Mantel in den Schrank. / Max hat den Mantel in den Schrank gehängt. Veronika steckte in großen Schwierigkeiten. / Veronika hat in großen Schwierigkeiten gesteckt. Christina legte sich ins Bett. / Christina hat sich ins Bett gelegt. Jürgen setzte sich auf die Gartenbank. / Jürgen hat sich auf die Gartenbank gesetzt. Felix hing wie eine Spinne an der Felswand. / Felix hat wie eine Spinne an der Felswand gehangen. Georg saß auf dem Barhocker. / Georg hat auf dem Barhocker gesessen. Karl-Heinz steckte den Brief in die Jackentasche. / Karl-Heinz hat den Brief in die Jackentasche gesteckt. Erich stand an der Bushaltestelle. / Erich hat an der Bushaltestelle gestanden.

3 a) den … gelegt … liegen … die … aufgesetzt … steckt … die … gesteckt b) setzen … sitzt … setze … die … sitzt c) die … gehängt … hing … steht … stell … den

4 Wo ist denn der Teddy? Der sitzt auf dem Herd. Wo sind denn die Löffel? Die stecken in der Teekanne. Wo ist denn die Hose? Die hängt an der Wand. Wo ist denn der Zucker? Der liegt im Waschbecken. Wo sind denn die Handtücher?

LÖSUNGSSCHLÜSSEL

Die liegen auf dem Boden. Wo ist denn der Kaffee? Der steht in der Mikrowelle. Wo sind denn die Nudeln? Die liegen unter dem Tisch / auf dem Boden. Wo sind denn die Pfannen? Die hängen am Fenster. Wo ist denn das Geschirr? Das steht im Kühlschrank. Wo ist denn das Messer? Das liegt auf dem Hocker / auf dem Stuhl. Wo ist denn die Milch? Die steht auf dem / im Regal.

5   Wohin hat er den Teddy getan? Den hat er auf den Herd gesetzt. Wohin hat er die Löffel getan? Die hat er in die Teekanne gesteckt. Wohin hat er die Hose getan? Die hat er an die Wand gehängt. Wohin hat er den Zucker getan? Den hat er ins Waschbecken gelegt. Wohin hat er die Handtücher getan? Die hat er auf den Boden gelegt. Wohin hat er den Kaffee getan? Den hat er in die Mikrowelle gestellt. Wohin hat er die Nudeln getan? Die hat er unter den Tisch / auf den Boden gelegt. Wohin hat er die Pfannen getan? Die hat er ans Fenster gehängt. Wohin hat er das Geschirr getan? Das hat er in den Kühlschrank gestellt. Wohin hat er das Messer getan? Das hat er auf den Hocker / auf den Stuhl gelegt. Wohin hat er die Milch getan? Die hat er auf das / ins Regal gestellt.

Seite 121
Trennbare Vorsilben bei Verben

1   b) Bitte mach das Seil/die Schnur los/auf. c) Bitte mach das Fenster auf/zu. d) Bitte mach das Licht im Keller an/aus. e) Bitte mach das Preisschild von der neuen Hose ab/weg. f) Bitte mach den Fleck am Ärmel weg. g) Bitte mach den Beamer an/aus. h) Bitte mach die Dose auf/zu.

2   ER: Hast du was dagegen, wenn ich mir diese neue CD mal anhöre. SIE: Nein, hör sie dir ruhig an. – ER: Hast du was dagegen, wenn ich dein Handy mitnehme? SIE: Nein, nimm es ruhig mit. – ER: Hast du etwas dagegen, wenn ich deine neuen Rollerblades mal ausprobiere? SIE: Nein, probier sie ruhig aus.

3   Mutter: Kauf bitte Milch ein. Tochter: Aber ich habe doch schon welche eingekauft. – Mutter: Mach bitte mit den Hausaufgaben weiter. Tochter: Aber ich habe sie doch schon fertig gemacht. – Mutter: Hör bitte mit dem Telefonieren auf. Tochter: Aber ich habe doch noch gar nicht / gerade erst angefangen. – Mutter: Trag bitte den Mülleimer raus. Tochter: Aber ich habe ihn doch schon rausgetragen.

4   b) ein c) ab d) weg e) vor f) bei g) auf h) ab i) aus

5   b) Wenn er ein Wort nicht kennt, umschreibt er es. c) Rachel zieht aus beruflichen Gründen nach Berlin um. d) Der Mieter unterschreibt den Vertrag nicht. e) Die Polizei durchsucht die Wohnung des Firmenchefs. f) Warum widerspricht mir Paula dauernd? g) Britta, pass auf, die Milch kocht über. h) Nach dem Zusammenstoß mit dem Eisberg geht das Schiff unter. i) Die Schüler wiederholen die Übung.

6   b) Wenn er ein Wort nicht kannte, hat er es umschrieben. c) Rachel ist aus beruflichen Gründen nach Berlin umgezogen. d) Der Mieter hat den Vertrag nicht unterschrieben. e) Die Polizei hat die Wohnung des Firmenchefs durchsucht. f) Warum hat mir Paula dauernd widersprochen? g) Britta, pass auf, die Milch ist übergekocht. h) Nach dem Zusammenstoß mit dem Eisberg ist das Schiff untergegangen. i) Die Schüler haben die Übung wiederholt.

Seite 123
Untrennbare Vorsilben bei Verben

1   untrennbar: gewinnen (2x), erkämpfen, erstechen, bekommen, versprechen, besiegen, verlieren, unterstützen
    trennbar: herbeischleppen, wegstoßen, durchsetzen, anziehen
    Hinweis: *gewinnen* und *verlieren* haben keine Version ohne Vorsilben.

2   … hat er den Schatz der Nibelungen gewonnen, hat sich eine Tarnkappe erkämpft, die ihn unsichtbar machen konnte, hat einen Drachen erstochen und in seinem Blut gebadet. Schließlich ist Siegfried nach Worms gekommen, wo König Gunther regiert hat. Um Gunthers Schwester Kriemhild zur Frau zu bekommen, hat Siegfried dem König versprochen, ihm zu helfen, die schöne, aber übermenschlich starke Brunhild von Island zur Frau zu gewinnen. Gunther musste seine zukünftige Braut im Wettkampf besiegen. Dazu ist von mehreren Männern ein riesiger Speer herbeigeschleppt worden. Riesengroß war auch der Stein, den er wegstoßen musste. Gunther hat den Mut verloren. Er hat gefürchtet, dass er sich gegen Brunhild nicht durchsetzen würde. Siegfried hat Gunther unterstützt. Er hat seine Tarnkappe angezogen und ist dadurch für die Zuschauer des Wettkampfes unsichtbar geworden.

3   (b) entnehme (c) verändert (d) erreichen (e) verschlafen (f) zerbrechen (g) erklärt (h) missverstanden (i) vererbt (j) erwerben (k) verliebt (l) enterbt (m) zerbissen

LÖSUNGSSCHLÜSSEL

Seite 125
Passiv

1 b) Die alte Kantine wurde renoviert. c) Die Wände wurden weiß gestrichen. d) Neue Lampen wurden installiert. e) Endlich wurde eine Klimaanlage eingebaut. f) Die Renovierung wurde übrigens von den Mitarbeitern höchstpersönlich durchgeführt.

2 b) Die alte Kantine ist renoviert worden. c) Die Wände sind weiß gestrichen worden. d) Neue Lampen sind installiert worden. e) Endlich ist eine Klimaanlage eingebaut worden. f) Die Renovierung ist übrigens von den Mitarbeitern höchstpersönlich durchgeführt worden.

3 … über Privates wird nicht gesprochen und im Team wird auch nicht gearbeitet / es wird auch nicht im Team gearbeitet. Stattdessen wird ständig an die Konkurrenz gedacht. Natürlich wird nur Gesundheitstee getrunken, (es wird) nur selten gelacht und nie gefeiert. …

4 b) Im Netz wird geplaudert und geflirtet. c) Hier wirst du von wildfremden Leuten angesprochen. d) Wenn per Internet eingekauft und bezahlt wird, werden die Daten durch ein persönliches Passwort geschützt. / Die Daten werden durch ein persönliches Passwort geschützt, wenn per Internet eingekauft und bezahlt wird. e) Wenn die Kreditkarten-Daten ungesichert eingegeben werden, wird das eigene Konto vielleicht von einem unberechtigten „Einkäufer" missbraucht.

5 Man hat das @-Zeichen für E-Mail-Adressen ausgewählt, weil dieses Zeichen in keiner Sprache dieser Welt benutzt wird. Das Zeichen wird als Trennung zwischen dem Adressaten-Namen und dem Provider-Namen gebraucht. Für das @-Zeichen drückt man meistens die Tasten „Alt Gr" und „Q".

Seite 126/127
Passiv mit Modalverben

1 b) … wollen das veraltete Heizungssystem modernisieren. c) … wollen in jeder Wohnung moderne Fenster einbauen. d) … wollen die alten Bäder erneuern. e) … wollen den Hinterhof begrünen. f) … wollen neue Bäume pflanzen. g) … wollen im ganzen Haus die Mieten erhöhen.

2 b) Ein großer Kinderspielplatz soll angelegt werden. c) Frühlingsblumen sollen gepflanzt werden. d) Im Zentrum soll eine Fußgängerzone eingerichtet werden. e) Mehr Straßen sollen zu Spielstraßen gemacht werden. f) Ein neuer Tunnel soll gebaut werden. g) Mehr Straßenlampen sollen aufgestellt werden.

3 b) Ein genauer Plan muss gemacht werden. c) Ein Fluchtauto muss organisiert werden. d) Die Nummernschilder müssen unbedingt ausgetauscht werden. e) Ein Bankkonto für Schwarzgeld muss eröffnet werden. f) Pässe und Flugtickets müssen besorgt werden. g) Der Boss muss laufend informiert werden.

4 b) Die neue Klimaanlage konnte nicht richtig bedient werden. c) …, der Termin mit dem Unternehmensberater konnte nicht vorbereitet werden. d) Die Unterlagen konnten deshalb nicht kopiert werden. / Deshalb konnten die Unterlagen nicht kopiert werden. e) Der Reparatursevice konnte deshalb nicht benachrichtigt werden. / Deshalb konnte der Reparaturservice nicht benachrichtigt werden. f) Die Besprechung mit dem Abteilungsleiter konnte auch nicht geplant werden. g) …, weshalb die Post nicht rechtzeitig verschickt werden konnte.

5 b) Der Ort sollte beobachtet werden. c) Die Geldübergabe konnte aber nicht verhindert werden. d) … war kaputt und konnte nicht mehr rechtzeitig repariert werden. e) Der Erpresser muss nun anhand alter Fotos identifiziert werden. f) Der Mann konnte allerdings nicht erkannt werden. g) Der Kaufhauserpresser soll aber ganz sicher beim nächsten Mal gefasst werden.

Seite 128/129
Zustandspassiv

1 Das Mail-Programm <u>wird</u> vom Sender – also von Ihnen – <u>gestartet</u>. Man muss aber nicht online gehen, um die Mail zu schreiben. <u>Ist</u> der elektronische Brief <u>geschrieben</u>, <u>werden</u> die fertigen Nachrichten im Postausgang <u>gespeichert</u>. Erst durch die Verbindung zum Internet und einen Klick auf „senden" <u>kann</u> der elektronische Brief <u>losgeschickt werden</u>. Vom Postausgang Ihres Providers <u>werden</u> die Mails dann zum Posteingang des Mail-Empfängers <u>gesendet</u>. Der Empfänger <u>wird</u> über neue E-Mails nur dann <u>benachrichtigt</u>, wenn eine Verbindung zum Internet besteht. Viele Programme <u>sind</u> so <u>eingerichtet</u>, dass der Posteingang in bestimmten Intervallen <u>überprüft wird</u>. Neue E-Mails <u>können</u> dann automatisch <u>abgerufen werden</u>.

2 *Ist geschrieben*: Zustandspassiv, *werden gespeichert*: Passiv, *kann losgeschickt werden*: Passiv mit Modalverb, *werden gesendet*: Passiv, *wird benachrichtigt*: Passiv, *sind eingerichtet*: Zustandspassiv, *überprüft wird*: Passiv, *können abgerufen werden*: Passiv mit Modalverb

LÖSUNGSSCHLÜSSEL

3   b) Der Computer ist schon angeschlossen. c) Der Strom ist schon eingeschaltet. d) Die Software ist schon installiert. e) Der Internetzugang ist schon hergestellt. f) Das Passwort ist schon eingegeben. g) Der Film ist schon runtergeladen.

4   b) ... die Blumen sind gegossen. c) ... die Wäsche ist aufgehängt. d) ... die Steckdose ist schon repariert. e) ... die Heizung ist eingeschaltet. f) ... die Rechnungen sind noch nicht bezahlt.

5   b) Das Geschirr war schon abgewaschen. c) Die Aschenbecher waren schon ausgeleert. d) Das Zimmer war schon gelüftet. e) Der Frühstückstisch war schon gedeckt. f) Der Kaffee war schon gekocht. g) Der Orangensaft war schon eingeschenkt.

Seite 130/131
Passiv-Ersatzformen

1   b) essbare Früchte c) brauchbare Idee d) ein leicht waschbarer Stoff e) unbezahlbare Preise

2   b) leicht zerbrechliches Material c) unverkäufliches Produkt d) gut verständlicher Text e) unverantwortlicher Leichtsinn

3   b) Die Schuhe sind zur Stabilisierung des Fußes fest zu schnüren. c) Die Muskulatur ist vor jedem Lauf aufzuwärmen. d) Bei Verletzungen ist der Fuß mindestens sechs Wochen ruhig zu stellen. e) Der Fuß ist bei Schmerzen zu entlasten.

4   b) noch zu veröffentlichendes Ergebnis.
c) noch weiter zu bearbeitendes Thema.
d) abzulegende Prüfung.
e) ernst zu nehmender Vorschlag.

5   ..., denn sie <u>können</u> direkt <u>beantwortet</u> und dann <u>gelöscht werden</u>. Die Post <u>kann</u> in drei Stapel <u>sortiert werden</u>: Stapel eins für Sachen, die sofort <u>erledigt werden müssen</u>. Stapel zwei für Projekte, die auch später <u>bearbeitet werden können</u>. Stapel drei für Informationen, die Sie irgendwann einmal studieren können. Alles andere <u>sollte</u> gleich <u>weggeworfen werden</u>. Und so <u>kann</u> auch die Urlaubslaune in den Alltag <u>gerettet werden</u>: Gehen Sie die ersten Tage ruhig und entspannt an.

6   Danach <u>sind</u> die E-Mails <u>zu lesen</u>, denn sie <u>lassen sich</u> direkt <u>beantworten</u> und dann <u>löschen</u>. Die Post <u>lässt sich</u> in drei Stapel <u>sortieren</u>: Stapel eins für Sachen, die sofort <u>zu erledigen sind</u>. Stapel zwei für Projekte, die sich auch später <u>bearbeiten lassen</u>. Stapel drei für Informationen, die Sie irgendwann einmal studieren können. Alles andere <u>ist</u> gleich <u>wegzuwerfen</u>. Und so <u>lässt sich</u> auch die Urlaubslaune in den Alltag <u>retten</u>: Gehen Sie die ersten Tage ruhig und entspannt an.

7   b) Ein neues Grafikprogramm lässt sich mühelos installieren. c) Die Soundkarte des Computers lässt sich ersetzen. d) Allerdings lassen sich einige Anfangsprobleme nicht vermeiden. e) Die meisten Schwierigkeiten lassen sich aber schnell überwinden.

8   b) Die Projektleiterin bekommt die besten Ideen präsentiert. c) Die Praktikanten bekommen den Arbeitsablauf erklärt. d) Der Kunde bekommt ein detailliertes Angebot zugeschickt.

Seite 133
Konjunktiv II (1)

1   b) wusste, wüsste c) hatten, hätten d) waren, wären e) blieb, bliebe f) konntet, könntet g) fandest, fändest h) wurde repariert, würde repariert i) sollte, sollte j) hielt, hielte k) wart, wär(e)t l) wollten, wollten m) durfte, dürfte n) wurden gefangen, würden gefangen

2   b) Aber sie hätte gern allein ein Zimmer. c) Aber sie wäre gern bildhübsch. d) Aber sie würde sich gern schminken. e) Aber sie hätte gern einen Roller. f) Aber sie würde gern mit ihren Freundinnen in Urlaub fahren. g) Aber sie würde gern neben Hans-Peter sitzen. / Aber sie säße gern neben Hans-Peter.

3   b) Wir könnten jetzt Mittagspause machen. c) Peter würde gern nach Hause gehen. / Peter ginge gern nach Hause. d) Ich wüsste gern, / Ich würde gern wissen, wo Peter bleibt. e) Du müsstest schon seit zwei Stunden schlafen. f) Ich würde gern noch im Bett bleiben. / Ich bliebe gern noch im Bett. g) Sonst dürftet ihr ausschlafen.

4   b) An ihrer Stelle würde ich mehr / nicht so wenig schlafen. c) An seiner Stelle würde ich weniger / nicht so viel vor dem Computer sitzen. d) An ihrer Stelle würde ich nicht so oft / weniger (oft) fehlen. e) An ihrer Stelle würde ich mich öfter / nicht so selten um den alten Onkel kümmern. f) An ihrer Stelle würde ich die Kinder früher / nicht so spät ins Bett schicken.

Seite 135
Konjunktiv II (2)

1   b) sie wäre gelaufen c) wir hätten gedacht d) wir hätten gedacht e) es wäre gebaut worden f) du wär(e)st gewesen g) du wär(e)st gewesen h) ihr hättet fernsehen dürfen i) wir wären verletzt worden j) er wäre gewachsen k) sie hätten ange-

LÖSUNGSSCHLÜSSEL

boten l) es wäre passiert m) sie wären gestiegen n) sie hätte gehabt o) sie hätte gehabt p) sie hätte gehabt q) ich hätte lesen müssen

2 b) Nein, aber fast hätten wir es verpasst. c) Nein, aber fast wäre ihr schlecht geworden. d) Nein, aber fast hätten wir am Flughafen übernachten müssen. e) Nein, aber fast hätte ich einen bekommen. f) Nein, aber fast wäre sie gebissen worden.

3 b) Der neue Kollege hätte diesen Fall schon am Mittwoch bearbeiten sollen. c) Meine Assistentin hätte Ihnen alle nötigen Informationen geben können. d) Sie hätten vor unseren Geschäftspartnern nicht darüber reden dürfen. e) Ihre Mitarbeiter hätten mehr auf die Details achten müssen. f) Man hätte jemand anderen für diesen Job nehmen sollen.

4 (b) hätte ... getan (c) hätte ... bedankt (d) hätte ... gewusst (e) wäre ... gekommen (f) wäre ... gewesen (g) wäre ... gegangen (h) hätten ... gefehlt (i) hättest

Seite 137
Konjunktiv II (3)

1 b) ... wenn Sie sich früher gemeldet hätten. c) ... wenn Sie morgen kommen könnten. d) ... wenn wir zuerst essen gingen? e) ... wenn es nicht so viel geregnet hätte. f) ... wenn er einen Stadtplan hätte.

2 b) Wenn der Dieb nicht in eine fremde Handtasche gegriffen hätte, wäre er nicht von einer Tarantel gebissen worden. c) Wenn Kakerlaken keinen / nicht den „sechsten Sinn" hätten, könnten sie nicht so frühzeitig jeden Menschen erkennen. d) Wenn die Finnin Karoliina S. nicht eines Morgens neben einer Kobra aufgewacht wäre, müsste sie nicht zum Psychotherapeuten gehen. e) Wenn der Gewehrschrank nicht offen gestanden hätte, hätte der Jagdhund nicht mit dem Gewehr gespielt und dabei (nicht) sein Herrchen erschossen.

3 Wenn du weniger Geld ausgegeben hättest, dann hätten wir mehr sparen können. – Was heißt denn hier, wenn ich weniger ausgegeben hätte? – Das heißt zum Beispiel, wenn du weniger oft zu diesem italienischen Masseur gegangen wärst. – Wenn ich einen Körper wie du hätte, würde ich mich schämen. – Wenn ich so oft an meinen Körper denken würde wie du, dann könnten wir uns nicht einmal ein Puppenhaus leisten.

4 b) Wenn Ernst Geschmack hätte, hätte er dieses Sakko nicht gekauft. c) Wenn Maria nicht sehr gutmütig wäre, wäre sie längst explodiert. d) Wenn Fritz Geld hätte, hätte er sich längst ein neues Auto gekauft. e) Wenn Ulrich momentan nicht sehr beschäftigt wäre, würde er sich sicher bei mir melden.

Seite 139
Konjunktiv II (4)

1 b) Wenn er doch einen besseren Job bekommen würde! c) Wenn doch das Fernsehprogramm nicht immer so langweilig wäre! d) Wenn doch der Wagen etwas schneller fahren würde! e) Wenn wir doch etwas mehr Glück im Lotto hätten! f) Wenn doch das Wetter nicht so schlecht wäre!

2 b) Wenn er nur (im Moment) nicht lauter andere Dinge im Kopf hätte! c) Wenn bloß seine Freunde nicht so einen schlechten Einfluss auf ihn hätten! d) Wenn er nur nicht jeden Tag mit dieser Petra herumlaufen würde! e) Wenn er (bloß) wenigstens das Notwendigste machen würde! f) Wenn er nur nicht bei jedem Gespräch über das Thema total kindisch reagieren würde! g) Wenn er bloß nicht die halbe Nacht fernsehen würde! h) Wenn er nur dieses Schuljahr schaffen würde! i) Wenn er es (bloß) wenigstens einmal versuchen würde.

3 b) Hätte ich doch nur nicht lauter andere Dinge im Kopf gehabt! c) Hätten doch bloß meine Freunde nicht so einen schlechten Einfluss auf mich gehabt! d) Wäre ich doch nur nicht jeden Tag mit dieser Petra herumgelaufen! e) Hätte ich doch bloß wenigstens das Notwendigste gemacht! f) Hätte ich doch nur nicht bei jedem Gespräch über das Thema total kindisch reagiert! g) Hätte ich doch bloß nicht die halbe Nacht ferngesehen! h) Hätte ich doch nur dieses Schuljahr geschafft! i) Hätte ich es doch wenigstens versucht!

4 b) Charlotte ist zu vergesslich, um dieses Projekt durchzuführen. / Charlotte ist so vergesslich, dass sie dieses Projekt nicht durchführen kann. c) Herr Meier war zu unzuverlässig, um diesen Job zu übernehmen. / Herr Meier war so unzuverlässig, dass er diesen Job nicht übernehmen konnte. d) Eva ist zu kaputt, um noch in die Disco zu gehen. / Eva ist so kaputt, dass sie nicht noch/mehr in die Disco gehen kann. e) Sibylle war zu verärgert über Karl, um mit ihm noch länger zusammenzuleben. / Sibylle war so verärgert über Karl, dass sie nicht länger mit ihm zusammenleben wollte. f) Frau Schneider hat zu wenig Geld, um sich ein neues Auto zu kaufen. / Frau Schneider hat so wenig Geld, dass sie sich kein neues Auto kaufen kann.

LÖSUNGSSCHLÜSSEL

5   b) In Frankreich gab es früher zu viele Bistros, als dass man sich hätte entscheiden können. c) In der Schweiz waren manche Bergseen letzten Sommer zu kalt, als dass wir darin hätten schwimmen wollen. d) In Italien gibt es zu viele alte Städte, als dass ihr alle besichtigen könntet. e) Manche Naturschönheiten in Polen waren früher zu schwer erreichbar, als dass man sie in einem einzigen Urlaub hätte bereisen können. f) In einigen Gegenden in Spanien können die Temperaturen zu hoch werden, als dass man sie im Hochsommer besuchen sollte. g) Die Süßspeisen in Österreich sind zu lecker, als dass auch ein kalorienbewusster Mensch fähig wäre, „Nein" zu sagen!

Seite 141
Konjunktiv II (5)

1   b) ... als ob sie große Schmerzen hätte. c) ... als ob er gleich explodieren würde. d) ... als ob ich seinen Wagen kaputt gemacht hätte. e) ... als ob ich ein Einbrecher wäre. f) ... als ob sie nie wieder aufhören würde.

2   b) ... als hätte sie große Schmerzen. c) ... als würde er gleich explodieren. d) ... als hätte ich seinen Wagen kaputt gemacht. e) ... als wäre ich ein Einbrecher. f) ... als würde sie nie wieder aufhören.

3   b) ..., als ob er den sichersten Wagen der Welt hätte. c) ..., als würde er hervorragend sehen. d) ..., als hätte sie ein unangenehmes Erlebnis gehabt. e) ..., als ob sie einsam wäre. f) ..., als wäre sie arm. g) ..., als ob sie enge Freunde wären. h) ..., als ob er ihren Brief nicht bekommen hätte. i) ..., als hätte es noch (einen) Sinn, sich mit ihr zu treffen.

4   b) Jeden Morgen beschimpft er mich, als wäre ich ein kleiner Schuljunge. c) Seine Sekretärin benimmt sich, als wäre sie die Königin von England. d) Meine Kollegen reden über mich, als wäre ich eine Aushilfskraft. e) Selbst der Hund des Pförtners behandelt mich, als wäre ich Luft. f) Die Dame am Empfang sieht mich an, als wäre ich ein Fremder. g) Die neue Praktikantin spricht mit mir, als wäre sie meine Vorgesetzte.

Seite 143
Indirekte Rede

1   Statt wallendes Haar zu tragen, <u>sei</u> der Mann nun aber völlig kahl. Ein Gericht in Aveiro <u>habe</u> die Schönheitsklinik dazu <u>verurteilt</u>, dem Kläger die 3300 Euro zurückzuzahlen. Außerdem <u>müsse</u> sie ihn für sein „seelisches Leiden" mit weiteren 3000 Euro <u>entschädigen</u>. Man <u>hätte</u> den Mann vorher über die möglichen Folgen <u>informieren müssen</u>, begründete das Gericht sein Urteil. ... Die Zeremonie <u>sei</u> daraufhin <u>abgebrochen worden</u>, das Bankett <u>habe</u> jedoch <u>stattgefunden</u>, berichteten Zeitungen in der tschechischen Hauptstadt. „Es herrschte eine Stimmung wie auf einer Beerdigung", kommentierte der Bräutigam. Für das überraschende Scheitern wählte er einen originellen Vergleich: Es <u>sei</u>, als ob man Billard <u>spiele</u>, und die Kugel <u>rolle</u> wider Erwarten nicht ins Loch. Nach ihren Gründen <u>habe</u> er seine Exbraut nicht <u>gefragt</u>: „Das übersteigt sowieso mein Verständnis", meinte er.

2   (b) finde (c) habe (d) könne (e) sei (f) wolle (g) hätten (h) müssten (i) hätten (j) kämen (k) wisse

3   b) Der Richter fragte den Zeugen, ob er sich noch genau an den Unfall erinnern könne. Der Zeuge erwiderte, dass er noch jedes Detail in Erinnerung habe. / er habe noch jedes Detail in Erinnerung. / Auf die Frage des Richters, ob der Zeuge sich noch genau an den Unfall erinnern könne, erwiderte dieser, dass er noch jedes Detail in Erinnerung habe. / er habe noch jedes Detail in Erinnerung. c) Der Journalist wollte von der Schauspielerin wissen, wie alt sie sei. Die Schauspielerin antwortete, das gehe ihn gar nichts an. / dass ihn das gar nichts angehe. d) In der Krisensitzung betonte der Vorstandsvorsitzende, dass sie wegen der schlechten Auftragslage harte Maßnahmen ergreifen müssten. / sie müssten wegen ... Maßnahmen ergreifen. Sein Assistent fügte hinzu, dass die Großaktionäre schon ungeduldig würden. / die Großaktionäre würden schon ungeduldig.

Seite 145
Nomen-Verb-Verbindungen

1   Klaus O., Journalist: „Immer mehr Menschen <u>vertreten die Ansicht</u>, man sollte <u>Abschied nehmen</u> von der Vorstellung, dass man ein Tier haben kann, das andere Menschen <u>in Gefahr bringt</u>. Die Politik sollte endlich die passenden <u>Maßnahmen ergreifen</u>." Sigmund M., Psychologe: „Ich bin <u>zu der Auffassung gelangt</u>, dass ein Verbot auf überzeugte Kampfhundbesitzer keinen großen <u>Eindruck machen</u> würde. Darüber muss man <u>sich im Klaren sein</u>. Eher sollte man ‚Wiederholungstäter' <u>unter</u> psychologische <u>Beobachtung stellen</u>." Jan R., Kampfhundbesitzer: „Also ich finde ein Verbot total übertrieben. Nach den Unfällen müssen wir Kampfhundbesitzer sicherlich ein paar Einschränkungen <u>in Kauf nehmen</u>. Und man muss

LÖSUNGSSCHLÜSSEL

natürlich auch <u>die Frage stellen</u>, wer überhaupt qualifiziert ist, solche Tiere zu besitzen."

2 b) Vertreter der ASEAN-Staaten haben den Beschluss gefasst … c) Noch ist völlig unklar, ob die EU und die USA in allen strittigen Punkten einen Kompromiss erzielen werden. d) … ab wann die verschärften Umweltvorschriften in Kraft treten sollen. e) Die russische Regierung trifft Vorbereitungen zur Bergung eines abgestürzten Flugzeugs im Kaukasus. Experten ziehen den Erfolg dieses Plans in Zweifel.

3 ich muss ein Thema ansprechen, das mir sehr unangenehm ist. Ich habe gehört, dass Sie Ihre Wohnung seit einiger Zeit untervermieten. Ich muss Ihnen mitteilen, dass ich Ihnen das nie erlaubt habe, und möchte Sie bitten, sich zu diesem Punkt unverzüglich zu äußern. Außerdem werden Sie verdächtigt / verdächtigt man Sie, dass Sie auf Ihrem Balkon Marihuana anpflanzen. So etwas wird bestraft! Ein Nachbar hat Ihre letzte Ernte fotografiert. Außerdem wird Ihnen vorgeworfen, dass Sie nach 22 Uhr noch laute Musik hören und die Interessen der übrigen Hausbewohner nicht berücksichtigen. Wir sollten uns über alle Punkte so schnell wie möglich ernsthaft unterhalten.

Seite 147
Hauptsatz

1
Position 0	Position 1	Position 2
Und	so	fragen
Aber	es	kann
—	Es	dauert
Denn	Tag für Tag	lassen
—	In unserem Land	muss

2 b) Weil mein Fahrrad kaputt ist, wollte ich mit der S-Bahn fahren. c) Gegen zwei Uhr nachmittags stand ich am Bahnsteig. d) Über vierzig Minuten habe ich auf die S-Bahn gewartet. e) Nach einer halben Stunde wurde ich langsam sauer. f) Als die S-Bahn endlich kam, war ich fast eingeschlafen. g) Eine so lange Wartezeit finde ich unzumutbar.

3 b) … nichts kann so anstrengend sein wie eine Beziehung. c) Gesagt habe ich es ihm schon, dass ich sein Verhalten nicht länger akzeptiere. d) Glauben will er es aber nicht. e) Oje, wie wird das bloß enden mit euch?

4 … Ich habe ihn in dem ICE um 17.33 Uhr von München nach Frankfurt liegen lassen und möchte Sie fragen, ob jemand den Mantel bei Ihnen abgegeben hat. Er ist grün und aus Wolle, in der Tasche des Mantels steckte ein roter Schal. Bitte schicken Sie mir den Mantel, wenn das möglich ist, oder lassen Sie mir eine Nachricht zukommen, wenn ich den Mantel selber abholen soll. Selbstverständlich übernehme ich die Kosten für das Porto. …

Seite 149
Hauptsatz: Verbergänzungen, Angaben

1 b) Ihr Kollege macht uns Fotokopien von den Unterlagen. c) Sie beantwortet mir alle meine Fragen. d) Herr Meier bringt uns die vermisste DVD. e) Die Trainerin erklärt meiner Kollegin die Möglichkeiten des Programms. f) Wir schenken der Kursleiterin einen Blumenstrauß.

2 b) Ihr Kollege macht uns bis morgen Fotokopien von den Unterlagen. c) Sie beantwortet mir sofort alle meine Fragen. d) Herr Meier bringt uns gleich die vermisste DVD. e) Die Trainerin erklärt meiner Kollegin noch einmal die Möglichkeiten des Programms. f) Wir schenken der Kursleiterin am Kursende einen Blumenstrauß.

3 b) Ihr Kollege macht sie uns bis morgen. c) Sie beantwortet sie mir sofort. d) Herr Meier bringt sie uns gleich. e) Die Trainerin erklärt sie meiner Kollegin noch einmal. f) Wir schenken ihn der Kursleiterin am Kursende.

4 b) es dir c) es Ihnen d) sie Ihnen e) ihn dir f) es Ihnen

5 b) Bei gutem Wetter verlässt sie pünktlich um Viertel nach acht das Haus. c) Außer im Winter fährt sie normalerweise mit dem Fahrrad zur Arbeit. d) In einem Einkaufszentrum neben dem Büro erledigt Elsa zweimal pro Woche ihre Einkäufe. e) Jeden Dienstag und Donnerstag treibt sie aus gesundheitlichen Gründen in einem Fitnesscenter für Frauen Sport. f) Außerdem macht Elsa am Wochenende mit einem Trainer in einem Schwimmbad Wassergymnastik. g) Mit großer Begeisterung sieht sie sich samstags abends in einem der großen Kinos der Stadt die neuesten Filme an. h) Trotz knapper Kasse geht Elsa mindestens einmal pro Monat mit zwei Freundinnen in ein japanisches Restaurant essen.

LÖSUNGSSCHLÜSSEL

Seite 151
Negation

1 Sie hat ein Bad, Wohnung 1 hat keins. Sie hat ein separates WC, Wohnung 1 hat keins. Sie hat einen Balkon, Wohnung 1 hat keinen. Sie hat eine Abstellkammer, Wohnung hat keine. Sie hat eine Einbauküche, Wohnung 1 hat keine.

2 a) Ist Matthias berufstätig? – Nein, er ist nicht berufstätig. Hat Hannah Geld gespart? – Nein, sie hat kein Geld gespart. War Hannah schon mal in Polen? – Nein, sie war noch nicht in Polen. Kann Matthias Fremdsprachen? – Nein, er kann keine Fremdsprachen. Hat Hannah Freunde in Deutschland? – Nein, sie hat keine Freunde in Deutschland. Hat Matthias eine eigene Wohnung? – Nein, er hat keine eigene Wohnung. b) Hannah ist berufstätig, Matthias noch nicht. Hannah hat kein Geld gespart, Matthias auch noch nicht. Matthias war schon mal in Polen, aber Hannah noch nicht. Hannah kann Fremdsprachen, aber Matthias kann noch keine. Matthias hat Freunde in Deutschland, Hannah (hat) noch keine. Hannah hat eine eigene Wohnung, aber Matthias hat noch keine.

3 b) Nein, davon habe ich leider noch nichts gehört. c) Nein, ich habe leider keinen. d) Nein, ich kenne leider keins. e) Nein, den kenne ich leider nicht. f) Nein, dafür braucht man keine.

4 (b) keine (c) nicht/nie (d) nichts (e) kein

5 (b) un- (c) ir- (d) il- (e) in- (f) -los (g) miss-

Seite 153
Imperativ (1)

1 <u>Überprüfen Sie</u> vor einer Reise Ihren Pass und <u>lassen Sie</u> ihn eventuell rechtzeitig verlängern. Wenn Sie in Hauptreisezeiten fliegen wollen: <u>Beeilen Sie sich</u> mit der Buchung ihres Fluges oder Hotels. <u>Ziehen Sie</u> bei einem längeren Flug bequeme Kleidung <u>an</u>. <u>Schließen Sie</u> Ihre Wertsachen im Hotelsafe <u>ein</u>. <u>Rufen Sie</u> Ihre Lieben zu Hause <u>an</u>, wenn Sie am Ziel angekommen sind.

2 b) Falten Sie die Serviette nicht nach Gebrauch. c) Halten Sie die Gabel in der linken und das Messer in der rechten Hand. d) Schließen Sie die Lippen beim Kauen. e) Verwenden Sie die kleine Gabel für den Kuchen. f) Fassen Sie das Weinglas am Stiel. g) Verdecken Sie die rechte mit der linken Hand, wenn Sie einen Zahnstocher benutzen. h) Verlassen Sie nicht den Tisch, bevor alle fertig gegessen haben.

3 b) Seid/Sei c) Esst/Iss d) Putzt/Putz e) Spült/Spül f) Verwendet/Verwende g) Kontrolliert/Kontrollier(e)

4 b) Trink täglich mindestens zwei Liter Flüssigkeit. c) Treib zweimal pro Woche Sport. d) Schlaf acht Stunden täglich. e) Achte beim Einkaufen auf gesunde Lebensmittel. f) Verzichte möglichst auf Alkohol.

Seite 155
Imperativ (2)

1 b) Würdest du dich bitte rasieren? Könntest du dich bitte mal rasieren? Rasier dich endlich! c) Würdest du dich bitte waschen? Könntest du dich bitte mal waschen? Wasch dich endlich! d) Würdest du (dich) bitte duschen? Könntest du (dich) bitte mal duschen? Dusch (dich) endlich! e) Würdest du dich bitte anziehen? Könntest du dich bitte mal anziehen? Zieh dich endlich an! f) Würdest du dich bitte frisieren? Könntest du dich bitte mal frisieren? Frisier dich endlich! g) Würdest du dich bitte kämmen? Könntest du dich bitte mal kämmen? Kämm dich endlich! h) Würdest du dich bitte beeilen? Könntest du dich bitte mal beeilen? Beeil dich endlich! i) Würdest du bitte den Regenschirm mitnehmen? Könntest du bitte den Regenschirm mitnehmen? Nimm den Regenschirm mit!

2 (b) Legen Sie dann die Wäsche in die Maschine hinein. (c) Schließen Sie dann die Tür. (d) Kontrollieren Sie dann, ob der Stecker … (e) Drehen Sie anschließend den Wasserhahn auf. (f) Lassen Sie als Nächstes das Waschmittel einlaufen. (g) Wählen Sie dann das gewünschte Programm. (h) Stellen Sie schließlich die Temperatur ein und drücken Sie den Start-Knopf.

3 (b) Rühr drei Minuten. (c) Schäl die Äpfel. (d) Entkerne drei Äpfel, schneid(e) sie in Würfel und heb sie unter den Teig. (e) Füll den Teig in eine Backform. (f) Schneid(e) den vierten Apfel in Scheiben und leg ihn auf den Teig. (g) Schieb die Form in den Backofen und back den Kuchen.

4 b) Sie sollten das Papier vor dem Klingeln von dem Blumenstrauß entfernen. Man entfernt das Papier vor dem Klingeln von dem Blumenstrauß. c) Sie sollten das Papier in die eigene Tasche stecken. Man steckt das Papier in die eigene Tasche. d) Sie sollten die Gastgeber mit Händedruck begrüßen. Man begrüßt die Gastgeber mit Händedruck. e) Sie sollten saubere, möglichst gebügelte Sachen und geputzte Schuhe tragen. Man trägt saubere, möglichst gebügelte Sachen

LÖSUNGSSCHLÜSSEL

und geputzte Schuhe. f) Sie sollten Ihre Schuhe anbehalten. Man behält seine Schuhe an. g) Sie sollten bei offiziellen Einladungen einen Anzug tragen. Man trägt bei offiziellen Einladungen einen Anzug.

5 b) Könntest du mir mal den Werkzeugkasten bringen? c) Suchst du mal bitte die Schrauben Nummer 5? d) Könntest du auch die passenden Dübel dazu suchen? e) Lauf doch mal in den Keller. f) Hol bitte die Bohrmaschine. g) Könnest du bitte nachsehen, ob ein zweiter Werkzeugkasten dort ist?

Seite 156/157
Fragesatz

1 b) Ja./Nein. c) Nein./Doch. d) Ja./Nein. e) Ja./Nein. f) Ja./Nein. g) Die Faultiere.

2 b) Haben Sie denn die Kellertür nicht abgeschlossen? c) Haben Sie denn den Schlüssel nicht zweimal herumgedreht? d) Haben Sie denn das Licht abends nicht brennen lassen? e) Haben sie denn die Alarmanlage nicht eingeschaltet? f) Haben Sie denn den Briefkasten nicht vom Nachbarn leeren lassen?

3 b) Ruf doch bitte bei der Theaterkasse an und frag, wann die Vorstellung zu Ende ist. c) Ruf doch bitte im Restaurant an und frag, ob noch ein Tisch frei ist. d) Ruf doch bitte im Fitnessstudio an und frag, wann / wie lange es geöffnet ist. e) Ruf doch bitte in der Bibliothek an und frag, ob das bestellte Buch schon da ist. f) Ruf doch bitte in der Volkshochschule an und frag, ob der Kurs schon angefangen hat.

4 b) Können Sie mir sagen, wo der Taxistand ist? c) Können Sie mir sagen, warum/weshalb die Straße gesperrt ist? d) Können Sie mir sagen, wie spät es ist? / wie viel Uhr es ist? e) Können Sie mir sagen, wann die Banken heute schließen? f) Können Sie mir sagen, wie hoch der Fernsehturm ist? g) Können Sie mir sagen, was sich in diesem Haus befindet? h) Können Sie mir sagen, wer hier wohnt?

5 b) …, von wem dieser Film ist? c) …, wer mitspielt? d) …, was kosten da eigentlich die Karten. e) …, in welchem Kino der Film läuft? f) …, wann die Vorstellung anfängt? g) …, ob Mira und Cornelius auch mitkommen? h) …, ob du sie einladen willst.

6 b) …, wie ich aussehe. c) …, was ich im Schrank finde. d) …, wo die Sachen liegen. e) …, wo ich sitze. f) …, wann ich schlafen gehe.

Seite 158/159
Fragewörter

1 b) Was ist passiert? c) Worüber machst du dir Sorgen? d) Von wem hast du dir Geld geliehen? e) Was spürst du auf der Haut? f) Wen suchst du? g) Was hast du verloren? h) Wen habt ihr am Wochenende besucht? i) Wessen Mantel ist das?

2 b) Welche Farbe haben deine Augen? / Welche Augenfarbe hast du? / Wie ist deine Augenfarbe? c) Wie groß bist du? d) Wie schwer bist du? / Wie viel wiegst du? e) In welche Schule und in welche Klasse gehst du? f) Was ist dein liebstes Schulfach? / Welches Schulfach magst du am liebsten? g) Was ist dein Hobby? h) Was ist dein Lieblingstier? / Welches Tier magst du am liebsten? i) Was ist dein Lieblingsgericht? / Welches Gericht magst du am liebsten? / Was isst du am liebsten? j) Was magst du am liebsten?

3 (b) Welche (c) was (d) Welchen (e) was für einen (f) welche / was für (g) welches / was für ein

4 b) Worin c) Wozu d) Worüber f) Wovon g) Woraus h) Von wem i) Worum j) Woran k) Für wen l) Worüber m) Worum n) Worüber

Seite 160/161
Hauptsatzverbindende Konnektoren

1 (b) Von einem Autofahrer erfuhr er, dass an der Stelle kurz zuvor eine niederländische Familie gepicknickt hatte, und entschloss sich sofort, die Familie zu suchen. (c) Le Front brachte den Film in ein Fotolabor und ließ ihn entwickeln. (d) Auf den Bildern waren eine Frau und zwei Kinder zu sehen. (e) Er schickte die Fotos an die größte niederländische Zeitung und bat darum, sie zu veröffentlichen. (f) Am Freitag druckte *De Telegraaf* tatsächlich ein Bild der Frau ab und fragte: „Wem gehört dieses Foto?" (g) Nun hofft Le Front, dass die Frau das Foto sieht und (dass sie) sich meldet.

2 (b) Aber (c) denn (d) und (e) und (f) denn (g) sondern

3 b) Mein Mann kümmert sich nicht um Weihnachten, sondern geht nur mit dem Hund spazieren. c) … Das war schon immer meine Angelegenheit, und das wird weiterhin so bleiben. d) … Gott sei Dank weiß ich ungefähr, was ich meiner Frau schenken werde, aber der Stress bleibt einfach bis zum 24. Dezember. e) … Sie rühren keinen Finger und erwarten, / erwarten aber, dass zu Weihnachten alles da ist, Christbaum, Geschenke, selbst gebackene Plätzchen. f) … nicht zum Skilaufen und bleiben hier, weil wir umziehen müssen. / … sondern bleiben hier und ziehen um.

LÖSUNGSSCHLÜSSEL

Seite 163
Nebensatz

1. a) Vater und Mütter oft berufstätig sind. [1] b) sie ein Vorbild brauchen. [3] c) schon etwas passiert ist. [3] d) Sie ein teures Spielzeug kaufen, [2]

2. Es ärgert mich wahnsinnig, <u>wenn</u> Leute <u>behaupten</u>, es ginge ihnen schlecht, nur <u>weil</u> sie in einer Mietwohnung <u>leben</u> und nur einmal im Jahr in den Urlaub fahren <u>können</u>. Das zeigt doch, <u>dass</u> unsere Gesellschaft übersättigt <u>ist</u>! Die Erwachsenen sollten Konsumterror und Markenverrücktheit nicht als Problem der Jugend sehen. Es ist doch nur peinlich, <u>wenn</u> Erwachsene sich gegenseitig <u>bedauern</u>, <u>weil</u> sie Opel statt Mercedes <u>fahren</u>. Ich finde es schlimm, <u>wenn</u> man sich in Deutschland und fast allen anderen Industrienationen mit solchen Problemen <u>beschäftigt</u>, <u>während</u> in manchen Ländern Tausende von Menschen heimatlos durch die Gegend <u>irren</u> oder bei Katastrophen <u>sterben</u>.

3. b) Als sie zum Bahnhof kam, ... c) ... wenn sie Zeit und Lust hat. d) ... obwohl sie ihn regelmäßig besucht. e) ... seit er eine Freundin hat. f) Bevor ich nach Hause gehe, ...

4. b) Nachdem er eine Ausstellung besucht hat, liest er zu Hause in seinem Katalog wichtige Informationen nach. c) Obwohl er alle wichtigen Bauwerke in seiner Stadt kennt, entdeckt er immer wieder neue Kunstschätze. d) Bevor er Reisen macht, kauft er sich einen guten Kunstführer. e) Während viele Leute nicht wissen, was sie in ihrer Freizeit tun sollen, wird es Franz nie langweilig.

Seite 165
***dass*-Satz**

1. dass sie gesünder essen und weniger rauchen. ... sagten, dass sie ziemlich körperbewusst seien.

2. (b) Ich denke / finde nicht, dass Hausarbeit nichts für einen Mann ist. (c) Ich finde nicht / denke, dass man mit seinem Partner eine Ehe auf Probe versuchen sollte, bevor man sich für eine Hochzeit entscheidet. (d) Ich finde nicht / denke, dass Frauen zuerst einen Beruf haben sollten, bevor sie heiraten. (e) Ich denke / finde nicht, dass Kinder die beste Altersvorsorge sind. (f) Ich finde nicht / denke, dass Singles glücklicher sind als Menschen in einer festen Partnerschaft.

3. b) Mich überzeugt nicht, dass Latein die wichtigste Fremdsprache überhaupt ist. c) Ich finde auch, dass es gut ist, wenn man mehrere Fremdsprachen kann. d) Ich bin davon überzeugt, dass in Zukunft Fremdsprachen immer wichtiger werden.

4. b) Ist es wahr, dass Theo schon wieder beim Pferderennen verloren hat? c) Hast du auch gehört, dass Iris demnächst auf Weltreise geht? d) Das darf doch nicht wahr sein, dass Tobias sich scheiden lassen will.

5. b) Unsere Analyse hat gezeigt, dass es eine Marktlücke in diesem Bereich gibt. c) Wir hoffen, dass wir das Programm in wenigen Monaten auf dem Markt platzieren können. d) Unsere Werbung hat das Ziel, dass Eltern auf das Produkt aufmerksam werden. e) Sie müssen das Gefühl haben, dass sie etwas Gutes für ihre Kinder kaufen.

Seite 167
Infinitiv + *zu*

1. b) Er versucht / nimmt sich vor, abzunehmen. c) Er versucht / nimmt sich vor, bequemere Kleidung zu tragen. d) Er versucht / nimmt sich vor, mehr Vitamine zu sich zu nehmen. e) Er versucht / nimmt sich vor, nicht mehr zu rauchen. f) Er versucht / nimmt sich vor, weniger fernzusehen. g) Er versucht / nimmt sich vor, zweimal pro Woche zu joggen.

2. b) Wir hatten eigentlich vor, mit der Bahn zu fahren. c) Wir hatten eigentlich vor, allein zu reisen. d) Wir hatten eigentlich vor, sie zu Hause zu lassen. e) Wir hatten eigentlich vor, vor Ort eins auszuleihen.

3. b) Es ist verboten / nicht erlaubt, zu rauchen. c) Es ist verboten / nicht erlaubt, den Rasen zu betreten. d) Es ist verboten / nicht erlaubt, sich aus dem Fenster zu lehnen. e) Es ist verboten / nicht erlaubt, hier durchzugehen.

4. b) Ich schlage ihr vor / rate ihr, das Spiel beim Nachbarn anzusehen. c) Ich schlage ihr vor / rate ihr, einen Passanten um Hilfe zu bitten. d) Ich schlage ihr vor / rate ihr, den Schuh auszuziehen. e) Ich schlage ihm vor / rate ihm, anzurufen und Bescheid zu sagen.

5. b) Ich erinnere mich, Ihnen vor ein paar Wochen geschrieben zu haben. c) Ich kann mich nicht erinnern, Sie schon einmal gesehen zu haben. d) Ich glaube, bald mehr sagen zu können. e) Ich hoffe, den Auftrag bald fertig zu haben.

LÖSUNGSSCHLÜSSEL

Seite 169
Relativsatz

1. b) Ein Schulkind ist ein Kind, das zur Schule geht.
   c) Ein Fotograf ist jemand, der Fotos macht.
   d) Ein Koch ist jemand, der Essen zubereitet.
   e) Eine Medizinstudentin ist eine Frau, die Medizin studiert.

2. b) ..., der treu ist. c) ..., die mit ihm auf den Fußballplatz geht. d) ..., die viel Humor hat. e) ..., auf den sie sich verlassen kann. f) ..., für den sie nicht waschen und bügeln muss. g) ..., der er vertraut. h) ..., mit der er fünf Kinder haben kann.

3. b) die c) die d) den e) der

4. (b) denen (c) der (d) denen (e) dem

5. b) Die Maus ist in eine Falle gegangen, die mit Speck präpariert war. / ... Falle, die mit Speck präpariert war, gegangen. c) In unserem Gelände gibt es Pinguine, die frei herumlaufen. d) Der Eisbär, der ausgebrochen war [Plusquamperfekt], ist wieder eingefangen. e) Unsere Nachbarn haben einen Tiger, der im Gartenhaus lebt. f) Der Pudel, der frisch gebadet war, legte sich in der Werkstatt auf den schmutzigen Boden.

Seite 171
Relativsatz mit *wo, wohin, woher / was und wo(r)- / wer, was, wen, wem*

1. b) Hast du alles verstanden, was du gelesen hast? c) Hast du alles mitbekommen, was die Lehrerin erklärt hat? d) Hast du alles verbessert, was du falsch gemacht hast? e) Hast du alles notiert, was der Lehrer diktiert hat?

2. (b) was (c) wo (d) was (e) wo (f) was (g) was (h) wo/wohin (i) Was (j) Wer

3. b) In der Nähe eines Waldes, wo / in dem man gut spazieren gehen kann. c) In dem Fischerdorf Greetsiel, wo / in dem es keine modernen Hotelanlagen gibt. d) In Gmünd, wo sich die Leute noch mit Namen kennen. e) Im Allgäuer Land, wo die Menschen noch natürlich und freundlich sind. f) Auf der Insel Spiekeroog, wo / auf der keine Autos fahren dürfen. g) In der Nähe eines Fitnesscenters, wo / in dem man bis spätabends trainieren kann.

4. b) ..., worüber ich sehr erstaunt war. c) ..., woran sicher auch ihr Beruf als Köchin schuld ist. d) ..., worüber wir uns sehr gefreut haben e) ..., worauf wir alle gewartet haben.

5. b) ..., wovon ... c) ..., worauf ... d) ..., womit ... e) ..., worauf ... f) ..., worüber ...

Seite 173
Zweiteilige Konnektoren

1. (b) sondern (c) auch (d) und (e) und/sowie (f) nicht nur (g) sondern (h) auch (i) und (j) sowohl / nicht nur (k) als auch / sondern auch (l) sowohl / nicht nur (m) und (n) als auch / sondern auch (o) und

2. (b) noch (c) sowohl (d) als auch (e) nicht nur (f) sondern auch

3. Sowohl Mozart als auch Schubert sind in Österreich geboren. Maria Theresia und Queen Victoria waren Königinnen. Sowohl Maria Theresia als auch Victoria waren glücklich verheiratet. Sowohl Maria Theresia als auch Victoria hatten viele Kinder. Nicht nur Maria Theresia, sondern auch Victoria hatte ein großes Reich zu regieren. Weder Victoria noch Maria Theresia waren langweilige Personen.
Sowohl Goethe als auch Hesse waren Dichter. Sowohl Goethe als auch Hesse haben sich für fremde Kulturen interessiert. Nicht nur Goethe, sondern auch Hesse hat große Reisen unternommen. Beide haben sich sowohl für fremde Kulturen interessiert als auch große Reisen unternommen. Weder Goethe noch Hesse waren arme Poeten. Sowohl Aschenputtel als auch Schneewittchen sind Märchenfiguren. Nicht nur Aschenputtel, sondern auch Schneewittchen hatte eine böse Stiefmutter. Über Aschenputtel und Schneewittchen hat Walt Disney einen Film gemacht. / Walt Disney hat sowohl über Aschenputtel als auch über Schneewittchen einen Film gemacht. Die beiden hatten weder eine glückliche Kindheit noch haben sie Hilfe von ihren Vätern erhalten.

Seite 175
Temporalsatz: gleichzeitig (1)

1. Sie war 23, als sie das Erste Staatsexamen machte. Sie war 25, als sie das Zweite Staatsexamen machte. Sie war 26, als sie heiratete. Sie war 28, als sie das erste Kind bekam. Sie war 31, als sie wieder in den Beruf einstieg / eingestiegen ist.

2. b) Wann hast du den Schlüssel vermisst? – Erst als ich die Wohnungstür aufschließen wollte. c) Wann hast du die Brieftasche vermisst? – Erst als ich den Ausweis rausnehmen wollte. d) Wann hast du die Kamera vermisst? – Erst als ich die neue Chipkarte einlegen wollte. e) Wann hast du die EC-Karte vermisst? – Erst als ich an der Kasse war.

3. b) Wann schaffst du dir endlich ein gutes Wörterbuch an? – Erst wenn ich in der Mittelstufe bin.

LÖSUNGSSCHLÜSSEL

c) Wann schaffst du dir endlich einen neuen Computer an? – Erst wenn ich mein neues Arbeitszimmer einrichte. d) Wann schaffst du dir endlich ein digitales Radio an? – Erst wenn das alte kaputt ist.

4   b) Als wir gestern am Flughafen ankamen, war die Maschine schon weg. c) Immer wenn ich zu früh zum Flughafen kam, hatte das Flugzeug Verspätung. d) Als Frau Huber ihren Pass vorzeigen wollte, fand sie ihn nicht in ihrer Handtasche. e) Immer wenn / Wenn ich verreist war, sind meine Pflanzen zu Hause (immer) vertrocknet.

5   b) Als Hermann im ersten Lebensjahr untersucht wurde, waren die Ärzte besorgt. c) Als er 18 Monate alt war, wog er so viel wie andere Kinder in diesem Alter. d) Als er zwei Jahre alt war, konnte er bereits ganze Sätze sprechen. e) Als er eingeschult wurde, / Als er in die Schule kam, sah man kaum noch Unterschiede zu seinen Mitschülern.

6   b) Mit sechs Jahren kam ich in die erste Klasse. c) Bei schönem Wetter machte unser Lehrer immer Ausflüge mit uns statt Unterricht. d) An meinem ersten Schultag bekam ich eine Schultüte mit Süßigkeiten, die größer war als ich. e) In meinen ersten Sommerferien fuhren meine Eltern mit mir nach Italien. f) Beim späteren Wechsel aufs Gymnasium war ich todtraurig. g) Bei meinem ersten Test dort war ich ziemlich nervös.

Seite 176/177
Temporalsatz: gleichzeitig (2)

1   b) Bitte schalten Sie die elektronischen Geräte aus, während das Flugzeug landet. c) Bitte machen Sie keinen Lärm, während die Nachbarn Mittagspause machen. d) Bitte sprechen Sie nicht, während die Vorstellung läuft.

2   (b) seit/seitdem (c) Bis (d) Seit/Seitdem (e) seit (f) bis (g) bis (h) Bis

3   b) Solange Barbara noch studiert, kann sie mit ihrem Studentenausweis viel Geld sparen. Den Ausweis kann sie behalten, bis sie das Studium beendet hat. c) Solange Dennis noch keinen festen Job hat, wohnt er bei seinen Eltern. d) Solange Evelyns Kinder zur Schule gehen, bleibt die Familie in diesem Stadtteil. Mit dem Umzug wartet sie, bis die Kinder die Schule wechseln.

4   b) Bis die Tarifverhandlungen abgeschlossen sind, bleiben die Unternehmer vorsichtig. c) Seit(dem) die Inflationsrate angestiegen ist, ist die Kaufkraft bei vielen Bürgern gesunken. d) Bis die Staatsschulden zurückgegangen sind / zurückgehen, bleiben die Aussichten schlecht. e) Bis die Steuergesetze reformiert sind, halten sich die Investoren zurück.

5   Die Festnahme erfolgte während eines Aufenthalts von Giuseppe P. in der Toskana. Die Polizei suchte den Mafiaboss seit seinem Ausbruch aus dem Gefängnis / Gefängnisausbruch. Bis zu dem Tipp mit dem Familienfest tappte die Polizei im Dunkeln. Giuseppe P. versuchte während der Durchsuchung der Wohnung / Wohnungsdurchsuchung zu fliehen. „Während des Grillens ist mein Mann immer ganz friedlich!", versicherte seine Ehefrau. Seit der Verhaftung von Giuseppe P. ist der Drogenhandel in der Gegend – allerdings nur leicht – zurückgegangen. Es werden viele Jahre bis zur erneuten Freilassung von Giuseppe P. vergehen.

Seite 178/179
Temporalsatz: nicht gleichzeitig

1   b) Bevor/Ehe ich den Bus nehme, kaufe ich noch rasch etwas für das Abendessen ein. c) Bevor/Ehe ich mich fertig mache, lese ich die Zeitung. d) Bevor/Ehe ich aufräume, gebe ich den Fischen noch etwas zu fressen.

2   b) Ich ziehe hier aus, sobald ich eine neue Wohnung gefunden habe. c) Ich rufe bei Freunden an, sobald ich die Hausaufgaben gemacht habe. d) Wir können essen, sobald der Tisch gedeckt ist. e) Wir gehen nach Hause, sobald die Schule aus ist. f) Wir zahlen, sobald die Rechnung geschrieben ist. g) Wir frühstücken, sobald wir Gymnastik gemacht haben.

3   b) Nachdem Sie fünf Jahre studiert hatte, legte sie das Erste Staatsexamen ab. c) Nachdem sie das Staatsexamen gemacht hatte, begann sie die Referendarausbildung an einer Schule. d) Nachdem sie die Referendarausbildung beendet hatte, machte sie das Zweite Staatsexamen. e) Nachdem sie die Ausbildung beendet hatte, heiratete sie. f) Nachdem sie zwei Jahre verheiratet war, bekam sie das erste Kind.

4   (b) Nachdem (c) Bevor (d) Bevor (e) nachdem (f) Bevor

5   b) Vor Baubeginn / Vor (dem) Beginn der Bauarbeiten mussten die Müllers zunächst ein passendes Grundstück finden. c) Gleich nach dem Kauf des Baugrunds gingen sie mit ihren Plänen zum Architekten. d) Nach (der) Fertigstellung des

LÖSUNGSSCHLÜSSEL

Rohbaus begannen sie mit der Planung der Inneneinrichtung. e) Vor dem Umzug mussten sie allerdings noch mit vielen Schwierigkeiten kämpfen. f) Nach den schlimmsten Katastrophen feierten die Müllers mit ihren Freunden in der alten Wohnung eine wilde Abschiedsparty!

Seite 181
Kausalsatz

1. b) Weil ich den ganzen Nachmittag Kopfschmerzen hatte. c) Weil ich erschöpft war und vor Müdigkeit eingeschlafen bin. d) Weil mein Füller plötzlich nicht mehr funktioniert hat. e) Weil mein Freund meine Schultasche versteckt hat. f) Weil mein Hund das Aufgabenblatt gefressen hat.

2. b) A c) B

3. b) Weil/Da Doro unbedingt bessere Noten braucht, lernt sie täglich drei Stunden. c) Sandra übt täglich noch mehr, weil/da sie nicht mehr so gute Noten hat. d) Weil/Da Dennis' neue Lehrerin so wenig Hausaufgaben aufgibt, findet er sie super. e) Weil/Da Nico sich nicht konzentrieren kann, ist er durch die Prüfung gefallen. f) Latein ist Kims Lieblingsfach, weil/da sie da etwas über die alten Römer erfährt. g) Weil/Da die Eltern an die Zukunft ihrer Kinder denken, sind ihnen Schulerfolge sehr wichtig.

4. b) Wegen/Aufgrund eines Stipendiums kann Isabella einen Deutschkurs in Österreich besuchen. c) Wegen/Aufgrund eines hervorragenden Zeugnisses kann Sofia studieren, was sie möchte. d) Wegen/Aufgrund ihrer schlechten Noten kann Amelie nicht Medizin studieren. e) Wegen/Aufgrund großer Probleme mit einem Lehrer hat Tobias die Schule verlassen. f) Wegen/Aufgrund akuten Schülermangels wird die Schule in unserem Dorf geschlossen.

5. b) Vor Wut. c) Aus Interesse. d) Wegen ihrer Eltern. e) Vor Langeweile. f) Wegen der vielen Mücken. g) Aus Angst vor der Maus.

Seite 183
Konditionalsatz (1)

1. b) Sie brauchen Kontaktlinsen, wenn Sie die Brille beim Joggen stört. c) Sie brauchen einen WLAN-Router, wenn Sie im ganzen Haus im Internet surfen (können) wollen. d) Sie brauchen ein Smartphone, wenn Sie außer Haus E-Mails empfangen wollen. e) Sie brauchen einen stärkeren Computer, wenn Sie moderne Computerspiele ausprobieren wollen. f) Sie brauchen einen besseren Wecker, wenn Sie pünktlich zur Arbeit kommen wollen. g) Sie brauchen einen Online-Videorekorder, wenn Sie Fernsehsendungen aufzeichnen wollen.

2. b) Stört Sie die Brille beim Joggen, brauchen Sie Kontaktlinsen. c) Wollen Sie im ganzen Haus im Internet surfen (können), brauchen Sie einen WLAN-Router. d) Wollen Sie außer Haus E-Mails empfangen, brauchen Sie ein Smartphone. e) Wollen Sie moderne Computerspiele ausprobieren, brauchen Sie einen stärkeren Computer. f) Wollen Sie pünktlich zur Arbeit kommen, brauchen Sie einen besseren Wecker. g) Wollen Sie Fernsehsendungen aufzeichnen, brauchen Sie einen Online-Videorekorder.

3. b) Wenn/Falls der Strom ausfällt, benutze ich eine Taschenlampe. c) Wenn/Falls unerwartet Gäste kommen, serviere ich Getränke. d) Wenn/Falls ich auf der Straße einen alten Klassenkameraden treffe, verabrede ich ein Treffen. e) Wenn/Falls ich nichts zu Hause habe und die Geschäfte in der Nähe geschlossen sind, fahre ich zu einer Tankstelle.

4. b) Wenn/Falls es heute noch schneit, … / Schneit es heute noch, … c) Wenn/Falls das Wetter schlecht ist, gehen … / Ist das Wetter schlecht, gehen … / Sollte das Wetter schlecht sein, gehen … d) Wenn/Falls der Pullover nicht warm genug ist, … / Ist der Pullover nicht warm genug, … e) Wenn/Falls Sie in der Nacht frieren, … / Frieren Sie in der Nacht, …

5. b) … je nachdem, wann die Teilnehmer Zeit haben. c) …, je nachdem, wie viel Zeit man investieren will. d) …, je nachdem, welchen Beruf man hat.

6. b) Unter der Voraussetzung einer sicheren Finanzierung genehmigen wir das Projekt. c) Unter der Voraussetzung eines stabilen Eurokurses exportieren wir unsere Waren. d) Das Unternehmen investiert in neue Anlagen unter der Voraussetzung einer sich verbessernden Konjunktur. / Unter der der Voraussetzung einer sich verbessernden Konjunktur investiert das Unternehmen in neue Anlagen.

Seite 185
Konditionalsatz (2)

1. b) … auf, sonst darfst du nicht schwimmen gehen. c) … Hände, sonst bekommst du kein Abendessen. d) … an, sonst erkältest du dich. e) … Krach, sonst beschweren sich die Nachbarn wieder. f) … Schwester, sonst bin ich nicht nett zu dir.

2. b) Der Direktor muss es erlauben, sonst haben die Kinder nicht „hitzefrei". c) Der Trainer muss uns

LÖSUNGSSCHLÜSSEL

unterstützen, sonst können wir das Rennen nicht gewinnen. d) Der Eigentümer muss zustimmen, sonst kann man die Haustür nicht neu streichen. e) Sie müssen das Passwort ändern, sonst ist Ihr E-Mail-Account nicht geschützt.

3 b) Ohne Erlaubnis des Direktors haben die Kinder nicht „hitzefrei". c) Ohne Unterstützung des Trainers können wir das Rennen nicht gewinnen. d) Ohne Zustimmung des Eigentümers kann man die Haustür nicht neu streichen. e) Ohne Änderung des Passworts ist Ihr E-Mail-Account nicht geschützt.

4 b) Ich besuche dich heute Abend, es sei denn, ich muss noch arbeiten. c) Martha will ein neues Rezept ausprobieren, es sei denn, sie bekommt die Zutaten nicht. d) Robert macht eine Geburtstagsparty, es sei denn, seine Freundin ist nicht einverstanden. e) Nico kommt morgen mit ins Kino, es sei denn, dass seine Eltern ihn plötzlich besuchen. f) Anna und Paul machen am Wochenende eine Wanderung, es sei denn, dass es regnet. g) Tobias will am Samstag zum Segeln gehen, es sei denn, dass es keinen Wind gibt.

5 b) Ich besuche dich heute Abend, außer wenn ich noch arbeiten muss. c) Martha will ein neues Rezept ausprobieren, außer wenn sie die Zutaten nicht bekommt. d) Robert macht eine Geburtstagsparty, außer wenn seine Freundin nicht einverstanden ist. e) Nico kommt morgen mit ins Kino, außer seine Eltern besuchen ihn plötzlich. f) Anna und Paul machen am Wochenende eine Wanderung, außer es regnet. g) Tobias will am Samstag zum Segeln gehen, außer es gibt keinen Wind.

6 b) Ich finde Marias neues Kleid wirklich hübsch, außer dass es ihr zu eng ist. c) Ich halte Alex wirklich für einen netten Kerl, außer dass er sehr empfindlich ist. d) Ich denke, Evas neue Wohnung ist gar nicht so schlecht, außer dass sie viel zu klein ist. e) Unsere neuen Nachbarn scheinen ganz sympathisch zu sein, nur dass ihr Hund dauernd bellt. f) Wir können mit unserem Sohn ganz zufrieden sein, nur dass er abends zu oft weggeht. g) Ich habe dich wirklich sehr lieb, Tanja, nur dass du immerzu alles kritisieren musst.

Seite 187
Finalsatz

1 b) … Büro, um das Fahrgeld für den Bus zu sparen. c) … Sonderangebote, um bloß kein Geld zu verschwenden. d) Um Strom zu sparen, dreht er nie … e) … Notizen, um nicht so viel Papier zu verbrauchen. f) … 120 Kilometer, um Benzin zu sparen. g) Um weniger Steuern zu zahlen, hat er neulich geheiratet.

2 c) Was Ärzte alles tun, um Leben zu retten. d) Was Frauen alles tun, um schön zu sein. e) Was Männer alles tun, um einen muskulösen Körper zu bekommen. f) Was Mütter alles tun, damit ihre Kinder genug Schlaf bekommen. g) Was Regierungen alles tun, um die Arbeitslosigkeit zu bekämpfen. h) Was Schüler alles tun, damit ihnen die Lehrer weniger Hausaufgaben aufgeben.

3 c) Manchmal lerne ich kurze Texte auswendig, um mir neue Sätze zu merken. d) Ich schreibe übersichtlicher, um meine Notizen besser lesen zu können. e) Ich lerne täglich zehn neue Wörter, damit mein Wortschatz rasch wächst. f) Ich übe jeden Tag eine Viertelstunde, damit das Lernen nicht zu anstrengend wird.

4 b) Für (den) schulischen Erfolg ihrer Kinder tun manche Eltern einfach alles. c) Zur richtigen Einschätzung der Begabung der Kinder muss ein Fragebogen ausgefüllt werden. d) Zur Finanzierung des Aufenthalts werden auch Stipendien vergeben. e) Für ihre Selbstständigkeit / Zum Selbstständig-Werden brauchen manche Kinder einen gewissen Abstand von zu Hause. f) Zur Verbesserung der Fremdsprachenkenntnisse besucht man am besten ein internationales Internat. g) Die älteren Schüler leiten verschiedene Projekte zur Wahrnehmung von Verantwortung. h) Für gute Noten brauchen manche Schüler Nachhilfe. i) Für das Bestehen der Abschlussprüfung muss man viel lernen, denn diese Prüfung erfordert umfangreiches Wissen.

Seite 188/189
Konsekutivsatz

1 b) … ein Zeh so weh, dass er keinen Schuh mehr anziehen wollte. c) … Bein so hart gegen etwas, dass es ganz blau wurde. d) … ein derartiges Spannungsgefühl in der Brust, dass er nicht mehr richtig durchatmen konnte. e) … waren derartig verspannt, dass er nicht länger als eine Stunde am Schreibtisch arbeiten konnte.

LÖSUNGSSCHLÜSSEL

2 b) Die neue Lehrerin gibt wenig Hausaufgaben auf. Deswegen findet Dennis sie super. / Dennis findet sie deswegen super. c) Jana braucht unbedingt bessere Noten. Darum lernt sie täglich drei Stunden. / Sie lernt darum drei Stunden täglich. e) Nico hat letzte Nacht nur fünf Stunden geschlafen. Deshalb kann er sich nicht konzentrieren. / Er kann sich deshalb nicht konzentrieren. f) Sandra übt nicht mehr täglich. Folglich hat sie nicht mehr so gute Noten. / Sie hat folglich nicht mehr so gute Noten.
(jeweils möglich: deswegen/deshalb/darum/folglich/also/infolgedessen)

3 b) Ich habe wenig verdient, sodass ich kein neues Auto kaufen kann. Ich habe so wenig verdient, dass ich kein neues Auto kaufen kann. c) Ich hatte gestern hohes Fieber, sodass ich nicht in den Kurs kommen konnte. Ich hatte gestern so hohes Fieber, dass ich nicht in den Kurs kommen konnte. d) Ich bin etwas schüchtern, sodass ich eine Selbsterfahrungsgruppe besuche. Ich bin so schüchtern, dass ich eine Selbsterfahrungsgruppe besuche. e) Ich bin heute schlecht gelaunt, sodass ich keinen sehen möchte. Ich bin heute so schlecht gelaunt, dass ich keinen sehen möchte. f) Ich habe eine Gehaltserhöhung bekommen, sodass ich dich zum Essen einladen kann. g) Wir schreiben morgen einen Test, sodass ich heute lernen muss.

4 b) Sie war glücklich. Infolgedessen sah sie über vieles hinweg. c) Er war unglücklich. Er hatte infolgedessen oft schlechte Laune. d) Sie hatte Geldsorgen. Infolgedessen fühlte sie sich oft unter Druck. e) Er hatte wenig Geld. Er konnte sich infolgedessen kaum etwas leisten. f) Sie war kinderlos. Infolgedessen stürzte sie sich voll auf die Arbeit.

5 b) Einer aus dem Siegerteam des Vortages hatte einen Radschaden, folglich musste er aufgeben. c) Es gab ein Gewitter, folglich waren einige Straßen unpassierbar. d) Es gab einen Regen, die Straßen waren folglich sehr glatt. e) Der Sieger des letzten Rennens hatte eine Verletzung / war verletzt, er konnte folglich nicht mehr an den Start gehen.

6 b) Infolge der großen Kälte und der Feuchtigkeit im April verzögert sich die Erdbeerernte. c) Infolge des Frost(e)s sind auch viele Kirschblüten erfroren. d) Infolge der Abdeckung einiger Erdbeerfelder mit Folien gab es hier keine Frostschäden. e) Infolge der finanziellen Entschädigung haben manche Bauern einen kleinen Ausgleich für ihre Verluste.

Seite 190/191
Konzessivsatz

1 b) Obwohl sie viel Zucker enthält, trinke ich ab und zu eine Cola. / Sie enthält viel Zucker, trotzdem trinke ich ab und zu eine Cola. c) Obwohl es nicht gesund ist, verzichte ich nicht auf Salz. / Es ist nicht gesund, trotzdem verzichte ich nicht auf Salz. d) Obwohl ich viel Schokolade esse, bin ich nicht dick. / Ich esse viel Schokolade, trotzdem bin ich nicht dick. e) Obwohl Obst besser ist, knabbere ich zum Fernsehen lieber Kartoffelchips. / Obst ist besser, trotzdem knabbere ich zum Fernsehen lieber Kartoffelchips.

2 (b) Trotzdem (c) obwohl (d) trotzdem (e) Obwohl (f) trotzdem (g) obwohl (h) trotz (i) Trotzdem (j) Obwohl (k) Trotz

3 b) … Spielern, dennoch/trotzdem ist sie ein ernst zu nehmender Gegner. c) … eindeutig, dennoch/trotzdem gab der Schiedsrichter Elfmeter. d) … verloren, dennoch/trotzdem hat er noch eine Chance, ins Finale zu kommen. e) … gehört, dennoch/trotzdem sind sie mir immer noch nicht klar. f) … stark, dennoch/trotzdem wurden sie nie richtig gefährlich. g) … Schwächen, dennoch/trotzdem siegte am Ende unsere Mannschaft.

4 b) Trotz des geringen Freizeitangebots haben wir uns nicht gelangweilt. c) Trotz der horrenden Preise haben wir unser Budget nicht überschritten. d) Trotz des kühlen Wetters haben wir im Meer gebadet. e) Trotz des miserablen Essens habe ich zugenommen.

5 b) Trotz des Anstiegs der Preise / des Preisanstiegs / der gestiegenen Preise buchen viele Gäste einen Urlaub im Ferienclub. c) Ein Gast hat sich trotz der professionellen Durchführung der Aqua-Fit-Stunde beschwert. d) Trotz der perfekten Vorbereitung der Abendshow gab es Probleme mit der Musikanlage. e) Trotz ihrer Müdigkeit konnte die Aerobic-Trainerin lange nicht einschlafen. f) Markus wurde trotz seiner Qualifikation nicht zu einem Bewerbungsgespräch eingeladen.

Seite 193
Adversativsatz

1 c) Daniel interessiert sich nicht für Computerspiele, sondern surft lieber im Internet. d) Charlotte ist geschieden, aber/doch sie sieht ihren Ex-Mann regelmäßig. / sie sieht ihren Ex-Mann jedoch regelmäßig. e) Julius ist alleinerziehender Vater, aber/doch er beklagt sich nie. / er beklagt sich jedoch nie.

LÖSUNGSSCHLÜSSEL

2 b) Leute, die eine Wohnung besichtigen, haben oft kein echtes Interesse, sondern (sie) wollen nur die Preise vergleichen. c) Zum Besichtigungstermin war nicht der Vermieter gekommen, sondern der Mieter, der auszieht(, war da). d) Zu der Besichtigung bin ich nicht allein gegangen, sondern (ich) habe eine Freundin mitgenommen. e) Die Energiekosten zählen nicht zur Miete, sondern (die Energiekosten / sie zählen) zu den Nebenkosten.

3 b) Die Wohnung hat eine gute Lage, aber/doch die Straße ist sehr laut. / die Straße ist aber / doch ist die Straße sehr laut. c) Das Haus ist alt, aber/doch total renoviert. / doch ist es total renoviert. d) Die Wohnung hat einen Balkon, aber/doch sie ist sehr klein. / ist aber / doch ist sie sehr klein.

4 (b) Im Gegensatz zum (c) dagegen (d) während/wohingegen (e) dagegen (f) während/wohingegen

5 b) Im Unterschied zu vielen chinesischen Wohnungen sind die europäischen Wohnungen meistens nicht nach dem Harmonie-Prinzip „Feng Shui" eingerichtet. / Im Unterschied zu (den meisten) europäischen Wohnungen sind viele chinesischen Wohnungen nach dem Harmonie-Prinzip „Feng Shui" eingerichtet. c) Im Vergleich zu den Zimmern in Asien haben orientalische Zimmer oft eine prächtige Einrichtung. / Im Vergleich zu (den prächtig eingerichteten) orientalischen Zimmern sind die Zimmer in Asien eher minimalistisch ausgestattet. d) Im Gegensatz zu einem französischen Garten ist ein englischer Garten an der Natur orientiert. / Im Gegensatz zu einem (an der Natur orientierten) englischen Garten ist ein französischer Garten geometrisch angelegt.

Seite 195
Modalsatz

1 b) Ich erweitere meinen Wortschatz, indem / dadurch, dass ich die Vokabeln in ein Heft notiere. c) Ich lerne Grammatikregeln, indem / dadurch, dass ich die Regeln übersichtlich aufschreibe. d) Ich erarbeite den Lernstoff, indem ich Notizen farbig markiere und übersichtlich anordne. / Ich erarbeite den Lernstoff dadurch, dass ich Notizen … e) Ich bereite mich auf eine Prüfung vor, indem ich den Lernstoff zwei- bis dreimal wiederhole. / Ich bereite mich auf eine Prüfung dadurch vor, dass ich den Lernstoff …

2 b) Ich notiere Vokabeln in ein Heft. So / Auf diese Weise erweitere ich meinen Wortschatz. c) Ich schreibe die Regeln übersichtlich auf. So / Auf diese Weise lerne ich Grammatik. d) Ich markiere Notizen farbig und ordne sie übersichtlich an. So / Auf diese Weise bereite ich mich auf eine Prüfung vor. e) Ich wiederhole den Lernstoff zwei- bis dreimal. Auf diese Weise / So bereite ich mich auf eine Prüfung vor.

3 b) Peter läuft mit 46 Jahren noch Marathon, ohne täglich zu trainieren. c) Elfie arbeitet täglich bis zu zwölf Stunden, ohne dass der Betriebsrat sich darum kümmert. d) Karsten muss Überstunden machen, ohne dafür bezahlt zu werden / ohne dass man ihn dafür bezahlt. e) Erik macht manchmal Fehler, ohne dass sein Chef ihn kritisiert. f) Luise möchte ein paar Kilo loswerden, ohne hungern zu müssen / ohne dass sie hungern muss. g) Henry fährt am liebsten Fahrrad, ohne den Lenker festzuhalten / ohne dass er den Lenker festhält.

4 b) Man wirft alte Sachen weg, wodurch man Platz schafft. c) Man bringt im Flur Regale an, womit man zusätzliche Aufbewahrungsfläche erhält. d) Man kann ein Hochbett bauen, wodurch man in Kinderzimmern Raum gewinnt. e) Ein Schlafzimmer wird auch als Esszimmer genutzt, womit sich zusätzlicher Raum schaffen lässt. f) Man trennt den Schlafbereich mit einem Vorhang vom Essbereich ab, wodurch sich diese Idee realisieren lässt.

5 b) Durch das Wegwerfen alter Sachen schafft man Platz. c) Durch das Anbringen von Regalen im Flur erhält man zusätzliche Aufbewahrungsfläche. d) Durch den Bau eines Hochbetts kann man in vielen Kinderzimmern Raum gewinnen. e) Durch die Nutzung eines Schlafzimmers auch als Esszimmer lässt sich zusätzlicher Platz schaffen. f) Durch die Abtrennung des Schlafbereichs vom Essbereich lässt sich diese Idee realisieren.

6 b) (An)statt eines Opernbesuchs (Operngangs) sehen sich manche Leute die Aufführungen lieber online an. c) (An)statt einer langen Wanderung kommt bei dieser Hitze eher ein Besuch im Schwimmbad in Frage. d) (An)statt eines Wohnungskaufs / des Kaufs einer Wohnung, ist für die meisten Deutschen nur eine Mietwohnung bezahlbar. e) (An)statt einer Einkommenserhöhung entscheiden sich viele Arbeitnehmer bei Überstunden für einen Freizeitausgleich. f) (An)statt einer Reparatur kommt bei diesem Auto ein Gebrauchtwagenkauf günstiger. g) (An)statt einer Renovierung der alten Häuser hat der Stadtrat beschlossen, sie abzureißen. / Statt einer Renovierung der alten Häuser hat der Stadtrat den Abriss beschlossen.

LÖSUNGSSCHLÜSSEL

Seite 197
Verbalstil → Nominalstil

1. b) Mit guter Laune … c) Mit Konzentration … d) Bei Sonnenschein … e) Bei Regen … f) Ohne Ablenkung …

2. b) das Treffen der Manager / das Managertreffen c) die Kontrolle der Kosten / die Kostenkontrolle d) die Stiche der Mücken / die Mückenstiche e) die Abfahrt des Busses / die Busabfahrt f) der Schein des Mondes / der Mondschein

3. b) Der unerwartete Sieg des FC Bayern in der Champions League ist das Thema des Tages. c) Der schnelle Fall der Aktienkurse ist das Thema des Tages. d) Die Heirat des französischen Präsidenten ist das Thema des Tages. e) Der ständige Streit der Parteien / Der Parteienstreit ist das Thema des Tages. f) Das seltsame Verhalten des Eisbären im Zoo ist das Thema des Tages.

4. (b) Bericht (c) Aufwachen (d) Abhängigkeit (e) Aggressivität (f) Vernachlässigung (g) Anstieg (h) Hilfe (i) Organisation

Seite 199
Nominalstil → Verbalstil

1. Beispiele: b) Wenn es sehr heiß ist, esse ich ein Schokoladeneis. c) Wenn es plötzlich einen Regenschauer gibt / Wenn es plötzlich regnet, hole ich meinen Regenschirm heraus. d) Wenn mein Computer abstürzt, schimpfe ich auf den Hersteller der Software. e) Wenn der Film langweilig ist, schlafe ich ein bisschen. f) Wenn ich müde bin, gehe ich ins Bett. g) Wenn der Zug sich verspätet / Wenn sich der Zug verspätet / Wenn der Zug Verspätung hat / Wenn der Zug verspätet ankommt, ärgere ich mich. h) Wenn die Preise ansteigen, kaufe ich weniger ein. i) Wenn mein Freund umzieht, helfe ich ihm. j) Wenn ich unerwartet geküsst werde / Wenn jemand mich unerwartet küsst, werde ich rot.

2. b) Aktiv: Man lutscht ein Bonbon. Passiv: Ein Bonbon wird gelutscht. c) Aktiv: Man schluckt einen Teelöffel Zucker. Passiv: Ein Teelöffel Zucker wird geschluckt. d) Aktiv: Man löst Rechenaufgaben. Passiv: Rechenaufgaben werden gelöst. e) Aktiv: Man macht einen Handstand und trinkt gleichzeitig Wasser. Passiv: Ein Handstand wird gemacht und gleichzeitig wird Wasser getrunken. f) Aktiv: Man hält die Nase zu. Passiv: Die Nase wird zugehalten.

3. b) Wissenschaftler erforschen das Einkaufsverhalten. c) Das Verkaufspersonal berät die Frauen. d) Frauen nehmen Qualitätsmängel wahr. e) Die Männer konzentrieren sich auf elektronische Produkte. f) Die Männer erledigen den Einkauf schnell.

4. b) Wählen Sie die Sprache des Landes aus. c) Legen Sie die SIM-Karte ein. d) Entsperren Sie die SIM-Karte durch die Eingabe der PIN. / Geben Sie die PIN ein und entsperren Sie so die SIM-Karte. e) Stellen Sie eine WLAN- oder Mobilfunk-Verbindung her. f) Übertragen Sie Ihre alten Daten auf das neue Gerät. g) Aktivieren Sie die Gerätesperre zur Verhinderung eines Fremdzugriffs. / Aktivieren Sie die Gerätesperre und verhindern Sie so einen Fremdzugriff.

Seite 201
Rechtschreibung (1)

1. i oder ie?
b) der Tipp c) korrigieren d) die Liebe e) schwierig f) tief g) ziemlich h) Blitz

k oder ck?
a) backen b) der Balkon c) der Doktor d) drücken e) entdecken f) der Geschmack g) die Musik h) schick

ss oder ß?
a) Wie heißt du? b) Du solltest besser aufpassen. c) Die Straße kenne ich. d) Vergiss bitte deine Tasche nicht. e) Meine Eltern essen kein Fleisch. f) Sei doch nicht so fleißig. g) Herzliche Grüße aus dem Urlaub. h) Ich finde diese Stadt sehr hässlich. i) Meine Haare sind noch nass. j) Wir saßen auf einer Bank. k) Viel Spaß. l) Außerdem brauchen wir noch etwas zu trinken. m) Ich esse gern Süßigkeiten. n) Ich möchte mein Deutsch verbessern. o) Du bist schmutzig. Bleib bitte draußen.

2. b) großen Respekt einflößend c) geliehen bekommen d) spazieren gehen e) superschlau f) vorbei sein g) weglaufen h) weitergehen i) zurückkommen j) zusammenfassen

3. … gestern habe ich Deinen Brief bekommen und jetzt möchte ich Dir eine Antwort schreiben. Ich weiß (Schweiz: weiss), dass Du Dich für Autos interessierst. Ich habe am Sonntag von einem Bekannten ein gebrauchtes Auto gekauft. Ich habe es von ihm gekauft, weil ich gewusst habe, dass er es gut gepflegt hat. Das Auto ist in Ordnung. Nur die Farbe gefällt mir nicht, der Wagen ist rot. Aber die Farbe spielt ja keine Rolle. Ich brauche ein Auto, weil es von mir zu meinem

LÖSUNGSSCHLÜSSEL

Arbeitsplatz ziemlich weit <u>ist</u>. Mit dem Auto bin ich <u>schneller</u> und es ist <u>billiger</u> als mit öffentlichen Verkehrsmitteln. ...

Seite 202/203
Rechtschreibung (2)

1. b) R c) F, Nacht d) R e) F, Nachmittag f) R g) F, Morgen h) R i) R j) F, Olympischen

2. b) groß c) groß d) groß e) groß f) klein

3. <u>Zunächst</u> einmal ist wichtig, das <u>Richtige</u> zu üben. <u>Dazu</u> müssen <u>Sie</u> erkennen, was für <u>Sie</u> schwierig ist und wo <u>Sie Fehler</u> machen. <u>Manches</u>, was <u>Deutsche</u> häufig falsch machen, ist für <u>Menschen</u>, die <u>Deutsch</u> als <u>Fremdsprache</u> lernen, kein <u>Problem</u>. Üben <u>Sie</u> nur das, was für <u>Sie</u> schwierig ist. <u>Schauen Sie</u> sich doch einmal die <u>Texte</u> an, die <u>Sie</u> auf <u>Deutsch</u> bereits geschrieben haben. <u>Was</u> hat <u>Ihr Lehrer</u> oder Ihr muttersprachlicher <u>Freund</u> als <u>Fehler</u> markiert? Z. B. <u>Groß- und Kleinschreibung</u>, <u>Doppelkonsonanten</u>?

4. ...
Ich bestätige Ihnen den Besuchstermin am Mittwoch, den 25.03. in unserem Hause. Allerdings wäre es mir lieber, wenn Sie statt um 9 Uhr erst um 11 Uhr kommen könnten. Um diese Zeit mache ich Kaffeepause und kann mich dann in aller Ruhe mit Ihnen und Ihren Kollegen unterhalten. ...

5. ...
Gestern ~~v~~Vormittag kam unser Chef wieder mit einer Liste an, was er noch alles braucht. Ich soll jetzt auch noch eine Bestellung machen und zwar bis heute ~~a~~Abend. Außerdem soll ich ihm bis morgen früh einen Text ins ~~d~~Deutsche übersetzen. Und unser Herr Weiß aus der Buchhaltung nervt die ganze Abteilung mit seiner spanischen Musik, die er sich von ~~M~~morgens bis ~~A~~abends anhört. Stell Dir vor, er hat doch glatt heute ~~m~~Morgen einen Termin mit einem von der Musikhochschule auf ~~s~~Spanisch vereinbart! Außerdem musste ich ihm eine Karte für ein Konzert morgen ~~a~~Abend bestellen. ...

Seite 205
Zeichensetzung

1. Sehr geehrter Herr <u>Tremel</u>,
vielen Dank für Ihre Anfrage über eine Sammelbestellung an DVD-Abspielgeräten. Wir freuen <u>uns</u>, Ihnen mitteilen zu <u>können</u>, dass wir Ihnen zur Zeit besondere Konditionen einräumen können. Auf jede <u>Bestellung</u>, die uns vor dem Monatsende <u>erreicht</u>, geben wir Ihnen einen Sonderrabatt von <u>5 %</u>. Für weitere Auskünfte stehen wir Ihnen gerne zur <u>Verfügung</u>.
Mit freundlichen Grüßen
Ihre
A&B-Export
<u>PS:</u> Kennen Sie bereits unsere neue <u>Website</u>? Schauen Sie doch mal rein <u>unter</u>: www.A+B@Export.com

Mannheim, im Juni 20--
Sehr geehrte Damen und <u>Herren</u>,
herzlichen <u>Glückwunsch</u>! Ihr Institut wurde für die zweite Ausgabe unseres Führers der weltbesten Sprachschulen <u>ausgewählt</u>. Unser <u>5-köpfiges</u> Team hat letzte Woche eine umfassende Auswertung von über 120 Schulen in der ganzen Welt <u>beendet</u>, die in der ersten Ausgabe unseres Führers nicht verzeichnet <u>waren</u>. Wir freuen uns <u>sehr</u>, Ihnen mitteilen zu <u>können</u>, dass Ihre Kurse unseren überaus strengen Kriterien entsprechen und dass Ihr Unternehmen in der Kategorie Deutschlernen an erster Stelle rangiert. Als kleine Anerkennung legen wir Ihnen ein <u>T-Shirt</u> mit unserem Logo bei.

2. Liebe Johanna,
vielen Dank für Deine <u>Nachricht</u>, über die ich mich total gefreut habe. Ich bin so <u>beschäftigt</u>, dass ich kaum Zeit für meine Mails finde. D. h., mein Postkasten läuft schon über! Sei mir also nicht <u>böse</u>, wenn ich erst jetzt antworte. Dein <u>Plan</u>, einen Schauspielkurs zu <u>besuchen</u>, hat mich nicht sehr überrascht. Jetzt kannst Du endlich Deinen langweiligen Job an den Nagel hängen und einen sehr interessanten Beruf ergreifen. Ich erinnere <u>mich</u>, wie oft Du gesagt <u>hast</u>, dass Deine Arbeit Dich zu Tode langweilt. Nachdem Du von Deiner Oma Geld geerbt hast, gibt es für Dich keine finanziellen Probleme mehr. Du kannst also machen, was Du willst. Denk aber bitte <u>daran</u>: Irgendwann ist die Erbschaft aufgebraucht, und dann musst Du von Deiner Arbeit leben können. Schauspielerjobs wachsen nicht auf den Bäumen. Wenn Du Zeit <u>hast</u>, ruf mich <u>an</u>, damit wir uns verabreden können.
Liebe Grüße
Dein Sam

Hueber www.hueber.de

2 König Johann im Glück – Formulieren Sie das folgende Märchen im Präteritum.

König Johann ist ein mächtiger Mann. In seinem Land leben 30 Millionen Menschen. Aber all seine Macht und sein Reichtum bringen ihm kein Glück. Er fühlt sich einsam, und die Leute an seinem Hof beginnen, sich Sorgen zu machen. Doch eines Tages rettet ihn seine Hofköchin Fanni aus seiner Depression. Sie versucht, durch ständig neue Knödel-Rezepte die Laune des Königs zu verbessern. Jeden Abend bis spät in die Nacht studiert sie deswegen Kochbücher. Als man dem König eines Tages ihre neueste Kreation, einen Spinat-Pilz-Knödel mit 20 cm Durchmesser, bringt, weiß er, dass sein Leben wieder einen Sinn hat. Obwohl er nach dem Essen des riesigen Knödels kaum noch sitzen kann, lässt er die Hofköchin kommen. König Johann verliebt sich sofort in sie. „Meine Knödel-Königin" nennt er sie satt lächelnd. Bald darauf macht er ihr einen Heiratsantrag. Sie will zuerst nicht, da sie bereits verlobt ist, aber als man sie mit lebenslangem Reichtum lockt, stimmt sie zu.

König Johann war ein mächtiger Mann. In seinem Land …

3 Unheimliche Begegnung – Formulieren Sie die mündliche Aussage eines Zeugen als schriftlichen Bericht. Ersetzen Sie dabei das Perfekt durch das Präteritum. Beachten Sie den Wechsel der Perspektive.

„Ich bin gerade aus dem Restaurant gekommen, da habe ich gesehen, wie ein Bagger auf den Parkplatz gefahren ist. Er hat dabei mehrere Autos beschädigt, auch mein Auto. Dann hat der Bagger endlich angehalten. Aus dem Fahrzeug ist ein junger Mann gestiegen. Als ich versucht habe, ihn festzuhalten, hat der Mann etwas von „persönlichen Problemen" erzählt. Er ist dann freiwillig stehen geblieben und hat mich gebeten, nichts davon seiner Freundin zu erzählen. Der Mann hat einen sehr verwirrten Eindruck auf mich gemacht. Ich habe dann über mein Handy die Polizei angerufen, die nach etwa 10 Minuten gekommen ist."

Der Zeuge kam gerade aus dem Restaurant, als er …

4 Bett-Rekord – Ergänzen Sie die Verben im Präteritum.

berühren • drehen • drücken • gehen • haben • lassen • liegen • ~~sein~~ • wählen • wechseln

Belgier dreht sich 120 000 Mal im Bett um

Brüssel – Der Postangestellte Walter Franck hat sich 120 000 Mal im Bett umgedreht, um damit ins Guinnessbuch der Rekorde zu kommen. Die Bewegung (a) _war_ einfach: Der Rekordkandidat (b) _____ auf dem Rücken und (c) _____ sich dann zur Seite, (d) _____ mit der Nase die Matratze und (e) _____ wieder in die ursprüngliche Position. Franck (f) _____ für seine spektakuläre Aktion nicht sein eigenes Bett. Er (g) _____ stattdessen eine Liege im Hinterzimmer seiner Stammkneipe aufstellen, denn dort (h) _____ er das richtige Publikum für seine sportliche Höchstleistung. Alle seine Freunde (i) _____ ihm die Daumen. Der Rekordversuch (j) _____ an diesem Dienstag erfolgreich zu Ende.

VERBEN

6.4 PLUSQUAMPERFEKT

Warum hatte Maria Wolfgang betrogen?

1 Funktion

Nachdem Wolfgang die Wahrheit über Maria erfahren hatte, weinte er. Er konnte es immer noch nicht glauben. Nie zuvor war er einer solchen Frau begegnet. Aber nachdem er so behandelt worden war, konnte er nicht länger mit ihr zusammen sein. Alles, was sie mir erzählt hatte, ging mir noch einmal durch den Kopf.	Tempus der Vorzeitigkeit gegenüber dem Präteritum/Perfekt

2 Formen

Präteritum von *haben/sein* + Partizip II

ich	hatte		war	
du	hattest		warst	
er/sie/es	hatte	gearbeitet	war	gefahren
wir	hatten		waren	
ihr	hattet		wart	
sie/Sie	hatten		waren	

Welche Verben das Plusquamperfekt mit *haben* und welche mit *sein* bilden → s. Seite 88; Passiv → s. Seite 124

ÜBUNGEN

1 Gerade noch mal gut gegangen! – Unterstreichen Sie die Verben. In welchem Tempus stehen sie hier?

Vorhang explodiert in Waschmaschine

Köln – Damit (a) hatte die Hausfrau nicht gerechnet: Eine Nacht lang (b) hängte sie einen Duschvorhang zum Lüften vor ihre Wohnung, nachdem sie ihn mit Waschbenzin (c) gereinigt hatte. Trotzdem (d) gab es eine Explosion, als sie den Vorhang in der Maschine (e) wusch. Drei Wände (f) wurden verschoben, es (g) entstand ein Sachschaden von 20 000 Euro. „Ich (h) habe meinen Augen nicht getraut, als ich die Verwüstung (i) gesehen habe", (j) sagte die Frau. (k) Verletzt wurde niemand. Die Kriminalpolizei (l) glaubt, dass sich die explosiven Reste am Vorhang durch die Minusgrade während der Nacht nicht komplett (m) verflüchtigt hatten.

Polizei belohnt spontane Hilfe

Frankfurt – Er (n) hatte durch seine spontane Hilfe eine Frau vor einem Raubüberfall bewahrt. Dafür (o) wurde ein 52-jähriger slowenischer Busfahrer jetzt vom Polizeipräsidium mit 200 Euro belohnt. Der Mann (p) hatte Anfang November beim Heimweg von der Arbeit Geräusche und Hilferufe aus einer Einfahrt gehört. Dort (q) versuchte gerade ein Unbekannter, eine 30-jährige Frau auszurauben, die sich heftig (r) wehrte. Der Täter (s) stieß auf der Flucht mit dem Busfahrer zusammen. Dabei (t) erlitt der Slowene eine Knieverletzung. „Aber das (u) macht nichts. Hauptsache, man (v) hat den Täter gefasst!"

a) Plusquamperfekt
b) Präter...
c) ...

2 „Jurassic Parc" – Ergänzen Sie die Verben im angegebenen Tempus.

Dino-Park in Argentinien entdeckt

Buenos Aires – In Argentinien (a) [entdecken; Perf.] Wissenschaftler einen etwa 150 Millionen Jahre alten Dinosaurier-Friedhof mit versteinerten Knochen. „Von einem Dinosaurier (b) [sein; Präs.] fast das vollständige Skelett erhalten", (c) [berichten; Prät.] einer der dort tätigen Wissenschaftler. Die Nachrichtenagentur ANA (d) [schreiben; Prät.] von einem „Jurassic Parc" in Patagonien. Paläontologen (e) [hoffen; Plusq.] seit Langem, eine Lücke in der Forschung schließen zu können. Argentinien (f) [sich erweisen; Präs.] immer mehr als einer der wichtigsten Fundorte der Paläontologie: Erst vor einem Jahr (g) [finden; Plusq. Passiv] die Überreste des längsten bekannten Dinosauriers. Der pflanzenfressende Riese (h) [kommen; Präs.] auf eine Länge von 48 bis 59 Metern. Bauarbeiter (i) [geben; Plusq.] entsprechende Hinweise. Im Jahr zuvor (j) [finden; Plusq.] Forscher in Patagonien bereits Überreste des vermutlich größten fleischfressenden Dinos. „An der neuen Fundstätte (k) [ausgraben; Perf. Passiv] auch Versteinerungen von Schildkröten, Flugechsen und sogar einem Säugetier", (l) [mitteilen; Prät.] der Wissenschaftler.

In Argentinien haben Wissenschaftler einen etwa 150 Millionen Jahre alten Dinosaurier-Friedhof mit versteinerten Knochen entdeckt.

3 So ein Pech! – Ergänzen Sie die Verben im Präteritum und Plusquamperfekt.

London – Den Rekord der kürzesten Ehe halten John und Margaret D. Ihr „Bund fürs Leben" (a) _dauerte_ [dauern] nur 52 Minuten, nachdem sie bereits über ein Jahr (b) _____ _____ [zusammenleben]. Bereits an der Hochzeitstafel (c) _____ _____ [geraten] die beiden in einen lautstarken Streit über das Ziel ihrer Flitterwochen. Nachdem der frisch gebackene Ehemann die Hochzeitstorte auf die Braut (d) _____ [werfen] und ohne ein Wort (e) _____ _____ [gehen], (f) _____ [werden] die Ehe noch am selben Tag geschieden.

Würzburg – Nachdem er beruflich nur Fehlschläge (g) _____ [erleben], (h) _____ [sollen] es wenigstens einmal klappen: Dieter B. (i) _____ [planen] einen Postraub. Doch auch diesmal mit bescheidenem Erfolg: Nachdem er der Postangestellten einen Zettel mit der Aufschrift „Dies ist ein Raubüberfall" (j) _____ [hinlegen], (k) _____ [erklären] ihm diese, dass sie das nichts angehe, weil sie dafür nicht zuständig sei. Entnervt (l) _____ [aufgeben] Dieter B. seinen Plan wieder _____.

4 Armer Anton – Formulieren Sie *nachdem*-Sätze im Plusquamperfekt und den Hauptsatz jeweils im Präteritum.

a) er – die Nacht zuvor – schlecht schlafen | sein – er – heute Morgen – sehr müde
   Nachdem er die Nacht zuvor schlecht geschlafen hatte, war er heute Morgen sehr müde.
b) er – einen Anruf seiner kranken Mutter – erhalten | nicht gehen können – er – ins Kino
c) sein Kollege – krank werden | übernehmen müssen – er – dessen Arbeit – auch noch
d) er – sein Auto – von der Reparatur – abholen | kaputtgehen – es – gleich wieder
e) er – die Verabredung mit seiner Freundin – vergessen | warten – sie – umsonst
f) deswegen – Streit mit ihr – geben + es | er – gehen – zu Freunden – zum Kartenspielen

VERBEN

6.5 FUTUR

Es wird regnen.

1 Funktion

Das Futur zeigt Zukünftiges an: Morgen wird es im Norden Deutschlands regnen.
Im Gesprächs- und Textzusammenhang hat die Form des Futurs meistens eine modale Funktion:

Herr Meier ist heute nicht da. Er wird krank sein.	Vermutung
Einige Schüler werden die Prüfung nicht schaffen.	
Joschi ist immer noch nicht da. Er wird den Zug verpasst haben.	
Ich werde dir das Geld zurückzahlen.	Versprechen
„Sie werden bald einen reichen Mann heiraten", sagte der Kartenleser.	Vorhersage
Du wirst jetzt dein Zimmer aufräumen!	energische Aufforderung
In einer Stunde wirst du dein Zimmer aufgeräumt haben!	
Ich werde in den Sommerferien unsere Wohnung renovieren.	Plan/Absicht

Diese modale Funktion kann durch den Einschub von modalen Angaben verdeutlicht werden:

… Er wird wohl krank sein.	wohl/wahrscheinlich/vermutlich	Vermutung – vage
Du wirst die Prüfung schon schaffen.	schon	– aufmunternd
Peter wird jetzt bestimmt denken, ich liebe ihn.	bestimmt / sicher(lich) / mit Sicherheit / auf jeden Fall / selbstverständlich	– sicher
Ich werde dir das Geld selbstverständlich zurückzahlen.		Versprechen

2 Formen und Positionen im Satz

Futur I	Sie wird die Prüfung morgen um 9:00 Uhr machen.	Zukünftiges
Futur II	Sie wird die Prüfung morgen um 10:00 Uhr gemacht haben.	in der Zukunft Abgeschlossenes
	Joschi ist immer noch nicht da. Er wird den Zug verpasst haben.	Vermutung, in der Vergangenheit Abgeschlossenes

werden → s. Seite 96

3 Alternativen

Unser Zug kommt in 20 Minuten.	Präsens	+ temporale Angabe	Zukünftiges
Ende der nächsten Woche haben wir das Projekt beendet.	Perfekt		in der Zukunft Abgeschlossenes
Du räumst jetzt dein Zimmer auf!	Präsens		energische Aufforderung
In einer Stunde hast du hier aufgeräumt!	Perfekt		
Räum dein Zimmer auf!	Imperativ*		
Peter denkt jetzt bestimmt, dass …	Präsens	+ modale Angabe	Vermutung
Morgen hat er es vermutlich wieder vergessen.	Perfekt		
Tanja dürfte sich verspäten / verspätet haben.	*dürfte*** + Infinitiv / Infinitiv Perfekt		

* Imperativ → s. Seite 152   ** subjektive Modalverben → s. Seite 110

ÜBUNGEN

1 Zukunft (Z), Vorhersage mit Sicherheit (S), Vermutung (V) oder energische Aufforderung (A)?

	Z	S	V	A
a) Peter wird nächsten Montag ins Krankenhaus gehen.	X	☐	☐	☐
b) Er wird dort wohl mindestens zwei Wochen liegen.	☐	☐	☐	☐
c) Er wird dort bestimmt hinter jeder hübschen Krankenschwester her sein.	☐	☐	☐	☐
d) „Nach der Operation wirst du mich sofort besuchen!", hat er gesagt.	☐	☐	☐	☐
e) Wenn er wieder draußen ist, wird er zu seinen Eltern fahren.	☐	☐	☐	☐
f) Die werden sich jetzt vermutlich ziemliche Sorgen um ihn machen.	☐	☐	☐	☐

2 Fragen an den Börsenexperten – Beantworten Sie die Fragen und drücken Sie dabei eine Vorhersage mit Sicherheit (S) bzw. Vermutung (V) aus.

a) Besuchen Sie morgen den Börsen-Club? (S) [Ja, …]
   Ja, ich werde mit Sicherheit morgen den Börsen-Club besuchen.
b) Geben Sie dann auch ein paar Tipps für den „Neuen Markt"? (S) [Ja, …]
c) Kommt es dieses Jahr wieder zu einer Krise? (V) [Nein, …]
d) Investieren Sie in nächster Zeit auch in Aktienfonds? (V) [Ja, …]

3 Arme Kinder – Formulieren Sie die energischen Aufforderungen im Futur.

a) Mach jetzt sofort deine Hausaufgaben!
   Du wirst jetzt sofort deine Hausaufgaben machen!
b) Putz dein Fahrrad!
c) Räum jetzt den Hobbyraum auf!
d) Geh sofort mit dem Hund spazieren!
e) Schaltet auf der Stelle den Fernseher aus!

4 Das Auto der Zukunft – Formulieren Sie den Text im Futur.

Das Auto der Zukunft verursacht kaum noch Umweltprobleme. Es hat einen Wasserstoff- oder Elektroantrieb. Außerdem ist es leiser als die Autos von heute. Und es ist viel sicherer: Airbags schützen die Körper der Passagiere nicht nur von vorne und seitlich, sondern auch von oben und im Fußraum. Es gibt dann ein Radar, das die Bremse automatisch betätigt. Außerdem fährt das Auto autonom und der Fahrer kann sich entspannen. Und das alles gibt es dann nicht mehr nur in unbezahlbaren Luxusautos, sondern in den Modellen für jedermann!

Das Auto der Zukunft wird kaum noch Umweltprobleme verursachen. Es …

5 Trennungsschmerz – Formulieren Sie die Vermutungen mit Futur I bzw. II.

> Liebe Hanna!
>
> Du hast wohl schon gedacht, ich habe Dich vergessen, weil ich mich so lange nicht gerührt habe. Ich nehme an, Du hast von meiner Trennung von Maria bereits gehört. Wahrscheinlich ist sie unglücklicher über unsere Trennung als ich. Aber so, wie ich sie einschätze, hat sie mich vermutlich in einem Monat schon vergessen. Demnächst erzähle ich Dir mehr. Es interessiert Dich ja vielleicht, wie das passiert ist.
>
> Bis bald! Alex

Du wirst (wohl) schon gedacht haben, ich habe Dich vergessen, …

VERBEN

6.6 werden

Max wird Arzt. – Eva wird eine gute Ärztin sein. – Dora wird heute operiert.

1 Funktion

Hallo, Franz, du siehst aber schlecht aus. Bist du krank?

Nein, aber ich werde es bald sein. Ständig werde ich von meinem Chef schikaniert. Ich werde von Tag zu Tag nervöser.

Vollverb	+ Adjektiv + Nomen	Die Reichen werden immer reicher. Mein Sohn studiert, er wird Arzt.	Vorgang/ „Prozess"
Hilfsverb	+ Infinitiv	Er wird sicher bald kommen. Franz wird erst morgen hier sein.	Futur
	+ Partizip II	Mein Auto wird heute repariert.	Passiv
	+ Infinitiv	Ich würde gern weniger arbeiten.	Konjunktiv II

Futur → s. Seite 94, Passiv → s. Seite 124, Konjunktiv II → s. Seite 132, 136

2 Formen

	Präsens	Präteritum	Perfekt		Plusquamperfekt	
ich	werde	wurde	bin		war	
du	wirst	wurdest	bist		warst	
er/sie/es	wird	wurde	ist	geworden/	war	geworden/
wir	werden	wurden	sind	worden	waren	worden
ihr	werdet	wurdet	seid		wart	
sie/Sie	werden	wurden	sind		waren	

Die Partizip-II-Formen von *werden* als Vollverb und *werden* als Hilfsverb sind unterschiedlich.
Vollverb: *Ich bin wieder gesund geworden.* (Perfekt Aktiv)
Hilfsverb: *Ich bin geheilt worden.* (Perfekt Passiv)

ÜBUNGEN

1 Vorgang (V), Futur (F), Passiv (P) oder Konjunktiv II (K)? – Bestimmen Sie die Funktion von *werden*.

		V	F	P	K
a)	Es wird noch lange dauern, bis Michael fertig studiert hat.	☐	☒	☐	☐
b)	Ihr werdet am Flughafen abgeholt.	☐	☐	☐	☐
c)	Herr Becker wird erst übermorgen wieder da sein.	☐	☐	☐	☐
d)	Wir würden euch gerne zu Weihnachten einladen.	☐	☐	☐	☐
e)	Welche Mannschaft wurde beim letzten Mal Europameister?	☐	☐	☐	☐
f)	Martha ist in letzter Zeit so still geworden.	☐	☐	☐	☐
g)	Ich werde im Sommer nach Brasilien fahren.	☐	☐	☐	☐
h)	Von welcher Zeitschrift ist dieser Computer getestet worden?	☐	☐	☐	☐

≡ 2 **Männerrunde – Formulieren Sie den Zustand als Vorgang *(werden)*.**

a) Ist Eva immer noch so eifersüchtig?
Ja, _sie wird_ immer eifersüchtig, sobald sie eine hübsche Frau in meiner Nähe sieht.

b) Diese Schauspielerin da, ist die berühmt?
Nein, noch nicht, aber vielleicht _____ eines Tages berühmt.

c) Bist du Manuela wegen neulich immer noch böse?
Ja natürlich, wenn ich nur ihren Namen höre, _____ böse.

d) Sag mal, was ist eigentlich mit Jens? Ich habe gehört, er ist jetzt Börsenmakler.
Nein, noch nicht, aber _____ einer. Er macht gerade einen Kurs.

e) Schau mal, die neue Kellnerin, ist die nicht charmant?
Nicht besonders. _____ erst charmant, wenn es um ihr Trinkgeld geht.

f) Apropos zahlen, der Laden hier ist ganz schön teuer.
Ja, _____ viel teurer _____ (Perfekt), seitdem der Besitzer gewechselt hat.

≡ 3 **Expertengespräche – Ergänzen Sie *worden* oder *geworden*.**

- „Ich habe gehört, bei allen Druckern sind die Preise total reduziert (a) _worden_."
- „Stimmt, die sind jetzt richtig billig (b) _____. Mein Drucker ist neulich repariert (c) _____, und das war fast so teuer wie ein Neukauf. Da bin ich ganz schön sauer (d) _____."
- „Aber wenn die jetzt so billig sind, sind die dann nicht auch schlechter (e) _____?"
- „Nein, das ist dasselbe wie bei den CD-Spielern, DVD-Rekordern und noch früher bei den Farbfernsehern. Da sind die Preise nach einiger Zeit auch rapide gesenkt (f) _____."
- „Also, die Fernseher sind definitiv schlechter (g) _____. Lauter technische Spielereien, die nach kurzer Zeit kaputtgehen! Mir ist jetzt so ein Ding angeboten (h) _____, da ist mir schon beim Lesen des Prospekts ganz schwindelig (i) _____!"

≡ 4 **Fliegende Entdeckungen – Ergänzen Sie *werden*. Achten Sie auf das Tempus.**

Ein neuer Komet

München – Ein neuer Komet ist entdeckt (a) _worden_. Bei klarem Wetter kann man „S4 Linear" mit einem guten Fernglas entdecken. Anfang August (b) _____ er am „Großen Wagen" vorbeiziehen. Um Mitternacht kann er besonders gut beobachtet (c) _____. Ob ein Komet zum strahlenden Star am Himmel (d) _____, hängt davon ab, wie oft ein Komet schon in Sonnennähe war. Kometen (e) _____ nach ihren Entdeckern benannt. In diesem Fall handelt es sich um das Weltraum-Programm „Linear", mit dessen Teleskopen der Komet im September vergangenen Jahres entdeckt (f) _____.

Fliegen, die länger leben

Washington – In den USA ist eine Genveränderung gefunden (g) _____, die Fliegen doppelt so lange leben lässt. Das Gen (h) _____ eines Tages vielleicht auch das menschliche Leben verlängern, da es – ohne diese Mutation – auch beim Menschen vorhanden ist. „Nachteile sind bislang nicht entdeckt (i) _____", kommentierte ein Genetiker vom kalifornischen Institut für Technologie die Forschungsergebnisse. Fliegen, die mit dem Gen „Indy" („I'm not dead yet" – „Ich bin noch nicht tot") behandelt (j) _____, seien am Ende ihres langen Lebens nicht inaktiver (k) _____ als ganz normale Exemplare. Wer (l) _____ nicht gerne doppelt so lange leben?

VERBEN

6.7 VERBERGÄNZUNGEN

Ich frage dich, du antwortest mir.

1 Funktion

Das Verb „dirigiert" den Satz. Vom Verb hängt es ab, wie viele Elemente in einem Satz obligatorisch sind und in welchem Kasus sie stehen. Man nennt solche obligatorischen/ notwendigen Elemente „Ergänzungen".

2 Formen

a   Alle Verben haben eine Nominativ-Ergänzung, die meisten auch noch eine Akkusativ-Ergänzung. Einige Verben haben eine Dativ-Ergänzung oder eine Dativ- und eine Akkusativ-Ergänzung. Ganz wenige Verben haben eine Genitiv-Ergänzung.

Nominativ-Ergänzung Subjekt	Verb Prädikat	Dativ-Ergänzung Dativ-Objekt	Akkusativ-Ergänzung Akkusativ-Objekt	Genitiv-Ergänzung Genitiv-Objekt
Der Hund	schläft.			
Es	regnet.			
Peter	trifft		seine Freundin.	
Anne	besucht		eine Ausstellung.	
Es	gibt		keinen Nachtisch.	
Axel	hat		einen neuen BMW.	
Sie	hilft	ihrer Mutter.		
Tom	gefällt	mir.		
Der Onlineshop	liefert	uns	den neuen Fernseher.	
Ich	schenke	Gerdas Sohn	ein Fahrrad.	
Man	überführte		den Täter	des Mordes.

Die Dativ-Ergänzung gibt meist den Adressaten / das Ziel der Handlung an, die Akkusativ-Ergänzung den Gegenstand der Handlung. → s. Seite 12, 14

b   Einige Verben haben neben der Nominativ-Ergänzung (Subjekt) eine zweite Nominativ-Ergänzung.

	Nominativ-Ergänzung	Verb	Nominativ-Ergänzung: Prädikatsnominativ
sein	Fritz	ist	ein Schäferhund.
werden	Bernd	wird	ein großer Pianist.
bleiben	Hans	bleibt	ein alter Geizhals.
heißen	Der Berg	heißt	Kleiner Watzmann.

c   Einige Verben haben eine temporale/lokale/modale Ergänzung.

	Nominativ-Ergänzung	Verb	temporale/lokale/modale Ergänzung
sein	Sein Geburtstag	ist	am 1. August.
bleiben	Ihr	bleibt	zu Hause?
werden	Er	wird	berühmt.

Liste der wichtigsten Verben und ihrer Ergänzungen → s. Seite 215 ff.,
Verben mit Präpositionen → s. Seite 225 ff.

ÜBUNGEN

1 Identifizieren Sie den Kasus der Ergänzungen.

	Nom.	Akk.	Dat.	Gen.
a) Ich sehe heute meinen Cousin zum ersten Mal.	X	X	☐	☐
b) Warum folgt dir dieser Kerl eigentlich?	☐	☐	☐	☐
c) Peter wird nie ein guter Tennisspieler.	☐	☐	☐	☐
d) Du hast mir die Geschichte schon dreimal erzählt!	☐	☐	☐	☐
e) Die Polizei verdächtigte meinen Nachbarn des Mordes.	☐	☐	☐	☐

2 Was passt zusammen? Nehmen Sie, wenn nötig, die Liste auf S. 215 ff. zu Hilfe.

a) Thomas hat — großen Hunger.
b) Es gelingt — mein Problem.
c) Leihst du — mir dein Auto?
d) Er kennt — mir heute nichts.
e) Ich danke — dir für die Hilfe.
f) Er ist — ein fairer Spieler.
g) Du wirst — nett zu sein.
h) Man überführte — mich des Betrugs.
i) Ich glaube — dir kein Wort.
j) Er scheint — immer fauler.

3 Meine Freunde – Setzen Sie die Ergänzung im richtigen Kasus ein.

MICHELLE ist wie (a) _ich_ [ich], denn auch (b) _____ [sie] schmeckt alles, was (c) _____ [wir Frauen] dick macht. Und: Sie sagt (d) _____ [jeder] deutlich (e) _____ [ihre Meinung].

SONJA ist und bleibt (f) _____ [ein ewiger Problemfall]. Denn (g) _____ [diese Frau] misslingt alles, was sie anpackt. Trotzdem: Ich vertraue (h) _____ [kein Mensch] so wie (i) _____ [sie]. Denn es gibt kaum (j) _____ [ein Mensch], der (k) _____ [andere] so gut zuhören kann.

(l) _____ [Mein Freund] ERIK gehört seit zwei Jahren eine Internet-Firma. Seitdem hat er (m) _____ [kein ruhiger Moment] mehr. Wegen seiner Arbeit hat er fast alle (n) _____ [private Kontakte] verloren. Nur noch zu Weihnachten schreibt er (o) _____ [seine alten Freunde] (p) _____ [ein Gruß]. Neulich bin ich (q) _____ [er] zufällig auf einer Party begegnet, und er hat (r) _____ [ich] erzählt, dass das Finanzamt versucht, (s) _____ [er] (t) _____ [der Steuerbetrug] zu überführen – so hat er es im schönsten Juristen-Deutsch formuliert.

4 Gaunereien – Formulieren Sie Sätze.

a) ein Gaunerstück – beschäftigen – das Münchner Oberlandesgericht
   Ein Gaunerstück beschäftigt das Münchner Oberlandesgericht.
b) ein langjähriger Mitarbeiter der Spionageabwehr BND – verkaufen [Perf.] – der Dienst – vor einiger Zeit – dessen eigene geheime Informationen
c) als „Nachrichtenquelle" – auftreten [Prät.] – ein ehemaliger Kollege
d) der 49-Jährige – zurückbezahlen müssen – jetzt – der ergaunerte Agentenlohn
e) die Aufklärung – dauern [Prät.] – Monate – und – bedürfen [Prät.] – die Hilfe polnischer Kollegen
f) das Duo – anbieten [Plusq.] – seine Informationen – auch der polnische Geheimdienst
g) dieser – informieren [Prät.] – die deutschen Kollegen
h) so – gelingen [Prät.] – die deutschen Justizbehörden – die guten Geschäfte der beiden – ein Ende zu bereiten

VERBEN

6.8 VERBEN MIT PRÄPOSITIONEN

Max denkt gern an seinen Urlaub.

Viele Verben haben nicht (nur) eine Akkusativ-Ergänzung oder eine Dativ-Ergänzung, sondern (zusätzlich) eine Präpositional-Ergänzung. Es hängt von der Präposition ab, in welchem Kasus das Nomen steht.

a Verben mit Präpositionen + Akkusativ
auf, für, gegen, über, um

	auf	Akkusativ
Ich antworte ihm	auf	seine letzte E-Mail.
Die Kinder freuen sich	auf	die großen Ferien.

b Verben mit Präpositionen + Dativ
aus, bei, mit, nach, unter, von, vor, zu

	aus	Dativ
Dieses Haus besteht	aus	Holz und Glas.
Das Buch wurde	aus	dem Englischen übersetzt.

c Verben mit Präpositionen + Akkusativ/Dativ
an, in

	an	Akkusativ
Tom denkt ständig	an	seinen nächsten Urlaub.

	an	Dativ
Linus arbeitet seit Jahren	an	seiner Dissertation.

d Verben mit *als* + Gleichsetzungskasus

Nominativ		als	Nominativ
Sven	arbeitet	als	Ingenieur beim Öko-Institut.

Akkusativ		als	Akkusativ
Mia benutzt	ihren Bleistift	als	Haarnadel.

e Manche Verben kann man mit unterschiedlichen Präpositionen kombinieren:
Michael spricht mit seiner Kollegin immer nur über das Wetter.
Leo spricht nur noch von seiner neuen Freundin.
Der Politiker spricht heute Abend zu den Senioren der Stadt.

Es ist erst November, aber die Kinder freuen sich schon auf Weihnachten.
Jan freut sich über die E-Mail, die er von seiner Freundin bekommen hat.

Liste der wichtigsten Verben mit Präpositionen → s. Seite 225 ff.

ÜBUNGEN

1 Studiengang „Interkulturelle Kommunikation" – Unterstreichen Sie die zu den Verben gehörenden Präpositionen und tragen Sie sie in die Liste ein.

In diesem Studium *geht es* hauptsächlich um die Kommunikation zwischen Menschen aus verschiedenen Kulturkreisen. Videoaufzeichnungen *helfen* bei der Analyse von Gesprächen und nonverbalen Signalen, und die Studenten *denken* gemeinsam über mögliche Strategien *nach*, um Kommunikationsschwierigkeiten zu vermeiden. So *gelten* die Finnen in Deutschland nur deshalb als Schweiger, weil wir sie nicht zu Wort kommen lassen. Südeuropäer *freuen sich* über körperliche Nähe und *empfinden* die Deutschen als sehr distanzierte Gesprächspartner. Und in Japan sollte man an Folgendes *denken*: Wer *sich* dort mit Geschäftspartnern zum Mittagessen *trifft*, sollte sich beim Essen nicht laut die Nase putzen, denn das *gilt* als grobe Unhöflichkeit.

um	bei	über	als	an	mit
es geht um					

2 Studenten sprechen über Deutschland. – Ergänzen Sie die Präpositionen.

„(a) _An_ das dauernde Händeschütteln kann ich mich einfach nicht gewöhnen", sagt Ai Kohatsu aus Japan. Und sie sehnt sich (b) da_____, endlich einmal wieder wirklich frischen Fisch zu essen.

„Am Anfang habe ich mich (c) _____ Stress, Stau und Verkehr geärgert", sagt Rafaela Rodriguez aus Ecuador. Aber inzwischen interessiert sie sich mehr (d) _____ die neuen Leute, die sie kennengelernt hat.

„Deutsche gelten im technischen Bereich (e) _____ Pragmatiker", sagt Jorge Gómez aus Spanien. Er wundert sich nur etwas (f) _____ einige deutsche Gewohnheiten. „Hier gibt es Leute, die schon zum Mittagessen Bier trinken."

3 Einmal Urlaub machen – Ergänzen Sie – wo nötig – die Präpositionen und die Endungen.

Im letzten Frühjahr hatte Lisa sehr viel zu tun, sie musste in kurzer Zeit ein Buch (a) _aus_ d_em_ Russischen (b) _____ Deutsche übersetzen. Als sie damit fertig war, war sie völlig erschöpft. Alle rieten ihr: Mach mal Urlaub und erhol dich (c) _____ d_____ Stress. Schließlich hatten sie Lisa (d) da_____ überzeugt, dass sie wirklich eine Pause machen musste. Sie ging also in ein Reisebüro und informierte sich (e) _____ mögliche Urlaubsziele. Zu Hause dachte sie (f) _____ d_____ verschiedenen Angebote nach und entschied sich (g) _____ ein_____ kleines Hotel in Süditalien – sie träumte schon (h) _____ Sonne, Meer und Strand. Sie würde sich (i) _____ frisch_____ Fisch und Salat ernähren, abends würde sie Wein trinken, und vielleicht würde sie sich sogar (j) _____ ein_____ Italiener verlieben – wer weiß? Bei diesem Gedanken musste Lisa (k) _____ sich selbst lachen, denn sie war glücklich verheiratet und hatte schon vier Enkelkinder.

VERBEN

6.9 REFLEXIVE VERBEN

Ich wasche mich. Ich wasche mir die Hände.

1 Funktion

Es gibt in der deutschen Sprache Verben, die immer reflexiv sind,
und es gibt Verben, die reflexiv sein können:

reflexiv	Gestern hat sich hier ein schwerer Unfall ereignet. Ich habe mich um eine neue Stelle beworben.	ohne spezielle Bedeutung
teil-reflexiv	Ich treffe mich morgen Vormittag mit Anna, danach treffe ich dich. Ich habe gehört, die Müllers bauen sich ein Haus. Ich mache mir einen Kaffee.	für sich selbst
reziprok (nur im Plural)	Die beiden streiten sich ja schon wieder. = Die beiden streiten ja schon wieder miteinander*. Sie mögen sich nicht. = Sie mag ihn nicht, er mag sie nicht. = Sie mögen einander** nicht.	wechselseitig

* Manchmal wird die wechselseitige Beziehung durch *einander* + Präposition ausgedrückt.
** Die Grundform *einander* ist schriftsprachlich.

Liste der wichtigsten Verben mit Präpositionen → s. Seite 225 ff.

2 Formen

Dativ und Akkusativ unterscheiden sich nur in der 1. und 2. Person Singular:

	Akkusativ	Dativ
ich	mich	mir
du	dich	dir
er/sie/es	sich	sich

	Akkusativ = Dativ
wir	uns
ihr	euch
sie	sich

Normalerweise steht das Reflexivpronomen im Akkusativ:
Ich wasche mich.

Wenn es bereits eine Akkusativ-Ergänzung gibt, steht das Reflexivpronomen im Dativ:
Ich wasche mir die Hände.
Du bildest dir wohl ein, dass dein Arbeitsplatz sicher ist?

3 Positionen im Satz

Hauptsatz	Jens kämmt sich die Haare selten.	nach dem konjugierten Verb
	Er kämmt sie sich eigentlich nie.	nach dem Personalpronomen
Nebensatz	Ich glaube, dass sich Max gut amüsiert. Ich glaube, dass Max sich gut amüsiert.	nach dem Konnektor oder nach dem Subjekt
	Ich glaube, dass er sich gut amüsiert hat.	nach dem Personalpronomen
Infinitiv mit *zu*	Es ist sehr mühsam, sich auf diese Prüfung vorzubereiten.	auf Position 1

→ s. auch Hauptsatz: Verbergänzungen, Angaben, Seite 146

ÜBUNGEN

≡ 1 Aus Erfahrung wird man klug. – Steht das Reflexivpronomen im Akkusativ (A) oder Dativ (D)? Kreuzen Sie an.

		A	D
a)	Vor jedem Sonnenbad sollte man sich gut eincremen.	X	☐
b)	Ich habe mir im Urlaub leider einen ziemlichen Sonnenbrand geholt.	☐	☐
c)	Erst nach einer Woche hat sich meine Haut wieder erholt.	☐	☐
d)	Ich lege mich seitdem kaum noch in die Sonne.	☐	☐
e)	Und wenn doch, dann setze ich mir immer eine Mütze auf.	☐	☐

≡ 2 Partyromanze – Ergänzen Sie die Reflexivpronomen bzw. -einander.

Es war auf einer dieser Medien-Partys, als (a) _sich_ Karin und Jack, der stadtbekannte Frauenheld und Angeber, zum ersten Mal begegneten. Sie unterhielten (b) _____ über Filme und sprachen den ganzen Abend nur (c) mit_____. „Ich sehe (d) _____ am liebsten Experimentalfilme an", äußerte (e) _____ Jack bedeutungsvoll, „vor allem die aus den späten 60ern." Er war zufrieden, als er ihren bewundernden Blick sah. „Und du, was siehst du (f) _____ am liebsten an?" Vor dieser Frage hatte sie (g) _____ schon gefürchtet. „Ich liebe auch Experimentalfilme", log sie, „ich beschäftige (h) _____ besonders mit Filmen aus den frühen 70ern." – „Du machst (i) _____ wohl über mich lustig?", dachte Jack, sagte aber: „Super! Wir könnten (j) _____ ja mal im ‚Cineasmodrom' treffen, um (k) _____ welche anzuschauen." Bei diesen Worten berührten (l) _____ zufällig ihre Hände, und sie verliebten (m) _____ – vor allem sie (n) _____ in ihn. Arme Karin!

≡ 3 Trennungsberatung – Formulieren Sie Sätze mit den angegebenen Verben und den passenden Reflexivpronomen.

a) [streiten] Sie oft mit Ihrem Partner?
   Streiten Sie sich oft mit Ihrem Partner?
b) [überlegen] Sie manchmal, [trennen] von ihm?
c) Aber Sie [fürchten] vor dem Alleinsein?
d) Dann [kaufen + sollten] Sie auf jeden Fall unseren Ratgeber „Ex". Sie finden dort 1000 Tipps, wie Sie [gewöhnen] an ein Leben ohne „sie" oder „ihn".
e) Am besten, Sie [besorgen] das Buch noch heute, um auf das Leben von morgen [vorbereiten].

≡ 4 Erziehung zur Selbstständigkeit – Formulieren Sie Sätze im Imperativ.

a) Meine Nase läuft. [sich die Nase putzen]
   Dann putz dir doch die Nase!
b) Meine Haare sind ganz unordentlich. [sich die Haare kämmen]
c) Der Pullover ist mir viel zu warm. [sich den Pullover ausziehen]
d) Meine Hände sind ganz dreckig. [sich die Hände waschen]
e) Auf fahrrad.de wird ein ganz billiges Fahrrad angeboten. [sich das Fahrrad kaufen]
f) Unsere Tennisschläger sind noch im Keller. [sich die Tennisschläger raufholen]

≡ 5 Formulieren Sie die Sätze aus Übung 4 mit Personalpronomen.

a) Dann putz sie dir doch.

VERBEN

6.10 MODALVERBEN (1)

Ich kann, darf aber nicht.

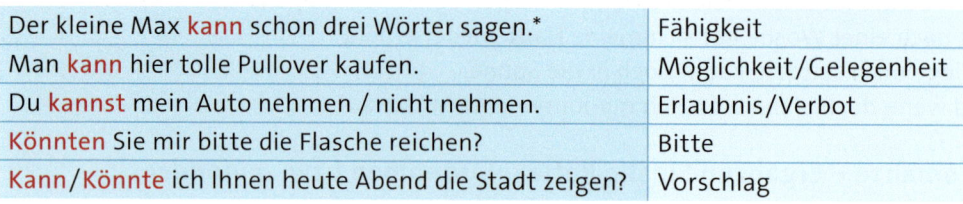

1 Funktion

a *können*

Der kleine Max **kann** schon drei Wörter sagen.*	Fähigkeit
Man **kann** hier tolle Pullover kaufen.	Möglichkeit/Gelegenheit
Du **kannst** mein Auto nehmen / nicht nehmen.	Erlaubnis/Verbot
Könnten Sie mir bitte die Flasche reichen?	Bitte
Kann/**Könnte** ich Ihnen heute Abend die Stadt zeigen?	Vorschlag

* in der gesprochenen Sprache oft auch: *Der kleine Max kann schon drei Wörter.*

b *dürfen*

Du **darfst** mein Auto nehmen / nicht nehmen.	Erlaubnis/Verbot
Darf/**Dürfte** ich Sie um einen Gefallen bitten?	Bitte
Darf/**Dürfte** ich eine Frage stellen?	
Darf/**Dürfte** ich Ihnen heute Abend die Stadt zeigen?	Vorschlag

Bei der Funktion „Erlaubnis/Verbot" betont *dürfen* stärker als *können* ein Hierarchieverhältnis: Ich bin die entscheidende Instanz, die erlaubt oder verbietet. Bei den Funktionen „Bitte" und „Vorschlag" wirkt *dürfen* formeller.

Formen → s. Tabelle, Seite 214

2 Alternativen

Er kann diese Arbeit allein tun.	Er **ist**	**fähig**, **in der Lage**, **imstande**, **geeignet**,	diese Arbeit allein zu tun.	Fähigkeit
Sie kann mit dem neuen Job sofort beginnen.	Sie **hat die**	**Gelegenheit**, **Möglichkeit**, **Chance**,	mit dem neuen Job sofort zu beginnen.	Möglichkeit/Gelegenheit
Sie kann/darf hier parken.	Sie **hat das**	**Recht**, **die Erlaubnis**, **die Genehmigung**,	hier zu parken.	Erlaubnis
Man darf/kann in diesem Gebäude nicht rauchen.	Es **ist**	**verboten**, **untersagt***, **nicht erlaubt**,	hier zu rauchen.	Verbot
Kannst/Könntest du mir bitte/vielleicht beim Kochen helfen?	**Wärst** du (bitte/vielleicht) so **lieb**/**nett**, mir beim Kochen **zu** helfen? **Hilfst** du mir (bitte/vielleicht) beim Kochen?			Bitte
Kann/Darf ich Ihnen (vielleicht) noch einen Kaffee anbieten?	**Möchten** Sie (vielleicht) noch einen Kaffee?			Vorschlag

* sehr formell

ÜBUNGEN

1 Kindheitserinnerungen – Ergänzen Sie *dürfen* im Präteritum.

Als Kind (a) _durfte_ ich jeden Nachmittag spielen. Du dagegen (b) _____ nur am Wochenende mit anderen Kindern zusammen sein. Am schlimmsten war es bei Karin. Sie (c) _____ weder fernsehen noch ins Kino gehen. Ihr dagegen, Alex und Vivi, (d) _____ bei euren Eltern alles machen. – Stimmt. Wir (e) _____ alles tun, was nicht gefährlich war. Unsere Eltern erlaubten uns alles, was sie in ihrer Kindheit nicht (f) _____ .

2 Studentengespräche – Ergänzen Sie *können* oder *dürfen*. Manchmal sind auch zwei Lösungen möglich.

a) Professor Huber _kann_ erst nächste Woche mit seinen Veranstaltungen beginnen.
b) Du _____ nur dann einen Platz in seinem Seminar bekommen, wenn du dich rechtzeitig angemeldet hast.
c) Außerdem _____ man nur teilnehmen, wenn man einen Aufnahmetest besteht.
d) Am Ende des Semesters _____ du entweder eine Seminararbeit oder eine Klausur schreiben.
e) Wer erfolgreich ist, _____ später an einem Fortsetzungsseminar teilnehmen.
f) Wenn du willst, _____ ich dir beim Ausfüllen des Fragebogens helfen.
g) Super! Vielleicht _____ wir uns morgen Mittag in der Mensa treffen?
h) Prima Idee! Aber jetzt muss ich schnell in das Hauptseminar von meinem Germanistikprofessor. Bei dem _____ man keine Minute zu spät kommen!

3 Peterchen, das Wunderkind – Formulieren Sie Sätze mit *können* oder *dürfen*.

a) Im Alter von sechs Monaten war er schon fähig, „Mama" zu sagen.
   Im Alter von sechs Monaten konnte er schon „Mama" sagen.
b) Nach weiteren sechs Monaten hatten wir die Gelegenheit, die ersten Gespräche mit ihm zu führen. Du hattest in diesem Alter nur eine Fähigkeit: Schreien.
c) Mit vier Jahren bekam er die Sondergenehmigung, die Schule zu besuchen.
d) Als Peterchen fünf war, war er bereits in der Lage, sich mit euch über Aktien zu unterhalten.
e) In der Schule hatten die Lehrer kaum eine Chance, ihm etwas beizubringen.
f) Und er war so höflich. Wenn Besuch kam, fragte er sofort: Möchten Sie vielleicht ein Stück Kuchen?
g) Es war allerdings verboten, ihn zu berühren: Er biss sofort zu.

4 Eine Brieffreundschaft – Ergänzen Sie die Alternativen zu *können* und *dürfen*.

| Recht · in der Lage · Möglichkeit · erlauben · verbieten · fähig · untersagen · imstande |

Liebe Erika!

Leider konnte ich Dir nicht früher antworten – ich war zeitlich einfach nicht (a) _in der Lage_ dazu. Stell Dir vor, unser Chef hat uns (b) _____, während der Arbeit privat zu telefonieren. Ich weiß, er ist dazu (c) _____, das auch zu kontrollieren. Genauso, wie er (d) _____ ist, privates Surfen zu kontrollieren. Früher hat er uns (e) _____, wenigstens ein paar private Anrufe zu machen. Ich jedenfalls finde, jeder hat das (f) _____ auf ein bisschen Privatleben auch im Büro. Wenigstens habe ich noch die (g) _____, Dir vom Büro aus zu mailen. Das lasse ich mir nicht auch noch (h) _____!

VERBEN

6.11 MODALVERBEN (2)

Ich muss und soll, will aber nicht.

1 Funktion

a *müssen*

	Notwendigkeit durch ...
Der Reifen ist kaputt. Du musst einen neuen kaufen.	... äußere Umstände
Sie müssen die Gebühren bis Ende des Monats zahlen.	... Autoritäten
Ich muss mich wieder mehr um meinen Hund kümmern.	... innere Verpflichtung

b *sollen*

Soll ich die Schuhe kaufen?	Frage: Selbstreflexion
Soll ich dir vom Bäcker eine Brezel mitbringen?	Erwartung anderer Person
Mit dem Husten sollten* Sie besser zum Arzt (gehen). Ich sollte* mehr Sport treiben.	Rat/Empfehlung
Räum bitte dein Zimmer auf! – Was sagst du, Mama? – Du sollst dein Zimmer aufräumen!	Wiederholung einer Aufforderung
Herr Becker hat angerufen. Sie sollen zurückrufen. Unsere Tochter soll reich heiraten.	Erwartung an eine andere Person
Die Stadt will hier ein neues Stadtviertel bauen. – Hier soll (nach den Plänen der Stadt) ein neues Stadtviertel gebaut werden.	Aspektverschiebung Aktiv – Passiv

* Konjunktiv II

c *wollen*

Ich will im nächsten Urlaub nach Portugal fahren.	Plan/Absicht

Formen → s. Tabelle, Seite 214

2 Alternativen

Das Geld ist weg, wir müssen sparen.	Es ist leider notwendig/nötig/erforderlich/ unumgänglich, dass wir sparen. Es bleibt uns nichts anderes übrig, als zu sparen. Wir sind gezwungen zu sparen.	Notwendigkeit
Ich musste helfen.	Ich war verpflichtet, zu helfen.	
Er muss noch viel tun.	Er hat noch viel zu tun.	
Du musst nicht rennen.	Du brauchst* nicht zu rennen.	negativ einschränkend
Ich muss nur/bloß noch 10 Minuten arbeiten.	Ich brauche* nur/bloß noch 10 Minuten zu arbeiten.	
Sie sollen ihm das Geld bis morgen zurückgeben.	Er erwartet / verlangt / fordert Sie auf, dass Sie ihm das Geld bis morgen zurückgeben. Geben Sie ihm das Geld bis morgen zurück!	Erwartung/ Aufforderung
Du solltest öfter mal zuhören.	Es ist empfehlenswert, öfter mal zuzuhören. Es wäre besser, wenn du öfter mal zuhören würdest.	Empfehlung
Ich soll am Flughafen abgeholt werden.	Es ist vorgesehen/geplant, dass ich am Flughafen abgeholt werde.	unpersönlicher Plan
Er will das Haus kaufen.	Er beabsichtigt / hat vor, das Haus zu kaufen. (schwächer:) Er möchte das Haus kaufen.	Plan/Absicht

* *brauchen* + *zu* kann nur negativ oder einschränkend verwendet werden. → s. auch Seite 112

ÜBUNGEN

1 **Notwendigkeit (N), Erwartung (E), Rat (R) oder Plan (P)? – Kreuzen Sie an.**

	N	E	R	P
a) Ihr solltet es mal mit Homöopathie versuchen.	☐	☐	☒	☐
b) Wir mussten eine Woche in diesem lauten Hotel bleiben.	☐	☐	☐	☐
c) Man will hier bis Herbst einen Kindergarten bauen.	☐	☐	☐	☐
d) Wir sollen unsere Schulden bis Jahresende zurückzahlen.	☐	☐	☐	☐
e) Du solltest dir diesen Film unbedingt ansehen.	☐	☐	☐	☐
f) Wir müssen die Rechnung erst bei Lieferung bezahlen.	☐	☐	☐	☐

2 **Eheliche Erwartungen – Formen Sie um. Verwenden Sie *sollen* bzw. Alternativen.**

a) Stell dir vor: Mein Mann will, dass ich zu seinen schrecklichen Eltern mitkomme.
   Ich soll zu seinen schrecklichen Eltern mitkommen.
b) Ich soll extra für sie Kekse backen.
   Er erwartet von mir, dass ich extra für sie Kekse backe.
c) Er erwartet, dass ich mich den ganzen Abend mit seiner arroganten Mutter unterhalte.
d) Ich soll die fette Gans essen.
e) Er möchte, dass ich den hässlichen neuen Schrank schön finde.
f) Er verlangt, dass ich mit seinem alten Onkel tanze.
g) Ich soll über die dummen Witze seines Vaters lachen.
h) Ich soll mir die langweiligen Urlaubsfotos ansehen.
i) Und er will sogar, dass ich den geschmacklosen Familienschmuck trage!

3 **Szenen einer Ehe – Ergänzen Sie *müssen* und *sollen*. Manchmal gibt es zwei Lösungen.**

- Wir (a) _müssen_ uns beeilen, das Taxi wartet.
- Aber ich weiß doch noch gar nicht, was ich anziehen (b) _soll_. Was meinst du?
- Vielleicht (c) _sollte_ ich doch besser das kurze grüne Kleid anziehen.
- Du weißt genau, dass wir bei meinen Eltern immer pünktlich sein (d) _müssen_.
- (e) _Musst_ du eigentlich in diesem Ton mit mir reden?
- Um acht Uhr (f) _müssen_ wir da sein. Jetzt ist es schon fünf vor acht.
- Mach keinen Stress, deine Mutter (g) _soll_ sich freuen, dass ich überhaupt mitkomme!
- Wir (h) _müssen_ jetzt los! Meine Mutter lässt dir übrigens ausrichten, dass du zum Essen Appetit mitbringen (i) _solltest_. Du (j) _musst_ überrascht werden.
- Oje, (k) _muss_ das sein? Da hätten wir besser hier bei uns noch etwas gegessen.

4 **Studenten vor der Prüfung – Bilden Sie Sätze mit *sollen, müssen* oder *wollen*.**

a) Es ist besser, wenn ich mir während des Vortrags Notizen mache.
   Ich sollte mir während des Vortrags Notizen machen.
b) Man erwartet von mir, dass ich das Examen mit Bestnote mache.
c) Darum bin ich gezwungen, jeden Tag bis Mitternacht zu lernen.
d) Leider ist es notwendig, dass ich noch dreißig Bücher durchlese.
e) Mein Vater verlangt von mir, dass ich ab nächstem Jahr in seiner Firma arbeite.
f) Dann habe ich Tag für Tag zu tun, was der „alte Herr" sagt.
g) Er hat leider erst in 10 Jahren vor, sich aus der Firmenleitung zurückzuziehen.
h) Ich glaube, es wäre besser, wenn ich erst mal ein halbes Jahr verreise.

107

VERBEN

6.12 MODALVERBEN SUBJEKTIV (1)

Er soll der Dieb gewesen sein. Er will den Unfall gesehen haben.

1 Funktion

sollen:
Sebastian gibt wieder, was andere über Max behaupten. Er selbst ist nicht sicher, ob diese Information stimmt.

wollen:
Sebastian gibt wieder, was Max von sich selbst behauptet. Ob diese Behauptung stimmt, ist eine ganz andere Frage.

2 Formen

		Modalverb		Infinitiv
Gegenwart	Jan	soll	zehn Fremdsprachen	beherrschen.
	Jan	will	zehn Fremdsprachen	beherrschen.

		Modalverb		Infinitiv Perfekt
Vergangenheit	Katja	soll	die Katze	gerettet haben.
	Katja	will	die beste Tänzerin	gewesen sein.

Ob *sollen* und *wollen* subjektive oder objektive Bedeutung haben, hängt im Präsens vom Kontext ab:

Jan soll zehn Fremdsprachen beherrschen.	a) objektiv*: Jans Eltern wollen das. b) subjektiv: Man behauptet das über ihn.
Jan will zehn Fremdsprachen beherrschen.	a) objektiv*: Das ist Jans Ziel. b) subjektiv: Jan behauptet das über sich selbst.

* Modalverben → s. Seite 106

In der Vergangenheit sieht man den Bedeutungsunterschied bereits an der Form:
objektiv: *Max wollte zehn Fremdsprachen beherrschen.*
subjektiv: *Max will zehn Fremdsprachen beherrscht haben.*

3 Alternativen

sollen	Es heißt / Man sagt/behauptet/erzählt, dass er den Wagen gestohlen hat. Angeblich / Gerüchten zufolge hat er den Wagen gestohlen.
wollen	Er behauptet, / Er sagt von sich, / Er versichert, dass er die Frau nicht überfallen hat.

ÜBUNGEN

1 **Diese Müllers! – Wo behaupten andere etwas über die Müllers (1) und wo behaupten die Müllers selbst etwas über sich (2)?**

	1	2
a) Die Müllers sollen sich ein Haus gekauft haben.	X	☐
b) Sie sollen das Haus bar bezahlt haben.	☐	☐
c) Sie wollen im Lotto gewonnen haben.	☐	☐
d) Herr Müller soll unsaubere Geschäfte machen.	☐	☐
e) Er soll deswegen sogar schon im Gefängnis gewesen sein.	☐	☐
f) Herr Müller will während dieser Zeit im Ausland gewesen sein.	☐	☐
g) Er soll in Florida gesehen worden sein.	☐	☐
h) Er will dort Golf gespielt haben.	☐	☐

2 **Der Angeber – Ergänzen Sie *wollen* oder *sollen*.**

a) Hast du schon gehört? Der neue Kollege _soll_ in Harvard studiert haben.
b) Er _____ der Beste in seiner Klasse gewesen sein. Wenigstens behauptet er es.
c) Er _____ der beste 100-Meter-Läufer gewesen sein. Das habe ich gehört.
d) Er _____ von allen Frauen bewundert worden sein. Das erzählt er jedem.
e) Er _____ das Studium in Rekordzeit beendet haben. So wird über ihn erzählt.
f) Man _____ ihm anschließend ein Promotionsstipendium angeboten haben.
g) Er _____ seine Doktorarbeit in nur drei Monaten geschrieben haben. Das erzählt er jedem.
h) Er _____ seine Karriere schon ab dem zweiten Semester vorbereitet haben. So sagt man.
i) Schon jetzt _____ er der Liebling vom Chef sein. Das habe ich in der Kantine gehört.
j) Er _____ seinem Chef schon viele Verbesserungen vorgeschlagen haben. So ein Angeber!

3 **Steuergerüchte – Formulieren Sie die Sätze mit *wollen* und *sollen*.**

a) Es wird berichtet, dass die Mehrwertsteuer bald schon wieder erhöht wird.
   Die Mehrwertsteuer soll bald schon wieder erhöht werden.
b) Das Nachrichtenmagazin „Fakten" behauptet, als erstes Presseorgan davon erfahren zu haben.
c) Laut *Fakten* gibt es innerhalb der Regierung noch Differenzen über den Zeitpunkt.
d) Angeblich ist der Wirtschaftsminister gegen eine sofortige Erhöhung.
e) Der Finanzminister versichert, alle Alternativen geprüft zu haben.
f) Gerüchten zufolge beträgt die Erhöhung nur 1,5 Prozent.
g) Die Regierung verspricht, bei der nächsten Steuerreform kinderreiche Familien zu berücksichtigen.
h) Es heißt, dass außerdem die Kinderfreibeträge erhöht werden.

4 **Berufsrisiko! – Ersetzen Sie *wollen* und *sollen* durch Alternativen mit derselben Bedeutung.**

Der weltberühmte Pilzforscher A. Helliwell soll an einem Pilzomelett gestorben sein [angeblich]. Seit seinem sechsten Lebensjahr soll er sich für Pilze interessiert haben [Man berichtet, dass …]. In seiner Jugend soll er ein Einzelgänger gewesen sein [Es heißt, dass …]. Schon mit 18 will er Deutschlands Pilzexperte Nr. 1 gewesen sein [Er behauptete, dass …]. Auf einem internationalen Pilzkongress soll er seine spätere Frau Charlotte kennengelernt haben [Gerüchten zufolge …]. Sie will große Teile ihres Vermögens für die Rettung gefährdeter Pilzarten ausgegeben haben [Sie versichert, dass …].

Der weltberühmte Pilzforscher A. Helliwell ist angeblich an einem Pilzomelett gestorben.
…

VERBEN

6.13 MODALVERBEN SUBJEKTIV (2)

Das muss/dürfte/könnte Hans sein.

1 Funktion

> Das muss doch Hans sein. Und das kann nur Eva sein.

> Du müsstest eigentlich Peter sein. Und du dürftest seine Frau sein.

> Der dort drüben könnte unser Mathelehrer sein.

Auf einem Klassentreffen nach 30 Jahren sehen die meisten ganz anders aus als früher. Deshalb ist häufig nur zu vermuten, wer welcher ehemalige Mitschüler oder Lehrer ist.

Vermutungen kann man im Deutschen mit Modalverben ausdrücken. Welches man nimmt, hängt von der Sicherheit der Vermutung ab:

100 % absolut sicher	90 % fast sicher	75 % wahrscheinlich	50 % möglich
muss	müsste	dürfte	könnte*
kann nur / kann nicht	müsste eigentlich		

* umgangssprachlich auch *kann*

2 Formen

		Modalverb		Infinitiv
Gegenwart	Das	dürfte	mein Sportlehrer	sein.
	Er	muss	eine Menge Geld	verdienen.

		Modalverb		Infinitiv Perfekt
Vergangenheit	Das	dürfte	mein Sportlehrer	gewesen sein.
	Er	muss	eine Menge Geld	verdient haben.

Die „objektive" oder „subjektive" Bedeutung von *müssen* hängt im Präsens vom Kontext ab:

Er muss viel Geld verdienen.	objektiv*: Er hat eine große Familie zu ernähren. Er ist gezwungen, viel Geld zu verdienen. subjektiv: Er ist ein sehr erfolgreicher Fernsehstar. Ich bin sicher, dass er viel Geld verdient.

In der Vergangenheit sieht man den Bedeutungsunterschied bereits an der Form:
objektiv: *Er musste viel Geld verdienen. / Er hat viel Geld verdienen müssen.*
subjektiv: *Er muss viel Geld verdient haben.*   *Modalverben → s. Seite 106

3 Alternativen

100 %	Mit Sicherheit / Bestimmt / Zweifellos hat Max diesen Witz erzählt. Ich bin (mir) (ganz) sicher, dass Max diesen Witz erzählt hat.
90 %	Ich bin (mir) fast sicher, / Es ist so gut wie sicher, dass Max diesen Witz erzählt hat.
75 %	Wahrscheinlich/Vermutlich hat Max diesen Witz erzählt. Ich vermute, / Ich nehme an, dass Max diesen Witz erzählt hat. Diesen Witz wird wohl Max erzählt haben. Futur → s. Seite 94
50 %	Möglicherweise/Vielleicht hat Max diesen Witz erzählt. Es ist denkbar, / Ich halte es für möglich, dass Max diesen Witz erzählt hat.

ÜBUNGEN

1 Wie sicher ist sich Alexander: 100 %, 90 %, 75 % oder 50 %? Kreuzen Sie an.

	100 %	90 %	75 %	50 %
a) Franz muss krank sein.	X	☐	☐	☐
b) Er könnte sich überarbeitet haben.	☐	☐	☐	☐
c) Der neue Chef dürfte so um die 50 sein.	☐	☐	☐	☐
d) Das kann ihr nur Manfred erzählt haben.	☐	☐	☐	☐
e) Er müsste jetzt schon verreist sein.	☐	☐	☐	☐

2 Auf Schlüsselsuche – Ergänzen Sie die Modalverben.

● Jemand (a) _muss_ meine Autoschlüssel weggenommen haben. Da bin ich mir absolut sicher.

■ Es gibt ja auch noch andere Möglichkeiten. Du (b) _____ sie im Büro vergessen haben.

● Das (c) _____ nicht sein. Ich weiß genau, dass ich sie auf den Tisch gelegt habe.

■ Dann (d) _____ sie nur wieder in einem deiner 1000 Mäntel stecken, wie das letzte Mal.

● Wer ruft denn da schon wieder an?

■ Das (e) _____ Norbert sein. Ich bin mir sicher.

● Er soll den Ersatzschlüssel mitbringen. Er (f) _____ eigentlich noch einen haben.

3 Hobbykriminologen – Formulieren Sie die Sätze mit Modalverben.

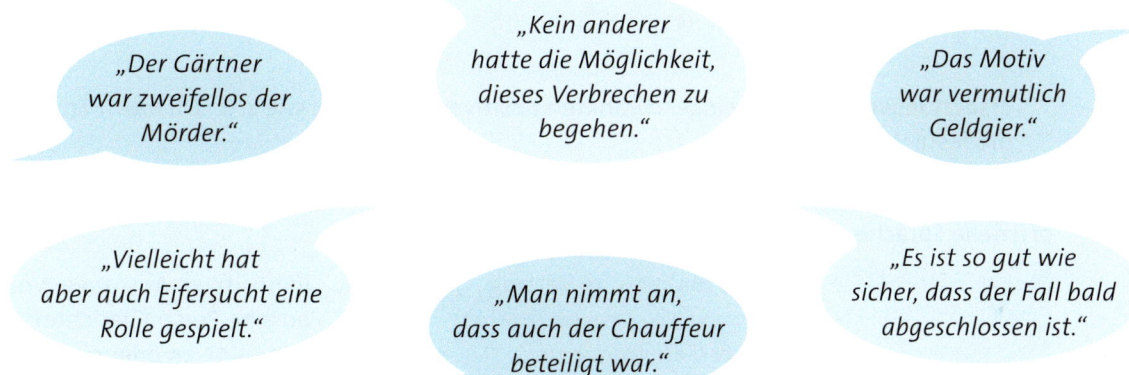

Der Gärtner muss der Mörder gewesen sein.

4 Jugendliche am Matterhorn verunglückt – Ersetzen Sie die Modalverben durch Alternativen.

Leichtsinn und mangelhafte Vorbereitung dürften der Grund gewesen sein, warum vier Jugendliche am Matterhorn tödlich verunglückt sind [vermutlich]. Diese müssen nach Ansicht der Rettungsmannschaft bei Nebel vom richtigen Weg abgekommen sein [überzeugt sein]. Zu diesem Zeitpunkt dürfte es bereits dunkel gewesen sein [wahrscheinlich]. Dabei könnten einige der Jugendlichen in Panik geraten sein [möglicherweise]. Es kann sich bei ihnen nur um völlige Anfänger gehandelt haben [mit Sicherheit]. Die Schweizer Behörden: Sie müssen aus Sparsamkeitsgründen auf einen Bergführer verzichtet haben [bestimmt].

Leichtsinn und mangelhafte Vorbereitung waren vermutlich der Grund, warum vier Jugendliche am Matterhorn tödlich verunglückt sind.

VERBEN

6.14 brauchen + zu – haben + zu – sein + zu

> Herr Doktor, Sie brauchen nicht zu kommen, es geht mir schon viel besser.

> Gut, denn ich habe eine Menge anderer Patienten zu behandeln!

1 Funktion

a Alltagssprache

brauchen + zu	Du brauchst deine Haare heute nicht mehr zu waschen. Du brauchst den Hund nur einmal pro Tag zu füttern, die Schlange bloß einmal pro Woche.	= müssen	in negativen oder eingeschränkten Aussagen*: objektive Notwendigkeit
haben + zu	Ich habe noch etwas zu erledigen.	= müssen	in positiven Aussagen: persönliche Verpflichtung
	Sie haben hier nichts zu suchen. Er hat hier nur wenig zu sagen.	= dürfen	in negativen oder eingeschränkten Aussagen**: Verbot, an eine Person gerichtet
sein + zu	Die Aufgabe ist noch zu erledigen. In diesem Fall ist nichts mehr zu machen.	= können	unpersönliche Möglichkeit***

* ersetzt *müssen* nie in uneingeschränkten positiven Aussagen, wie z. B.: *Du musst kommen.*
** oft feste Wendungen
*** Passiv-Ersatzform → s. Seite 130

b offizielle Sprache

haben + zu	Sie haben zu tun, was im Vertrag steht.	= müssen	in positiven Aussagen: Vorschrift, an eine Person gerichtet
	Sie haben vor Gericht nur zu sprechen, wenn man Sie fragt. Sie haben hier keine Fragen zu stellen.	= dürfen	in negativen oder eingeschränkten Aussagen: Verbot, an eine Person gerichtet
sein + zu	Sturmschäden sind umgehend der Versicherung zu melden.	= müssen	in positiven Aussagen: generelle Vorschrift*
	Bei der Prüfung sind nur zugelassene Hilfsmittel zu verwenden.	= dürfen	in negativen oder eingeschränkten Aussagen: generelles Verbot*

* Passiv-Ersatzform → s. Seite 130

2 Positionen im Satz

Das brauchst du nicht zu tun. Ich hatte viel aufzuräumen.	Hauptsatz: Infinitiv mit *zu* am Satzende
Es ist klar, dass viel zu erledigen ist.	Nebensatz: Infinitiv mit *zu* an vorletzter Position

Infinitiv + zu → s. Seite 166

ÜBUNGEN

1 Schüleralltag – Kann man statt *müssen* auch *brauchen + zu* verwenden? Kreuzen Sie an und formulieren Sie neu.

		ja	nein
a)	Chris muss nur an zwei Wochentagen ganz früh aufstehen.	X	☐
b)	Und er muss zum Glück nur fünf Minuten für seinen Schulweg einplanen.	☐	☐
c)	Wenn er den Direktor sieht, muss er ihn grüßen.	☐	☐
d)	Heutzutage müssen die Schüler nicht aufstehen, wenn der Lehrer kommt.	☐	☐
e)	Zum Glück muss er heute keinen Test schreiben.	☐	☐
f)	Am Nachmittag muss er bloß ein paar Vokabeln lernen.	☐	☐
g)	Am Abend muss er spätestens um halb neun im Bett liegen.	☐	☐

a) *Chris braucht nur an zwei Wochentagen früh aufzustehen.*

2 Mutter ist die Beste! – Ersetzen Sie *müssen* durch *brauchen + zu* und umgekehrt.

a) Der Wagen ist schon gewaschen. Ihr müsst ihn nicht mehr waschen.
   Ihr braucht ihn nicht mehr zu waschen.
b) Die Schuhe sind schon geputzt. Du brauchst sie nicht mehr zu putzen.
   Du musst sie nicht mehr putzen.
c) Die Blumen sind schon eingepflanzt. Paul muss sie nur noch gießen.
d) Die Einkaufstüten stehen in der Küche. Ihr müsst sie nur noch auspacken.
e) Der Hund ist schon abgeholt. Eva braucht ihn bloß noch zu füttern.
f) Wir brauchen nicht essen zu gehen. Ich habe bereits gekocht.
g) Du musst den Kindern keine Geschichte vorlesen. Ich mache das schon.

3 Pflichten und Verbote – Antworten Sie mit *haben + zu*.

a) Musst du noch viel tun? – Ja, ich *habe noch viel zu tun.*
b) Muss Peter noch seine Hausaufgaben machen? – Ja, er …
c) Darf die Katze im Bett schlafen? – Nein, sie …
d) Muss Gerd noch den Rasen mähen? – Ja, er …
e) Darf Petra während der Woche in die Disco gehen? – Nein, sie …

4 Hauptsache widersprechen – Verwenden Sie *sein + zu*.

a) Diesen Saft kann man nicht mehr trinken. – Doch, er *ist noch zu trinken.*
b) Diese Wurst kann man nicht mehr essen. – Doch, sie …
c) Dieses Haus kann nicht mehr renoviert werden. – Doch, es …
d) Diese Hose kann man noch flicken. – Nein, sie …
e) Dieses Auto kann noch repariert werden. – Nein, es …

5 Paradies mit Pflichten – Verwenden Sie *müssen* oder *dürfen*.

a) In der Bade-, Sauna- und Wellnessanlage ist in allen Räumen auf Rücksichtnahme und Sicherheit zu achten.
   In der Bade-, Sauna- und Wellnessanlage muss in allen Räumen auf Rücksichtnahme und Sicherheit geachtet werden.
b) Jeder Besucher/Gast hat die Haus- und Badeordnung zu beachten.
c) Aus hygienischen Gründen sind Badeschuhe ausschließlich im Trockenbereich zu tragen.
d) In den Badebereichen haben auch Kleinkinder Badekleidung zu tragen.
e) Bei Verlust der Eintrittskarte ist der geltende Tagespreis zu zahlen.
f) Die Mitglieder/Gäste haben alle Einrichtungen der Bade-, Sauna- und Wellnessanlage sorgfältig zu behandeln.
g) Für Papier und sonstige Abfälle sind die Abfallbehälter zu benutzen.

VERBEN

6.15 helfen – hören – sehen – lassen • bleiben – gehen – lernen

Du hast mich rufen hören und bist trotzdem sitzen geblieben!

1 Funktion

Sie **hilft** dir kochen.	Unterstützung einer Aktivität
Hört ihr ihn Gitarre spielen? Ich **sehe** einen Wagen kommen.	Wahrnehmung einer Aktivität
Ich **lasse** mir die Haare schneiden. Ich **lasse** Hans mit meinem Auto fahren. Wir **lassen** unser Gepäck im Bus liegen.	veranlassen, dass jemand etwas für einen tut erlauben/zulassen, dass etwas geschieht etwas zurücklassen

Ich **bleibe** sitzen.	unveränderter Zustand, keine Aktivität
Ich **gehe** schwimmen. Meine Schwester **lernt** Tennis spielen.	„auf dem Weg" zu einer Aktivität

2 Formen und Positionen im Satz

Zusammen mit einem Vollverb verhalten sich *helfen*, *hören*, *sehen* und *lassen* in Haupt- und Nebensatz in allen Zeiten wie ein Modalverb:

Wir **hörten** ihn schon von Weitem um Hilfe **rufen**. Ich **half** meiner Schwester die Koffer **tragen**. Ich **habe** mir die Haare **schneiden lassen**.	Präteritum Perfekt	Hauptsatz
Ich glaube nicht, dass sie den Wagen **kommen sah**. Bist du sicher, dass wir unser Gepäck im Bus **haben liegen lassen**?*	Präteritum Perfekt	Nebensatz

* konjugiertes Verb *haben* vor den beiden Infinitiven

Konjugation der Modalverben → s. Seite 214

Bei *bleiben*, *gehen* und *lernen* gilt dies nur für das Präsens und Präteritum. Im Perfekt und Plusquamperfekt verwendet man die gewöhnliche Satzstellung mit Hilfsverb und Partizip Perfekt:

Hans **bleibt** immer **sitzen**, wenn es an der Tür klingelt. Hans **ist sitzen geblieben**, als es an der Tür klingelte.	Präsens Perfekt	Hauptsatz
Als sie Tennis **spielen lernte**, verliebte sie sich in ihren Tennislehrer. Ich hoffe nicht, dass Andrea mit Tom **schwimmen gegangen ist**.	Präteritum Perfekt	Nebensatz

Helfen und *lernen* können auch einen Infinitiv + *zu* nach sich ziehen – vor allem dann, wenn der Infinitiv durch längere Zusätze erweitert wird:
Ich half meiner Schwester, die schweren Koffer zum Auto zu tragen.
Max hat immer noch nicht gelernt, in kritischen Situationen seinen Mund zu halten.

ÜBUNGEN

1 Peter, der Faulpelz – Bilden Sie Sätze mit *sich lassen* im Präsens.

a) das Frühstück machen
b) ins Büro fahren
c) den Kaffee kochen
d) das Mittagessen holen
e) seine Mails schreiben
f) das Meeting für nächste Woche organisieren
g) das Geschenk für seine Tochter kaufen
h) sogar seine Brille putzen

a) *Das Frühstück macht er nicht selbst, sondern er lässt es sich machen.*

2 Hundeliebe – Bilden Sie Sätze mit *lassen* im Perfekt.

Weißt du noch? Unsere Oma hat ihrem Hund „Bingo" einfach alles erlaubt. Er durfte …

a) … von ihrem Teller fressen.
b) … aus ihrer Tasse trinken.
c) … auf dem hellen Sofa liegen.
d) … in ihrem Lieblingssessel sitzen.
e) … auch nachts im Garten bellen.
f) … die Katzen der Nachbarn jagen.
g) … die teuren Schuhe kaputt beißen.
h) … sogar in ihrem Bett schlafen.

a) *Sie hat ihn von ihrem Teller fressen lassen.*

3 Sommernacht – Bilden Sie Fragesätze mit *hören* und *sehen*.

a) Die Sonne geht unter.
b) Die Vögel singen.
c) Die Katzen schreien.
d) Die Liebespaare umarmen sich.
e) Die Fledermäuse fliegen.
f) Das Meer rauscht.
g) Der Mond scheint durch die Wolken.
h) Die Leute im Nachbargarten singen.

a) *Siehst du die Sonne untergehen?*

4 Paul und Paula im Zoo – Bilden Sie Sätze mit *hören* und *sehen* im Perfekt.

a) die Tiger – brüllen
b) die Eisbären – fressen
c) die Affen – tanzen
d) die Papageien – schreien
e) die Taranteln – krabbeln
f) die Elefanten – trompeten

a) *Sie haben die Tiger brüllen hören.*

5 Ein ausgefüllter Tagesplan – Bilden Sie Sätze im Präsens.

a) gehen – mit den Kindern – heute – wandern
b) deshalb – bleiben – nicht zu lange – im Bett – liegen
c) und – bleiben – auch am Frühstückstisch – nicht länger als nötig – sitzen
d) gehen – mit dem Hund – spazieren – schon um 8:00 Uhr
e) um 18:00 Uhr – lernen – bei einem Pianisten – Klavier – spielen
f) und – um 21:00 Uhr – lernen – in der Volkshochschule – Tango – tanzen

a) *Heute gehe ich mit den Kindern wandern.*

6 Komplett geschafft? – Bilden Sie Sätze im Perfekt.

a) *Heute bin ich mit den Kindern wandern gegangen.*

VERBEN

6.16 kennen – wissen – können • mögen – gefallen …

Kennst du den Mann?
Gefällt dir das Haus?

a kennen – wissen – können

Kannst du gut Japanisch?

Na ja, „gut" ist übertrieben. Aber ich kenne mittlerweile viele Schriftzeichen und weiß, wie die wichtigsten Regeln funktionieren.

kennen [kannte / hat gekannt]	Ich kenne Frau Sakurai gut. Ich kenne die japanische Küche.	+ Akk.	Information durch eigene Erfahrung (Personen/Sachen)
wissen [weiß / wusste / hat gewusst]	Ich weiß, dass die japanische Küche sehr fettarm ist.	+ Nebensatz	Information durch Kenntnisse (Tatsachen)
	Ich weiß* den Weg / die Antwort / eine Lösung / einen guten Arzt.	+ Akk.	
	Sie weiß alles über uns. Was wissen Sie über dieses Projekt?	+ über + Akk.	detaillierte Information
	Wussten Sie von diesem Projekt?	+ von + Dat.	vage Information
können [konnte / hat … können]	Ich kann fließend Japanisch.** Ich kann japanisch kochen. Sie können mich abends anrufen.	+ Infinitiv	Fähigkeit/ Möglichkeit

* Hier ist auch *kennen* möglich.   ** Das Verb *sprechen* fällt oft weg.

b mögen – gefallen – schmecken – lieben – gern(e) haben – gern(e) machen/tun

mögen [mochte / hat gemocht]	Magst du Hunde? – Nein, ich mag Hunde überhaupt nicht.	+ Akk.	Zustimmung/ Sympathie
möchte* (= Konjunktiv II)	Ich möchte ein Eis.		höfliche Umschreibung von *ich will*
gefallen [gefällt / gefiel / hat gefallen]	Es gefällt mir, wie er seine Kinder erzieht. Dieses Kleid gefällt mir sehr.	+ Dat.	etwas/jemanden gut/ schön finden (nicht für Essen und Trinken)
schmecken	Mir schmeckt diese Suppe.		ein Essen oder Getränk gut finden
lieben	Er liebte seine Frau. Aber er liebte auch seine Freiheit.	+ Akk.	etwas/jemanden außergewöhnlich mögen
gern(e) / lieber / am liebsten haben	Ich habe sie sehr gern, lieber übrigens als ihre Schwester.		= *mögen*
gern(e) / lieber / am liebsten machen/tun	Was machst du in deiner Freizeit am liebsten? Treibst du gern Sport oder bist du lieber einfach nur faul?		eine Aktivität mögen

* nur im Präsens (im Präteritum: *ich wollte*)

ÜBUNGEN

1 Urlaubsbekanntschaften – Wurden in den folgenden Sätzen *kennen*, *wissen* und *können* richtig verwendet? Korrigieren Sie, wo nötig.

Lieber Alex,

kennst Du noch, wer ich bin? Es ist ja schon lange her, dass wir uns in Rom getroffen haben, und ich kann Dich ja kaum. Deshalb weiß ich nicht, ob es richtig ist, Dir diese E-Mail zu schicken. Aber ich weiß nur wenige Männer, mit denen ich mich gleich so gut unterhalten habe. Kannst Du Dich noch an unser kleines Café erinnern? Ich weiß mich genau an den Abend erinnern, als wir uns kennengelernt haben. Vielleicht kennst Du mir ja mal antworten.

Ciao! Maria

P. S.: Wie findest Du mein Deutsch? Leider weiß ich immer noch nicht so genau zwischen können, kennen und wissen unterscheiden.

Korrektur

weißt

2 Wer weiß Bescheid? – Ergänzen Sie *kennen*, *wissen* oder *können*.

a) *Wissen* Sie, wie man nach der Arbeit am besten abschalten _____?
Ich _____ jemanden, der alles, was ihm im Kopf herumgeht, auf einen Zettel schreibt und diesen dann feierlich verbrennt. _____ Sie auch einen Trick?

b) Birgit _____ (Prät.) nichts von Peters Plan, ein neues Auto zu kaufen. Wenn sie _____ hätte, was er vorhat, hätte sie laut protestiert. Als der Wagen dann plötzlich vor der Haustür stand, _____ sie nichts mehr daran ändern.

c) Was _____ Sie über Goethe? _____ Sie ein Theaterstück von ihm? Haben Sie _____, dass er Beamter war? Ich habe mal jemanden _____, der den halben „Faust" auswendig _____ (Prät.).

3 Nachbarschaftshilfe – Ergänzen Sie die Verben.

gefallen (3x) • gern haben (2x) • lieben (2x) • mögen (2x) • schmecken • möchte

● Wie (a) *gefällt* dir eigentlich dein neuer Nachbar?

■ Ein süßer Typ. Ich (b) _____ ihn sehr. Ich war sogar schon zum Essen bei ihm.

● Das ging aber schnell. Und – hat es dir (c) _____?

■ Was? Ach so, das Essen. Ja, aber was mir besonders (d) _____ hat, war seine sensible Art. Ich (e) _____ es _____, wenn Männer zuhören können.

● Oje, dann hast du wieder mal den ganzen Abend geredet. Nicht jeder Mann (f) _____ das.

■ Nein, ich glaube, er (g) _____ mich ganz _____. Er hat mir übrigens erzählt, dass er geschieden ist. Seine Frau hat nach acht Jahren plötzlich gemerkt, dass sie ihn nicht mehr (h) _____. Sie hat jetzt einen anderen. Und weißt du, was? Er (i) _____ es, auf Flohmärkte zu gehen. Besonders (j) _____ ihm alte Reklameschilder aus den 50er Jahren. Er (k) _____ mit mir am Wochenende alle Flohmärkte in Berlin besuchen. Ist das nicht süß?

VERBEN

6.17 legen/liegen • setzen/sitzen

Ich lege das Buch auf den Tisch. Das Buch liegt auf dem Tisch.

1 Funktion

„Noch vor 5 Minuten stand das Rad neben der Haustür. Ich habe es selbst dorthin gestellt."

Handlung	Resultat
Sie **setzt** die Katze auf den Boden.	Die Katze **sitzt** auf dem Boden.
Paul **stellt** die Flasche in den Schrank.	Die Flasche **steht** im Schrank.
Er **legt** das Smartphone auf den Tisch.	Das Smartphone **liegt** auf dem Tisch.
Ich **hänge** das Regal an die Wand.	Das Regal **hängt** an der Wand.
Er **steckt** den Schlüssel ins Schloss.	Der Schlüssel **steckt** im Schloss.

2 Formen

regelmäßige Verben mit Akkusativ-Ergänzung			unregelmäßige Verben ohne Akkusativ-Ergänzung		
	Präteritum	Perfekt		Präteritum	Perfekt
setzen	setz**te**	hat **ge**setz**t**	sitzen	**saß**	hat **gesessen**
stellen	stell**te**	hat **ge**stell**t**	stehen	**stand**	hat **gestanden**
legen	leg**te**	hat **ge**leg**t**	liegen	**lag**	hat **gelegen**
hängen	häng**te**	hat **ge**häng**t**	hängen	**hing**	hat **gehangen**
Wohin? – Präposition + Akkusativ			*Wo?* – Präposition + Dativ		

Das Verb *stecken* ist mit und ohne Akkusativ-Ergänzung regelmäßig:
Eva **steckte** *sich eine Blume ins Haar. – In Evas Haar* **steckte** *eine Blume.*

ÜBUNGEN

1 Wer macht was bzw. wer ist wo? – Verbinden Sie beide Teile.

Alex liegt — auf die Gartenbank.
Karin stellt den Blumenstrauß — in großen Schwierigkeiten.
Max hängt — an der Bushaltestelle.
Veronika steckt — auf der Wiese.
Christina legt sich — auf dem Barhocker.
Jürgen setzt sich — in die Jackentasche.
Felix hängt wie eine Spinne — den Mantel in den Schrank.
Georg sitzt — ins Bett.
Karl-Heinz steckt den Brief — an der Felswand.
Erich steht — auf den Tisch.

≡ 2 **Formulieren Sie die Sätze aus Übung 1 im Präteritum und Perfekt.**

Alex lag auf der Wiese.
Alex hat auf der Wiese gelegen.

≡ 3 **Familienalltag – Ergänzen Sie die Verben und die Artikel.**

liegen (2x) • legen • stecken (2x) • sitzen (2x) • setzen (3x) • hängen (2x) • stehen • stellen

a) ● Sag mal, wo _liegt_ eigentlich meine Brille? Ich habe sie eben erst auf _____ Schreibtisch _____.
   ■ Dann wird sie da wohl immer noch _____. – Aber nein, ich sehe gerade, du hast dir _____ Brille wieder mal auf_____, ohne es zu merken.
   ● In welcher Jacke _____ denn der verdammte Ausweis schon wieder?
   ■ Du hast ihn doch gerade selbst in _____ Hosentasche _____.

b) ● Ich glaub', ich muss mich einen Moment _____. Der Weg ist so steil.
   ■ Das kommt davon, wenn man wie du den ganzen Tag im Büro _____.
   ● Das stimmt nicht. In der Mittagspause _____ ich mich oft auf _____ Bank im Park nebenan.
   ■ Na, dann _____ du ja schon wieder!

c) ● Warum hast du denn den Vogelkäfig so hoch an _____ Decke _____?
   ■ Der alte Platz, wo er bisher _____ (Prät.), hat mir nicht mehr gefallen.
   ● Ich glaube, dem Vogel ist es am liebsten, sein Käfig _____ auf einem Tisch.
   ■ Fein, dann _____ ihn doch zu dir auf _____ Schreibtisch.

≡ 4 **Karls Chaos – Formulieren Sie Fragen und Antworten mit *liegen, stehen, hängen, stecken, sitzen*.**

Wo ist denn die Milch? – Die steht auf dem Regal.

≡ 5 **Formulieren Sie Fragen und Antworten wie in Übung 4, aber mit *legen, stellen, hängen, stecken* und *setzen*.**

Wohin hat er die Milch getan? – Die hat er auf das Regal gestellt.

VERBEN

6.18 TRENNBARE VORSILBEN BEI VERBEN

abholen – Ich hole dich ab.

1 Funktion

Viele Verben bekommen eine trennbare Vorsilbe und ändern dadurch in der Regel ihre Bedeutung. Das Partizip II bilden sie mit *-ge-*, zum Beispiel *angekommen, ausgekommen, aufgekommen, …*

kommen	Durch verschiedene Vorsilben
ankommen – am Bahnhof	… werden neue Verben gebildet,
auskommen – mit seinem Geld	… ändert sich die Bedeutung.
aufkommen – ein Wind kommt auf	
hinkommen – an ein Ziel	

2 Formen

Die Vorsilbe wird betont.

Vorsilbe	Beispiel	Vorsilbe	Beispiel	Vorsilbe	Beispiel
ab	abholen	fort	fortgehen	unter*	untergehen
an	anfangen	gegenüber	gegenüberstellen	um*	umschalten
auf	aufhören	gleich	gleichsetzen	vor	vorhaben
aus	ausgehen	her	herkommen	weg	wegwerfen
bei	beibringen	hin	hinfahren	weiter	weiterfahren
durch*	durchsetzen	los	loslassen	wider*	widerspiegeln
ein	einziehen	mit	mitteilen	zu	zulassen
entgegen	entgegensetzen	nach	nachsprechen	zurück	zurücklassen
fest	festhalten	über*	überlaufen	zusammen	zusammensetzen

* auch als untrennbare Vorsilbe, → s. Seite 122

3 Bedeutungswandel trennbare und untrennbare Vorsilben

Die Vorsilben *durch, über, um, unter, wieder* und *wider* können sowohl trennbare als auch untrennbare Verben bilden. Je nachdem, ob trennbar oder nicht, unterscheiden sich Bedeutung und Betonung. Verben mit trennbaren Vorsilben haben meist eine konkrete Bedeutung. Untrennbare Vorsilben haben dagegen eine abstrakte Bedeutung.

Vorsilbe	trennbar → konkret	untrennbar → abstrakt
durch-	Der Kaffee läuft gerade durch.	Korbinian durchläuft eine schwierige Phase.
über-	Es ist kalt. Zieh doch bitte den Pulli über.	Es kostet Geld, sein Konto zu überziehen.
um-	Nico, Vorsicht, fahr mich nicht um!	Wir haben den Stau weiträumig umfahren.
unter-	Bei Regen stellen wir die Räder unter.	Ich unterstelle dir keine bösen Absichten.
wieder	Der Spieler holt sich den Ball wieder.	Könnten Sie das bitte wiederholen.

4 Positionen im Satz

Position 1	Position 2	Position 3, …	Satzende
Der Zug	kommt	um 6 Uhr	an.
Der Zug	ist	pünktlich	angekommen.

Hauptsatz	Nebensatz/Infinitivsatz
Ich hole dich ab,	wenn du um 6 Uhr ankommst.
Ich habe vor,	dich um 6 Uhr abzuholen.

ÜBUNGEN

1 Formulieren Sie höfliche Bitten mit -machen. Mehrere Lösungen sind möglich.

ab- • an- • auf- • aus- • los- • mit- • weg- • zu-

a) bei unserem Spiel
b) das Seil / die Schnur
c) das Fenster
d) das Licht im Keller
e) das Preisschild von der neuen Hose
f) den Fleck am Ärmel
g) den Beamer
h) die Dose

a) *Bitte mach bei unserem Spiel mit.*

2 So eine Nervensäge! – Formulieren Sie Kurzdialoge.

diese Zeitschrift mal ausleihen • diese neue CD mal anhören • dein Handy mitnehmen • deine neuen Rollerblades mal ausprobieren

ER: *Hast du was dagegen, wenn ich mir die Zeitschrift mal ausleihe?*
SIE: *Nein, leih sie dir ruhig aus.*

3 Mutter und Tochter – Formulieren Sie Kurzdialoge.

einen warmen Pulli anziehen • Milch einkaufen • mit den Hausaufgaben weitermachen (fertig machen) • mit dem Telefonieren aufhören (anfangen) • den Mülleimer raustragen

Mutter: *Zieh bitte einen warmen Pulli an.*
Tochter: *Aber ich habe doch schon einen angezogen.*

4 Bedeutungswandel – Welche Vorsilbe passt? Jeweils ein Verb passt nicht.

einsehen – absehen – aufsehen – zusehen

a) Er sah stundenlang nicht von seinem Buch *auf*.
b) Er sieht nicht _____, dass er einen Fehler gemacht hat.
c) Sie kann nicht _____sehen, wann sie fertig wird.

anbringen – beibringen – vorbringen – wegbringen

d) Bring doch bitte die leeren Flaschen _____.
e) Ich würde gerne eine Bitte _____bringen.
f) Unsere Lehrerin bringt uns täglich etwas Neues _____.

abschreiben – aufschreiben – ausschreiben – umschreiben

g) Ich bin sehr vergesslich. Ich muss mir alles _____schreiben.
h) Peter versuchte, in der Prüfung _____zuschreiben.
i) Wir werden diese Stelle sofort neu _____schreiben.

5 Trennbar oder nicht? – Bilden Sie Sätze im Präsens.

a) Jens – einen Text – ins Englische – übersetzen
Jens übersetzt einen Text ins Englische.
b) Wenn er ein Wort nicht kennt, – er – es – umschreiben
c) Rachel – aus beruflichen Gründen – nach Berlin – umziehen
d) der Mieter – den Vertrag – nicht – unterschreiben
e) die Polizei – die Wohnung des Firmenchefs – durchsuchen
f) warum – Paula – mir – dauernd – widersprechen?
g) Britta, pass auf, die Milch – überkochen!
h) nach dem Zusammenstoß – mit einem Eisberg – das Schiff – untergehen
i) die Schüler – die Übung – wiederholen

6 Setzen Sie die Sätze aus Ü 5 ins Perfekt.

a) *Jens hat einen Text ins Englische übersetzt.*

VERBEN

6.19 UNTRENNBARE VORSILBEN BEI VERBEN

schreiben – beschreiben

1 Funktion

Vorsilben geben den Verben in der Regel eine andere Bedeutung. Die Silben *de-*, *ent-*, *miss-*, *zer-*, *er-*, *re-*, *ver-* und *be-* sind vom Verb nicht trennbar und unbetont. Das Partizip bilden sie ohne *-ge-*, zum Beispiel *berichten – er hat berichtet*, *erklären – er hat erklärt*, *verstehen – er hat verstanden*.

Bedeutungs-änderung	Ich schreibe dir eine Karte. Ich beschreibe dir den Weg. Dieser Vorschlag gefällt mir. Aber meinem Freund missfällt er.	Durch verschiedene Vorsilben … … werden neue Verben gebildet, … ändert sich die Bedeutung.

Verben mit *be-*, *er-*, *de-*, *zer-* und *ver-* haben fast immer eine Akkusativ-Ergänzung.

2 Bedeutungstendenzen

a Vorsilben mit negativer Bedeutungstendenz

Vorsilbe	Verb mit Vorsilbe	Bedeutungs-tendenz
ent-	Für die Untersuchung beim Arzt musste er sich entkleiden.	„weg"
	Alle wichtigen Informationen können Sie der Beschreibung entnehmen.	„heraus"
de-*	Ein Kollege hilft mir, das alte Programm zu deinstallieren.	„weg"
miss-**	Meine Bemerkung über sein neues Auto hat dem Kollegen missfallen.**	„nicht"
zer-	Paulchen hat beim Spielen die alte Vase zerbrochen.	„kaputt"

* Für Verben aus dem Griechischen und Lateinischen.
** Bei Ausgangsverben mit der Vorsilbe *ge-* fällt die Vorsilbe weg und wird durch *miss-* ersetzt, z. B. *gelingen – misslingen*.

b Vorsilben mit anderen Bedeutungstendenzen

Vorsilbe	Verb mit Vorsilbe	Bedeutungstendenz
er-	Nach fünf Jahren Bauzeit wurde das Museum gestern eröffnet.	„Resultat"
re-	Die Polizei hat den Banküberfall rekonstruiert.	„zurück"
ver-	Michael hat sich in den letzten Jahren völlig verändert.	„anders werden"
	Die Wanderer haben sich im Gebirge verlaufen.	„unerwünschtes Ergebnis"
	Meine Brille ist verschwunden – hast du sie gesehen?	„weg" (früher war es „da")

c Mit und ohne Vorsilbe *be-*

Verben mit *be-* + Präposition haben statt der Präpositionalangabe immer eine Akkusativ-Ergänzung.

Vorsilbe	Verb ohne Vorsilbe (mit Präposition)	Verb mit Vorsilbe statt Präposition	Bedeutungs-tendenz
be-	Der Kunde zahlt die Rechnung.	Der Kunde bezahlt die Rechnung.	fast gleiche oder ähnliche Bedeutung
	Der Bildhauer arbeitet an der Skulptur.	Der Bildhauer bearbeitet die Skulptur.	
	Ich wundere mich über Timos Verhalten.	Ich bewundere Timos Verhalten.	völlig andere Bedeutung

ÜBUNGEN

1 Analyse – Unterstreichen Sie die Verben mit Vorsilben und sortieren Sie sie.

Siegfried, Königssohn aus den Niederlanden, brach von seiner Heimatstadt Xanten am Niederrhein auf, um sich in fernen Ländern einen Namen zu machen. Auf der Reise gewann er den Schatz der Nibelungen, erkämpfte sich eine Tarnkappe, die ihn unsichtbar machen konnte, erstach einen Drachen und badete in seinem Blut. Schließlich kam Siegfried nach Worms, wo König Gunther regierte. Um Gunthers Schwester Kriemhild zur Frau zu bekommen, versprach Siegfried dem König, ihm zu helfen, die schöne, aber übermenschlich starke Brunhild von Island zur Frau zu gewinnen. Gunther musste seine zukünftige Braut im Wettkampf besiegen. Dazu wurde von mehreren Männern ein riesiger Speer herbeigeschleppt. Riesengroß war auch der Stein, den er wegstoßen musste. Gunther verlor den Mut. Er fürchtete, dass er sich gegen Brunhild nicht durchsetzen würde. Siegfried unterstützte Gunther. Er zog seine Tarnkappe an und wurde dadurch für die Zuschauer des Wettkampfes unsichtbar.

untrennbar	trennbar
	aufbrechen

2 Formulieren Sie den Text aus 1 im Perfekt und behalten Sie für die Sätze mit Modalverben das Präteritum bei.

Siegfried, Königssohn aus den Niederlanden, ist von seiner Heimatstadt Xanten am Niederrhein aufgebrochen, um sich in fernen Ländern einen Namen zu machen. Auf der Reise hat er ...

3 Unser Freund Alex! – Setzen Sie er-, ent- miss-, ver- oder zer- ein.

- Ich weiß nicht, ob ich das jetzt richtig (a) _ver_standen habe, aber ich (b) _ent_nehme deiner Bemerkung, dass sich Alex in letzter Zeit sehr (c) _ver_ändert hat.
- Ja, er ist schon seit Wochen kaum noch zu (d) _er_reichen. Als wir uns letzte Woche sehen wollten, hat er mich sitzen lassen und hinterher behauptet, er hätte (e) _ver_schlafen! So blöde Ausreden unter Freunden! Und wenn wir uns dann treffen, ist er muffig und wortkarg. An so etwas kann eine Freundschaft (f) _zer_brechen.
- Hast du schon daran gedacht, dass Alex krank sein könnte?
- Ja klar, aber er hat mir dann (g) _er_klärt, ich hätte das alles (h) _miss_verstanden. Er würde kaum noch ein Auge zumachen, weil er ständig überlegt, ob das Geld, das ihm seine alte Tante (i) _ver_erbt hat, ausreicht, die sündhaft teure Eigentumswohnung zu (j) _____werben, in die er sich (k) _ver_liebt hat. Na, wenigstens hatte ihn seine Tante nicht ...
- (l) _ent_erbt, wie er immer befürchtet hatte! Oh, schau mal, dein Hund hat meine Handschuhe (m) _zer_bissen!

VERBEN

6.20 PASSIV

wird ... informiert

1 Funktion

Die Assistentin schreibt eine E-Mail.
Aktiv:
Wer handelt?

Die E-Mail wird geschrieben.
Passiv:
Was passiert?

Das Passiv wird häufig bei Beschreibungen von Arbeitsvorgängen, Produktionsverfahren, Regeln, Vorschriften und allgemeinen Aussagen benutzt.

2 Formen

a Konjugation

Präsens	ich	werde	informiert	
Präteritum	ich	wurde	informiert	
Perfekt	ich	bin	informiert	worden
Plusquamperfekt	ich	war	informiert	worden
Futur I	ich	werde	informiert	werden

b Umformung Aktiv → Passiv

Aus der Akkusativ-Ergänzung des Aktivsatzes wird eine Nominativ-Ergänzung:

Nominativ-Ergänzung	Verb	Akkusativ-Ergänzung	Partizip II
Die Stadt	modernisiert	den alten Bahnhof.	
Der alte Bahnhhof	wird		modernisiert.

Wenn es keine Akkusativ-Ergänzung im Aktivsatz gibt, dann gibt es keine Nominativ-Ergänzung im Passivsatz: Auf Position 1 steht dann *es* oder ein anderer Satzteil. Bei Sätzen ohne Subjekt steht das Verb in der 3. Person Singular:

Position 1	werden			Partizip II
Es*	wurde	lange	über die Projekte	gesprochen.
Über die Projekte	wurde	lange		gesprochen.
Lange	wurde		über die Projekte	gesprochen.

* *es* in dieser Funktion nur in Hauptsätzen

Die Nominativ-Ergänzung (das Subjekt) im Aktivsatz wird im Passivsatz oft weggelassen. Wenn man das Subjekt anführen will, formuliert man es mit einer Präposition:

	Subjekt			
Aktiv	Der Pressesprecher	informiert	die Öffentlichkeit.	
Passiv	Die Öffentlichkeit	wurde		informiert.
	Die Öffentlichkeit	wurde	vom Pressesprecher*	informiert.
	Die Öffentlichkeit	wurde	durch die Presse*	informiert.
		werden	logisches Subjekt/Agens	Partizip II

* *von* + Dativ: Personen, Institutionen; *durch* + Akkusativ: Medium/Instrument

ÜBUNGEN

1 **Ein sehr persönlicher Arbeitsplatz – Formulieren Sie Sätze im Passiv Präteritum.**

a) alle Mitarbeiter – informieren
   Alle Mitarbeiter wurden informiert.
b) die alte Kantine – renovieren
c) die Wände – weiß streichen
d) neue Lampen – installieren
e) endlich – eine Klimaanlage – einbauen
f) die Renovierung – übrigens von den Mitarbeitern höchstpersönlich – durchführen

2 **Formulieren Sie die Sätze von Übung 1 im Passiv Perfekt.**

a) Alle Mitarbeiter sind informiert worden.

3 **E-Mail aus dem Büro – Formulieren Sie den Text im Passiv.**

> Liebe Diana,
>
> nur ganz kurz zu meinem neuen Job. Horror pur! Hier beginnt man um 7.30 Uhr mit der Arbeit, man spricht nicht über Privates und im Team arbeitet man auch nicht. Stattdessen denken alle ständig an die Konkurrenz. Natürlich trinkt man nur Gesundheitstee, man lacht nur selten und feiert nie! Hilfe!
>
> Bis bald!
> Deine Tanja

Liebe Diana,
nur ganz kurz zu meinem neuen Job. Horror pur! Hier wird um 7.30 Uhr mit der Arbeit begonnen, ...

4 **Chatten und shoppen – Formulieren Sie den Text im Passiv und nennen Sie das Agens mit *von* oder *durch*.**

a) Das Internet ermöglicht ganz neue Kommunikationsformen.
   Durch das Internet werden ganz neue Kommunikationsformen ermöglicht.
b) Man plaudert und flirtet im Netz.
c) Hier sprechen dich wildfremde Leute an.
d) Ein persönliches Passwort schützt die Daten, wenn man per Internet einkauft und bezahlt.
e) Wenn man die Kreditkarten-Daten ungesichert eingibt, missbraucht vielleicht ein unberechtigter „Einkäufer" das eigene Konto.

5 **Das @-Zeichen – Formulieren Sie das Passiv ins Aktiv um und das Aktiv ins Passiv.**

Das @-Zeichen ist für E-Mail-Adressen ausgewählt worden, weil man dieses Zeichen in keiner Sprache dieser Welt benutzt. Man braucht das Zeichen als Trennung zwischen dem Adressaten-Namen und dem Provider-Namen. Für das @-Zeichen werden meistens die Tasten „Alt Gr" und „Q" gedrückt.

Man hat das @-Zeichen für E-Mail-Adressen ausgewählt, weil ... dieses Zeichen wird in keiner Sprache dieser Welt benutzt. Das Zeichen wird als Trennung zwischen dem Adressaten-Namen und dem Provider-Namen gebraucht. Für das @-Zeichen drückt man die Tasten „Alt Gr" und „Q" am meisten.

VERBEN

6.21 PASSIV MIT MODALVERBEN

muss informiert werden

1 Funktion

Aktiv	Der Bürgermeister muss die Öffentlichkeit informieren.
Passiv	Die Öffentlichkeit muss informiert werden.

2 Formen

a Konjugation

		Modalverb	Infinitiv Präsens Passiv	
Präsens	Die Öffentlichkeit	kann muss will darf soll	informiert werden.	
Präteritum	Die Öffentlichkeit	konnte musste wollte durfte sollte	informiert werden.	
		haben	Infinitiv Präsens Passiv	Modalverb
Perfekt*	Die Öffentlichkeit	hat	informiert werden	können. müssen. wollen. dürfen. sollen.

* nur selten gebraucht

b Umformung Aktiv *wollen* → Passiv *sollen*:

Aktiv	Der Journalist will den Skandal aufdecken.
Passiv	Der Skandal soll aufgedeckt werden.

Modalverben → s. Seite 104, 106, 214

ÜBUNGEN

1 **Haben Sie das schon gehört? – Formulieren Sie Aktivsätze mit dem Modalverb *wollen*.**

a) Alle Altbauwohnungen sollen renoviert werden.
b) Das veraltete Heizungssystem soll modernisiert werden.
c) In jeder Wohnung sollen moderne Fenster eingebaut werden.
d) Die alten Bäder sollen erneuert werden.
e) Der Hinterhof soll begrünt werden.
f) Neue Bäume sollen gepflanzt werden.
g) Im ganzen Haus sollen die Mieten erhöht werden.

Die Hausbesitzer ...
a) ... wollen alle Altbauwohnungen renovieren.

2 Große Pläne – Formulieren Sie Passivsätze mit *sollen*.

Die Stadtregierung ...
a) ... will ein modernes Einkaufszentrum bauen.
   Ein modernes Einkaufszentrum soll gebaut werden.
b) ... will einen großen Kinderspielplatz anlegen.
c) ... will Frühlingsblumen pflanzen.
d) ... will im Zentrum eine Fußgängerzone einrichten.
e) ... will mehr Straßen zu Spielstraßen machen.
f) ... will einen neuen Tunnel bauen.
g) ... will mehr Straßenlampen aufstellen.

3 Kriminelle Pläne – Formulieren Sie Passivsätze mit dem Modalverb *müssen*.

a) Die Bank Tag und Nacht beobachten!
   Die Bank muss Tag und Nacht beobachtet werden.
b) Einen genauen Plan machen!
c) Ein Fluchtauto organisieren!
d) Die Nummernschilder unbedingt austauschen!
e) Ein Bankkonto für Schwarzgeld eröffnen!
f) Pässe und Flugtickets besorgen!
g) Den Boss laufend informieren!

4 Stress im Büro – Formulieren Sie Passivsätze im Präteritum mit *können*.

a) Das Programm war abgestürzt, und keiner konnte den Computer neu starten.
   Das Programm war abgestürzt, und der Computer konnte nicht neu gestartet werden.
b) Niemand wusste, wie man die neue Klimaanlage richtig bedient.
   Die neue Klimaanlage ...
c) Keiner hatte Zeit, den Termin mit dem Unternehmensberater vorzubereiten.
   Der Termin ...
d) Der Kopierer war auch kaputt, deshalb konnte man die Unterlagen nicht kopieren.
   Die Unterlagen ...
e) Die Leitung war dauernd besetzt, deshalb konnte keiner den Reparaturservice benachrichtigen.
   Der Reparaturservice ...
f) Die Besprechung mit dem Abteilungsleiter konnte man auch nicht planen.
   Die Besprechung ...
g) Und dann gab es noch das Problem mit der Portomaschine, weshalb man die Post nicht rechtzeitig verschicken konnte.
   ..., weshalb die Post ...

5 Der Kaufhauserpresser Dagobert – Formulieren Sie Passivsätze.

a) Der Kaufhausbesitzer sollte das Geld in einer Plastiktüte auf einer Baustelle deponieren.
   Das Geld sollte in einer Plastiktüte auf einer Baustelle deponiert werden.
b) Erfahrene Beamte sollten den Ort beobachten.
c) Sie konnten die Geldübergabe aber nicht verhindern.
d) Denn der Sprechfunk im Polizeiwagen war kaputt (kein Passiv möglich), und man konnte ihn nicht mehr rechtzeitig reparieren.
e) Laut Polizeisprecher muss man den Erpresser nun anhand alter Fotos identifizieren.
f) Die Zeugen konnten den Mann allerdings nicht erkennen.
g) Die Polizei will den Kaufhauserpresser Dagobert aber ganz sicher beim nächsten Mal fassen.

VERBEN

6.22 ZUSTANDSPASSIV

Die Tür ist geöffnet.

1 Funktion

Etwas passiert.
Die Tür wird geöffnet.

Etwas ist passiert.
Die Tür wurde geöffnet.
Die Tür ist geöffnet worden.

Es gibt einen neuen Zustand.
Die Tür ist geöffnet.

2 Formen

		konj. Verb		Partizip II	
Präsens	Das Geschäft	ist	jetzt	geöffnet.	
Präteritum	Das Geschäft	war	gestern	geöffnet.	
Futur	Das Geschäft	wird	auch morgen	geöffnet	sein.

ÜBUNGEN

≡ 1   Der Weg einer E-Mail – Unterstreichen Sie alle Passivformen.

Das Mail-Programm <u>wird</u> vom Sender – also von Ihnen – <u>gestartet</u>. Man muss aber nicht online gehen, um die Mail zu schreiben. Ist der elektronische Brief geschrieben, werden die fertigen Nachrichten gespeichert. Erst durch die Verbindung zum Internet und einen Klick auf „senden" kann der elektronische Brief losgeschickt werden.
Vom Postausgang Ihres Providers werden die Mails dann zum Posteingang des Mail-Empfängers gesendet. Der Empfänger wird über neue E-Mails nur dann benachrichtigt, wenn eine Verbindung zum Internet besteht. Viele Programme sind so eingerichtet, dass der Posteingang in bestimmten Intervallen überprüft wird. Neue E-Mails können dann automatisch abgerufen werden.

≡ 2   Tragen Sie die Passivformen aus Übung 1 in das Schema ein und ordnen Sie zu.

	Passiv	Passiv + Modalverb	Zustands-passiv
wird gestartet	X		

≡ 3 Alles schon erledigt – Formulieren Sie Sätze im Zustandspassiv mit *schon/bereits*.

a) Würdest du bitte mal den Akku auspacken?
   Der Akku ist schon ausgepackt.
b) Und können wir jetzt den Computer anschließen?
c) Ach, und jetzt schalte doch mal den Strom ein!
d) Sag mal, kannst du eigentlich auch die Software installieren?
e) So, und jetzt können wir den Internetzugang herstellen.
f) Und jetzt gebe ich mal mein Passwort ein.
g) Lade doch mal den neuen Film runter.

≡ 4 Wie geht es zu Hause? – Formulieren Sie Antworten im Zustandspassiv.

a) Hast du den Kuchen für Tante Heidi schon gebacken?
   Ja, der Kuchen ist gebacken.
b) Und die Blumen habt ihr auch gegossen?
   Natürlich, …
c) Hat eigentlich jemand die Wäsche aufgehängt?
   Selbstverständlich, …
d) Und wenn du Zeit hast, könntest du vielleicht die Steckdose in meinem Zimmer reparieren.
   Stell dir vor, …
e) Habt ihr daran gedacht, die Heizung einzuschalten? Es wird nachts ja schon richtig kalt!
   Klar, …
f) Und die Rechnungen hast du sicher auch schon bezahlt.
   Tut mir leid, …   (+ noch nicht)

≡ 5 Ein netter Mann! – Formulieren Sie Sätze im Zustandspassiv Präteritum.

Hallo, Jana, … ja, wirklich schade, dass du gestern Abend nicht da warst. Ja, es war ein wunderschönes Fest, und heute Morgen dachte ich, jetzt muss ich erst mal alles aufräumen. Aber du kennst ja Peter! Alles war schon fertig:

a) Gläser abräumen
b) Geschirr abwaschen
c) Aschenbecher [Pl.] ausleeren
d) Zimmer lüften
e) Frühstückstisch decken
f) Kaffee kochen
g) Orangensaft einschenken

a) *Die Gläser waren schon abgeräumt.*

VERBEN

6.23 PASSIV-ERSATZFORMEN

Die Reparatur ist machbar.

1 Funktion

Ersatzformen	Passiv
Die Reparatur ist machbar.	Die Reparatur kann gemacht werden.
Die Reparatur lässt sich machen.	
Die Reparatur ist zu machen.	
Das ist eine noch zu lösende Aufgabe.	Das ist eine Aufgabe, die noch gelöst werden muss.

Die Ersatzformen werden oft anstelle des Passivs verwendet, um eine Häufung von Passivkonstruktionen zu vermeiden. Die Ersatzformen haben zwar eine passive Bedeutung, aber das Verb steht im Aktiv.
sein + zu → s. auch Seite 112

2 Formen

a mit modaler Komponente

Ersatzformen		Passiv mit Modalverb
ist bezahlbar	*sein* + Adjektiv auf	kann bezahlt werden
ist unverkäuflich	*-bar* oder *-lich*	kann nicht verkauft werden
lässt sich machen	*sich lassen* + Infinitiv	kann gemacht werden
ist abzuholen	*sein* + *zu* + Infinitiv	kann/muss/soll abgeholt werden
ist nicht zu verkaufen		kann/muss/soll/darf nicht verkauft werden
der zu lernende Stoff	*zu* + Partizip I +	der Stoff, der gelernt werden kann/muss/soll
ein durchzuführendes Experiment	Adjektivdeklination (Gerundiv)	ein Experiment, das durchgeführt werden muss/soll/kann

Adjektive auf *-bar* oder *-lich*, Bedeutungsunterschied:

löslich	Salz ist in Wasser löslich.	in Flüssigkeit
lösbar	Die Aufgabe ist lösbar.	durch Nachdenken
leserlich	Er hat eine leserliche Schrift.	Man kann die Handschrift gut lesen.
lesbar	Der Roman ist gut lesbar.	Der Roman ist in verständlicher Sprache geschrieben.

b ohne modale Komponente

Passiv	Passiversatzform	
Meinem Freund Linus wird ein Fotokalender geschenkt.	Mein Freund Linus bekommt einen Fotokalender geschenkt.	**bekommen** + Partizip II von Verben mit Dativ- und Akkusativ-Ergänzung wie *anbieten, erklären, liefern, schenken, schicken, senden, zeigen* etc. Die Dativ-Ergänzung im Passivsatz wird zur Nominativ-Ergänzung (Subjekt) in der Ersatzform.

ÜBUNGEN

≡ 1 Was ist das? – Bilden Sie Adjektive mit *-bar*.

a) Wasser, das getrunken werden kann, ist *trinkbares Wasser.*
b) Früchte, die gegessen werden können, sind ...
c) Eine Idee, die gebraucht werden kann, ist eine ...
d) Stoff, der sich leicht waschen lässt, ist ...
e) Preise, die nicht zu bezahlen sind, sind ...

2 Was ist das? – Bilden Sie Adjektive mit -lich.

a) Eine Schrift, die nicht gelesen werden kann, ist eine *unleserliche Schrift.*
b) Material, das leicht zu zerbrechen ist, ist …
c) Ein Produkt, das sich nicht verkaufen lässt, ist ein …
d) Ein Text, der gut verstanden werden kann, ist ein …
e) Leichtsinn, der nicht verantwortet werden kann, ist …

3 Laufen ist gesund. – Formulieren Sie Sätze mit *sein + zu + Infinitiv*.

a) Ein Profi erklärt, worauf beim Laufen geachtet werden muss.
Ein Profi erklärt, worauf beim Laufen zu achten ist.
b) Die Schuhe müssen zur Stabilisierung des Fußes fest geschnürt werden.
c) Die Muskulatur sollte vor jedem Lauf aufgewärmt werden.
d) Bei Verletzungen muss der Fuß mindestens sechs Wochen lang ruhig gestellt werden.
e) Der Fuß muss bei Schmerzen entlastet werden.

4 Wissenschaftliches Arbeiten – Formulieren Sie die Sätze mit dem Gerundiv.

a) Ein Text, der noch korrigiert werden muss, ist ein *noch zu korrigierender Text.*
b) Ein Ergebnis, das noch veröffentlicht werden muss, ist ein …
c) Ein Thema, das noch weiter zu bearbeiten ist, ist ein …
d) Eine Prüfung, die abgelegt werden muss, ist eine …
e) Ein Vorschlag, der ernst genommen werden muss, ist ein …

5 Unterstreichen Sie die Modalverben und den Infinitiv Passiv.

Tipps und Tricks für den Joballtag nach dem Urlaub

Hören Sie zuerst die Mailbox ab, denn dort warten die wichtigsten Nachrichten. Danach <u>sollten</u> die E-Mails <u>gelesen werden</u>, denn sie können direkt beantwortet und dann gelöscht werden. Die Post kann in drei Stapel sortiert werden: Stapel eins für Sachen, die sofort erledigt werden müssen. Stapel zwei für Projekte, die auch später bearbeitet werden können. Stapel drei für Informationen, die Sie irgendwann einmal studieren können. Alles andere sollte gleich weggeworfen werden. Und so kann auch die Urlaubslaune in den Alltag gerettet werden: Gehen Sie die ersten Tage ruhig und entspannt an.

6 Formulieren Sie den Text neu. Ersetzen Sie das Passiv durch *sein + zu + Infinitiv*, bei dem Modalverb *können* benutzen Sie *sich lassen + Infinitiv*.

Hören Sie zuerst die Mailbox ab, denn dort warten die wichtigsten Nachrichten. Danach sind die E-Mails zu lesen, …

7 Computer & Co – Formulieren Sie Sätze mit *sich lassen + Infinitiv*.

a) Alle Texte sind einfach zu bearbeiten. *Alle Texte lassen sich einfach bearbeiten.*
b) Ein neues Grafikprogramm kann mühelos installiert werden.
c) Die Soundkarte des Computers kann ersetzt werden.
d) Allerdings sind einige Anfangsprobleme unvermeidlich.
e) Die meisten Schwierigkeiten sind aber schnell zu überwinden.

8 Firmenalltag – Formulieren Sie Sätze mit *bekommen + Partizip II*.

a) Dem Ingenieur wird eine Stelle in der Medizintechnik angeboten.
Der Ingenieur bekommt eine Stelle in der Medizintechnik angeboten.
b) Der Projektleiterin werden die besten Ideen präsentiert.
c) Den Praktikanten wird der Arbeitsablauf erklärt.
d) Dem Kunden wird ein detailliertes Angebot zugeschickt.

VERBEN

6.24 KONJUNKTIV II (1): GEGENWART

würde – wäre – hätte

1 Funktion

*Ich wäre gern reich und schön.
Ich hätte gern einen Sportwagen.
Ich wäre gern auf Hawaii.
Ich würde gern einen Filmstar heiraten.*

2 Formen

a ohne Hilfsverb *würde*

Die Form des Konjunktivs II wird vom Präteritum abgeleitet:

Konjunktiv II	Präteritum	
k**ä**me	k**a**m	a → ä
k**ö**nnte	k**o**nnte	o → ö*
w**ü**sste	w**u**sste	u → ü

* Ausnahmen sind *wollte* und *sollte*.

Bei den regelmäßigen Verben ist der Konjunktiv II mit dem Indikativ Präteritum identisch. Deshalb verwendet man ihn meist nur bei den Hilfs- und Modalverben sowie einigen unregelmäßigen Verben: *käme, fände, wüsste, schliefe, bliebe* u. a.

	Hilfsverben		Modalverben		unregelmäßige Verben	regelmäßige Verben
	sein	haben	müssen	sollen	gehen	zählen
ich	wäre	hätte	müsste	sollte	ginge	zählte
du	wär(e)st	hättest	müsstest	solltest	gingest	zähltest
er/sie/es	wäre	hätte	müsste	sollte	ginge	zählte
wir	wären	hätten	müssten	sollten	gingen	zählten
ihr	wär(e)t	hättet	müsstet	solltet	ginget	zähltet
sie/Sie	wären	hätten	müssten	sollten	gingen	zählten

b mit Hilfsverb *würde*

Bei den meisten Verben wird der Konjunktiv II in der Gegenwart mit *würde* + Infinitiv gebildet:

ich	würde		wir	würden	
du	würdest	gehen	ihr	würdet	gehen
er/sie/es	würde		sie/Sie	würden	

		würde		Partizip II	
Passiv	Das Haus	würde	schneller	gebaut,	wenn mehr Bauarbeiter da wären.

Würden Sie bitte das Fenster öffnen? – Imperativ Alternativen → s. Seite 154

ÜBUNGEN

≡ 1 Bilden Sie zuerst das Präteritum und dann den Konjunktiv II.

a)	kommen	ich	kam	ich	käme
b)	wissen	er	_____	er	_____
c)	haben	sie [Pl.]	_____	sie [Pl.]	_____
d)	sein	wir	_____	wir	_____
e)	bleiben	ich	_____	ich	_____
f)	können	ihr	_____	ihr	_____
g)	finden	du	_____	du	_____
h)	repariert werden	er	_____	er	_____
i)	sollen	er	_____	er	_____
j)	halten	ich	_____	ich	_____
k)	sein	ihr	_____	ihr	_____
l)	wollen	sie [Pl.]	_____	sie [Pl.]	_____
m)	dürfen	er	_____	er	_____
n)	gefangen werden	sie [Pl.]	_____	sie [Pl.]	_____

≡ 2 Arme Monika – Ergänzen Sie im Konjunktiv.

a) Sie ist erst 12. [17 sein]
    Aber sie wäre gern schon 17.
b) Sie hat ein Zimmer zusammen mit ihrer Schwester. [allein]
c) Sie sieht durchschnittlich aus. [bildhübsch sein]
d) Sie darf noch kein Make-up tragen. [sich schminken]
e) Sie hat nur ein altes Fahrrad. [Roller]
f) Sie fährt mit ihren Eltern in den Urlaub. [Freundinnen]
g) Sie sitzt in der Schule neben Max. [Hans-Peter]

≡ 3 Zeitprobleme – Formulieren Sie Sätze – Modalverben im Konjunktiv II, sonst *würde* + Infinitv.

a) Es ist schon halb vier. [Taxi – längst da sein müssen]
    Das Taxi müsste längst da sein.
b) Es ist schon Viertel nach zwölf. [wir – jetzt Mittagspause machen können]
c) Es wird schon dunkel. [Peter – gern nach Hause gehen]
d) Es ist schon zehn Uhr nachts. [ich – gern wissen – wo Peter bleibt]
e) Es ist schon fast Mitternacht. [du – schon seit zwei Stunden schlafen müssen]
f) Es ist erst sechs Uhr früh. [ich – gern noch im Bett bleiben]
g) Es sind jetzt leider keine Ferien. [sonst – ihr – ausschlafen dürfen]

≡ 4 Besserwisser – Formulieren Sie Ratschläge im Konjunktiv II mit *würde* + Infinitiv.

a) Hans isst viel zu wenig.
    An seiner Stelle würde ich mehr / nicht so wenig essen.
b) Ellen schläft zu wenig.
c) Karl-Heinz sitzt zu viel vor dem Computer.
d) Die beiden Kollegen fehlen in der Arbeit oft aus gesundheitlichen Gründen.
e) Meine Eltern kümmern sich nur ganz selten um den alten Onkel.
f) Meine Tochter schickt ihre Kinder viel zu spät ins Bett.

VERBEN

6.25 KONJUNKTIV II (2): VERGANGENHEIT

hätte getan – wäre gefahren

1 Funktion

Fast **wäre** ein Unfall **passiert**. Ich **hätte** diese Arbeit längst **erledigen sollen**.	irreale Aussagen in der Vergangenheit

2 Formen

a Den drei Vergangenheitsformen im Indikativ steht im Konjunktiv II nur eine Vergangenheitsform gegenüber:

Indikativ	Konjunktiv II	Indikativ	Konjunktiv II
ich arbeitete		ich fuhr	
ich habe gearbeitet		ich bin gefahren	
ich hatte gearbeitet	ich hätte gearbeitet	ich war gefahren	ich wäre gefahren

b Der Konjunktiv II der Vergangenheit wird mit *haben/sein* und Partizip II gebildet:

	Konjunktiv II von *haben*	+ Partizip II	Konjunktiv II von *sein*	+ Partizip II
ich	hätte		wäre	
du	hättest		wär(e)st	
er/sie/es	hätte	geschrieben	wäre	geblieben
wir	hätten		wären	
ihr	hättet		wär(e)t	
sie/Sie	hätten		wären	

		Konjunktiv II von *sein*		Partizip II	*worden*
Passiv	Ich	wäre	gerne	informiert	worden.

c Modalverben bilden den Konjunktiv II der Vergangenheit mit *haben* und doppeltem Infinitiv:

	Konjunktiv II von *haben*	Infinitiv Vollverb	Infinitiv Modalverb
ich	hätte		
du	hättest		müssen
er/sie/es	hätte	gehen	können
wir	hätten		dürfen
ihr	hättet		sollen
sie/Sie	hätten		wollen

ÜBUNGEN

1 Bilden Sie den Konjunktiv II der Vergangenheit.

a) ich sang
   ich hätte gesungen
b) sie lief
c) wir dachten
d) wir haben gedacht
e) es wurde gebaut
f) du warst
g) du bist gewesen
h) ihr durftet fernsehen
i) wir wurden verletzt
j) er wuchs
k) sie boten an
l) es ist passiert
m) sie waren gestiegen
n) sie hatte
o) sie hat gehabt
p) sie hatte gehabt
q) ich musste lesen

2 Urlaubsstress – Formulieren Sie Sätze abwechselnd mit *fast* und *beinahe* im Konjunktiv II der Vergangenheit.

a) War die Gepäckaufgabe nicht schon geschlossen?
   Nein, aber fast wäre sie schon geschlossen gewesen.
b) Habt ihr das Flugzeug verpasst?
c) Wurde Jutta beim Fliegen wieder schlecht?
d) Musstet ihr am Flughafen übernachten?
e) Hast du einen Sonnenbrand bekommen?
f) Ist deine Frau im Urwald wieder von einer Schlange gebissen worden?

3 Schlechte Stimmung – Formulieren Sie Sätze im Konjunktiv II der Vergangenheit.

a) Sie – diese Arbeit – unbedingt bis heute – erledigen müssen
   Sie hätten diese Arbeit unbedingt bis heute erledigen müssen!
b) der neue Kollege – diesen Fall – schon am Mittwoch – bearbeiten sollen
c) meine Assistentin – Ihnen – alle nötigen Informationen – geben können
d) Sie – vor unseren Geschäftspartnern – nicht darüber – reden dürfen
e) Ihre Mitarbeiter – mehr auf die Details – achten müssen
f) man – jemand anderen – für diesen Job – nehmen sollen

4 Die Lieblingstante – Ergänzen Sie den Konjunktiv II der Vergangenheit.

Liebe Tante Clarissa,
als ich neulich in Berlin war, (a) _hätte_ ich Dich gern _besucht_ [besuchen], weil Du ja meine Lieblingstante bist, aber leider hatte ich Deine Adresse nicht dabei. Weißt Du noch, wie Du mir geholfen hast, als ich damals die Spielschulden hatte? Was (b) _____ ich damals ohne Dich _____ [tun]! Ich (c) _____ mich damals gern bei Dir persönlich _____ [bedanken], aber Du weißt ja, wie viel Stress ich immer habe. Ich (d) _____ jedenfalls gern _____ [wissen], wie es Dir geht. Vielleicht gibt es ja jetzt wieder eine Möglichkeit, mehr Kontakt miteinander zu haben, denn ich habe wieder ein kleines Problem. Stell Dir vor, fast (e) _____ ich neulich ins Gefängnis _____ [kommen], weil die Banken völlig illusorische Vorstellungen über die finanziellen Möglichkeiten eines jungen Geschäftsmannes haben. Vielleicht (f) _____ es besser _____ [sein], ich (g) _____ ins Ausland _____ [gehen], aber mit welchem Geld? Dabei (h) _____ mir nur 25.000 Euro _____ [fehlen], um diese Hyänen zufriedenzustellen! Vielleicht (i) _____ Du Lust [haben; Gegenwart], Deinem Lieblingsneffen einen kleinen Kredit zu geben? Ich melde mich bald persönlich!
Dein Alex

VERBEN

6.26 KONJUNKTIV II (3): BEDINGUNGEN

Was wäre, wenn …

1 Funktion

Wenn ich 18 bin, kaufe ich mir ein Motorrad.

Wenn ich 18 wäre, würde ich mir ein Motorrad kaufen.

Realer Plan: Indikativ   Irrealer Plan, Wunschtraum: Konjunktiv II

2 Positionen im Satz

Weil die Sachverhalte nicht der Realität entsprechen, müssen aus negativen Sätzen positive werden und umgekehrt:

reale Situation	irreale Situation
Ich bin noch nicht 18. Deshalb darf ich noch nicht Motorrad fahren.	Wenn ich schon 18 wäre, dürfte ich Motorrad fahren.
Ich bin arbeitslos. Deswegen habe ich Schulden.	Wenn ich nicht arbeitslos wäre, dann hätte ich keine Schulden.

a Gegenwart

Wenn	ich den Job	bekommen würde,	(dann) hätte ich mehr Geld.
Würde	ich den Job	bekommen,	(dann) hätte ich mehr Geld.
Wenn	ich den Job	bekommen könnte,	(dann) könnte ich mir mehr leisten.

b Vergangenheit

Wenn	ich den Job	bekommen hätte,	(dann) hätte ich mehr Geld gehabt.
Hätte	ich den Job	bekommen,	(dann) hätte ich mehr Geld gehabt.
Hätte	ich den Job	bekommen können,	(dann) hätte ich mir mehr leisten können.

3 Alternativen

Konjunktiv II	Adverb
Wenn mich mein Chef nicht in ein längeres Gespräch verwickelt hätte, wäre ich pünktlich gewesen.	Mein Chef hat mich in ein längeres Gespräch verwickelt. Sonst wäre ich pünktlich gewesen. Oder: Deshalb war ich nicht pünktlich.

ÜBUNGEN

1 Schön wär's! – Verbinden Sie beide Satzhälften zu irrealen Bedingungssätzen.

a) Es wäre schön, …
b) Sie hätten die Wohnung bekommen, …
c) Es wäre mir lieber, …
d) Wäre es Ihnen angenehmer, …
e) Der Urlaub wäre besser gewesen, …
f) Er würde den Weg auch dann nicht finden, …

… wenn wir zuerst essen gingen?
… wenn er einen Stadtplan hätte.
… wenn Sie sich früher gemeldet hätten.
… wenn es nicht so viel geregnet hätte.
… wenn du bald wiederkommen würdest.
… wenn Sie morgen kommen könnten.

2 Menschen und Tiere – Formulieren Sie irreale Bedingungssätze mit *wenn*.

a) Ein sechsjähriges Mädchen in New York hat einen jungen Alligator gefunden. Deshalb ist er nicht verhungert.
Wenn das sechsjährige Mädchen den jungen Alligator nicht gefunden hätte, (dann) wäre er verhungert.
b) Ein Dieb hat in eine fremde Handtasche gegriffen. Dabei wurde er von einer Tarantel gebissen.
c) Kakerlaken haben einen „sechsten Sinn". Deshalb können sie so frühzeitig jeden Menschen erkennen.
d) Die Finnin Karoliina S. ist eines Morgens neben einer Kobra aufgewacht. Seitdem muss sie zu einem Psychotherapeuten gehen.
e) Der Gewehrschrank stand offen. Ein Jagdhund hat mit dem Gewehr gespielt und dabei sein Herrchen erschossen.

3 Szenen einer Ehe – Formulieren Sie Bedingungssätze mit *wenn* im Konjunktiv II.

● du – nicht so faul – sein, – haben – wir – jetzt auch ein Haus
Wenn du nicht so faul wärst, hätten wir jetzt auch ein Haus.
■ du – weniger Geld – ausgegeben haben, – dann – wir – mehr – haben sparen können
● was heißt hier, – ich – weniger – ausgegeben haben (?)
■ das heißt zum Beispiel, – du – weniger oft – zu diesem italienischen Masseur – gegangen sein
● ich – einen Körper – wie du – haben, – ich – mich schämen
■ ich – so oft – meinen Körper – denken an – wie du, – dann – wir – uns nicht einmal – ein Puppenhaus – leisten können

4 Meine Freunde – Formulieren Sie Bedingungssätze mit *wenn* im Konjunktiv II.

a) Anna liebt ihren Mann immer noch. Sonst hätte sie ihn längst fortgejagt.
Wenn Anna ihren Mann nicht immer noch lieben würde, hätte sie ihn längst fortgejagt.
b) Ernst hat überhaupt keinen Geschmack. Sonst hätte er dieses Sakko nicht gekauft.
c) Maria ist sehr gutmütig. Sonst wäre sie längst explodiert.
d) Fritz hat kein Geld. Sonst hätte er sich längst ein neues Auto gekauft.
e) Ulrich ist momentan sehr beschäftigt. Sonst würde er sich sicher bei mir melden.

VERBEN

6.27 KONJUNKTIV II (4): WÜNSCHE UND IRREALE FOLGEN

Wäre ich doch bloß …
zu …, als dass

1 Funktion

a Wünsche

Wenn der Typ doch endlich verschwinden würde!

b irreale Folgen

Das Buch ist zu langweilig, als dass man wach bleiben könnte.

2 Positionen im Satz

a Wünsche

wenn				Partizip II	konjugiertes Verb
Wenn	er	doch*/nur/bloß	etwas geduldiger		wäre!
Wenn	meine Eltern	doch/nur/bloß	etwas toleranter	gewesen	wären!
Wenn	Marie	doch/nur/bloß	endlich eine größere Wohnung		hätte!
Wenn	ich	doch/nur/bloß	etwas mehr Glück	gehabt	hätte!

konjugiertes Verb				Partizip II
Wären	die Kinder	doch/nur/bloß	etwas leiser!	
Hätte	ich ihm	doch/nur/bloß	nicht das Auto	gegeben!
Würde	mein Freund	doch/nur/bloß	endlich	anrufen!

doch/nur/bloß ist obligatorisch und steht vor oder nach dem Subjekt (Nomen), aber immer nach dem Subjekt als Personalpronomen.

* Modalpartikeln → s. Seite 82; Negation → s. Seite 150; Imperativ → s. Seite 154;
 Fragesatz (Antwort) → s. Seite 156; Adversativsatz → s. Seite 192

b irreale Folgen

Hauptsatz			Nebensatz	
			Konnektor	Verb
Der Wein ist	zu	sauer,	als dass	man ihn noch	trinken könnte.
Die Formel war	zu	komplex,	als dass	ich sie in 5 Minuten	hätte* erklären können.

* Bei Modalverben in der Vergangenheit steht *hätte* vor den beiden Infinitiven.

3 Alternativen

Das Problem ist zu komplex, als dass man es beim Mittagessen besprechen könnte.	Das Problem ist zu komplex, um es beim Mittagessen zu besprechen.*	zu + um … zu + Infinitiv
	Das Problem ist so komplex, dass man es beim Mittagessen nicht besprechen kann.	so … dass (Indikativ)

* ohne *können*

ÜBUNGEN

1 **Wünsche, nichts als Wünsche – Ergänzen Sie *wenn*, *doch* und das Verb im Konjunktiv II.**

a) <u>Wenn</u> ich <u>doch</u> meine Freundin öfter <u>sehen würde</u>! [sehen]
b) _____ er _____ einen besseren Job _____ _____! [bekommen]
c) _____ das Fernsehprogramm _____ nicht immer so langweilig _____! [sein]
d) _____ der Wagen _____ etwas schneller _____ _____! [fahren]
e) _____ wir _____ etwas mehr Glück im Lotto _____! [haben]
f) _____ das Wetter _____ nicht so schlecht _____! [sein]

2 **Elternsorgen – Formulieren Sie Wunschsätze mit *wenn*. Verwenden Sie abwechselnd *bloß* und *nur*.**

a) Unser Alex ist leider ziemlich schlecht in der Schule.
   Wenn unser Alex bloß nicht so schlecht in der Schule wäre!
b) Er hat im Moment lauter andere Dinge im Kopf.
c) Seine Freunde haben so einen schlechten Einfluss auf ihn.
d) Außerdem läuft er jeden Tag mit dieser Petra herum.
e) Seitdem macht er nicht einmal das Notwendigste. (+ *wenigstens* statt *nicht einmal*)
f) Bei jedem Gespräch über das Thema reagiert er total kindisch.
g) Er sieht die halbe Nacht fern.
h) Vermutlich schafft er dieses Schuljahr nicht.
i) Er versucht es nicht einmal. [+ *wenigstens* statt *nicht einmal*]

3 **30 Jahre später – Formulieren Sie die Sätze aus Übung 2 in der Vergangenheit und ohne *wenn*. Verwenden Sie abwechselnd *doch bloß* und *doch nur*.**

a) Wäre ich doch bloß nicht so schlecht in der Schule gewesen!

4 **Menschen und ihre Schwächen – Formulieren Sie Sätze mit den Alternativen von *zu ..., als dass*.**

a) Peter ist zu ungeschickt, als dass er die Lampe montieren könnte.
   Peter ist zu ungeschickt, um die Lampe zu montieren.
   Peter ist so ungeschickt, dass er die Lampe nicht montieren kann.
b) Charlotte ist zu vergesslich, als dass sie dieses Projekt durchführen könnte.
c) Herr Meier war zu unzuverlässig, als dass er diesen Job hätte übernehmen können.
d) Eva ist zu kaputt, als dass sie noch in die Disco gehen könnte.
e) Sibylle war zu verärgert über Karl, als dass sie mit ihm noch länger hätte zusammenleben wollen.
f) Frau Schneider hat zu wenig Geld, als dass sie sich ein neues Auto kaufen würde.

5 **Urlaubserinnerungen – Bilden Sie Sätze mit *zu ..., als dass*.**

a) In Deutschland gibt es sehr viele Biersorten. Man kann nicht alle kennenlernen.
   In Deutschland gibt es zu viele Biersorten, als dass man alle kennenlernen könnte.
b) In Frankreich gab es früher unglaublich viele Bistros. Man konnte sich nicht entscheiden.
c) In der Schweiz waren manche Bergseen letzten Sommer eiskalt. Wir wollten darin nicht schwimmen.
d) In Italien gibt es viele alte Städte. Ihr könnt nicht alle besichtigen.
e) Manche Naturschönheiten in Polen waren früher nur sehr schwer erreichbar.
   Man konnte sie in einem einzigen Urlaub nicht bereisen.
f) In einigen Gegenden in Spanien werden die Temperaturen sehr hoch. Man sollte sie nicht im Hochsommer besuchen.
g) Die Süßspeisen in Österreich sind so lecker! Auch ein kalorienbewusster Mensch ist nicht fähig, „Nein" zu sagen!

VERBEN

6.28 KONJUNKTIV II (5): VERGLEICHE

als ob – als

1 Funktion

„Du siehst aus, als ob du gerade ein Gespenst gesehen hättest."

2 Positionen im Satz

a Hauptsatz, Hauptsatz

Hauptsatz	Hauptsatz			
	Position 1 Konnektor	Position 2 konj. Verb		Satzende Infinitiv / Partizip II
Du rennst,	als	würde	dich die Polizei	verfolgen*.
Er isst,	als	hätte	er eine Woche nichts	bekommen**.

b Hauptsatz, Nebensatz

Hauptsatz	Nebensatz			
	Position 1 Konnektor		Satzende Infinitiv / Partizip II	konj. Verb
Du rennst,	als ob***	dich die Polizei	verfolgen	würde*.
Er isst,	als ob***	er eine Woche nichts	bekommen	hätte**.

* Gegenwart ** Vergangenheit
*** statt *als ob* umgangssprachlich auch *als wenn*

c Verwendung

Irreale Vergleichssätze stehen oft nach Verben des persönlichen Befindens und der Wahrnehmung:

Ich fühle mich, Es geht mir so schlecht, Mir ist zumute,	als ob ich einen Stein verschluckt hätte. als hätte ich einen Stein verschluckt.
Es scheint (mir), Ich habe den Eindruck, Er sieht aus,	als ob er immer noch krank wäre. als wäre er immer noch krank.
Die Musik klingt, Die Musik hört sich an, Die Musik wirkt auf mich,	als ob jemand einer Katze auf den Schwanz getreten wäre. als wäre jemand einer Katze auf den Schwanz getreten.

3 Alternativen

als ob + Verb im Konjunktiv II	*wie* + Nomen / *als ob* + Verb im Konjunktiv I
Er benahm sich, als ob er verrückt wäre.	Er benahm sich, als ob er verrückt sei. Er benahm sich wie ein Verrückter.

Vergleich → s. Seite 44

ÜBUNGEN

1 Menschen und Tiere im Stress – Formulieren Sie Sätze mit *als ob*.

a) Das Mädchen rief so laut, [ich – schwerhörig – sein]
   Das Mädchen rief so laut, als ob ich schwerhörig wäre.
b) Die Katze schrie, [sie – große Schmerzen – haben]
c) Karl war wütend. Er sah aus, [er – gleich – explodieren]
d) Der Autofahrer beschimpfte mich so, [ich – seinen Wagen – kaputt gemacht haben]
e) Der Hund bellte, [ich – ein Einbrecher – sein]
f) Eva weinte so, [sie – nie wieder – aufhören]

2 Formulieren Sie dieselben Sätze mit *als*.

a) *Das Mädchen rief so laut, als wäre ich schwerhörig.*

3 Komische Leute! – Formulieren Sie irreale Vergleichssätze.

a) Herr Petersen hat erst seit Kurzem den Führerschein. [als ob]
   Aber er fährt so schnell, *als ob er schon lange / seit Langem den Führerschein hätte.*
b) Er hat nicht den sichersten Wagen der Welt. [als ob]
   Aber er fährt so riskant, ...
c) Außerdem sieht er nicht gerade hervorragend. [als]
   Aber er tut so, ...

d) Frau Martens hat kein unangenehmes Erlebnis gehabt. [als]
   Aber sie macht den Eindruck, ...
e) Sie ist in Wirklichkeit nicht einsam. [als ob]
   Aber sie macht den Eindruck, ...
f) Sie ist ziemlich reich. [als]
   Aber sie sieht aus, ...

g) Egon und Eva-Maria sind keine engen Freunde mehr. [als ob]
   Aber Egon benimmt sich so, ...
h) Er hat ihren Brief bekommen. [als ob]
   Aber Egon tut so, ...
i) Er weiß, es hat keinen Sinn mehr, sich mit ihr zu treffen. [als]
   Aber er tut so, ...

4 Schöne Firma! – Formulieren Sie Sätze mit *als* anstelle von *wie*.

a) Der neue Chef behandelt mich wie einen totalen Anfänger.
   Der neue Chef behandelt mich, als wäre ich ein totaler Anfänger.
b) Jeden Morgen beschimpft er mich wie einen kleinen Schuljungen.
c) Seine Sekretärin benimmt sich wie die Königin von England.
d) Meine Kollegen reden über mich wie über eine Aushilfskraft.
e) Selbst der Hund des Pförtners behandelt mich wie Luft.
f) Die Dame am Empfang sieht mich wie einen Fremden an.
g) Die neue Praktikantin spricht mit mir wie meine Vorgesetzte.

VERBEN

6.29 INDIREKTE REDE

Der Politiker meinte, die Steuern seien zu hoch.

1 Funktion

Wiedergabe von Aussagen anderer Personen

2 Formen

gesprochene Sprache	Der Minister meinte, er hat keine Möglichkeit, die Steuern zu senken.	meistens Indikativ
Schriftsprache	Der Minister meinte, er habe keine Möglichkeit, die Steuern zu senken.	*haben*: Konjunktiv I nur in der 3. Person Singular
	Max sagt, du seist zu Hause.	*sein*: Konjunktiv I in allen Formen
	Eva meint, ich solle zum Arzt gehen.	Modalverben: Konjunktiv I in der 1. und 3. Person Singular
	Die Oppositionsparteien betonten, sie hätten ein besseres Steuerkonzept.	sonst: Konjunktiv II

a Gegenwart

	„normale" Verben			*haben*	*sein*	Modalverben
ich	käme	würde		hätte	sei	könne
du	käm(e)st	würdest		hättest	sei(e)st	könntest
er/sie/es	komme	würde	kommen	habe	sei	könne
wir	kämen	würden		hätten	seien	könnten
ihr	käm(e)t	würdet		hättet	sei(e)t	könntet
sie/Sie	kämen	würden		hätten	seien	könnten

Die rot gedruckten Formen sind Konjunktiv I, die anderen Konjunktiv II.

b Vergangenheit

Es gibt nur ein Tempus. Es repräsentiert die drei Vergangenheitstempora der direkten Rede:

er	habe	geholfen		er	sei	gelaufen
sie	hätten			sie	seien	

c Perspektivenwechsel

Der Minister (gestern in Köln):	„Ich	bin	heute	hierhergekommen, …"
Der Minister sagte,	er	sei	gestern	nach Köln gekommen, …

d Fragesätze und Imperativsätze → s. auch Seite 156 und Seite 152

Auf die Frage,	„Warum haben Sie das Buch veröffentlicht?"	J. Meier: „…"
	warum er das Buch veröffentlicht habe,	antwortete J. Meier, …

Der Professor zu den Studenten: „Melden Sie sich rechtzeitig für das neue Seminar an!"	Der Professor sagte den Studenten, sie sollten sich rechtzeitig für das neue Seminar anmelden.

3 Positionen im Satz

Hauptsatz	Er ist der Meinung, man müsse dieses Gesetz noch ändern.
Nebensatz mit *dass*	Er ist der Meinung, dass man dieses Gesetz noch ändern müsse.

ÜBUNGEN

1 Markieren Sie in den Zeitungsartikeln die indirekte Rede.

Nach Operation Glatze statt Wuschelkopf

Aveiro – Ein Schönheitszentrum im nordportugiesischen Aveiro muss einen Patienten entschädigen, der nach einer Haarwurzelbehandlung eine Glatze bekommen hat. Ziel der Behandlung sei die Einsetzung künstlichen Haars gewesen, berichtete das portugiesische Magazin Espresso. Statt wallendes Haar zu tragen, sei der Mann nun aber völlig kahl. Ein Gericht in Aveiro habe die Schönheitsklinik dazu verurteilt, dem Kläger die 3300 Euro zurückzuzahlen. Außerdem müsse sie ihn für sein „seelisches Leiden" mit weiteren 3000 Euro entschädigen. Man hätte den Mann vorher über die möglichen Folgen informieren müssen, begründete das Gericht sein Urteil.

Die Braut sagt „Nein"

Prag – Schock vor dem Traualtar: Mit einem entschiedenen „Nein" antwortete eine junge Braut in Tschechien auf die alles entscheidende Frage des Pfarrers. Die Zeremonie sei daraufhin abgebrochen worden, das Bankett habe jedoch stattgefunden, berichteten Zeitungen in der tschechischen Hauptstadt. „Es herrschte eine Stimmung wie auf einer Beerdigung", kommentierte der Bräutigam. Für das überraschende Scheitern wählte er einen originellen Vergleich: Es sei, als ob man Billard spiele, und die Kugel rolle wider Erwarten nicht ins Loch. Nach ihren Gründen habe er seine Ex-Braut nicht gefragt: „Das übersteigt sowieso mein Verständnis", meinte er.

2 Eine Buchvorstellung – Ergänzen Sie die Verben im Konjunktiv I bzw. Konjunktiv II.

In seiner Rede zur Präsentation des jüngsten Gedichtbands von Skandal-Autor Joseph L. sagte der bekannte Literaturkritiker Alfred Maria W., es (a) _gebe_ [geben] kaum einen Autor der Gegenwart, den er so spannend (b) _finde_ [finden] wie Joseph L. Selbst beim wiederholten Lesen von „Anton" (c) _habe_ [haben] er den Eindruck, dass Literatur auch heutzutage noch provozieren (d) _könnte_ [kann]. Was damit genau gemeint (e) _sei_ [sein], (f) _wolle_ [wollen] er zum jetzigen Zeitpunkt noch nicht verraten. Viele Leute (g) _hätten_ [haben] Angst vor der Lektüre eines solchen „literarischen Pamphlets", fuhr der Kritiker fort. Aber diese Leute (h) _müssten_ [müssen] sich fragen, ob sie in Wirklichkeit nicht Angst vor sich selbst (i) _hätten_ [haben]. Auf die Frage, ob er und das Publikum in den Genuss einer Lesung (j) _kämen_ [kommen], antwortete der anwesende Erfolgsautor gewohnt provokant, er (k) _wisse_ [wissen] es nicht.

3 Rede und (k)eine Antwort – Verwandeln Sie die direkte in die indirekte Rede.

a) Der Reporter stellte dem Parteivorsitzenden die Frage: „Wie beurteilen Sie die Chancen Ihrer Partei bei der kommenden Wahl?" Der Vorsitzende antwortete: „Ich bin, wie immer, optimistisch."
   Der Reporter stellte dem Parteivorsitzenden die Frage, wie er die Chancen seiner Partei beurteile. Der Vorsitzende antwortete, er sei, wie immer, optimistisch.
b) Der Richter fragte den Zeugen: „Können Sie sich noch genau an den Unfall erinnern?" Der Zeuge erwiderte: „Ich habe noch jedes Detail in Erinnerung."
c) Der Journalist wollte von der Schauspielerin wissen: „Wie alt sind Sie?" Die Schauspielerin antwortete: „Das geht Sie gar nichts an."
d) In der Krisensitzung betonte der Vorstandsvorsitzende: „Wir müssen wegen der schlechten Auftragslage harte Maßnahmen ergreifen." Sein Assistent fügte hinzu: „Die Großaktionäre werden schon ungeduldig."

VERBEN

6.30 NOMEN-VERB-VERBINDUNGEN

Kritik üben

1 Funktion

Und – für welches Modell hat sich Herr Dr. Meiser entschieden?

Tut mir leid, aber er hatte einfach noch keine Zeit, eine Entscheidung zu treffen.

Mit Nomen-Verb-Verbindungen wird der Sprache ein „offizieller Charakter" verliehen.

Schriftsprache	Die Firmenleitung hat einen wichtigen Beschluss gefasst. Die Polizei hat zahlreiche Maßnahmen getroffen. Man übte Kritik an seinen Methoden.	Geschäftswelt, Bürokratie, Politik, Justiz, Medien
gesprochene Sprache	Ich möchte eine Frage stellen. Diesen Nachteil musst du in Kauf nehmen.	gelegentliche Verwendung

Liste mit Nomen-Verb-Verbindungen → s. Seite 220

2 Formen

Präposition	Artikel	Nomen +	Funktionsverb	„einfaches" Verb
	–	Kritik	üben	kritisieren
	den	Vorzug	geben	vorziehen
	eine	Entscheidung	treffen	(sich) entscheiden
in		Erwägung	ziehen	erwägen
im		Sterben	liegen	sterben

Manchmal kann man kein „einfaches" Verb bilden:
Das Gesetz tritt am 1.1. nächsten Jahres in Kraft. (= gültig werden)
Manchmal hat das „einfache" Verb auch eine andere Bedeutung: *ein Bild betrachten* (= genau ansehen) – *den Kauf eines Bildes in Betracht ziehen* (= erwägen, überlegen)

Nomen-Verb-Verbindungen können aktive oder passive Bedeutung haben:

aktive Bedeutung	Er zieht diese Theorie in Zweifel. Man stellt mir ein Auto zur Verfügung.	bringen, führen, geben, machen, stellen, ziehen u. a.
passive Bedeutung	Mir steht ein Auto zur Verfügung. Die Verhandlungsführung des Richters stieß auf Kritik.	finden, geraten, kommen, stehen, stoßen u. a.

ÜBUNGEN

1 Kampfhundverbot – Markieren Sie die Nomen-Verb-Verbindungen.

KAMPFHUNDVERBOT: JA ODER NEIN?

— Meinungen zum Thema —

Klaus O., Journalist: „Immer mehr Menschen vertreten die Ansicht, man sollte Abschied nehmen von der Vorstellung, dass man ein Tier haben kann, das andere Menschen in Gefahr bringt. Die Politik sollte endlich die passenden Maßnahmen ergreifen."

Sigmund M., Psychologe: „Ich bin zu der Auffassung gelangt, dass ein Verbot auf überzeugte Kampfhundbesitzer keinen großen Eindruck machen würde. Darüber muss man sich im Klaren sein. Eher sollte man ‚Wiederholungstäter' unter psychologische Beobachtung stellen."

Jan R., Kampfhundbesitzer: „Also ich finde ein Verbot total übertrieben. Nach den Unfällen müssen wir Kampfhundbesitzer sicherlich ein paar Einschränkungen in Kauf nehmen. Und man muss natürlich auch die Frage stellen, wer überhaupt qualifiziert ist, solche Tiere zu besitzen."

2 Nachrichten aus aller Welt – Ersetzen Sie die unterstrichenen Verben durch die angegebenen Nomen-Verb-Verbindungen.

a) Brasilien – Tausende brasilianische Landarbeiter haben gestreikt, um gegen die Politik ihrer Regierung zu protestieren. [in Streik treten]

b) Seoul – Vertreter der ASEAN-Staaten haben beschlossen, die Zusammenarbeit ihrer Länder zu vertiefen. [den Beschluss fassen]

c) Washington – Noch ist völlig unklar, ob sich die EU und die USA in allen strittigen Punkten einigen werden. [einen Kompromiss erzielen]

d) Brüssel – Die Umweltminister der EU diskutieren derzeit über die Frage, ab wann die verschärften Umweltvorschriften gelten sollen. [in Kraft treten]

e) Moskau – Die russische Regierung bereitet die Bergung eines abgestürzten Flugzeugs im Kaukasus vor. [Vorbereitungen treffen zu] Experten bezweifeln den Erfolg dieses Plans. [in Zweifel ziehen]

a) Tausende brasilianische Landarbeiter sind in Streik getreten, um …

3 Klaus B., Hausbesitzer und Wichtigtuer – Übersetzen Sie seinen Brief in „normales" Deutsch.

sich äußern • bestrafen • (die Interessen) berücksichtigen • erlauben • fotografieren • hören • mitteilen • ansprechen • sich unterhalten • verdächtigen • vorwerfen

Sehr geehrte Frau Sperling,
ich muss ein Thema zur Sprache bringen, das mir sehr unangenehm ist. Mir ist zu Ohren gekommen, dass Sie Ihre Wohnung seit einiger Zeit untervermieten. Ich muss Sie davon in Kenntnis setzen, dass ich Ihnen dazu nie die Erlaubnis gegeben habe, und möchte Sie bitten, zu diesem Punkt unverzüglich Stellung zu nehmen. Außerdem stehen Sie im Verdacht, dass Sie auf Ihrem Balkon Marihuana anpflanzen. So etwas steht unter Strafe! Ein Nachbar hat ein Foto von Ihrer letzten Ernte gemacht. Außerdem wird gegen Sie der Vorwurf erhoben, dass Sie nach 22 Uhr noch laute Musik hören und keinerlei Rücksicht auf die übrigen Hausbewohner nehmen. Wir sollten über alle Punkte so schnell wie möglich ein ernsthaftes Gespräch führen.

Mit freundlichen Grüßen
Klaus B.

Sehr geehrte Frau Sperling,
ich muss ein Thema ansprechen, …

SYNTAX

7.1 HAUPTSATZ: VORFELD, NACHFELD

Letztes Jahr haben die Müllers im Urlaub ein Apartment gemietet.

1 Positionen im Satz

a   Die Anordnung der Satzglieder im Hauptsatz ist im Deutschen flexibel.
    Nur das Verb behält immer seine feste Position im Satz: Position 2.
    Auf Position 1 können verschiedene Satzglieder stehen.
    Am Satzende steht der zweite Teil des Verbs. Er bildet mit dem Teil auf Position 2 eine Klammer.

	Position 0	Position 1	Position 2		Satzende	Nebensatz
Subjekt		Axels Eltern	wollen	dieses Jahr Urlaub am Meer	machen.	
Objekt Akkusativ		Urlaub am Meer	findet	Axel keine gute Idee.		
Dativ		Ihm	gefällt	Berlin besonders gut.		
Angabe Zeit		Letztes Jahr	haben	die Müllers ein Apartment	gemietet.	
Ort		In Südfrankreich				
Nebensatz		Weil Axel Berlin interessanter findet,	bleibt	er lieber zu Hause.		
Konnektor Hauptsätze	Und	wir	fragen	uns,		was für Pläne er **hat**.
	Aber	sicher	erfahren	wir das bald.		
	Denn	wir	haben	Kontakt zu seinem Freund Georg.		
	Oder	wir	fragen	bei seinen Eltern	nach.	

b   Durch eine Variation der Position der Satzglieder wirkt ein Text im Deutschen kohärent und flüssig.

Ich habe das Ticket schon besorgt. Ich hole dich morgen früh ab. Ich fahre mit dir dann zusammen zum Flughafen.	Ich habe das Ticket schon besorgt. Morgen früh hole ich dich zu Hause ab. Dann fahre ich mit dir zusammen zum Flughafen.

2 Betontes Vorfeld, Nachfeld

Um einen Satzteil zu betonen, kann dieser auf Position 1 gestellt werden.
Ein Satzteil kann auch hinter den zweiten Teil der Verbklammer gestellt werden (Satzende, Verb 2).
Auf diese Weise kann etwas nachgetragen werden.

Normale Position	betont
So etwas kann immer passieren.	Passieren kann so etwas immer.
Ich habe die Situation natürlich sofort verstanden.	Verstanden habe ich die Situation natürlich sofort.
Lesen kann anstrengender als Fernsehen sein.	Lesen kann anstrengender sein als Fernsehen*.
Wenn Kinder zum ersten Mal ihren Namen oder den ihrer Straße schreiben können ...	Wenn Kinder zum ersten Mal ihren Namen schreiben können oder den ihrer Straße ...
Wir haben uns über unsere Ansichten ausgetauscht.	Wir haben uns ausgetauscht über unsere Ansichten.

* Vergleich → s. Seite 44

ÜBUNGEN

1 Zugunglück – Analysieren Sie die Positionen 0, 1 und 2 in diesem Text.

<u>Lange</u> <u>haben</u> wir in der Redaktion über diesen Kommentar diskutiert. <u>Denn</u> <u>Journalisten</u> sind ja glücklicherweise nicht ganz abgestumpft. Und so fragen wir uns in so einer Situation natürlich auch, ob man bei einer solchen Tragödie überhaupt etwas sagen soll. Aber es kann doch nützlich sein, sich ein paar Zahlen klarzumachen. Es dauert im Durchschnitt ziemlich genau vier Tage, bis der Verkehr auf unseren Straßen genauso viele Tote gefordert hat, wie in dem Zug gestorben sind. Denn Tag für Tag lassen 25 Menschen im Straßenverkehr ihr Leben. In unserem Land muss nur eine Stunde vergehen, und sechzig Menschen werden verletzt.

Position 0	Position 1	Position 2
–	Lange	haben
Denn	Journalisten	sind

2 S-Bahn-Probleme – Setzen Sie die unterstrichenen Satzglieder auf Position 1.

a) Ich wollte <u>gestern</u> einen Ausflug machen. *Gestern wollte ich einen Ausflug machen.*
b) Ich wollte mit der S-Bahn fahren, <u>weil mein Fahrrad kaputt ist</u>.
c) Ich stand <u>gegen zwei Uhr nachmittags</u> am Bahnsteig.
d) Ich habe <u>über vierzig Minuten</u> auf die S-Bahn gewartet.
e) Ich wurde <u>nach einer halben Stunde</u> langsam sauer.
f) Ich war fast eingeschlafen, <u>als die S-Bahn endlich kam</u>.
g) Ich finde <u>eine so lange Wartezeit</u> unzumutbar.

3 Beziehungen – Setzen Sie die unterstrichenen Satzteile an den Satzanfang [A] bzw. das Satzende [E].

a) Es ist etwas Schönes, <u>verliebt zu sein</u> [A]. *a) Verliebt zu sein ist etwas Schönes.*
b) Ich finde aber, nichts kann so anstrengend <u>wie eine Beziehung</u> [E] sein. *b) Ich finde aber, ...*
c) Ich habe es ihm schon <u>gesagt</u> [A], dass ich sein Verhalten nicht länger akzeptiere. *c) ...*
d) Aber er will es nicht <u>glauben</u> [A]. *d) ...*
e) Oje, wie wird das bloß <u>mit euch</u> [E] enden? *e) ...*

4 Der vergessene Mantel – Verbessern Sie diese E-Mail, indem Sie andere Satzteile auf Position 1 stellen oder zwei oder mehrere Sätze verbinden.

An das Fundbüro der Deutschen Bahn

Sehr geehrte Damen und Herren,
ich habe gestern im Zug meinen Mantel vergessen. Ich habe ihn in dem ICE um 17.33 Uhr von München nach Frankfurt liegen lassen. Ich möchte Sie fragen, ob jemand den Mantel bei Ihnen abgegeben hat. Der Mantel ist grün. Er ist aus Wolle. Ein roter Schal steckte in der Tasche des Mantels. Bitte schicken Sie mir den Mantel, wenn das möglich ist. Bitte lassen Sie mir eine Nachricht zukommen, wenn ich den Mantel selber abholen soll. Ich übernehme selbstverständlich die Kosten für das Porto.
Herzlichen Dank im Voraus.

Mit freundlichen Grüßen
Elisabeth Goodman

Sehr geehrte Damen und Herren,
gestern habe ich im Zug meinen Mantel vergessen.

SYNTAX

7.2 HAUPTSATZ: VERBERGÄNZUNGEN, ANGABEN

… heute wegen des schönen Wetters unbedingt ins Freibad …

1 Positionen im Satz – Reihenfolge der Verb-Ergänzungen

a Ergänzungen gehören obligatorisch zum Verb, z. B. *schenken: Wer schenkt wem was?*
Die Nominativ-Ergänzung (Wer? Subjekt) steht entweder direkt vor oder nach dem Verb, also auf Position 1 oder 3.

Position 1	Position 2 (Verb)	Position 3, 4, 5*	Satzende
Jeder *(Wer?)*	kennt	jeden über sechs Ecken.	
Über sechs Ecken	kennt	jeder *(Wer?)* jeden.	

* Nach dem Verb auf Position 2 stehen in der Regel maximal drei Ergänzungen oder Angaben (Position 3, 4, …). Gibt es mehr Informationen, steht eine davon eher vor dem Verb, also auf Position 1.

b Die Dativ-Ergänzung *(Wem?)* steht (meistens) vor der Akkusativ-Ergänzung *(Wen?/Was?)*.

| Das soziale Netzwerk | schlägt | den Nutzern *(Wem?)* | mögliche Freunde *(Wen?/Was?)* | vor.* |

* Aber die Reihenfolge wechselt, wenn die Akkusativ-Ergänzung einen bestimmten Artikel hat und die Dativ-Ergänzung einen unbestimmten. *Ich schenke den Ball einem Kind.*

c Ist eine Ergänzung ein Pronomen, steht sie vor der Ergänzung mit Nomen: kurz vor lang!
Sind beide Ergänzungen Pronomen, steht Akkusativ vor Dativ.

Das soziale Netzwerk	schlägt	den Nutzern *(Wem?)*	mögliche Freunde *(Wen?/Was?)*	vor.
Das soziale Netzwerk	schlägt	ihnen *(Wem?)*	mögliche Freunde *(Wen?/Was?)*	vor.
Das soziale Netzwerk	schlägt	sie *(Wen?/Was?)*	den Nutzern *(Wem?)*	vor.
Das soziale Netzwerk	schlägt	sie *(Wen?/Was?)*	ihnen *(Wem?)*	vor.

d Präpositional-Ergänzungen stehen mit der Tendenz zum Satzende oder auf Position 1.

| Oft | haben | die Nutzer explizit | nach einer bestimmten Person | gesucht. |
| Von einem anderen Nutzer | ist | ein Nutzer | nur 4,74 Kontakte | entfernt. |

e Lokale und temporale Ergänzungen stehen mit der Tendenz zum Satzende oder auf Position 1.

| Eine Unterrichtsstunde | dauert | in Deutschland | 45 Minuten. |

2 Positionen im Satz – Reihenfolge der Angaben

Angaben sind zusätzliche Informationen: Wann? Warum? Wie? Wo? Diese Angaben* stehen vor dem Satzende oder auf Position 1. Für die Reihenfolge gilt „kurz vor lang".

Bereits 1967 / Ein Forscher	machte	ein Forscher in den USA / bereits 1967 in den USA	ein Experiment.	
Man / Heutzutage	fühlt	sich heutzutage / man sich	dank des Internets weltweit	vernetzt.
60 Freiwillige	mussten	ein Paket	nach einem bestimmten System	verschicken.

* TE-KA-MO-LO-Regel (temporale vor kausaler vor modaler vor lokaler Angabe) – aber niemals alle in einem Satz hintereinander.

ÜBUNGEN

1 Im Computerkurs – Formulieren Sie Sätze.

a) Die Kursleiterin gibt das neue Arbeitsbuch – den Teilnehmern.
Die Kursleiterin gibt den Teilnehmern das neue Arbeitsbuch.
b) Ihr Kollege macht Fotokopien von den Unterlagen – uns.
c) Sie beantwortet alle meine Fragen – mir.
d) Herr Meier bringt die vermisste DVD – uns.
e) Die Trainerin erklärt die Möglichkeiten des Programms – meiner Kollegin.
f) Wir schenken einen Blumenstrauß – der Kursleiterin.

2 Ergänzen Sie die Sätze aus Übung 1 im Mittelfeld durch folgende Angaben.

a) nächste Woche
Die Kursleiterin gibt den Teilnehmern nächste Woche das neue Arbeitsbuch.
b) bis morgen   c) sofort   d) gleich   e) noch einmal   f) am Kursende

3 Ersetzen Sie das Nomen im Akkusativ durch ein Personalpronomen.

a) *Die Kursleiterin gibt es den Teilnehmern nächste Woche.*

4 Fragen und Antworten – Ergänzen Sie die Pronomen.

a) Könntest du mir mal kurz deinen Kugelschreiber leihen? – Wenn du möchtest, schenke ich *ihn dir*.
b) Gibst du mir bitte mal das Lineal? – Ich habe _____ _____ doch bereits hingelegt.
c) Würden Sie mir ein Mineralwasser bringen? – Ich habe _____ _____ schon dort hingestellt.
d) Würden Sie mir bitte meine Frage beantworten? – Ich habe _____ _____ doch bereits beantwortet.
e) Könntest du mir den Weg zur Universität beschreiben? – Ich habe _____ _____ hier auf diesem Blatt aufgezeichnet.
f) Herr Murr, wo bitte ist das Protokoll von der letzten Sitzung? – Ich habe _____ _____ bereits hingelegt.

5 Frauen wie Elsa – Beginnen Sie den Satz mit dem unterstrichenen Ausdruck.

a) Elsa steht auf. – gegen 7 Uhr / <u>in der Woche</u>
In der Woche steht Elsa gegen 7 Uhr auf.
b) Sie verlässt das Haus. – <u>bei gutem Wetter</u> / um Viertel nach acht / pünktlich
c) Sie fährt. – <u>außer im Winter</u> / normalerweise / zur Arbeit / mit dem Fahrrad
d) Elsa erledigt ihre Einkäufe. – <u>in einem Einkaufszentrum neben dem Büro</u> / zweimal pro Woche
e) Sie treibt Sport. – in einem Fitnesscenter für Frauen / <u>jeden Dienstag und Donnerstag</u> / aus gesundheitlichen Gründen
f) Elsa macht <u>außerdem</u> Wassergymnastik. – in einem Schwimmbad / am Wochenende / mit einem Trainer
g) Sie sieht sich die neuesten Filme an. – samstags abends / in einem der großen Kinos der Stadt / <u>mit großer Begeisterung</u>
h) Elsa geht essen. – mindestens einmal pro Monat / <u>trotz knapper Kasse</u> / in ein japanisches Restaurant / mit zwei Freundinnen

SYNTAX

7.3 NEGATION

nicht – nichts – kein – niemand – nirgendwo – uninteressant

1 Funktion

Emma isst gern Weintrauben.   Ali mag Schwarzbrot, aber keine Weintrauben.

2 Negationswörter

nicht	Ali mag Schwarzbrot überhaupt nicht.
nichts	Man sollte sehr jungen, hochbegabten Musikern nichts von ihrer Kindheit nehmen.
kein	Ich habe leider kein neues Auto.
kein(e)s	Haben wir noch Brot? Nein, wir haben kein(e)s mehr.*
nie/niemals	Manche spielen perfekt auf ihrem Instrument, obwohl sie nie eine Note gelernt haben.
niemand	Niemand** sollte als 11-Jähriger mit 20-Jährigen zusammen ein Instrument üben.
nirgendwo, nirgends	Nirgendwo** gibt es so viele musikalische Talente wie in diesem Jugendorchester.

*   Widerspruch: *Doch. Wir haben noch welches.*
** Indefinitpronomen → s. Seite 60; Lokaladverbien → s. S. 64; Temporaladverbien → s. S. 68

3 Positionen von *nicht* im Satz

Die Moderatorin erklärt den Zuhörern das Schulsystem nicht.	meist am Ende	verneint die ganze Aussage
Viele können ein Studium nicht finanzieren. Er kauft heute nicht ein.	vor dem 2. Teil der Satzklammer (Satzende)	
Du brauchst nicht zu zahlen.	vor Infinitiv + *zu*	
Nicht immer musste man Studiengebühren bezahlen.	vor dem Satzteil, der verneint wird	verneint einzelne Inhalte der Aussage
Er fährt nicht Auto. Jobben ist für Max zeitlich fast nicht möglich. Wir sprechen jetzt mal nicht über die Schule. Sie schicken ihre Kinder nicht dorthin. Sie schicken ihre Kinder nicht im Winter dorthin.	vor Ergänzungen und Angaben, z. B. ... Akkusativ-Ergänzung ... mit *sein* oder *werden* ... Präpositional-Ergänzungen ... lokale ... temporale	
Elke lernt nicht gern, aber ziemlich viel. Ich glaube nicht der Politikerin, sondern der Studentin.	im Nachfeld folgen adversative Hauptsatz-Konnektoren *sondern, aber**	

* hauptsatzverbindende Konnektoren → s. Seite 160

4 Negation von Adjektiven durch Vor- und Nachsilben

un-	uninteressant	non-*	nonverbal	
miss-	missverständlich	in-*	indirekt	
ir-*	irrelevant	im-*	immobil	
a-*	asozial	il-*	illoyal	
des-*	desillusioniert	-los	anspruchslos	* Fremdwörter

ÜBUNGEN

1 Wohnungen – Warum ist Wohnung 2 ein besseres Angebot? Schreiben Sie.

> ~~die Tiefgarage~~ • das Bad • das separate WC • der Balkon • die Abstellkammer • die Einbauküche

Wohnung 2 hat eine Tiefgarage, Wohnung 1 hat keine. Sie hat ...

2 Zur Person – Negation mit *nicht*, *kein*, *keine*.

a) Formulieren Sie Fragen und negative Antworten.

	Hannah	Matthias
verheiratet	+	–
Kinder	–	–
berufstätig	+	–
Geld gespart	–	–
schon mal in Polen	–	+
Fremdsprachen	+	–
Freunde in Deutschland	–	+
eine eigene Wohnung	+	–

Ist Matthias verheiratet? – Nein, er ist nicht verheiratet.
Hat Hannah Kinder? – Nein, sie hat keine Kinder.

b) Vergleichen Sie die beiden Personen.
Hannah ist verheiratet, aber Matthias noch nicht.
Matthias hat keine Kinder, Hannah hat auch noch keine.

3 Moderne Zeiten – Verneinen Sie diese Fragen höflich. Verwenden Sie *nicht*, *nichts* oder *kein*.

a) Wissen Sie, was ein Gameboy ist? *Nein, das weiß ich leider nicht.*
b) Hast du schon mal etwas von „Pokemon" gehört?
c) Hast du vielleicht einen leeren USB-Stick für mich?
d) Kennen Sie ein Computerprogramm gegen Viren?
e) Kennst du den Zugangscode zu diesem Computer?
f) Braucht man für diese Kreditkarte eine Geheimzahl?

4 Kauflust – Ergänzen Sie die Negationswörter.

Ich konnte noch (a) _nie_ an einem Modeladen vorbeigehen, ohne mir etwas zu kaufen. Dabei spielt es (b) _____ Rolle, ob ich viel oder wenig Geld in der Tasche habe. Es fällt mir in diesem Moment auch (c) _____ ein, dass ich bereits hundert ähnliche Sachen im Schrank hängen habe. Ich habe schon alles versucht, um mir diese Sucht abzugewöhnen, aber bisher hat mir (d) _____ geholfen. Ich finde einfach (e) _____ richtiges Mittel dagegen.

5 Ziemlich negativ. – Setzen Sie *des-*, *il-*, *in-*, *ir-*, *miss-*, *un-* und *-los* ein.

Daniel wirkt an seinem neuen Arbeitsplatz ziemlich (a) _des_orientiert. Er findet sein kleines Büro noch ganz (b) ____gemütlich. Die neue Kollegin neigt scheinbar zu (c) ____rationalen Entscheidungen. Die Aktion des Firmenchefs auf der Versammlung gestern war seiner Meinung nach (d) ____legal. Er findet das Verhalten seines Vorgesetzten sehr (e) ____konsequent. Die neue Werbekampagne der Firma ist für seinen Geschmack ausgesprochen (f) niveau____. Er ist Kollegen gegenüber sehr (g) ____trauisch.

SYNTAX

7.4 IMPERATIV (1): FORMEN

Mach bitte deine Hausaufgaben!

1 Funktion

Frau Huber verreist für drei Wochen. Sie erklärt ihrer Nachbarin, was sie tun soll:

Bitte gießen Sie einmal pro Woche die Pflanzen! Den Goldfischen geben Sie bitte täglich Futter! Leeren Sie bitte regelmäßig unseren Briefkasten!

Leeren Sie bitte regelmäßig den Briefkasten!	Bitte
Stoppt die Gewalt!	Appell
Lasst uns doch mal zusammen ins Kino gehen.	Vorschlag/Angebot
Sei bitte vorsichtig!	Rat/Empfehlung
Mach jetzt deine Hausaufgaben!	Anordnung/Befehl
Lass das! **Tu** das bitte nicht! **Schnallen Sie** sich immer an!	Ermahnung/Warnung
Verwenden Sie für dieses Rezept fettarme Milch.	Anleitung

2 Formen

Sie-Form	**Essen Sie** weniger Zucker!	Wie in der 3. Person Plural, aber zuerst das Verb, dann das Pronomen.
	Seien Sie unbesorgt!	Ausnahme: *sein*
Du-Form		Wie die 2. Person Singular, aber ohne Endung und ohne Personalpronomen:
	Iss weniger Zucker!	~~du~~ iss~~t~~ – iss
	Sprich etwas lauter!	~~du~~ sprich~~st~~ – sprich
	Sei ruhig, bitte!	Ausnahme: *sein*
	Antworte mir bitte! **Öffne** bitte das Fenster!	Verben, die im Stamm auf *-d, -t, -ig, -m* und *-n* enden, behalten das *-e**: ~~du~~ antworte~~st~~ – antworte ~~du~~ öffne~~st~~ – öffne
	Lauf nach Hause! **Fahr** nach Köln!	Unregelmäßige Verben immer ohne Umlaut: ~~du~~ läuf~~st~~ – lauf ~~du~~ fähr~~st~~ – fahr
Ihr-Form	**Gebt** mir eine Chance! **Seid** vorsichtig!	Wie die 2. Person Plural, es fehlt nur das Pronomen.

* In älteren Texten gibt es die Endung *-e* auch bei anderen Verben, z. B. *Reiche mir bitte das Salz.*

Geh endlich nach Hause**!**	Das **Ausrufezeichen** gibt Aufforderungs- bzw. Befehlssätzen Nachdruck.
Gehen Sie doch einfach nach Hause**.**	**Punkt**, wenn ohne Nachdruck gesprochen wird.

ÜBUNGEN

1 Stressfreie Reise – Unterstreichen Sie alle Imperative.

<u>Überprüfen Sie</u> vor einer Reise Ihren Pass und lassen Sie ihn eventuell rechtzeitig verlängern. Wenn Sie in Hauptreisezeiten fliegen wollen: Beeilen Sie sich mit der Buchung Ihres Fluges oder Hotels. Ziehen Sie bei einem längeren Flug bequeme Kleidung an. Schließen Sie Ihre Wertsachen im Hotelsafe ein. Rufen Sie Ihre Lieben zu Hause an, wenn Sie am Ziel angekommen sind.

2 Tischmanieren für Deutschlandbesucher – Geben Sie Ratschläge in der Sie-Form.

falten • fassen • halten • schließen • ~~stellen~~ • verdecken • verlassen • verwenden

a) die Ellbogen nicht auf den Tisch
   Stellen Sie die Ellbogen nicht auf den Tisch.
b) die Serviette nicht nach Gebrauch
c) die Gabel in der linken und das Messer in der rechten Hand
d) die Lippen beim Kauen
e) die kleine Gabel für den Kuchen
f) das Weinglas am Stiel
g) die rechte mit der linken Hand, wenn Sie einen Zahnstocher benutzen
h) nicht den Tisch, bevor alle fertig gegessen haben

3 Gesundheits-Tipps – Ergänzen Sie die Verben in der Ihr- und in der Du-Form.

essen • kontrollieren • putzen • sein • spülen • ~~trinken~~ • verwenden

MIT ZUCKER SPARSAM UMGEHEN

a) *Trinkt / Trink* öfter mal ungesüßten Tee oder Mineralwasser statt Cola oder Limonade!
b) _____ vorsichtig bei klebrigen Süßwaren, insbesondere Bonbons!
c) _____ öfter mal Obst statt Schokolade oder Bonbons!
d) _____ möglichst nach jeder Mahlzeit die Zähne!
e) _____ den Mund mit Wasser aus, wenn Zähneputzen nicht möglich ist!
f) _____ Süßigkeiten nicht als Belohnung!
g) _____ regelmäßig das Körpergewicht!

4 Ratschläge – Formulieren Sie Sätze in der Du-Form.

a) Obst – frisch – essen – täglich
   Iss täglich frisches Obst!
b) Flüssigkeit – Liter – mindestens – täglich – trinken – zwei
c) Sport – treiben – pro – Woche – zweimal
d) acht Stunden – schlafen – täglich
e) achten – beim Einkaufen – auf – gesunde Lebensmittel
f) auf Alkohol – möglichst – verzichten

SYNTAX

7.5 IMPERATIV (2): ALTERNATIVEN

Komm bitte rein.

1 Funktion

Hallo Richard, komm doch morgen zu mir zum Frühstück. Ich habe ein paar Leute eingeladen.	Bring doch bitte etwas Käse und vielleicht etwas Schinken mit.	Hol den Käse doch mal / lieber bei dem Stand auf unserem Wochenmarkt. Der ist wirklich lecker.	Komm (sofort/jetzt) rein und mach deine Hausaufgaben.
Aufforderung	Bitte	Rat/Tipp/Vorschlag/ Empfehlung	Befehl/Anordnung

Modalpartikel *doch / lieber / doch mal / doch lieber / doch bitte* machen Imperativsätze freundlicher.

2 Alternativen

Mit einer Reihe von Formen kann man den streng klingenden Imperativsatz modifizieren. Die Wirkung hängt zusätzlich von der Betonung und von den ergänzten Partikeln ab.

	Imperativ	Alternative		Absicht Wirkung
Aufforderung, Befehl	Räum dein Zimmer auf.	Könntest du bitte dein Zimmer aufräumen?	Frage; Modalverb – Konjunktiv II; Modalpartikel *bitte*	freundlich
		Könntest du bitte dein Zimmer sofort aufräumen?	Frage; Modalverb – Konjunktiv II; Modalpartikel *bitte*, Angabe *sofort*	streng, nachdrücklich
Bitte	Reichen Sie mir bitte das Salz.	Könnten/Würden Sie mir bitte mal das Salz reichen?	Frage; Modalverb – Konjunktiv II; Modalpartikel *bitte mal*	höflich freundlich
		Das Salz bitte.	Kurzform, Modalpartikel *bitte*	sachlich
		Ich möchte bitte mal das Salz.	Aussagesatz, Modalverb *möchte*, Modalpartikel *bitte mal*	familiär freundlich
Rat, Empfehlung	Nimm lieber Honig statt Zucker.	Warum nehmen Sie nicht Honig statt Zucker?	Frage	vorsichtig
		Sie sollten Honig statt Zucker nehmen.	Aussagesatz, Modalverb – Konjunktiv II	energisch
		Ich würde lieber Honig statt Zucker nehmen.	Aussagesatz, Modalverb – Konjunktiv II + *lieber*	persönlich
		Man nimmt heutzutage eher Honig als Zucker.	Aussagesatz Präferenz *eher*	beratend unpersönlich
Anleitung	Geben Sie das Mehl in eine Schüssel.	Das Mehl in eine Schüssel geben.	Infinitiv	knapp, unpersönlich

ÜBUNGEN

≡ 1 So nerven Sie Ihre Lieben schon am frühen Morgen. – Formulieren Sie zuerst Bitten und dann weniger höfliche Aufforderungen.

a) aufstehen
Würdest du bitte aufstehen? Könntest du bitte mal aufstehen? Steh endlich auf!

b) sich rasieren   d) sich duschen   f) sich frisieren   h) sich beeilen
c) sich waschen   e) sich anziehen   g) sich kämmen   i) Regenschirm mitnehmen

≡ 2 Wie bediene ich eine Waschmaschine? – Formulieren Sie persönlicher in der *Sie*-Form.

(a) Zuerst sortiert man die Wäsche. (b) Dann legt man die Wäsche in die Maschine hinein. (c) Dann schließt man die Tür. (d) Dann kontrolliert man, ob der Stecker in der Steckdose steckt. (e) Anschließend dreht man den Wasserhahn auf. (f) Als Nächstes lässt man das Waschmittel einlaufen. (g) Dann wählt man das gewünschte Programm. (h) Schließlich stellt man die Temperatur ein und drückt den Start-Knopf.

(a) Sortieren Sie zuerst die Wäsche.

≡ 3 Backstudio – Formulieren Sie die Anleitung in der *Du*-Form.

1. Teig bereiten	2. Belag herstellen
(a) Backmischung, weiches Fett, Eier und Wasser in eine Rührschüssel geben. (b) Drei Minuten rühren.	(c) Die Äpfel schälen. (d) Drei Äpfel entkernen, in Würfel schneiden und unter den Teig heben. (e) Den Teig in eine Backform füllen. (f) Den vierten Apfel in Scheiben schneiden und auf den Teig legen. (g) Die Form in den Backofen schieben und den Kuchen backen.

(a) Gib die Backmischung, weiches Fett, Eier und Wasser in eine Rührschüssel.

≡ 4 Ratschläge zum guten Benehmen – Formulieren Sie Sätze.

a) der Gastgeberin Blumen mitbringen
Sie sollten der Gastgeberin Blumen mitbringen.
Man bringt der Gastgeberin Blumen mit.
b) das Papier vor dem Klingeln von dem Blumenstrauß entfernen
c) das Papier in die eigene Tasche stecken
d) die Gastgeber mit Händedruck begrüßen
e) saubere, möglichst gebügelte Sachen und geputzte Schuhe tragen
f) seine Schuhe anbehalten
g) bei offiziellen Einladungen einen Anzug tragen

≡ 5 Vater und Sohn als Heimwerker – Formulieren Sie höfliche Bitten in der Form, die jeweils angegeben ist.

a) mir den Hammer geben [Imperativ + *doch mal bitte*]
Gib mir doch mal bitte den Hammer.
b) mir den Werkzeugkasten bringen [Frage + Modalverb Konjunktiv II + *mal*]
c) die Schrauben Nummer 5 suchen [Frage + *mal bitte/bitte mal*]
d) auch die passenden Dübel dazu suchen [Frage + Modalverb Konjunktiv II]
e) in den Keller laufen [Imperativ + *doch mal*]
f) die Bohrmaschine holen [Imperativ + *bitte*]
g) nachsehen, ob zweiter Werkzeugkasten dort sein [Frage + Modalverb Konjunktiv II + *bitte*]

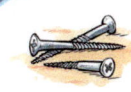

SYNTAX

7.6 FRAGESATZ

Wann geht der nächste Zug nach Hamburg?

1 Funktion

Ist der Zug nach Hamburg schon weg?	sich informieren
Können Sie mir bitte helfen?	bitten

2 Formen

a direkte Frage

Die Antwort auf eine Entscheidungsfrage ist sinngemäß nur *ja* oder *nein*. Bei der Antwort auf Ergänzungsfragen enthält die Antwort neue Informationen. Ein Hauptsatz kann als Frage dienen, wenn die aufsteigende Betonung dies anzeigt. Ist die Entscheidungsfrage negativ formuliert, lautet die positive Antwort darauf *doch*.

Frage		Antwort	
ohne Fragewort = Entscheidungsfrage	Hat Niko ein Smartphone?	Ja./Nein.	Entscheidung
	Das ist Nikos Smartphone?		
	Hat Niko kein Smartphone?	Doch./Nein.	
mit Fragewort = Ergänzungsfrage	Welches Tier magst du am liebsten?	Den Delfin.	Ergänzung

b indirekte Frage

Diese Frageform besteht aus einem Einleitungs- und einem Nebensatz.

Frage			Antwort	
	Einleitungssatz	Nebensatz		
ohne Fragewort = Entscheidungsfrage	Sag mal, weißt du,	ob Nico ein Lieblingslied hat?	Ja, hat er. / Ich glaube nicht.	Entscheidung
mit Fragewort = Ergänzungsfrage	Sag mir bitte,	welches Lied Nico am liebsten mag.	Irgendeins von Coldplay.	Ergänzung

3 Interpunktion

Ein Fragezeichen steht nach allen direkten Fragen und nach indirekten Fragen, wenn der Einleitungssatz eine Frage ist: *Kannst du mir verraten*, ob Nico ein Lieblingslied hat?
Ein Punkt steht nach indirekten Fragen, wenn der Einleitungssatz ein Aussagesatz ist: *Ich möchte wissen*, welches Lied Nico am liebsten mag.

ÜBUNGEN

1 Im Zoo – Ordnen Sie passende Antworten zu. Es sind mehrere Lösungen möglich.

die Faultiere • doch • ja • nein

a) Hast du noch keine Eintrittskarte? Doch.
b) Bist du auch schon so müde wie ich?
c) Hast du keine Lust mehr, noch zu den Elefanten zu gehen?
d) Hättest du Lust, die Ziegen zu füttern?
e) Vielleicht sollten wir uns mal hinsetzen und ein Eis essen.
f) Warst du schon mal im Streichelzoo, wo man die Tiere anfassen darf?
g) Welche Tiere findest du besonders langweilig?

2　Sicherheitsmaßnahmen – Formulieren Sie Fragen.

a) Doch, ich habe die Fenster fest geschlossen.
   Haben Sie denn die Fenster nicht fest geschlossen?
b) Doch, ich habe auch die Kellertür abgeschlossen.
c) Doch, ich habe den Schlüssel zweimal herumgedreht.
d) Doch, ich habe das Licht abends brennen lassen.
e) Doch, ich habe die Alarmanlage eingeschaltet.
f) Doch, ich habe den Briefkasten vom Nachbarn leeren lassen.

3　Abendprogramm – Formulieren Sie indirekte Fragesätze mit *ob* oder *wann*.

a) im Kino — das bestellte Buch schon da
b) bei der Theaterkasse — Kurs schon angefangen
c) im Restaurant — noch ein Tisch frei
d) im Fitnessstudio — noch Karten für diesen neuen Thriller / der Film anfangen
e) in der Bibliothek — geöffnet
f) in der Volkshochschule — Vorstellung zu Ende

a) *Ruf doch bitte im Kino an und frag, ob es noch Karten für diesen neuen Thriller gibt und wann der Film anfängt.*

4　Um Auskunft bitten – Formulieren Sie indirekte Fragesätze.

a) Der Bus fährt alle zehn Minuten. [Wie oft?]
   Können Sie mir sagen, wie oft der Bus fährt?
b) Der Taxistand ist da drüben. [Wo?] *Wo ist der Taxistand?*
c) Die Straße ist wegen Bauarbeiten gesperrt. [Warum?/Weshalb?] *Warum ist die Straße wegen Bauarbeiten gesperrt?*
d) Es ist gleich sieben. [Wie?] *Wie ist es gleich sieben?*
e) Die Banken schließen heute um 16 Uhr. [Wann?] *Wann schliesst die Banken?*
f) Der Fernsehturm ist 150 Meter hoch. [Wie?] *Wie hoch ist der Fernserturm?*
g) In diesem Haus befindet sich das Fremdenverkehrsamt. [Was?] *Was befindet sich in diesen Haus?*
h) Hier wohnt niemand. Es ist ein Bürogebäude. [Wer?] *Wer wohnt hier?*

5　Kinobesuch – Formulieren Sie indirekte Fragesätze.

a) Was gibt es heute Abend im Kino? Kannst du mir sagen, ...
   Kannst du mir sagen, was es heute Abend im Kino gibt?
b) Von wem ist denn dieser Film? Weißt du, ... *Weißt du von wem dieser Film ist?*
c) Und wer spielt mit? Und weißt du auch, ... *Weißt du auch wer mitspielt?*
d) Was kosten die Karten da eigentlich? Sag mal, ... *Sag mal, was kostet die Karten?*
e) In welchem Kino läuft der Film? Noch wichtiger ist, ... *Noch wichtiger ist, in welchem Kino der Film läuft.*
f) Wann fängt die Vorstellung an? Weißt du noch, ... *wann die Vorstellung anfängt.*
g) Kommen Mira und Cornelius auch mit? Kannst du mir sagen, ... *ob Mira und Cornelius auch mit kommen.*
h) Willst du sie einladen? Ich will wissen, ... *ob du sie einladen willst.*

6　Ehestreit – Ergänzen Sie den Dialog.

a) Du hättest wirklich etwas früher nach Hause kommen können. — Wieso? Du interessierst dich doch sonst nicht dafür, *wann ich nach Hause komme.* [nach Hause kommen]
b) Und dann dieser Anzug! — Du achtest doch sonst nicht darauf, ... [aussehen]
c) Diese Krawatte ist das Letzte. — Ich ziehe doch nur an, ... [im Schrank finden]
d) Hast du übrigens den Föhn gesehen? Du musst ihn irgendwie verlegt haben. — Wieso ich? Du weißt doch selber nicht, ... [die Sachen liegen]
e) Du sitzt genau vor dem Fernseher. — Ich entscheide selber, ... [sitzen]
f) Warum gehst du nicht einfach ins Bett? — Ich entscheide ebenfalls selber, ... [schlafen gehen]

SYNTAX

7.7 FRAGEWÖRTER

wer – was – worüber …

wer	Wer hat gewonnen?	Person	Nominativ
was	Was sagst du dazu?	Sache	
wen	Wen rufst du an?	Person	Akkusativ
wem	Wem schenkst du diese Blumen?		Dativ
wessen	Wessen Telefonnummer ist das?		Genitiv
wo	Wo bist du geboren?	Ort	
wohin	Wohin fährst du in Urlaub?		
woher	Woher stammt deine Familie?		
wann	Wann musst du gehen?	Zeitpunkt	
wie lange	Wie lange seid ihr schon da?	Dauer	*wie* + Adverb
wie oft	Wie oft besucht ihr den Kurs?	Häufigkeit	
warum	Warum willst du schon gehen?	Grund	
wieso	Wieso gehst du schon wieder zur Bank?		
weshalb	Weshalb gehst du schon wieder zur Bank?		
wie	Wie gefällt dir der Roman?	Qualität	*wie* + Verb
	Wie hoch ist der Eiffelturm?		*wie* + Adjektiv
wie viel	Wie viel Geld hast du noch?	Menge	Nomen im Singular
wie viele	Wie viele Freunde willst du einladen?	Anzahl	Nomen im Plural
welcher/-e/-es	Welches von diesen hier gefällt dir am besten?	Auswahl	
was für ein	Was für ein Auto willst du?	Qualität	

Fragewort bei Verben mit Präposition

Person	über + Akkusativ	Über wen habt ihr euch denn gerade so intensiv unterhalten?
	mit + Dativ	Mit wem hast du dich denn da unterhalten?
Sache	worüber	Worüber* habt ihr denn gerade so gelacht?
	womit	Womit bist du gerade beschäftigt?

* *wo(r)* + Präposition: *r* wird eingefügt, wenn die Präposition mit Vokal beginnt → s. Seite 62

ÜBUNGEN

1 Viele Fragen – Formulieren Sie Fragen zu den unterstrichenen Wörtern.

a) Das Buch gehört Peter.
   Wem gehört das Buch?
b) Es ist etwas passiert.
c) Ich mache mir über etwas Sorgen.
d) Ich habe mir Geld von Helga geliehen.
e) Ich spüre etwas Kaltes auf der Haut.
f) Ich suche Angela.
g) Ich habe meinen Geldbeutel verloren.
h) Wir haben am Wochenende meine Eltern besucht.
i) Das ist Egons Mantel.

2 Steckbrief – Formulieren Sie direkte Fragen.

a) Alter: 15 Jahre – *Wie alt bist du?*
b) Augenfarbe: grünbraun
c) Größe: 1,67 cm
d) Gewicht: 50 kg
e) Schule: Gymnasium, 9. Klasse
f) liebstes Schulfach: Biologie
g) Hobby: Gitarrespielen
h) Lieblingstier: Delfin
i) Lieblingsgericht: Gemüselasagne
j) Mag am liebsten: Natur

3 Schaufensterbummel – Ergänzen Sie die Fragewörter.

● Sieh mal, (a) *wie* gefällt dir die Jacke da?
■ (b) _____ meinst du, die graue oder die blaue?
● Die blaue.
■ Die gefällt mir nicht. Aber (c) _____ sagst du zu dem Pullover da hinten?
● (d) _____ meinst du, den mit dem Rollkragen oder den daneben?
■ Den mit dem Rollkragen meine ich.
● Finde ich gut. Was ich aber viel dringender brauche, ist ein neuer Rock.
■ Und an (e) _____ denkst du?
● An so einen kurzen, schwarzen, wie sie jetzt modern sind.
■ Und (f) _____ Schuhe ziehst du heute Abend zur Tanzstunde an?
● Weiß ich noch nicht. Ich weiß auch noch nicht, (g) _____ Kleid ich anziehe.

4 Im Kurs – Ergänzen Sie das Fragewort.

an • aus • für • in • ~~mit (2x)~~ • über (3x) • um (2x) • von (2x) • zu

a) *Womit* beschäftigt sich der Kurs im Moment?
b) _____ besteht das Problem?
c) _____ dient dieser Apparat?
d) _____ diskutieren die Teilnehmer im Unterricht?
e) *Mit wem* [Person] gehst du heute Abend zur Kursparty?
f) _____ hängt die Note im Zeugnis ab?
g) _____ schließt du, dass der Kurs schwer ist?
h) _____ [Person] hast du denn dieses Briefchen bekommen?
i) _____ geht es in dieser Lektion?
j) _____ müssen sich die Teilnehmer gewöhnen?
k) _____ [Person] interessieren sich alle am meisten?
l) _____ ärgert sich der Kursleiter?
m) _____ muss sich jeder Teilnehmer selber kümmern?
n) _____ [Sache] lacht die ganze Klasse?

SYNTAX

7.8 HAUPTSATZVERBINDENDE KONNEKTOREN

und – oder – aber – denn – sondern

1 Funktion

und	Er geht gerne aus und amüsiert sich gern.	Aufzählung*
oder	Nimmst du schwarz oder rot?	Alternative
aber	Peter ist arm, aber glücklich.	Kontrast
denn	Eva versteht Peter, denn sie hatte dasselbe Problem.	Grund
sondern	Peter will nicht mehr Geld, sondern mehr Freizeit.	Kontrast, Differenz
	Maria kommt nicht erst morgen, sondern schon heute.	nach Negation

* bedeutungsgleich mit *und* ist *sowie*. Es wird nur bei Satzgliedern verwendet und vermeidet eine Wiederholung von *und* bei mehreren Nomen: *Insekten haben sechs Beine und zwei Paar Flügel sowie ein Paar Fühler.*

2 Positionen im Satz

Hauptsatz	Hauptsatz			
	Position 0 Konnektor		Position 2 Verb	
Insekten haben sechs Beine (,)	und	(sie)*	(haben)	zwei Paar Flügel.
Sie leben in der Luft (,)	oder	(sie)*	(leben)	in der Erde.
Die Arbeiterinnen sind Weibchen,	aber**	sie	können	keine Eier legen.
Die Feuerameise ist gefährlich,	denn	sie	kann	schmerzhaft beißen.
Die Königin arbeitet nicht,	sondern	(sie)	legt	die Eier.

* Wenn Verben und Subjekt identisch sind, können sie im zweiten Hauptsatz wegfallen. Ausnahme: *denn*

** *aber* kann auch im Satz stehen: *Die Arbeiterinnen sind Weibchen, (sie) legen aber keine Eier.* Adversativsatz → s. Seite 192

Immer Komma vor *aber, denn, sondern* → s. Seite 192;
kein Komma vor *sowie*, bei vorhandenem Subjekt fakultatives Komma vor *und/oder*.

ÜBUNGEN

1 Kurzmeldung in der Zeitung – Verbinden Sie die Sätze mit *und*.

V. F. Le Front, französischer Lehrer, ist in der niederländischen Presse zum „ehrlichsten Finder des vergangenen Jahres" ausgerufen worden. (a) Der 60-Jährige entdeckte auf einem Parkplatz in Frankreich einen liegen gelassenen Fotoapparat. Er nahm ihn mit. (b) Von einem Autofahrer erfuhr er, dass an der Stelle kurz zuvor eine niederländische Familie gepicknickt hatte. Er entschloss sich sofort, die Familie zu suchen. (c) Le Front brachte den Film in ein Fotolabor. Er ließ ihn entwickeln. (d) Auf den Bildern war eine Frau zu sehen. Es waren zwei Kinder zu sehen. (e) Er schickte die Fotos an die größte niederländische Zeitung. Er bat darum, sie zu veröffentlichen. (f) Am Freitag druckte *De Telegraaf* tatsächlich ein Bild der Frau ab. *De Telegraaf* fragte: „Wem gehört dieses Foto?" (g) Nun hofft Le Front, dass die Frau das Foto sieht. Er hofft, dass sie sich meldet.

(a) Der 60-Jährige entdeckte auf einem Parkplatz in Frankreich einen liegen gelassenen Fotoapparat und nahm ihn mit.

2 Insekten – Ergänzen Sie die fehlenden Konnektoren.

Wozu sie gut sind. Wir alle haben täglich Kontakt mit Insekten: Sie stechen und beißen uns, (a) _und_ sie übertragen dabei leider auch zahlreiche, teilweise gefährliche Krankheiten. (b) _Aber_ sie tun auch viel Gutes, (c) _denn_ sie verarbeiten zum Beispiel tote Tiere und Pflanzen (d) _und_ sie dienen vielen anderen Lebewesen als Nahrung. Wir gewinnen aus ihnen Produkte wie Seide, (e) _denn / und_ wir erforschen Genetik und die Evolution an ihnen.

Was sie fressen. Insekten sind „Überlebenskünstler", (f) _oder / denn_ sie können sich von allem Möglichen ernähren. Sie fressen nicht nur Pflanzen, Blätter, Wurzeln, (g) _sondern_ sie machen sich auch über gelagerte Lebensmittel, Bücher und sogar Haushaltsgegenstände her.

3 Weihnachtsstress – Verbinden Sie die Hauptsätze mit *und*, *aber*, *sondern*. Manchmal sind mehrere Lösungen möglich.

a) Herbert K., 31 Jahre:
Als Lehrer hat man vor Weihnachten Stress: Die Weihnachtsfeier in der Schule muss vorbereitet werden, Konferenzen finden statt. – Dann soll man auch noch Geschenke kaufen.

> *Als Lehrer hat man vor Weihnachten Stress: Die Weihnachtsfeier in der Schule muss vorbereitet werden, Konferenzen finden statt, und dann soll man auch noch Geschenke kaufen.*

b) Susanne H., 73 Jahre:
Mein Mann kümmert sich nicht um Weihnachten. _denn_ – Er geht nur mit dem Hund spazieren. _sondern_

c) Eva C., 57 Jahre:
Mein Mann macht sich keine Gedanken, was er zu Weihnachten schenkt. Das war schon immer meine Angelegenheit. _Aber_ – Das wird weiterhin so bleiben. _und_

d) Klaus O., 50 Jahre:
Ich bin wirklich total im Weihnachtsstress. Gott sei Dank weiß ich ungefähr, was ich meiner Frau schenken werde. _oder_ – Der Stress bleibt einfach bis zum 24. Dezember. _aber_

e) Silke H., 39 Jahre:
Für die Geschenke bin ich zuständig. Die Männer sitzen nur vor dem Fernseher. Sie rühren keinen Finger. _aber_ – Sie erwarten, dass zu Weihnachten alles da ist, Christbaum, Geschenke, selbst gebackene Plätzchen.

f) Toni Sch., 29 Jahre:
Wir haben eine neue Wohnung gefunden. Deshalb fahren wir an Weihnachten nicht zum Skilaufen. _sondern_ – Wir bleiben hier, weil wir umziehen müssen.

SYNTAX

7.9 NEBENSATZ

Weil ich müde bin.

1 Funktion

Nebensätze ergänzen einen Hauptsatz. Sie bilden mit Hauptsätzen komplexe Sätze. Konnektoren stellen die Verbindung zwischen Haupt- und Nebensatz her.

2 Positionen im Satz

Im Nebensatz steht das konjugierte Verb am Ende. Es bildet mit dem Konnektor, der den Nebensatz einleitet, eine Klammer.

a Nebensatz nach dem Hauptsatz

Hauptsatz	Nebensatz		
	Position 0 Konnektor		Satzende Verb
Wir machen ein Fest,	**weil**	Lilli 18	**wird.**
Ich nehme an,	**dass**	etwa 20 Gäste kommen	**werden.**
Ich wollte fragen,	**ob**	ihr zu dem Fest kommen	**wollt.**
Es wäre schön,	**wenn**	ihr kommen	**könntet.**

b Nebensatz vor dem Hauptsatz

Nebensatz			Hauptsatz
Position 0 Konnektor		Satzende Verb	
Wenn	ihr kommen	**könntet**,*	wäre das schön.
Weil	Lili 18	**wird**,*	machen wir ein Fest.
Dass	mindestens 20 Gäste	**kommen**,	davon gehe ich aus.

* Der Nebensatz besetzt hier die Position 1.
Zwischen Haupt- und Nebensatz steht ein Komma.

3 Nebensatz-Konnektoren

während, wohingegen	adversativ	→ s. Seite 192
damit	final	→ s. Seite 186
da, weil	kausal	→ s. Seite 180
wenn, falls, sofern	konditional	→ s. Seite 182
sodass	konsekutiv	→ s. Seite 188
obwohl	konzessiv	→ s. Seite 190
indem, (an)statt, dadurch … dass	modal	→ s. Seite 194
als, wenn, sooft, bevor, ehe, bis, seit(dem), nachdem, sobald	temporal	→ s. Seite 174–178

weitere Nebensätze: Relativsatz → s. Seite 168, 170, indirekte Frage → s. Seite 156, *dass*-Satz → s. Seite 164, Infinitivsatz → s. Seite 166

ÜBUNGEN

1 Was Kinder brauchen. – Kreuzen Sie an: Welche Ergänzung passt?

a) Kinder wünschen sich vor allem Zeit, da …
   ☐ Vater und Mutter oft berufstätig sind.
   ☐ sind Vater und Mutter oft berufstätig.
   ☐ Vater und Mutter sind oft berufstätig.

b) Man muss sich um die Kinder kümmern, weil …
   ☐ brauchen sie ein Vorbild.
   ☐ sie brauchen ein Vorbild.
   ☐ sie ein Vorbild brauchen.

c) Viele Eltern machen sich erst Sorgen um ihre Kinder, wenn …
   ☐ etwas ist schon passiert.
   ☐ ist schon etwas passiert.
   ☐ schon etwas passiert ist.

d) Bevor … sollten Sie mal wieder etwas mit ihrem Kind unternehmen.
   ☐ kaufen Sie ein teures Spielzeug,
   ☐ Sie ein teures Spielzeug kaufen,
   ☐ Sie kaufen ein teures Spielzeug,

2 Analyse – Unterstreichen Sie im Text die Wörter, die einen Nebensatz einleiten, und das konjugierte Verb im Nebensatz.

> **Jan, 15: Was wünsche ich mir von den Erwachsenen?**
>
> Hört auf zu glauben, <u>dass</u> Statussymbole alles im Leben <u>sind</u>! Es ärgert mich wahnsinnig, wenn Leute behaupten, es ginge ihnen schlecht, nur weil sie in einer Mietwohnung leben und nur einmal im Jahr in den Urlaub fahren können. Das zeigt doch, dass unsere Gesellschaft übersättigt ist! Die Erwachsenen sollten Konsumterror und Markenverrücktheit nicht als Problem der Jugend sehen. Es ist doch nur peinlich, wenn Erwachsene sich gegenseitig bedauern, weil sie Opel statt Mercedes fahren. Ich finde es schlimm, wenn man sich in Deutschland und fast allen anderen Industrienationen mit solchen Problemen beschäftigt, während in manchen Ländern Tausende von Menschen heimatlos durch die Gegend irren oder bei Katastrophen sterben.

3 Satzpuzzle – Formulieren Sie Sätze.

a) Er spart gerade eisern, – einen BMW – sich kaufen – weil – will – er
   Er spart gerade eisern, weil er sich einen BMW kaufen will.
b) sie – als – zum Bahnhof – kam, fuhr der Zug gerade ab.
c) Sie beantwortet ihre E-Mails, – Zeit und Lust – haben – wenn – sie
d) Sie findet den Kurs langweilig, – obwohl – besucht – sie – ihn regelmäßig
e) Er ist ein völlig neuer Mensch, – seit – eine Freundin – hat – er
f) ich – nach Hause – gehe – bevor, muss ich noch ein oder zwei Dinge erledigen.

4 Franz, der Kunstkenner – Formulieren Sie als Haupt- und Nebensatz.

a) Franz interessiert sich für Kunst. Deshalb besucht er alle aktuellen Ausstellungen. [weil]
   Franz besucht alle aktuellen Ausstellungen, weil er sich für Kunst interessiert.
b) Er hat eine Ausstellung besucht. Anschließend liest er zu Hause in seinem Katalog wichtige Informationen nach. [nachdem]
c) Er kennt alle wichtigen Bauwerke in seiner Stadt. Trotzdem entdeckt er immer wieder neue Kunstschätze. [obwohl]
d) Er macht Reisen. Vorher kauft er sich einen guten Kunstführer. [bevor]
e) Viele Leute wissen nicht, was sie in ihrer Freizeit tun sollen. Franz dagegen wird es nie langweilig. [während]

SYNTAX

7.10 *dass*-SATZ

Ich hoffe, dass wir uns bald wiedersehen.

1 Funktion

Ich weiß, dass du keine Zeit hast.	*dass*-Satz als notwendige Akkusativ-Ergänzung
Dass er gelogen hat, ist ziemlich sicher.	*dass*-Satz als notwendige Nominativ-Ergänzung

dass-Sätze stehen häufig vor oder nach:

Verben des Sagens	In dem Artikel wird berichtet, dass im Zoo ein weißes Tigerbaby geboren wurde.	*sagen, berichten, herausfinden u. a.*
Verben der persönlichen Haltung	Ich hoffe, dass ich dich bald wiedersehe. Dass er kommt, bezweifle ich.	*ich denke, meine, finde, bezweifle, hoffe, vermute u. a.*
Verben des Erinnerns, Denkens, mit Präpositionaladverbien	Ich erinnere mich daran, dass wir einen Termin ausgemacht hatten.	*sich erinnern an, denken an, träumen von u. a.*
unpersönlichen Ausdrücken der Stellungnahme	Es stimmt, dass wir uns gestritten haben.	*es ist richtig, es ist wichtig u. a.*

Liste der wichtigsten Verben mit Präpositionen → s. Seite 225

2 Positionen im Satz

Hauptsatz	Nebensatz			Hauptsatz
	Position 0 Konnektor		Satzende Verb	
Ich weiß,	**dass**	du keine Zeit	hast.	
Ich weiß,	**dass**	du keine Zeit	hast,	[(ich) hatte es aber vergessen.]*
	Dass	du so wenig Zeit	hast,	finde ich wirklich schade.

* Dieser zweite Hauptsatz ist nicht notwendig.

Zwischen Haupt- und Nebensatz steht ein Komma.

3 Schriftsprache

Alternativen zum *dass*-Nebensatz werden tendenziell mehr in der Schriftsprache verwendet.

Felix kann sich nicht mehr vorstellen, dass er ein Fußballspiel allein zu Hause anschaut.	Felix kann sich nicht mehr vorstellen, ein Fußballspiel allein zu Hause anzuschauen.	Infinitiv + *zu**
Bemerkenswert ist, dass Public Viewing so erfolgreich ist.	Bemerkenswert ist der Erfolg von Public Viewing.	Nominativ-Ergänzung
Viele meiner Freunde geben zu, dass sie eine Fußballmanie haben.	Viele meiner Freunde geben ihre Fußballmanie zu.	Akkusativ-Ergänzung
Der Wirt sorgt dafür, dass die Gäste Getränke haben.	Der Wirt sorgt für die Getränke der Gäste.	Präpositional-Ergänzung

* Der Infinitiv + *zu* kann den *dass*-Satz ersetzen, wenn die Nominativ-Ergänzung des Nebensatzes (Felix) mit der im Hauptsatz (Felix) identisch ist. Infinitiv mit *zu* → s. Seite 166

164

ÜBUNGEN

1 Frauen – Geben Sie die unterstrichenen Ergebnisse der Forscher mit *dass*-Sätzen wieder.

> **Das haben Frauen Männern voraus**
>
> Sie schlafen mehr, essen gesünder und rauchen weniger: Frauen achten einer neuen Studie zufolge mehr auf ihre Gesundheit als Männer. Mehr als 60 Prozent aller Bundesbürgerinnen, die von einem Forscherteam der Uni Landau (Pfalz) befragt wurden, sagten, sie seien ziemlich körperbewusst – das sagten nur 40 Prozent der Männer.

Die Forscher haben herausgefunden, dass Frauen mehr schlafen als Männer, ...

2 Ihre Meinung? – Formulieren Sie *dass*-Sätze. Es gibt verschiedene Lösungen.

a) Man sollte verheiratet sein, wenn man Kinder will.
  Ich denke, dass man verheiratet sein sollte, wenn man Kinder will.
  Ich finde nicht, dass man verheiratet sein sollte, wenn man Kinder will.
b) Hausarbeit ist nichts für einen Mann.
c) Man sollte mit seinem Partner eine Ehe auf Probe versuchen, bevor man sich für die Hochzeit entscheidet.
d) Frauen sollten zuerst einen Beruf haben, bevor sie heiraten.
e) Kinder sind die beste Altersvorsorge.
f) Singles sind glücklicher als Menschen in einer festen Partnerschaft.

3 Diskussion – Sagen Sie Ihre Meinung mit einem *dass*-Satz.

a) Fremdsprachen sind überflüssig.
b) Latein ist die wichtigste Fremdsprache überhaupt.
c) Es ist gut, wenn man mehrere Fremdsprachen kann.
d) In Zukunft werden Fremdsprachen immer wichtiger.

- Ich bin nicht dieser Meinung.
- Mich überzeugt das nicht.
- Das finde ich auch.
- Ich bin davon überzeugt.

a) Ich bin nicht der Meinung, dass Fremdsprachen überflüssig sind.

4 Über andere reden – Formulieren Sie Sätze mit *dass*.

Stimmt es,
Ist es wahr,
Hast du auch gehört,
Das darf doch nicht wahr sein,

a) Helga hat einen neuen Freund.
b) Theo hat schon wieder beim Pferderennen verloren.
c) Iris geht demnächst auf Weltreise.
d) Tobias will sich scheiden lassen.

a) Stimmt es, dass Helga einen neuen Freund hat?

5 Ein neues Produkt – Formulieren Sie mit *dass*-Sätzen.

a) Herr M. berichtet von der Entwicklung eines neuen Lernprogramms für Deutsch.
  Herr M. berichtet, dass ein neues Lernprogramm für Deutsch entwickelt wurde.
b) Unsere Analyse hat gezeigt: Es gibt eine Marktlücke in diesem Bereich.
c) Wir hoffen, das Programm in wenigen Monaten auf dem Markt platzieren zu können.
d) Unsere Werbung hat das Ziel: Eltern werden auf das Produkt aufmerksam.
e) Sie müssen das Gefühl haben, etwas Gutes für ihre Kinder zu kaufen.

SYNTAX

7.11 INFINITIV + *zu*

Ich hoffe zu gewinnen.

1 Funktion

Der Infinitivsatz ersetzt einen *dass*-Satz, wenn die Nominativ-Ergänzung (das Subjekt) des Nebensatzes auch im Hauptsatz vorkommt. Er wirkt knapper und ökonomischer.

2 Formen

Hauptsatz + Nebensatz	Infinitivsatz	
Ich hoffe, dass ich die Prüfung bestehe.	Ich hoffe, die Prüfung zu bestehen.	Nominativ-Ergänzung (Subjekt) des Hauptsatzes = Nominativ-Ergänzung (Subjekt) des Nebensatzes
Ich bitte ihn, dass er mir beim Lernen hilft.	Ich bitte ihn, mir beim Lernen zu helfen.	Akkusativ-Ergänzung (Akkusativ-Objekt) des Hauptsatzes = Nominativ-Ergänzung (Subjekt) des Nebensatzes
Tom empfiehlt mir, dass ich an einer Lerngruppe teilnehme.	Tom empfiehlt mir, an einer Lerngruppe teilzunehmen.	Dativ-Ergänzung (Dativ-Objekt) des Hauptsatzes = Nominativ-Ergänzung (Subjekt) des Nebensatzes

Infinitive + *zu* stehen nach:

Nomen + *haben*	Angst / Lust / Zeit / den Plan haben
unpersönlichen Ausdrücken	es ist wichtig, es ist schwierig
Partizip + *sein*	verboten / erlaubt / beabsichtigt sein
Verben: Erlaubnis	erlauben, verbieten
Verben: Anfang/Ende	anfangen, beginnen, aufhören
Verben: Absicht	versuchen, vorhaben, sich vornehmen, beabsichtigen
Verben: Gefühl	bedauern, befürchten, hoffen, sich freuen
anderen Verben	erinnern, vergessen, bitten, einladen, gefallen, empfehlen
	sein, haben

Vor dem Infinitiv + *zu* steht in der Regel ein Komma, außer nach *haben/sein/brauchen/pflegen/scheinen*: Er scheint zu schlafen. *haben* + Infinitiv + *zu* → s. Seite 112; *sein* + Infinitiv + *zu* → s. Seite 112; *dabei sein* + Infinitiv + *zu* → s. Seite 86

Infinitive + *zu* stehen **nicht** nach:

Verben des Sagens	sagen, fragen, antworten, berichten, erzählen, informieren
Verben der Wahrnehmung	sehen, hören, riechen, spüren, bemerken, lesen
Verben des Wissens	wissen, zweifeln, vermuten, kennen

3 Positionen im Satz

Hauptsatz	Infinitivsatz		
		zu + Infinitiv	
Es ist schön,	Zeit	zu haben.	
Es ist schön,		auszuschlafen.	trennbares Verb
Es ist schön,	ausschlafen	zu können.	Modalverb
Es ist schön,	mit dir spazieren	zu gehen.	zwei Verben
Es freut mich,	dich überzeugt	zu haben.	Perfekt
Ich freue mich darauf,	von dir verwöhnt	zu werden.	Passiv

ÜBUNGEN

1 **Martin fühlt sich nicht wohl. – Formulieren Sie Sätze mit dem Infinitiv + *zu*. Verwenden Sie die Verben *versuchen* und *sich vornehmen*.**

a) möglichst viel schlafen
   Er versucht, möglichst viel zu schlafen.
   Er nimmt sich vor, möglichst viel zu schlafen.
b) abnehmen
c) bequemere Kleidung tragen
d) mehr Vitamine zu sich nehmen
e) nicht mehr rauchen
f) weniger fernsehen
g) zweimal pro Woche joggen

2 **Reisepläne – Formulieren Sie Sätze mit Infinitiv + *zu* und dem Verb *vorhaben*.**

a) Fahrt ihr wieder ans Meer? – in die Berge
   Wir hatten eigentlich vor, in die Berge zu fahren.
b) Fahrt ihr mit dem Auto? – mit der Bahn
c) Nehmt ihr wieder eine Freundin mit? – allein reisen
d) Packt ihr wieder die Videokamera ein? – zu Hause lassen
e) Nehmt ihr wieder das Boot mit? – vor Ort eins ausleihen

3 **Was ist hier verboten? – Formulieren Sie Sätze mit Infinitiv + *zu*.**

a) Fußballspielen auf dem Rasen nicht erlaubt
   Es ist verboten, auf dem Rasen Fußball zu spielen.
   Es ist nicht erlaubt, ...
b) Rauchen verboten
c) Bitte den Rasen nicht betreten
d) Bitte nicht aus dem Fenster lehnen [+ sich]
e) Kein Durchgang

4 **Ihr Rat – Formulieren Sie Vorschläge und Ratschläge.**

a) Theo will im Freibad schwimmen, hat aber seine Badehose vergessen. – leihen
   Ich rate ihm, / Ich schlage ihm vor, eine Badehose zu leihen.
b) Fünf Minuten vor dem Fußball-Länderspiel geht Helgas Fernseher kaputt. –
   das Spiel beim Nachbarn ansehen
c) An Marions Rad ist bei einer Tour ein Reifen geplatzt. Sie hat kein Werkzeug dabei. –
   einen Passanten um Hilfe bitten
d) Gisela bleibt mit ihrem Schuh in einem Gitter hängen. – den Schuh ausziehen
e) Lukas hat den Bus verpasst und kommt zu spät zur Musikstunde. – anrufen und Bescheid sagen

5 **Formulieren Sie Infinitivsätze.**

a) Ich bedaure, dass ich nicht daran gedacht habe.
   Ich bedaure, nicht daran gedacht zu haben.
b) Ich erinnere mich, dass ich Ihnen vor ein paar Wochen geschrieben habe.
c) Ich kann mich nicht erinnern, dass ich Sie schon einmal gesehen habe.
d) Ich glaube, dass ich bald mehr sagen kann.
e) Ich hoffe, dass ich den Auftrag bald fertig habe.

SYNTAX

7.12 RELATIVSATZ

Der Mann, der niemals lachte.

1 Funktion

| Hier sehen wir Bernd. Bernd spült gerade. = Hier sieht man Bernd, der gerade spült. | Ein Relativsatz beschreibt eine Person oder Sache genauer. |

2 Relativpronomen

	maskulin	neutral	feminin	Plural
Nominativ	der	das	die	die
Akkusativ	den	das	die	die
Dativ	dem	dem	der	denen
Genitiv	dessen	dessen	deren	deren

welche, welches, welcher, welche als Alternative zu *der, das, die, die* wird fast nur noch in der Schriftsprache verwendet, um Doppelung *(die, die)* zu vermeiden: *An der Universität Essen wurde eine Flasche für Cola entwickelt, welche die Vorteile von Glas und Kunststoff miteinander verbindet.*
Weitere Relativpronomen, → s. Seite 170

3 Positionen im Satz

Der Relativsatz ist ein Nebensatz. Er steht direkt nach dem Nomen, das er definiert.
Das Verb steht im Relativsatz am Ende.

Hauptsatz	Relativsatz			Fortsetzung Hauptsatz
	Relativpronomen		Verb	
Ich suche einen Wein,	(1) **der**	sehr trocken	ist.	
Der Wein,	(2) **den**	ich bestellt	habe,	schmeckt nicht.
Ich bestelle den Wein, / Ich habe den Wein bestellt,	(3) **von dem**	wir gestern gesprochen	haben.	
Der Wein,	(4) **dessen**	Name mir nicht	einfällt,	stammt aus Frankreich.

¹ Das Relativpronomen richtet sich in Genus und Numerus nach dem Nomen, auf das es verweist, z. B. *einen Wein*.
² Im Kasus richtet es sich nach dem Verb des Relativsatzes, z. B. *bestellen* + Akkusativ, *den (Wein)*.
³ Bei Ausdrücken mit Präpositionen *(sprechen von* + Dativ) steht die Präposition vor dem Relativpronomen; der Kasus richtet sich nach der Präposition: *von dem (Wein)*.
⁴ Das Relativpronomen im Genitiv bezieht sich auf ein Genitivattribut *(der Name des Weins)* oder einen Possessivartikel *(sein Name)*. Das folgende Nomen hat keinen Artikel.

Vor und nach dem Relativsatz steht ein Komma.

4 Schriftsprache

Eine Alternative ist die in der Schriftsprache häufig verwendete Partizipialkonstruktion.

Die E-Mail, die gestern abgeschickt wurde, kam nie an.	Die gestern abgeschickte E-Mail kam nie an.
Für die Überstunden, die Sie leisten müssen, werden Sie bezahlt.	Für die zu leistenden Überstunden werden Sie bezahlt.

Partizip als Adjektiv → s. Seite 50

ÜBUNGEN

1 Was tun diese Menschen? – Formulieren Sie Relativsätze.

a) ein Babysitter – Person, auf kleine Kinder aufpassen –
   Ein Babysitter ist eine Person, die auf kleine Kinder aufpasst.
b) ein Schulkind – Kind, zur Schule gehen
c) ein Fotograf – jemand, Fotos machen
d) ein Koch – jemand, Essen zubereiten
e) eine Medizinstudentin – eine Frau, Medizin studieren

2 Der ideale Partner – die ideale Partnerin. Formulieren Sie Sätze.

Eva sucht einen Partner,   a) er schenkt ihr ab und zu Blumen.
Eva sucht einen Partner, der ihr ab und zu Blumen schenkt.
                           b) er ist treu.
Peter sucht eine Partnerin, c) sie geht mit ihm auf den Fußballplatz.
                           d) sie hat viel Humor.
Petra sucht einen Partner, e) sie kann sich auf ihn verlassen.
                           f) sie muss nicht für ihn waschen und bügeln.
Uwe sucht eine Partnerin,   g) er vertraut ihr.
                           h) mit ihr kann er fünf Kinder haben.

3 Getränke – Ergänzen Sie die Relativpronomen.

a) Das Bier, _das_ schon kalt war, habe ich aus dem Kühlschrank geholt.
b) Die Getränke, _____ nicht so kühl lagern müssen, stehen auf dem Balkon.
c) Die Traube, auf _____ sich unser Weinbauer spezialisiert hat, heißt Müller-Thurgau.
d) Leider ist der Wein, _____ Sie bestellt haben, im Moment nicht lieferbar.
e) Natürlich stammt die Milch, mit _____ wir den Pudding gekocht haben, von einem Bio-Bauern.

4 Rotkäppchen – Ergänzen Sie die Relativpronomen.

In Grimms Märchen hat sich der Wolf als Großmutter verkleidet. Er hat besonders große Ohren, mit (a) _denen_ er gut hören kann, scharfe Augen, mit (b) _____ er gut sehen kann, eine lange Nase, mit (c) _____ er besser riechen kann, große Hände, mit (d) _____ er Rotkäppchen packen kann, und einen riesigen Mund, mit (e) _____ er Rotkäppchen fressen kann.

5 Tierisches – Formulieren Sie aus den unterstrichenen Satzteilen Relativsätze.

a) Diese Schlange hat ein <u>sehr schnell wirkendes</u> Gift.
   Diese Schlange hat ein Gift, das sehr schnell wirkt.
b) Eine Maus ist in eine <u>mit Speck präparierte</u> Falle gegangen.
c) In unserem Gelände gibt es <u>frei herumlaufende</u> Pinguine.
d) Der <u>ausgebrochene</u> Eisbär ist wieder eingefangen.
e) Unsere Nachbarn haben einen <u>im Gartenhaus lebenden</u> Tiger.
f) Der <u>frisch gebadete Pudel</u> legte sich in der Werkstatt auf den schmutzigen Boden.

SYNTAX

7.13 RELATIVSATZ MIT *wo, wohin, woher / was und wo(r)- / wer, was, wen, wem*

Kennst du das Land, wo die Zitronen blüh'n? (Goethe)

1 Funktionen

a Relativsatz mit *wo, wohin, woher*

Wo, wohin oder *woher* verwendet man nach Ortsangaben oder Lokaladverbien.

wo	Urlaub mache ich am liebsten in Ländern, **wo** die Sonne regelmäßig scheint.	nach *da, dort, überall ...*
	Ich wäre gern dort, **wo** auch meine Familie ist.	
	Ich fühle mich überall wohl, **wo** das Meer nah ist.	
wohin	Mein Partner lebt und arbeitet seit einiger Zeit in Berlin, **wohin** ich auch bald ziehen möchte.	nach Ortsangaben
woher	Die Firmenchefin fliegt regelmäßig nach Norwegen, **woher** sie einen Großteil ihrer Waren bezieht.	

Wenn die Ortsangabe kein Eigenname oder Lokaladverb ist, also nach Nomen wie *Stadt, Land, Fluss, Platz, Stelle, Ort* kann man auch einen Relativsatz mit *der/die/das* + Präposition bilden:
Urlaub mache ich am liebsten in Ländern, *in denen* die Sonne regelmäßig scheint. → s. Seite 168

b Relativsätze mit *was* und *wo(r)-*

Relativsätze mit *was* und *wo(r)-* (Präpositionalpronomen) beziehen sich auf mehr als ein bestimmtes Nomen oder etwas Unbestimmtes.

was wo(r)-	Er fuhr mit dem Kajak 2000 km die Donau entlang, **was** mich sehr beeindruckte.	Relativsatz bezieht sich auf den ganzen vorangehenden Satz.
	Er fliegt morgen in Urlaub, **worum** ich ihn sehr beneide.	
	Diese Bootsfahrt ist etwas, **was** ich nie vergessen werde.	nach den Indefinitpronomen *etwas, nichts, alles, einiges, dasselbe, vieles, manches*
	Hinter dem Kürzel Industrie 4.0 verbirgt sich manches, **womit*** wir uns in Zukunft befassen müssen.	
	Das ist das Praktischste, **was** es auf dem Markt gibt.	nach substantiviertem Superlativ

* Bei Verben mit Präposition ist manchmal auch Präposition + Relativpronomen möglich: *Hinter dem Kürzel Industrie 4.0 verbirgt sich manches, mit dem wir uns in Zukunft befassen müssen.*

c vorangestellter Relativsatz mit *wer, wen, wem, was*

Mit den Pronomen *wer, wen, wem, was* kann man Relativsätze mit allgemeingültiger Aussage bilden.

wer	**Wer** (= Jeder, der) einmal lügt, dem glaubt man nicht.	Hauptsatz wird durch Demonstrativpronomen eingeleitet.
wem	**Wem** es hier gefällt, der kann gern bleiben.	
was	**Was** (= Alles, was) Hänschen nicht lernt, (das) lernt Hans nimmermehr.	

2 Positionen im Satz

Der Relativsatz ist ein Nebensatz. Er steht in der Regel direkt nach dem Nomen oder dem Satz, den er definiert. Das Verb steht im Relativsatz am Ende. Der Relativsatz mit *Wer, Wen, Wem* ist immer vorangestellt.

Hauptsatz	Nebensatz
Der Autor hat einen Preis bekommen,	**was** ihn sehr freut.
Das Paar hat den ganzen Abend zusammen gelacht,	**worüber** sie sehr glücklich waren.

Nebensatz	Hauptsatz
Wer sich von seinem Partner trennen will,	(der) kann sich scheiden lassen.

ÜBUNGEN

≡ 1 Lernprozess – Formulieren Sie Sätze mit *alles* und *was*.

a) gemerkt – gesagt – der Lehrer *Hast du dir alles gemerkt, was der Lehrer gesagt hat?*
b) verstanden – gelesen – du
c) mitbekommen – erklärt – die Lehrerin
d) verbessert – falsch gemacht – du
e) notiert – diktiert – der Lehrer

≡ 2 Mein neuer Arbeitsplatz – Ergänzen Sie *was, wer, wo, wohin*.

An meinem Arbeitsplatz gibt es vieles, (a) __was__ man kritisieren könnte. Meine Kollegin kommt meistens zu spät, (b) _____ mich wahnsinnig ärgert. Frau Liebich geht ständig in die Kantine, (c) _____ sie stundenlang mit Kolleginnen über andere redet. Herr Fischer telefoniert bei der Arbeit ständig mit seiner Freundin, (d) _____ mich sehr stört. Es gibt keinen einzigen Raum, (e) _____ man in Ruhe arbeiten kann. Unser Kopierraum ist das Chaotischste, (f) _____ man sich vorstellen kann. Die Bus- und Bahnverbindung zu unserem Büro ist nicht besonders gut, (g) _____ den Weg zur Arbeit sehr umständlich macht. Leider gibt es in der Nähe keine Geschäfte, (h) _____ man nach der Arbeit mal rasch zum Einkaufen gehen könnte. (i) _____ ich mir aber vor allem wünsche, ist ein besseres Betriebsklima. (j) _____ das alles nicht glauben will, soll mal einen Tag bei uns arbeiten.

≡ 3 Wo möchten Sie wohnen? – Formulieren Sie die Sätze, wo möglich, in zwei Versionen.

a) beim Stadtpark [m] – man kann morgens Vögel beobachten
   In einem Park, wo man morgens Vögel beobachten kann.
   In einem Park, in dem man morgens Vögel beobachten kann.
b) in der Nähe eines Waldes [m] – man kann gut spazieren gehen
c) in dem Fischerdorf Greetsiel [n] – es gibt keine modernen Hotelanlagen
d) in Gemünd (Rheinland-Pfalz) – die Leute kennen sich noch mit Namen
e) im Allgäuer Land – die Menschen sind noch natürlich und freundlich
f) auf der Insel Spiekeroog [f] – keine Autos dürfen fahren
g) in der Nähe eines Fitnesscenters [n] – man kann bis spätabends trainieren

≡ 4 Schulfreundinnen – Formulieren Sie Nebensätze.

a) Morgen bekomme ich Besuch von zwei alten Schulfreundinnen – Ich freue mich sehr darauf.
   Morgen bekomme ich Besuch von zwei alten Schulfreundinnen, worauf ich mich sehr freue.
b) Gabi hat sich überhaupt nicht verändert – Ich war darüber sehr erstaunt.
c) Brigitte hat ziemlich viel zugenommen – Sicher ist daran auch ihr Beruf als Köchin schuld.
d) Gabi hat ihre beiden Töchter zu Hause gelassen – Wir haben uns über diese Entscheidung gefreut.
e) Gabi hat sich von ihrem Mann getrennt – Wir haben alle auf diesen Moment gewartet.

≡ 5 Sorge um die gesunde Ernährung – Ergänzen Sie die Sätze.

a) Viele kaufen kaum noch Fleisch. Das ist etwas, __was__ den Fleischproduzenten Sorge macht.
b) Manches, _____ wir uns früher ernährt haben, hat sich als ungesund herausgestellt. [von]
c) Gesunde Ernährung ist etwas, _____ wir schon bei unseren Kindern Wert legen. [auf]
d) Verbraucher verlieren Vertrauen in vieles, _____ sie früher keine Probleme hatten. [mit]
e) Dass viele Tiere in der Landwirtschaft nicht natürlich leben, ist etwas, _____ uns Tierschützer aufmerksam machen. [auf]
f) Es gibt noch einiges, _____ die Öffentlichkeit noch besser aufgeklärt werden muss. [über]

171

SYNTAX

7.14 ZWEITEILIGE KONNEKTOREN

entweder ... oder – sowohl ... als auch – nicht nur ... sondern auch – weder ... noch

1 Funktion

Aufzählung	Wir haben uns nicht nur regelmäßig geschrieben, sondern auch oft telefoniert.	Wir haben uns regelmäßig geschrieben. *Und darüber hinaus* haben wir auch oft telefoniert.
	Ich habe sowohl die Wohnung aufgeräumt als auch das Abendessen gemacht.	Ich habe die Wohnung aufgeräumt. *Und gleichzeitig* habe ich Abendessen gemacht.
	Die Trennung macht weder meinem Freund noch mir etwas aus.	Die Trennung macht der *einen und der anderen Person* nichts aus.
Alternative	Entweder gehen wir essen oder (wir) treffen uns zu Hause.	Wir gehen essen. *Alternativ dazu* treffen wir uns zu Hause.
Einschränkung	Wenn Samira auch oft am Wochenende Dienst hat, so hat sie ihre Entscheidung für den Arztberuf nie bereut.	Samira hat ihre Entscheidung für den Arztberuf nie bereut, *obwohl* sie oft am Wochenende Dienst hat.
	Zwar sehen wir uns nicht mehr oft, aber ich bin sicher, dass wir Freunde bleiben.	Wir bleiben Freunde, *obwohl* wir uns nicht mehr oft sehen.
	Die Auszubildende bemüht sich zwar, alles richtig zu machen, manche Tätigkeiten fallen ihr aber noch schwer.	Die Auszubildende bemüht sich, alles richtig zu machen, *trotzdem/dennoch* fallen ihr manche Tätigkeiten noch schwer.
Gegensatz	Einerseits würde ich Frank gern wiedersehen, andererseits bringt das sicher nichts.	Ich würde Frank gern wiedersehen. *Aber* ich glaube, das bringt nichts.

2 Positionen im Satz

a Zweiteilige Konnektoren stehen in einem Satz jeweils vor den Ergänzungen/Angaben/Attributen/Verben.

			Konnektor 1	Ergänzung	Konnektor 2	Ergänzung
Sie	fahren	dieses Jahr	entweder	nach Italien	oder	nach Spanien.
Mein Chef	ist	seit unserem Gespräch	nicht nur	toleranter,	sondern auch	hilfsbereiter.
Die Firma	produziert	seit Kurzem	sowohl	Computer	als auch	Smartphones.
Der Apfel	schmeckt		weder	frisch	noch	süß.

b Verbindung von zwei Hauptsätzen

Im ersten Hauptsatz steht der Konnektor 1 vor der Ergänzung/der Angabe/dem Verb/dem Attribut, Konnektor 2 leitet den zweiten Hauptsatz ein (*aber*, *oder*, *sondern* stehen auf Position 0).

Hauptsatz			Hauptsatz
		Konnektor 1	Konnektor 2
Es	macht	weder meinem Freund	noch (macht es) mir etwas aus.
Ich	würde	einerseits Frank gern wiedersehen,	andererseits bringt das nichts.
Sie	haben	einander nicht nur regelmäßig geschrieben,	sondern (sie haben) auch oft miteinander telefoniert.
Wir	sehen	einander zwar nicht mehr oft,	aber ich bin sicher, dass wir Freunde bleiben.
Wir	gehen	heute Abend entweder essen	oder (wir) treffen uns zu Hause.

ÜBUNGEN

1 Partyvorbereitungen – Ergänzen Sie *und, sowie, sowohl ... als auch, nicht nur ..., sondern auch*. Es gibt manchmal mehrere Lösungen.

- Wir brauchen (a) __nicht nur__ etwas zu trinken, (b) _____ es muss (c) _____ etwas zu essen geben.
- Ich schlage vor, wir besorgen Mineralwasser (d) _____ Saft (e) _____ ein paar alkoholische Getränke.
- Ja, und bei den nicht alkoholischen Getränken brauchen wir (f) _____ kalte Getränke, (g) _____ es sollte (h) _____ warme geben, wie zum Beispiel Kaffee (i) _____ Tee.
- Und was ist mit dem Essen?
- Ich schlage vor, (j) _____ Brote mit Wurst oder Käse anzubieten(,) (k) _____ Salate hinzustellen.
- Ich bin für Sachen, die man ohne Besteck essen kann.
- Ja, wenn es geht, (l) _____ Salziges, wie Kartoffelchips (m) _____ Erdnüsse, (n) _____ etwas Süßes, Kekse (o) _____ Schokolade zum Beispiel.

2 Frauen heute – Ergänzen Sie *als auch, nicht nur, noch, sondern auch, sowohl, weder*.

Manche Frauen leben im Zwiespalt: Sie können sich (a) __weder__ für den Beruf (b) _____ für die Familie entscheiden. Es gibt einige positive Beispiele, die zeigen, dass eine Frau (c) _____ eine gute Mutter (d) _____ eine kompetente Mitarbeiterin in der Firma sein kann. Viele Frauen hoffen, dass sie in Zukunft (e) _____ Erfolg im Beruf haben werden, (f) _____ ein befriedigendes Privatleben führen können.

3 Berühmte Persönlichkeiten – Formulieren Sie positive und negative Aufzählungen.

	+	–
W. A. Mozart / F. Schubert	bedeutender Komponist sein / in Österreich geboren sein	sehr alt werden
Maria Theresia von Österreich / Queen Victoria	Königin sein / glücklich verheiratet sein / viele Kinder haben / ein großes Reich regieren	langweilige Personen
J. W. von Goethe / H. Hesse	Dichter sein / sich für fremde Kulturen interessieren / große Reisen unternehmen	arme Poeten
Aschenputtel / Schneewittchen	Märchenfiguren in Grimms Märchen sein / eine böse Stiefmutter haben / Walt Disney hat einen Film über sie gemacht.	eine glückliche Kindheit haben / von ihren Vätern Hilfe erhalten

+ Sowohl Mozart als auch Schubert waren bedeutende Komponisten.
– Weder Mozart noch Schubert sind sehr alt geworden.
+ Maria Theresia war nicht nur glücklich verheiratet, sondern (sie) hatte auch viele Kinder.

SYNTAX

7.15 TEMPORALSATZ: GLEICHZEITIG (1)

als – wenn – sooft

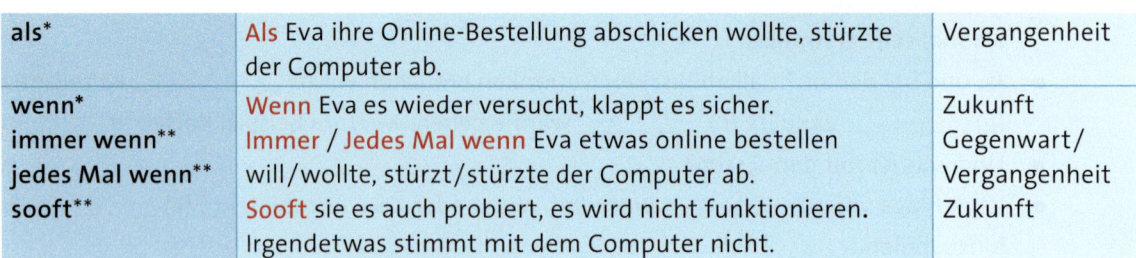

1 Funktion

Mehrere Handlungen (im Nebensatz und im Hauptsatz) passieren gleichzeitig.

als*	**Als** Eva ihre Online-Bestellung abschicken wollte, stürzte der Computer ab.	Vergangenheit
wenn* **immer wenn**** **jedes Mal wenn**** **sooft****	**Wenn** Eva es wieder versucht, klappt es sicher. **Immer** / **Jedes Mal wenn** Eva etwas online bestellen will/wollte, stürzt/stürzte der Computer ab. **Sooft** sie es auch probiert, es wird nicht funktionieren. Irgendetwas stimmt mit dem Computer nicht.	Zukunft Gegenwart/ Vergangenheit Zukunft

Die Handlung ist * einmalig   ** wiederholt

wenn hat auch konditionale Bedeutung, → s. Seite 182

2 Positionen im Satz

als, *wenn* und *sooft* sind Nebensatzkonnektoren.

Hauptsatz			Nebensatz
Gestern	passierte	etwas Lustiges,	**als** ich zur Schule ging.
Ich	esse	eine Kleinigkeit,	**wenn** ich Hunger habe.

Nebensatz	Hauptsatz	
Als ich gestern zur Schule ging,	passierte	etwas Lustiges.
Wenn ich Hunger habe,	esse	ich eine Kleinigkeit.

Vor bzw. nach Nebensätzen steht ein Komma.

3 Schriftsprache

In der Schriftsprache wird oft der Nominalstil mit Präposition und Nomen verwendet.

Nebensatz	Präposition + Nomen	
Wenn Herr Meier arbeitet, braucht er Ruhe.	**Bei** der Arbeit braucht Herr Meier Ruhe.	*bei* + Dativ*
Als Elke ein Kind war, lernte sie ihren späteren Mann kennen.	**In** ihrer Kindheit lernte Elke ihren späteren Mann kennen.	*in* + Dativ
Als Max 18 Jahre alt war, machte er den Führerschein.	**Mit** 18 Jahren machte Max den Führerschein.	*mit* + Dativ
Als Max seinen 18. Geburtstag feierte, machte er seinen Führerschein.	**An** seinem 18. Geburtstag machte er seinen Führerschein.	*an* + Dativ

* In der Umgangssprache *bei* + Dativ: *Immer wenn ich koche, höre ich Musik. Beim Kochen höre ich immer Musik.*

ÜBUNGEN

1 Biografische Daten einer Lehrerin – Formulieren Sie Sätze mit *als*.

1996 Abitur (machen) — *Sie war 18 Jahre alt, als sie das Abitur machte.*
2001 Erstes Staatsexamen (machen) — *Sie war 23, ...*
2003 Zweites Staatsexamen (machen) — *Sie war 25, ...*
2004 Heirat (heiraten) — *Sie war 26, ...*
2006 erstes Kind (bekommen) — *Sie war 28, ...*
2009 in den Beruf (wiedereinsteigen) — *Sie war 31, ...*

2 Problemfälle – Formulieren Sie Fragen und Antworten mit *erst als* + Präteritum.

a) das Ticket – am Check-in-Schalter sein
   Wann hast du das Ticket vermisst? – Erst als ich am Check-in-Schalter war.
b) den Schlüssel – die Wohnungstür aufschließen wollen
c) die Brieftasche – den Ausweis rausnehmen wollen
d) die Kamera – die neue Chipkarte einlegen wollen
e) die EC-Karte – an der Kasse sein

3 Antworten Sie jetzt mit *erst wenn* und dem Präsens.

a) eine Vokabelkartei – die Wörter so nicht merken können
   Wann schaffst du dir endlich eine Vokabelkartei an? – Erst wenn ich mir die Wörter so nicht mehr merken kann.
b) ein gutes Wörterbuch – in der Mittelstufe sein
c) einen neuen Computer – mein neues Arbeitszimmer einrichten
d) ein digitales Radio – das alte kaputt sein

4 Wenn einer eine Reise tut ... – Formulieren Sie Sätze mit *als* oder *wenn*.

a) Ich kam gestern am Flughafen an. Ich hatte etwas Wichtiges vergessen.
   Als ich gestern am Flughafen ankam, hatte ich etwas Wichtiges vergessen.
b) Wir kamen gestern am Flughafen an. Die Maschine war schon weg.
c) Ich kam oft zu früh zum Flughafen. Das Flugzeug hatte Verspätung.
d) Frau Huber wollte ihren Pass vorzeigen. Sie fand ihn nicht in ihrer Handtasche.
e) Ich war oft verreist. Meine Pflanzen zu Hause sind immer vertrocknet.

5 Hermann – Formulieren Sie Sätze mit *als*.

a) Bei seiner Geburt wog er nur knapp 1000 Gramm.
   Als Hermann geboren wurde, wog er nur knapp 1000 Gramm.
b) Bei der Untersuchung im ersten Lebensjahr waren die Ärzte besorgt.
c) Mit 18 Monaten wog er so viel wie andere Kinder in diesem Alter.
d) Mit zwei Jahren konnte er bereits ganze Sätze sprechen.
e) Bei der Einschulung sah man kaum noch Unterschiede zu seinen Mitschülern.

6 Jugendzeit – Formulieren Sie um in Nomen + *in, bei, mit, an*.

a) Als ich jung war, ging ich auf eine kleine Dorfschule.
   In meiner Jugend ging ich auf eine kleine Dorfschule.
b) Als ich sechs Jahre alt war, kam ich in die erste Klasse.
c) Immer wenn schönes Wetter war, machte unser Lehrer Ausflüge mit uns statt Unterricht.
d) Als ich den ersten Schultag hatte, bekam ich eine Schultüte mit Süßigkeiten, die größer war als ich.
e) Als ich die ersten Sommerferien hatte, fuhren meine Eltern mit mir nach Italien.
f) Als ich später aufs Gymnasium wechselte, war ich todtraurig.
g) Als ich dort meinen ersten Test schrieb, war ich ziemlich nervös.

SYNTAX

7.16 TEMPORALSATZ: GLEICHZEITIG (2)

während – solange – bis – seit – seitdem

1 Funktion

Mehrere Handlungen (die im Nebensatz und die im Hauptsatz) passieren in der Gegenwart, Vergangenheit oder Zukunft gleichzeitig.

während	Während die Schüler die neunte Klasse besuchen, machen sie ein Praktikum.	gleichzeitig
solange*	Solange Eva noch zur Schule geht, wohnt sie bei ihren Eltern.	
bis	Sie wartet mit dem Auszug, bis sie eigenes Geld verdient.	Handlung im Hauptsatz (warten) endet, wenn Handlung im Nebensatz (verdienen) beginnt.
seit seitdem	Seit er in Berlin wohnt, geht er jede Woche in ein Konzert. Seit sie mit dem Studium angefangen hat, muss sie wieder lernen.	Handlung im Nebensatz beginnt gleichzeitig mit der Handlung im Hauptsatz, diese dauert bis in die Gegenwart.

* *solange* hat auch eine vorzeitige Funktion: *Solange du deine Aufgaben nicht gemacht hast, gehst du nicht zum Fußball!* = Handlung im Nebensatz vor der Handlung im Hauptsatz.

2 Positionen im Satz

während, solange, bis, seit und *seitdem* sind Nebensatzkonnektoren.

Hauptsatz			Nebensatz
Es	geht	mir gesundheitlich besser,	seitdem ich regelmäßig Sport treibe.

Nebensatz	Hauptsatz	
Seitdem ich regelmäßig Sport treibe,	geht	es mir gesundheitlich besser.

Vor bzw. nach Nebensätzen steht ein Komma.

3 Schriftsprache

In der Schriftsprache wird häufig der Nominalstil mit Präposition und Nomen verwendet.

Während/Solange sie zur Schule gehen, machen viele Schüler erste Praktika.	während + Genitiv	Während der Schulzeit machen viele Schüler erste Praktika.
Viele junge Leute warten mit dem Auszug, bis sie volljährig sind.	bis zu + Dativ	Viele junge Leute warten mit dem Auszug bis zu ihrer Volljährigkeit.
Seit/Seitdem Henry die Schule abgeschlossen hat, sucht er nach einem passenden Studienplatz.	seit + Dativ	Seit seinem Schulabschluss sucht Henry nach einem passenden Studienplatz.

ÜBUNGEN

1 Vorschriften – Formulieren Sie Sätze mit *während*.

a) sich anschnallen – das Flugzeug durch ein Gewitter fliegen
   Bitte schnallen Sie sich an, während das Flugzeug durch ein Gewitter fliegt.
b) elektronische Geräte ausschalten – das Flugzeug landen
c) keinen Lärm machen – die Nachbarn Mittagspause machen
d) nicht sprechen – die Vorstellung laufen

2 Ergänzen Sie *bis, seit(dem)*.

Kegelrobben im Wattenmeer

Robben sind (a) _seit_ dem Mittelalter an deutschen Küsten weit verbreitet. Doch (b) _____ der Mensch den Küstenraum immer stärker besiedelt, haben sich die Robben an wenige sichere Strände zurückgezogen. (c) _____ Mitte des 20. Jahrhunderts haben Menschen die Robben gejagt. (d) _____ die Jagd verboten wurde, nimmt die Zahl der Robben wieder zu. Eine kleine Kegelrobbenkolonie nahe den Inseln Sylt und Amrum wird (e) _____ 1988 beobachtet und betreut. Die kleinen Robben werden im Frühling oder Herbst geboren. Täglich muss das Baby zwei Kilo zunehmen, (f) _____ es genug Körpergewicht erreicht hat. Es dauert etwa eine Woche, (g) _____ ein Robbenbaby genug Fett hat, um im kalten Wasser der Nordsee überleben zu können. (h) _____ es so weit ist, wird es von seiner Mutter dreimal am Tag mit Muttermilch gestillt.

3 Lebenspläne – Formulieren Sie Sätze mit *solange* oder *bis*.
Achten Sie auf das Tempus und stellen Sie den Nebensatz auch voran.

a) Niko noch Schüler sein – kann sich kein Auto leisten – muss warten – Geld verdienen
Solange Niko noch Schüler ist, kann er sich kein Auto leisten. Er muss warten, bis er selber Geld verdient. Oder: Niko kann sich kein Auto leisten, solange er noch Schüler ist.
b) Barbara noch studieren – mit ihrem Studentenausweis viel Geld sparen – den Ausweis behalten – Studium beenden
c) Dennis noch keinen festen Job haben – bei seinen Eltern wohnen
d) Evelyns Kinder zur Schule gehen – die Familie in diesem Stadtteil bleiben – mit dem Umzug warten – Kinder die Schule wechseln

4 Wirtschaftsentwicklung – Formulieren Sie Nebensätze mit *seit, seitdem, bis*.

a) Seit dem Abbau der Arbeitslosigkeit sind die Chancen auf höhere Löhne gewachsen.
Seit(dem) die Arbeitslosigkeit abgebaut wurde, sind die Chancen auf höhere Löhne gewachsen.
b) Bis zum Abschluss der Tarifverhandlungen bleiben die Unternehmer vorsichtig.
c) Seit dem Anstieg der Inflationsrate ist die Kaufkraft bei vielen Bürgern gesunken.
d) Bis zum Rückgang der Staatsschulden bleiben die Aussichten schlecht.
e) Bis zur Reform der Steuergesetze halten sich die Investoren zurück.

5 Familienfeier – Schreiben Sie *während, bis, seit, bis zu* + Nomen.

Mafia-Boss Giuseppe P. verhaftet

Während er im Familienkreis ein Grillfest feierte, wurde der gesuchte Mafia-Boss festgenommen. Die Festnahme erfolgte, während sich Giuseppe P. in der Toskana aufhielt. Die Polizei suchte den Mafia-Boss, seit er aus dem Gefängnis ausgebrochen war. Bis sie den Tipp mit dem Familienfest bekam, tappte die Polizei im Dunkeln. Giuseppe P. versuchte, während die Wohnung durchsucht wurde, zu fliehen. „Solange er grillen kann, ist mein Mann immer ganz friedlich!", versicherte seine Ehefrau. Seitdem Giuseppe P. verhaftet ist, ist der Drogenhandel in der Gegend – allerdings nur leicht – zurückgegangen. Es werden viele Jahre vergehen, bis Giuseppe P. wieder freigelassen wird.

Während eines Grillfests im Familienkreis wurde der gesuchte Mafia-Boss festgenommen.

SYNTAX

7.17 TEMPORALSATZ: NICHT GLEICHZEITIG

bevor – ehe – nachdem – sobald

1 Funktion

Mehrere Handlungen (die im Nebensatz und die im Hauptsatz) passieren nacheinander.

bevor ehe	Tanja informierte sich über das Gastland, *bevor*/*ehe* sie sich als Au-pair bewarb. *Bevor*/*Ehe* Tanja sich als Au-pair bewirbt, informiert sie sich über das Gastland.	Handlung im Nebensatz nach der Handlung im Hauptsatz	Tempus in Haupt- und Nebensatz gleich
sobald	Man kann Freiwilligendienst leisten, *sobald* man 16 Jahre alt ist. *Sobald* er mit dem Studium fertig war, suchte er sich eine Stelle in der Industrie.	Handlung im Nebensatz vor der Handlung im Hauptsatz	
nachdem	Julia begann mit ihrem Studium, *nachdem* sie Geld gespart hatte. *Nachdem* er ein Jahr Pause gemacht hat, beginnt Sebastian mit dem Studium.		Tempus im Hauptsatz *(begann; beginnt)* nach Tempus im Nebensatz *(Geld gespart hatte; gemacht hat)*

2 Positionen im Satz

bevor, *ehe*, *nachdem* und *sobald* sind Nebensatzkonnektoren.

Hauptsatz			Nebensatz	
Ich	jogge	im Park,	**bevor** ich zur Arbeit	**gehe**.
Sebastian	beginnt	mit dem Studium,	**nachdem** er ein Jahr Pause gemacht	**hat**.

Nebensatz		Hauptsatz	
Bevor ich zur Arbeit **gehe**,		jogge	ich im Park.
Nachdem er ein Jahr Pause gemacht **hat**,		beginnt	Sebastian mit dem Studium.

Vor bzw. nach Nebensätzen steht ein Komma.

3 Schriftsprache

In der Schriftsprache wird häufig der Nominalstil mit Präposition und Nomen verwendet.

Bevor Tanja sich als Au-pair bewirbt, informiert sie sich über das Gastland.	*vor* + Dativ	**Vor der Bewerbung** als Au-pair informiert Tanja sich über das Gastland.
Nachdem er ein Jahr Pause gemacht hatte, begann Sebastian mit dem Studium.	*nach* + Dativ	**Nach einer Pause** von einem Jahr begann Sebastian mit dem Studium.
Manche Schüler schreiben Bewerbungen, **sobald** sie die Schule abgeschlossen haben.	*(gleich) nach* + Dativ	**Gleich nach Abschluss** der Schule schreiben manche Schüler Bewerbungen.

ÜBUNGEN

1 Was machst du morgens? – Formulieren Sie Sätze mit *bevor* oder *ehe*.

a) Ich mache einen Spaziergang mit meinem Hund. – zur Arbeit gehen
   Bevor/Ehe ich zur Arbeit gehe, mache ich einen Spaziergang mit meinem Hund.
b) Ich kaufe noch rasch etwas für das Abendessen ein. – den Bus nehmen
c) Ich lese Zeitung. – sich fertig machen
d) Ich gebe den Fischen etwas zu fressen. – aufräumen

2 Alle haben es eilig. – Formulieren Sie Sätze mit *sobald*.

a) abreisen – die Konferenz vorüber sein
   Ich reise ab, sobald die Konferenz vorüber ist.
b) hier ausziehen – eine neue Wohnung finden
c) bei Freunden anrufen – die Hausaufgaben machen
d) wir können essen – der Tisch gedeckt sein
e) nach Hause gehen – die Schule aus sein
f) zahlen – die Rechnung geschrieben sein
g) frühstücken – Gymnastik machen

3 Einen Lebenslauf nacherzählen – Formulieren Sie Sätze mit *nachdem*.

a) das Abitur – Studium für das Lehramt am Gymnasium
   Nachdem sie das Abitur gemacht hatte, studierte sie für das Lehramt am Gymnasium.
b) fünf Jahre Studium – Erstes Staatsexamen ablegen
c) das Staatsexamen – Referendarausbildung an einer Schule beginnen
d) die Referendarausbildung beenden – Zweites Staatsexamen machen
e) die Ausbildung beenden – heiraten
f) zwei Jahre verheiratet – erstes Kind bekommen

4 Die neue Waschmaschine – Ergänzen Sie *bevor* oder *nachdem*.

(a) *Bevor* Sie mit der Waschmaschine arbeiten können, müssen Sie einen sicheren Stellplatz mit Wasserzufuhr sowie Abwasserabfluss auswählen und die Transportsicherung entfernen.
(b) _____ Sie die Stromzufuhr hergestellt haben, betätigen Sie den Hauptschalter.
(c) _____ Sie die erste Wäsche waschen, müssen Sie das gewünschte Waschprogramm wählen. (d) _____ das Gerät startet, können Sie mittels Tastendruck entscheiden, ob Sie zusätzliche Einstellungen wie z. B. „Vorwäsche" benötigen. Gleich (e) _____ das Waschprogramm gestartet wurde, ist die eingestellte Temperatur gespeichert. Achtung!
(f) _____ Sie die Maschine reinigen oder reparieren, ist sie vom Strom zu trennen und der Wasserhahn zuzudrehen!

5 Die Müllers bauen ein Haus. – Formulieren Sie + *vor, nach, gleich nach* + Nomen.

a) Nachdem sie mehrere Mieterhöhungen bekommen hatte, beschloss Familie Müller, ein eigenes Haus zu bauen.
   Nach mehreren Mieterhöhungen beschloss Familie Müller, ein eigenes Haus zu bauen.
b) Bevor die Bauarbeiten beginnen konnten, mussten die Müllers zunächst ein passendes Grundstück finden.
c) Sobald sie den Baugrund gekauft hatten, gingen sie mit ihren Plänen zum Architekten.
d) Nachdem der Rohbau fertiggestellt worden war, begannen sie mit der Planung der Inneneinrichtung.
e) Bevor sie umziehen konnten, mussten die Müllers allerdings noch mit vielen Schwierigkeiten kämpfen.
f) Nachdem sie die schlimmsten Katastrophen hinter sich hatten, feierten die Müllers mit ihren Freunden in der alten Wohnung eine wilde Abschiedsparty!

SYNTAX

7.18 KAUSALSATZ

denn – deshalb – weil/da

1 Funktion

weil	„Warum kriechst du eigentlich auf allen Vieren?" „Weil ich eine Kontaktlinse verloren habe."	Grund
denn	Heinz braucht seine Kontaktlinse, denn ohne sie sieht er sehr schlecht.	

2 Positionen im Satz

Hauptsatz 1	Hauptsatz 2					Nebensatz
	Position 0	Position 1	Position 2	Position 3, …	Satzende	
Das Konzert wird verschoben,						weil/da der Sänger erkrankt ist.
Der Sänger ist erkrankt,						weshalb** das Konzert verschoben wird.
Das Konzert muss verschoben werden,	denn	der Sänger	ist	erkrankt.		
Der Sänger ist erkrankt.		Darum*	wird	das Konzert	verschoben.	
Der Sänger ist erkrankt,		das Konzert	wird	darum*	verschoben.	
Das Konzert wird verschoben.		Der Sänger	ist	nämlich	erkrankt.	

* darum / deshalb / deswegen / daher / aus diesem Grund   ** weshalb / weswegen

Der Nebensatz mit *weil* kann als Antwort ohne Hauptsatz stehen: *Warum wurde das Konzert verschoben? – Weil der Sänger krank war.*

Vor bzw. nach Nebensätzen steht ein Komma.

3 Schriftsprache

In der Schriftsprache wird häufig der Nominalstil mit Präposition und Nomen verwendet.

Johannes verbringt viel Zeit in der Bahn, weil er einen langen Weg zur Arbeit hat.	aufgrund + Genitiv	Aufgrund seines langen Weges zur Arbeit verbringt Johannes viel Zeit in der Bahn.
Da Johannes einen langen Weg zur Arbeit hat, verbringt er viel Zeit in der Bahn.	wegen + Genitiv	Wegen seines langen Weges zur Arbeit verbringt er viel Zeit in der Bahn.
Er hat angerufen, denn er wollte höflich sein.	aus + Dativ	Er hat aus Höflichkeit angerufen.
Weil der Mitarbeiter müde ist, kann er sich nicht länger konzentrieren.	vor + Dativ	Der Mitarbeiter kann sich vor Müdigkeit nicht länger konzentrieren.
Sie sind sehr offen. Aus diesem Grund werden niemals Missverständnisse entstehen.	dank + Genitiv	Dank ihrer Offenheit werden niemals Missverständnisse entstehen.

Präpositionen mit Dativ und Genitiv in der Schriftsprache → s. Seite 78, 80

ÜBUNGEN

1 Warum ich keine Hausaufgaben machen konnte! – Formulieren Sie Sätze mit *weil*.

a) Es war einfach viel zu heiß.
   Weil es einfach viel zu heiß war.
b) Ich hatte den ganzen Nachmittag Kopfschmerzen.
c) Ich war erschöpft und bin vor Müdigkeit eingeschlafen.
d) Mein Füller hat plötzlich nicht mehr funktioniert.
e) Mein Freund hat meine Schultasche versteckt.
f) Mein Hund hat das Aufgabenblatt gefressen.

2 Analysieren Sie Struktur und Bedeutung der Sätze.

A: Struktur + Bedeutung gleich; B: Struktur verschieden, Bedeutung gleich

			A	B
a)	Hermann kündigt, **weil** er bei seiner Firma zu wenig verdient.	Hermann kündigt, **denn** er verdient bei seiner Firma zu wenig.	☐	☒
b)	Hermann kündigt, **weil** er keine Gehaltserhöhung bekommt.	Hermann kündigt, **da** er keine Gehaltserhöhung bekommt.	☐	☐
c)	Hermann kündigt, **weil** er seine Tätigkeit langweilig findet.	**Wegen** seiner langweiligen Tätigkeit kündigt Hermann.	☐	☐

3 In der Schule – Formulieren Sie Sätze mit *da* oder *weil*. Stellen Sie den Nebensatz bei b), d), e) und g) voran.

a) Vanessa will endlich Pause machen – schaut sie ständig auf die Uhr.
   Weil Vanessa endlich Pause machen will, schaut sie ständig auf die Uhr.
b) Doro lernt täglich drei Stunden – sie braucht unbedingt bessere Noten.
c) Sandra hat nicht mehr so gute Noten – übt sie täglich noch mehr.
d) Dennis findet seine neue Lehrerin super – sie so wenig Hausaufgaben aufgibt.
e) Nico ist durch die Prüfung gefallen – er sich nicht konzentrieren kann.
f) Kims Lieblingsfach ist Latein – sie da was über die alten Römer erfährt.
g) Den Eltern sind die Schulerfolge sehr wichtig – sie an die Zukunft ihrer Kinder denken.

4 Formulieren Sie die Sätze mit den Präpositionen *wegen* und *aufgrund* um.

a) Weil Helga einen schweren Unfall hatte, kann sie jetzt nicht mehr arbeiten.
   Aufgrund/Wegen eines schweren Unfalls kann Helga jetzt nicht mehr arbeiten.
b) Weil Isabella ein Stipendium erhält, kann sie einen Deutschkurs in Österreich besuchen.
c) Weil Sofia ein hervorragendes Zeugnis hat, kann sie studieren, was sie möchte.
d) Amelie kann nicht Medizin studieren, weil ihre Noten zu schlecht sind.
e) Tobias hat die Schule verlassen, weil er große Probleme mit einem Lehrer hatte.
f) Die Schule in unserem Dorf wird geschlossen, weil akuter Schülermangel herrscht.

5 Gefühle und mehr – Antworten Sie mit *aus/vor/wegen* + Nomen.

a) Warum hat Mario seiner Freundin ein Gedicht geschrieben? [lieben] – *Aus Liebe.*
b) Warum ist Lukas so rot im Gesicht? [wütend sein]
c) Warum studiert Francesca Physik? [sich interessieren]
d) Warum darf Lisa nicht bei ihrem Freund übernachten? [ihre Eltern]
e) Warum ist Martin gestern im Kino eigentlich eingeschlafen? [langweilig sein]
f) Warum fahren wir bei der Hitze eigentlich nicht an den See? [die vielen Mücken]
g) Warum ist Claudia auf den Tisch gestiegen? [sich ängstigen vor der Maus]

SYNTAX

7.19 KONDITIONALSATZ (1)

wenn – falls – sofern – je nachdem

> „Mami wird sauer sein, wenn sie das merkt."
> „Ja, falls sie das merkt! Aber vielleicht merkt sie es ja nicht."

1 Funktion

wenn*	
falls	Wenn / Falls / Sofern / Je nachdem, ob / wie / Vorausgesetzt, dass es mir gefällt, bleibe ich einen Tag länger.
sofern	
vorausgesetzt, dass	
je nachdem, ob/wie	

* *wenn* kann auch temporale Bedeutung haben. → s. Seite 174

2 Positionen im Satz

wenn, falls, sofern, je nachdem, wie/ob/wo/…, vorausgesetzt, dass … sind Nebensatzkonnektoren.

Hauptsatz			Nebensatz
Ich	bleibe	einen Tag länger,	**wenn**/**falls**/**sofern** es mir am See gefällt.
			je nachdem, wie es mir am See gefällt.
			vorausgesetzt, dass es mir am See gefällt.

Nebensatz	Hauptsatz	
Wenn/**Falls**/**Sofern** es mir am See gefällt,		
Je nachdem, wie/**ob** es mir am See gefällt,	bleibe	ich einen Tag länger.
Vorausgesetzt*, **dass** es mir am See gefällt,		

* Nach *vorausgesetzt* kann ein Hauptsatz folgen: *Vorausgesetzt, es gefällt mir am See.*

Vor bzw. nach Nebensätzen steht ein Komma.

Konditionale Nebensätze kann man verkürzen, indem man mit dem konjugierten Verb beginnt.

Wenn Sie reservieren **möchten**, drücken Sie die 1.	**Möchten** Sie reservieren, drücken Sie die 1.

3 Schriftsprache

In der Schriftsprache wird häufig der Nominalstil mit Präposition und Nomen verwendet.

Wenn man ihn so teuer anbieten möchte, müsste man das Aussehen der Weinflasche ändern.	*bei* + Dativ	Man müsste **bei einem** so teuren **Angebot** das Aussehen der Weinflasche ändern.
Sofern Sie Interesse an einer weiteren Zusammenarbeit haben, werden Sie meinen Vorschlägen sicher folgen.		**Bei Interesse** an einer weiteren Zusammenarbeit werden Sie meinen Vorschlägen sicher folgen.
Falls ich eine Entschädigung von Ihnen erhalte, werde ich Ihre Produkte weiterhin kaufen.*	*im Falle* + Genitiv	Im **Falle einer Entschädigung** werde ich Ihre Produkte weiterhin kaufen.
Je nachdem, was der Inhalt Ihrer Antwort ist, reagieren wir.	*je nach* + Dativ	**Je nach Inhalt** Ihrer Antwort reagieren wir.
Vorausgesetzt, dass die finanzielle Lage sich stabilisiert, können neue Projekte geplant werden.	*unter der Voraussetzung* + Genitiv	**Unter der Voraussetzung** einer Stabilisierung der finanziellen Lage können neue Projekte geplant werden.

* Alternative mit Modalverb *sollte* auf Position 1: *Sollte ich eine Entschädigung von Ihnen erhalten, werde ich Ihre Produkte weiterhin kaufen.*

ÜBUNGEN

1 Moderne Bedürfnisse – Formulieren Sie *wenn*-Sätze.

> ~~einen Anrufbeantworter~~ • Kontaktlinsen • einen WLAN-Router • ein Smartphone •
> einen stärkeren Computer • einen besseren Wecker • einen Online-Videorekorder

a) Ich will Nachrichten am Telefon aufzeichnen.
   Sie brauchen einen Anrufbeantworter, wenn Sie Nachrichten am Telefon aufzeichnen wollen.
b) Mich stört die Brille beim Joggen.
c) Ich will im ganzen Haus im Internet surfen.
d) Ich will außer Haus E-Mails empfangen.
e) Ich will moderne Computerspiele ausprobieren.
f) Ich komme oft zu spät zur Arbeit.
g) Ich will Fernsehsendungen aufzeichnen.

2 Formulieren Sie die Sätze aus Übung 1 nun ohne *wenn*.

a) Wollen Sie Nachrichten am Telefon aufzeichnen, brauchen Sie einen Anrufbeantworter.

3 Was machen Sie, wenn …? – Formulieren Sie *wenn*-Sätze.

a) Sie haben eine Reifenpanne.   Ich benutze eine Taschenlampe.
b) Der Strom fällt aus.   Ich fahre zu einer Tankstelle.
c) Es kommen unerwartet Gäste.   Ich serviere Getränke.
d) Sie treffen auf der Straße einen   Ich verabrede ein Treffen.
   alten Klassenkameraden.   Ich rufe Hilfe.
e) Sie haben nichts zu Hause und die Geschäfte in der Nähe sind geschlossen.

a) Wenn ich eine Reifenpanne habe, rufe ich Hilfe.

4 Abhängig vom Wetter – Sagen Sie es anders.

a) Sollte es regnen, findet das Grillfest nicht statt.
   Falls es regnet, findet das Grillfest nicht statt. Oder:
   Regnet es, findet das Grillfest nicht statt.
b) Sollte es heute noch schneien, können wir morgen Ski fahren.
c) Bei schlechtem Wetter gehen wir ins Museum.
d) Sollte der Pullover nicht warm genug sein, musst du noch einen anziehen.
e) Sollten Sie in der Nacht frieren, benutzen Sie die Decke.

5 So viele Abhängigkeiten – Ergänzen Sie die Sätze mit *je nachdem*.

a) Die Menschen nehmen ihre Umgebung unterschiedlich wahr, das ist abhängig von ihrem Glück. [ob] *…, je nachdem, ob sie glücklich sind oder nicht.*
b) Der Kurs „Kreativität" findet am Dienstag oder am Donnerstag statt, das ist abhängig von der Zeit der Teilnehmer. [+ wann]
c) Der Kurs dauert drei oder vier Wochen, das ist abhängig vom Willen, Zeit zu investieren. [+ wie viel]
d) Man kann den Kurs von der Steuer absetzen, das ist abhängig vom Beruf. [+ welchen]

6 Ökonomisches – Formulieren Sie Sätze mit *unter der Voraussetzung*.

a) Wir schließen den Vertrag ab, vorausgesetzt, dass Sie schriftlich zustimmen.
   Unter der Voraussetzung Ihrer schriftlichen Zustimmung schließen wir den Vertrag ab.
b) Vorausgesetzt, dass es sicher finanziert ist, genehmigen wir das Projekt.
c) Vorausgesetzt, dass der Eurokurs stabil ist, exportieren wir unsere Waren.
d) Das Unternehmen investiert in neue Anlagen, vorausgesetzt, dass die Konjunktur sich verbessert.

SYNTAX

7.20 KONDITIONALSATZ (2)

sonst/andernfalls – es sei denn, (dass) – außer (wenn) – außer dass – nur dass

Ich komme um 19.30 Uhr an, es sei denn, der Zug hat Verspätung.

1 Funktion

		Bedeutung: Einschränkung
sonst **andernfalls**	Die Ferienwohnung muss uns wirklich gefallen, sonst / andernfalls bleiben wir nicht.	wenn nicht, dann
es sei denn, dass **außer (wenn)**	Wir kommen am Freitag, es sei denn, dass / außer wenn unser Kind krank wird.	nur dann nicht, wenn
außer dass / nur dass	Die beiden Ferienwohnungen sind im Prinzip gleich, außer dass / nur dass die eine Wohnung Alpenblick hat.	aber

2 Positionen im Satz

a *sonst/andernfalls*

Hauptsatz			Hauptsatz		
Ich	brauche	deine Hilfe,	sonst/andernfalls	schaffe	ich das nicht.
Ich	brauche	deine Hilfe.	Ich	schaffe	das sonst nicht.

b *es sei denn, (dass) / außer (wenn)*

Hauptsatz	Nebensatz		
Wir kommen am Freitag,	**es sei denn, dass / außer wenn**	unser Kind krank	wird.

Hauptsatz	Hauptsatz		
Wir kommen am Freitag,	**es sei denn / außer**	unser Kind	wird	krank.

c *außer dass / nur dass*

Hauptsatz	Nebensatz		
Die beiden Ferienwohnungen sind gleich,	**außer dass / nur dass**	die eine Wohnung Alpenblick	hat.

3 Schriftsprache

In der Schriftsprache wird häufig der Nominalstil mit Präposition und Nomen verwendet.

Du musst mir helfen, sonst schaffe ich das nicht.	*ohne* + Akk.	Ohne deine Hilfe schaffe ich das nicht.
Unsere Zimmer sind gleich, nur dass Ihr Zimmer Alpenblick hat.	*bis auf* + Akk.	Bis auf den Alpenblick sind unsere Zimmer gleich.

ÜBUNGEN

1 Armer Moritz! – Formulieren Sie Sätze mit *sonst*.

a) Moritz, mach jetzt deine Hausaufgaben. – Du bekommst kein Eis.
   Moritz, mach jetzt deine Hausaufgaben, sonst bekommst du kein Eis.
b) Moritz, räum dein Zimmer auf. – Du darfst nicht schwimmen gehen.
c) Moritz, wasch deine Hände. – Du bekommst kein Abendessen.
d) Moritz, zieh dich warm an. – Du erkältest dich.
e) Moritz, mach nicht so einen Krach. – Die Nachbarn beschweren sich wieder.
f) Moritz, sei nett zu deiner kleinen Schwester. – Ich bin nicht nett zu dir.

2 Lauter Bedingungen – Formulieren Sie Sätze mit *müssen* und *sonst*.

a) Wenn die Kollegen mir nicht helfen, wird die Präsentation bis morgen nicht fertig.
   Die Kollegen müssen mir helfen, sonst wird die Präsentation bis morgen nicht fertig.
b) Wenn der Direktor es nicht erlaubt, haben die Kinder nicht „hitzefrei".
c) Wenn der Trainer uns nicht unterstützt, können wir das Rennen nicht gewinnen.
d) Wenn der Eigentümer nicht zustimmt, kann man die Haustür nicht neu streichen.
e) Wenn Sie das Passwort nicht ändern, ist Ihr E-Mail-Account nicht geschützt.

3 Nominalisieren Sie die Sätze aus Übung 2.

a) Ohne Hilfe der Kollegen wird die Präsentation bis morgen nicht fertig.

4 Freizeitpläne – Formulieren Sie die Sätze b–d mit *es sei denn* und e–g mit *es sei denn, dass*.

a) Tim möchte mit seinem Freund Tennis spielen. [sein Knie noch wehtun]
   Tim möchte mit seinem Freund Tennis spielen, es sei denn, sein Knie tut noch weh.
   Tim möchte mit seinem Freund Tennis spielen, es sei denn, dass sein Knie noch wehtut.
b) Ich besuche dich heute Abend. [noch arbeiten müssen]
c) Martha will ein neues Rezept ausprobieren. [Zutaten nicht bekommen]
d) Robert macht eine Geburtstagsparty. [seine Freundin nicht einverstanden sein]
e) Nico kommt morgen ins Kino mit. [seine Eltern ihn plötzlich besuchen]
f) Anna und Paul machen am Wochenende eine Bergwanderung. [regnen]
g) Tobias will am Samstag zum Segeln gehen. [kein Wind geben]

5 Formulieren Sie die Sätze aus Übung 4 mit *außer wenn* (b–d) und *außer* (e–g).

Tim möchte mit seinem Freund Tennis spielen, außer wenn sein Knie noch wehtut.

6 Die kritische Tanja – Formulieren Sie die Sätze b–d mit *außer dass* und e–g mit *nur dass*.

a) Ich habe wirklich nichts gegen deine Kochkünste. [das Essen bei dir immer zu scharf gewürzt sein]
   Ich habe wirklich nichts gegen deine Kochkünste, außer dass das Essen bei dir immer zu scharf gewürzt ist!
   Ich habe wirklich nichts gegen deine Kochkünste, nur dass das Essen bei dir immer zu scharf gewürzt ist!
b) Ich finde Marias neues Kleid wirklich hübsch. [es ihr zu eng sein]
c) Ich halte Alex wirklich für einen netten Kerl. [sehr empfindlich sein]
d) Ich denke, Evas neue Wohnung ist gar nicht so schlecht. [viel zu klein sein]
e) Unsere neuen Nachbarn scheinen ganz sympathisch zu sein. [ihr Hund dauernd bellen]
f) Wir können mit unserem Sohn ganz zufrieden sein. [zu oft abends weggehen]
g) Ich habe dich wirklich sehr lieb, Tanja. [du immerzu alles kritisieren müssen]

SYNTAX

7.21 FINALSATZ

damit – um ... zu

Der Wolf hat Großmutters Nachthemd angezogen, um Rotkäppchen zu täuschen.
„Großmutter, was hast du für große Ohren?"
„Damit ich dich besser hören kann."

1 Funktion

Diese Sätze drücken eine Absicht, ein Ziel oder einen Zweck aus.

um ... zu damit	Ich bewerbe mich, um diesen Job zu bekommen. Ich bewerbe mich, damit ich diesen Job bekomme. Die Eltern schicken ihren Sohn nach Frankreich, damit er seine Sprachkenntnisse verbessert.	Ich bewerbe mich. Ich will diesen Job bekommen.* Die Eltern schicken ihren Sohn nach Frankreich. Er soll seine Sprachkenntnisse verbessern.

* Die Modalverben *wollen* und *sollen* fallen in den Finalsätzen mit *um ... zu* und *damit* weg.

2 Positionen im Satz

a *damit*

Hauptsatz			Nebensatz
Auf ein Bewerbungsgespräch	müssen	sich die Bewerber gut vorbereiten,	damit sie beim Arbeitgeber einen möglichst guten Eindruck machen. damit der Arbeitgeber einen möglichst guten Eindruck bekommt.

Vor bzw. nach Nebensätzen steht ein Komma. Nebensatz → s. Seite 162

b *um ... zu*

Ist die Nominal-Ergänzung (Subjekt) in Haupt- und Nebensatz gleich, kann man anstelle des Nebensatzes einen Infinitivsatz mit *um ... zu* bilden.

Hauptsatz			Nebensatz/Infinitivsatz
Die Bewerber	müssen	sich auf ein Bewerbungsgespräch gut vorbereiten,	um (beim Arbeitgeber) einen guten Eindruck zu machen.

Vor bzw. nach Infinitivsätzen mit *um ... zu* steht ein Komma.

c verkürzte Finalsätze in der gesprochenen Sprache

Man verwendet bei kurzen Aussagen oft *zum/zur* + nominalisiertes Verb oder *für* + Nomen.

Ich trinke Tee, **damit** ich abnehme / **um** abzunehmen.	*zum/zur* + Dativ	Zum Abnehmen trinke ich Tee.
Damit sie Karriere macht / **Um** Karriere zu machen, tut sie alles.	*für* + Akkusativ	Für ihre Karriere tut sie alles.

3 Schriftsprache

Finalsätze mit *damit / um ... zu* lassen sich häufig mit *zum/zur* + nominalisiertes Verb umschreiben. In der Schriftsprache wird häufig der Nominalstil mit Präposition und Nomen verwendet.

Man braucht Talent und Wissen, um eine Idee künstlerisch umzusetzen.	*zum/zur* + Dativ	Zur künstlerischen Umsetzung einer Idee braucht man Talent und Wissen.
Dieser Punkt muss geklärt werden, damit der Vertrag abgeschlossen werden kann.	*für* + Akkusativ	Für einen Vertragsabschluss muss dieser Punkt geklärt werden.

ÜBUNGEN

1 Sparsamkeit – Ergänzen Sie *um ... zu*.

a) Man glaubt gar nicht, was Leute alles tun. – Geld sparen
   Man glaubt gar nicht, was Leute alles tun, um Geld zu sparen.
b) Mein Nachbar zum Beispiel fährt bei jedem Wetter mit dem Fahrrad ins Büro. – das Fahrgeld für den Bus sparen
c) Außerdem kauft er fast nur Sonderangebote. – bloß kein Geld verschwenden
d) Strom sparen – Er dreht nie vor November die elektrische Heizung an, egal wie kalt es draußen ist.
e) Im Büro sammelt er das Papier und verwendet die Rückseiten für Notizen. – nicht so viel Papier verbrauchen
f) Auf der Autobahn fährt er nie schneller als 120 Kilometer. – Benzin sparen
g) weniger Steuern zu zahlen – Neulich hat er geheiratet.

2 Was die Menschen alles tun ... – Formulieren Sie Sätze mit *um ... zu*. Wenn das nicht möglich ist, mit *damit*.

a) Bewerber: einen guten Job bekommen
   Was Bewerber alles tun, um einen guten Job zu bekommen.
b) Eltern: aus ihren Kindern etwas wird
   Was Eltern alles tun, damit aus ihren Kindern etwas wird.
c) Ärzte: Leben retten
d) Frauen: schön sein
e) Männer: einen muskulösen Körper bekommen
f) Mütter: ihre Kinder genug Schlaf bekommen
g) Regierungen: die Arbeitslosigkeit bekämpfen
h) Schüler: ihre Lehrer ihnen weniger Hausaufgaben aufgeben

3 Richtig lernen – Formulieren Sie Sätze mit *um ... zu*. Wenn das nicht möglich ist, mit *damit*.

a) Wir – oft Gruppenarbeit machen – alle sich am Unterricht beteiligen
   Wir machen oft Gruppenarbeit, damit sich alle am Unterricht beteiligen.
b) Ich – sehen – gerne deutsche Filme im Original – mein Hörverstehen verbessern
   Ich sehe gerne deutsche Filme im Original, um mein Hörverstehen zu verbessern.
c) Manchmal – ich – auswendig lernen – kurze Texte – mir neue Sätze merken
d) Ich – übersichtlicher schreiben – meine Notizen besser lesen können
e) Ich – täglich zehn neue Wörter lernen – mein Wortschatz rasch wachsen
f) Ich – jeden Tag eine Viertelstunde üben – das Lernen wird nicht zu anstrengend

4 Im Internat – Nominalisieren Sie die Finalsätze mit *zu* oder *für*.

a) Das Internat wurde gegründet, um kulturelle und sprachliche Vielfalt zu fördern.
   Das Internat wurde zur Förderung (von) kultureller und sprachlicher Vielfalt gegründet.
b) Damit ihre Kinder schulischen Erfolg haben, tun manche Eltern einfach alles.
c) Damit wir die Begabung der Kinder richtig einschätzen können, muss ein Fragebogen ausgefüllt werden.
d) Um den Aufenthalt zu finanzieren, werden auch Stipendien vergeben.
e) Um selbstständig zu werden, brauchen manche Kinder einen gewissen Abstand von zu Hause.
f) Um die Fremdsprachenkenntnisse zu verbessern, besucht man am besten ein internationales Internat.
g) Die älteren Schüler leiten verschiedene Projekte, um Verantwortung wahrzunehmen.
h) Um gute Noten zu bekommen, brauchen manche Schüler Nachhilfe.
i) Um die Abschlussprüfung zu bestehen, muss man viel lernen, denn diese Prüfung erfordert umfangreiches Wissen.

SYNTAX

7.22 KONSEKUTIVSATZ

sodass – deshalb – infolgedessen

1 Funktion

deshalb	Heinz will abnehmen. Deshalb isst er zurzeit nur noch Weintrauben.	Folge
sodass	Sophie ist mit ihrem Bachelor fertig, sodass sie jetzt Zeit für ein Auslandssemester hat.	
so/derartig, dass	Miriams Interesse an kulturellen Dingen ist so/derartig groß, dass sie gern in einer Großstadt studieren möchte.	
folglich/also/ infolgedessen	Josef studiert noch nicht lange. Folglich/Also/Infolgedessen hat er erst wenige Erfahrungen mit seiner Uni gemacht.	
solch-/ derartig- + Nomen, dass	Marta hatte mit ihrem Referat über Filmklassiker solchen/derartigen Erfolg, dass sich alle Studenten den Film „Casablanca" angeschaut haben.	

* Wie *deshalb* auch die Konnektoren *deswegen*, *daher* und *darum*.

2 Positionen im Satz

Hauptsatz	Hauptsatz			
Heinz will abnehmen,	deshalb/folglich/...	isst	er	zurzeit nur noch Weintrauben.
Heinz will abnehmen.	Er	isst	deshalb/ folglich/...	zurzeit nur noch Weintrauben.

Hauptsatz			Nebensatz
Sophie	hat	ihr Studium beendet,	sodass sie nun neue Pläne machen kann.

Vor bzw. nach Nebensätzen steht ein Komma.

3 Schriftsprache

In der Schriftsprache wird häufig der Nominalstil mit Präposition + Nomen verwendet.

Es ist so trocken, dass weniger Agrarprodukte exportiert werden können.	*infolge* + Genitiv	Infolge der Trockenheit können weniger Agrarprodukte exportiert werden.
Die Firma hatte solche Finanzierungsschwierigkeiten, dass sie ihre Niederlassung in England schließen musste.	*infolge von* + Dativ	Infolge von Finanzierungsschwierigkeiten musste die Firma ihre Niederlassung in England schließen.

Präpositionen in der Schriftsprache → s. Seite 80

ÜBUNGEN

1 Alles fing im Bein an. – Formulieren Sie Sätze mit *dass*.

a) Hans bekam Schmerzen (solch-) – er konnte nicht mehr laufen.
   Hans bekam solche Schmerzen, dass er nicht mehr laufen konnte.
b) Dann tat ihm plötzlich am rechten Fuß ein Zeh weh (so) – er wollte keinen Schuh mehr anziehen.
c) Schließlich stieß er mit dem Bein hart gegen etwas (so) – es wurde ganz blau.
d) Außerdem bekam er ein Spannungsgefühl in der Brust (derartig) – er konnte nicht mehr richtig durchatmen.
e) Seine Schultern waren verspannt (derartig) – er konnte nicht länger als eine Stunde am Schreibtisch arbeiten.

2 Schule – Verbinden Sie die Hauptsätze. Setzen Sie den Konnektor auf Position 1 oder 3.

a) Die Eltern denken an die Zukunft ihrer Kinder. — Gute Noten sind ihnen wichtig.
b) Die neue Lehrerin gibt wenig Hausaufgaben auf. — Dennis findet sie super.
c) Jana braucht unbedingt bessere Noten. — Sie lernt täglich drei Stunden.
d) Nico hat letzte Nacht nur fünf Stunden geschlafen. — Er kann sich nicht konzentrieren.
e) Sandra übt nicht mehr täglich. — Sie hat nicht mehr so gute Noten.

a) Die Eltern denken an die Zukunft ihrer Kinder. Darum sind ihnen gute Noten wichtig. / Ihnen sind deshalb gute Noten wichtig.

3 Verbinden Sie die Sätze mit *sodass* oder *so ... dass*.

a) Ich bin gestern früh ins Bett gegangen – ich war heute ausgeschlafen.
Ich bin gestern früh ins Bett gegangen, sodass ich heute ausgeschlafen bin.
Ich bin gestern so früh ins Bett gegangen, dass ich heute ausgeschlafen bin.
b) Ich habe wenig verdient – ich kann kein neues Auto kaufen.
c) Ich hatte gestern hohes Fieber – ich konnte nicht in den Kurs kommen.
d) Ich bin etwas schüchtern – ich besuche eine Selbsterfahrungsgruppe.
e) Ich bin heute schlecht gelaunt – ich möchte keinen sehen.
f) Ich habe eine Gehaltserhöhung bekommen – ich kann dich zum Essen einladen.
g) Wir schreiben morgen einen Test – ich muss heute lernen.

4 Ursachen und Folgen – Formulieren Sie Sätze mit *infolgedessen*, in c) und e) in Position 3.

a) Er hatte einen sehr stressigen Job – war fast nie zu Hause.
Er hatte einen sehr stressigen Job. Infolgedessen war er fast nie zu Hause. /
Er war infolgedessen ...
b) Sie war glücklich – sah über vieles hinweg.
c) Er war unglücklich – hatte oft schlechte Laune.
d) Sie hatte Geldsorgen – fühlte sich oft unter Druck.
e) Er hatte wenig Geld – konnte sich kaum etwas leisten.
f) Sie war kinderlos – stürzte sich voll auf die Arbeit.

5 Radrennen – Formulieren Sie Sätze mit *folglich*, in d) und e) in Position 3.

a) Infolge eines Sturzes musste ein Fahrer ausscheiden.
Ein Fahrer stürzte, folglich musste er ausscheiden / er musste folglich ausscheiden.
b) Infolge eines Radschadens musste einer aus dem Sieger-Team des Vortages aufgeben.
c) Infolge eines Gewitters waren einige Straßen unpassierbar.
d) Infolge des Regens waren die Straßen sehr glatt.
e) Infolge einer Verletzung konnte der Sieger des letzten Rennens nicht mehr an den Start gehen.

6 Ein kaltes Frühjahr – Formulieren Sie Sätze mit *infolge*.

a) Es wurde so wenig geerntet, dass die Preise für Erdbeeren und Kirschen in diesem Jahr steigen werden.
Infolge der geringen Ernte werden die Preise für Erdbeeren und Kirschen in diesem Jahr steigen.
b) Im April war es sehr kalt und feucht, sodass sich die Erdbeerernte verzögert.
c) Es war so frostig, dass auch viele Kirschblüten erfroren sind.
d) Einige Erdbeerfelder wurden mit Folien abgedeckt, infolgedessen gab es hier keine Frostschäden.
e) Sie werden finanziell entschädigt, folglich haben manche Bauern einen kleinen Ausgleich für ihre Verluste.

SYNTAX

7.23 KONZESSIVSATZ

obwohl – trotzdem – dennoch

1 Funktion

| obwohl | Obwohl die Mannschaft ihr Bestes gegeben hat, hat es am Ende nicht zu einem Sieg gereicht. | Widerspruch, Gegensatz |

2 Positionen im Satz

a *obwohl/obgleich*

Hauptsatz			Nebensatz
Mein Geld	reicht	nicht	obwohl/obgleich ich ständig spare.

Nebensatz	Hauptsatz		
Obwohl/Obgleich ich ständig spare,	reicht	mein Geld	nicht.

Vor bzw. nach Nebensätzen steht ein Komma.

b *dennoch/trotzdem*

Hauptsatz			Hauptsatz		
Die Mannschaft	hat	sich total eingesetzt,	trotzdem/ dennoch	hat	es nicht zum Sieg gereicht.
Die Mannschaft	hat	sich total eingesetzt.	Es	hat	trotzdem/dennoch nicht zum Sieg gereicht.

3 Schriftsprache

In der Schriftsprache wird häufig der Nominalstil mit Präposition und Nomen verwendet.

| Es hat nicht zum Sieg gereicht, obwohl die Mannschaft sich enorm eingesetzt hat. | *trotz* + Genitiv | Trotz des enormen Einsatzes der Mannschaft hat es nicht zum Sieg gereicht. |
| Er hat sich frühzeitig um Opernkarten bemüht, dennoch hat er keine mehr bekommen. | *ungeachtet* + Genitiv | Ungeachtet seiner frühzeitigen Bemühungen um Opernkarten hat er keine mehr bekommen. |

ÜBUNGEN

1 Formulieren Sie mit *obwohl* und *trotzdem*.

a) auf mein Gewicht achten – sich heute ein zweites Frühstück gönnen
   Obwohl ich auf mein Gewicht achte, gönne ich mir heute ein zweites Frühstück.
   Ich achte auf mein Gewicht, trotzdem gönne ich mir heute ein zweites Frühstück.
b) viel Zucker enthalten – ab und zu eine Cola trinken
c) es ist nicht gesund – nicht auf Salz verzichten
d) viel Schokolade essen – nicht dick sein
e) Obst besser sein – zum Fernsehen lieber Kartoffelchips knabbern

≡ 2 **Fallstudien – Ergänzen Sie *obwohl*, *trotzdem* oder *trotz*.**

Partnersuche
(a) ___Obwohl___ Heiko nicht hässlich ist, findet er keine Partnerin. Er ist auch nicht dumm.
(b) _____ hat sich noch keine für ihn interessiert. Ich habe ihm geraten, ein Seminar für Singles zu besuchen, (c) _____ das einiges kostet. Heiko ist zwar skeptisch, (d) _____ wird er sich für das Seminar einschreiben.

Umweltsünder
(e) _____ jeder weiß, wie man seinen Abfall reduzieren kann, verhalten sich viele unvernünftig. Mein Nachbar hat nur 5 Minuten zur Arbeit, (f) _____ fährt er täglich mit dem Auto. Und (g) _____ die Bahn häufig gar nicht teuer ist, fahren viele mit dem Auto in den Urlaub. Und das (h) _____ des Risikos, stundenlang im Stau zu stehen.

Berufschancen
Mein Freund Axel hat gerade ein sehr gutes Examen gemacht. (i) _____ findet er keine Stelle. (j) _____ er neben dem Studium bei verschiedenen Firmen gearbeitet hat, hat er im Moment keine Angebote. (k) _____ des großen Mangels in bestimmten Berufen haben viele Hochschulabsolventen große Schwierigkeiten, eine Stelle zu finden.

≡ 3 **Fußball – Formulieren Sie mit *dennoch / trotzdem*.**

a) Der Spieler ist schon 30 – er ist für einen Profi nicht zu alt.
   Der Spieler ist schon 30, dennoch / trotzdem ist er für einen Profi nicht zu alt.
b) Die Mannschaft besteht vorwiegend aus jungen Spielern – sie ist ein ernst zu nehmender Gegner.
c) Das Foul war nicht eindeutig – der Schiedsrichter gab Elfmeter.
d) Der Club hat das Spiel verloren – er hat noch eine Chance, ins Finale zu kommen.
e) Die Regeln für „Abseits" habe ich schon oft gehört – sie sind mir immer noch nicht klar.
f) Die Stürmer sind sehr stark – sie wurden nie richtig gefährlich.
g) Unsere Abwehr zeigte einige Schwächen – am Ende siegte unsere Mannschaft.

≡ 4 **Reise mit Hindernissen – Formulieren Sie Sätze mit *trotz*.**

a) lange Anfahrt; unsere gute Laune nicht verloren
   Trotz der langen Anfahrt haben wir unsere gute Laune nicht verloren.
b) geringes Freizeitangebot; uns nicht gelangweilt
c) horrende Preise; unser Budget nicht überschritten
d) kühles Wetter; im Meer gebadet
e) miserables Essen; zugenommen

≡ 5 **Job: Animateur – Formulieren Sie Sätze mit *trotz*.**

a) Obwohl sie schwer arbeiten müssen, behalten Animateure ihre gute Laune.
   Trotz der schweren Arbeit behalten Animateure ihre gute Laune.
b) Obwohl die Preise angestiegen sind, buchen viele Gäste einen Urlaub im Ferienclub.
c) Ein Gast hat sich beschwert, obwohl die Aqua-Fit-Stunde professionell durchgeführt wurde.
d) Obgleich die Abendshow perfekt vorbereitet war, gab es Probleme mit der Musikanlage.
e) Obwohl sie müde war, konnte die Aerobic-Trainerin lange nicht einschlafen.
f) Markus wurde nicht zu einem Bewerbungsgespräch eingeladen, obgleich er qualifiziert war.

SYNTAX

7.24 ADVERSATIVSATZ

aber – doch – sondern – während

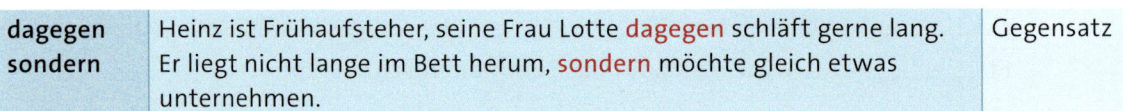

1 Funktion

dagegen sondern	Heinz ist Frühaufsteher, seine Frau Lotte dagegen schläft gerne lang. Er liegt nicht lange im Bett herum, sondern möchte gleich etwas unternehmen.	Gegensatz

2 Positionen im Satz

a *aber, doch, sondern*

Hauptsatz 1	Hauptsatz 2				
Elke lernt schnell neue Wörter,	aber*	mit der Grammatik	hat	sie noch	Probleme.
Uwe kann keine Fremdsprachen,	doch**	er	möchte	bald eine	lernen.
Anne lernt kaum neue Grammatik,	sondern***	(sie)	wiederholt	lieber bekannte Regeln.	

* *aber* kann auch auf Position 3 stehen; *aber* drückt einen Kontrast aus: *Dieses Biologie-Buch ist nicht billig, aber gut.*
** *doch* häufig auch auf Position 1: *..., doch möchte er bald eine lernen.*
*** *sondern* drückt eine Korrektur aus: *Dieses Biologie-Buch ist nicht billig, sondern teuer.*
→ s. Seite 150

b *dagegen, hingegen, jedoch*

Hauptsatz 1	Hauptsatz 2			
Elke lernt gern.	Dagegen/Hingegen/Jedoch*	geht	ihr Bruder lieber	arbeiten.

* *hingegen/jedoch* können auch auf Position 3 stehen: *Ihr Bruder geht hingegen/jedoch lieber arbeiten. dagegen/hingegen/jedoch* steht auch direkt hinter dem Wort, das betont werden soll: *Ihr Bruder dagegen geht lieber arbeiten.*

c *während, wohingegen*

Hauptsatz	Nebensatz		
Fremdsprachen lernt Elke gern,	während/wohingegen	sie Mathematik weniger	mag.

während kann auch temporale Bedeutung haben → s. Seite 176
Vor bzw. nach Nebensätzen steht ein Komma.

3 Schriftsprache

In der Schriftsprache wird häufig der Nominalstil mit Präposition verwendet.

In früheren Zeiten lernten die meisten Gymnasiasten in Deutschland Latein, wohingegen sie heute eher Englisch lernen.	*im Gegensatz/ Unterschied/ Vergleich zu* + Dativ	Im Gegensatz zu früheren Zeiten lernen die meisten Gymnasiasten in Deutschland heute eher Englisch als Latein.
Früher haben fast alle Gymnasiasten Latein gelernt, während heutzutage viele Schüler lieber lebende Sprachen lernen.	*im Gegensatz/ Unterschied/ Vergleich dazu*	Früher haben fast alle Gymnasiasten Latein gelernt. Im Gegensatz dazu lernen heutzutage viele Schüler lieber lebende Sprachen.

ÜBUNGEN

1 Widersprüche – Formulieren Sie Sätze mit *aber, doch, jedoch* oder *sondern*.

a) Max: hat kaum Geld – stört ihn nicht
   Max hat kaum Geld, aber das stört ihn nicht.
   Max hat kaum Geld, doch das stört ihn nicht.
   Max hat kaum Geld, das stört ihn jedoch nicht.
b) Lisa: nicht mehr Geld – mehr Zeit für ihre Kinder
   Lisa wünscht sich nicht mehr Geld, sondern mehr Zeit für ihre Kinder.
c) Daniel: interessiert sich nicht für Computerspiele – surft lieber im Internet
d) Charlotte: geschieden – sieht ihren Ex-Mann regelmäßig
e) Julius: alleinerziehender Vater – beklagt sich nie

2 Eine Wohnung mieten – Verbinden Sie die Sätze mit *sondern*. Überlegen Sie, welche Wörter aus dem zweiten Satzteil wegfallen können.

a) Bei einer Wohnung sollte man weniger an die Größe denken. Man sollte an die Lage denken.
   Bei einer Wohnung sollte man weniger an die Größe denken, sondern an die Lage.
b) Leute, die eine Wohnung besichtigen, haben oft kein echtes Interesse. Sie wollen nur die Preise vergleichen.
c) Zum Besichtigungstermin war nicht der Vermieter gekommen. Der Mieter, der auszieht, war da.
d) Zu der Besichtigung bin ich nicht allein gegangen. Ich habe eine Freundin mitgenommen.
e) Die Energiekosten zählen nicht zur Miete. Die Energiekosten zählen zu den Nebenkosten.

3 Wohnungssuche – Formulieren Sie Sätze mit *aber, doch*. Es gibt mehrere Lösungen.

a) die Wohnung liegt nach Norden; nicht dunkel
   Die Wohnung liegt nach Norden, aber/doch sie ist nicht dunkel.
   Die Wohnung liegt nach Norden, sie ist aber nicht dunkel.
b) die Wohnung hat eine gute Lage; Straße ist sehr laut
c) das Haus ist alt; ist total renoviert
d) die Wohnung hat einen Balkon; ist sehr klein

4 Wohnstile – Ergänzen Sie *dagegen* (3x), *im Gegensatz zu, während, wohingegen*.

Mir gefallen alte Häuser. Moderne Wohnblocks finde ich (a) _dagegen_ unromantisch.
(b) _____ Geschmack der Mehrheit finde ich Reihenhäuser langweilig.
Der Traum vieler Leute ist eine Dachterrasse. Ich (c) _____ brauche keine, (d) _____
ich nicht auf hohe Zimmerdecken verzichten könnte. Für meinen Freund Uwe (e) _____ kann
ein Haus nicht modern genug sein, (f) _____ er Altbauwohnungen regelrecht hasst.

5 Kulturelle Unterschiede – Formulieren Sie mit *im Unterschied zu / im Vergleich zu / im Gegensatz zu*.

a) Niederländische Häuser haben oft große Fenster ohne Vorhänge, während die Fenster in deutschen Häusern kleiner sind und oft Vorhänge haben.
   Im Unterschied zu deutschen Häusern haben niederländische Häuser oft sehr große Fenster ohne Vorhänge.
b) Viele chinesische Wohnungen sind nach dem Harmonie-Prinzip „Feng Shui" eingerichtet, wohingegen dieses Prinzip in europäischen Wohnungen meistens nicht berücksichtigt wird.
c) Während die Zimmer in Asien eher minimalistisch ausgestattet sind, haben orientalische Zimmer oft eine prächtige Einrichtung.
d) Ein französischer Garten ist geometrisch angelegt, wohingegen ein englischer Garten an der Natur orientiert ist.

SYNTAX

7.25 MODALSATZ

indem – dadurch ..., dass – ohne dass – womit – wodurch – dadurch – (an)statt – stattdessen

1 Funktion

a instrumental: Art und Weise (auf die Frage: *Wie?*)

Ich bereite mich auf die Prüfung vor,	**indem** ich täglich lerne.
Ich habe die Prüfung bestanden,	**ohne** Tag und Nacht **zu** lernen.
Ich lerne täglich.	**Auf diese Weise** bereite ich mich auf die Prüfung vor.

b substitutiv: Ersatz

(An)statt im Hotel **zu** wohnen,	suchen die Touristen sich ein Privatzimmer im Internet.
Die Touristen wohnen nicht im Hotel,	**stattdessen** suchen sie sich ein Privatzimmer im Internet.

2 Positionen im Satz

a *indem, dadurch ... dass, womit/wodurch, ohne dass, anstatt dass*

Hauptsatz	Nebensatz	
Hans bereitet sich auf die Prüfung vor,	**indem** er täglich **lernt**.	Art und Weise
Hans bereitet sich **dadurch** auf die Prüfung vor,	**dass** er täglich **lernt**.	
Hans lernt täglich,	**wodurch** er sich gut **vorbereitet**.	
Hans schafft die Prüfung,	**ohne dass** er Tag und Nacht **lernt**.	
Hans ist jeden Tag unterwegs,	**anstatt dass** er für die Prüfung **lernt**.	Ersatz

b *dadurch / damit / so / auf diese Weise, stattdessen*

Hauptsatz 1	Hauptsatz 2	
Hans lernt täglich,	**dadurch / damit / so / auf diese Weise** besteht er die Prüfung.	Art und Weise
Hans müsste täglich lernen,	**stattdessen** ist er jeden Tag unterwegs.	Ersatz

c *ohne zu, anstatt zu*

Hauptsatz	Infinitivsatz	
Hans schafft die Prüfung,	**ohne** täglich **zu** lernen.	Art und Weise
Hans ist jeden Tag unterwegs,	**anstatt** jeden Tag **zu** lernen.	Ersatz

3 Schriftsprache

In der Schriftsprache wird häufig der Nominalstil mit Präposition und Nomen verwendet.

Nebensatz	Präposition	
Dadurch dass er regelmäßig Zeitung liest, erweitert er sein Wissen.	*durch* + Akkusativ	**Durch** regelmäßiges Zeitunglesen erweitert er sein Wissen.
Indem man moderne Technologien benutzt, kann man Kontakt halten.	*mittels/mithilfe* + Genitiv	**Mittels/Mithilfe** moderner Technologien kann man Kontakt halten.
Anstatt dass man industrielle Medikamente anwendet, sollte man zuerst natürliche Heilmittel probieren.	*(an)statt/ anstelle* + Genitiv	**Statt** der Anwendung von industriellen Medikamenten sollte man zuerst natürliche Heilmittel probieren.
Manche Ärzte versprechen schnelle Heilung, **ohne dass** sie dies objektiv begründen können.	*ohne* + Akkusativ	Manche Ärzte versprechen schnelle Heilung **ohne** objektive Begründung.

ÜBUNGEN

1 Lerntechnik – Formulieren Sie Sätze mit *indem* oder *dadurch ... dass*.

a) Wortschatz erweitern – Wörter im Zusammenhang lernen
   Ich erweitere meinen Wortschatz, indem ich Wörter im Zusammenhang lerne.
   Ich erweitere meinen Wortschatz dadurch, dass ich Wörter im Zusammenhang lerne.
b) Wortschatz erweitern – Vokabeln in ein Heft notieren
c) Grammatik lernen – Regeln übersichtlich aufschreiben
d) Lernstoff erarbeiten – Notizen farbig markieren und übersichtlich anordnen
e) Auf eine Prüfung vorbereiten – den Lernstoff zwei- bis dreimal wiederholen

2 Formulieren Sie die Sätze aus Übung 1 mithilfe von *so / auf diese Weise*.

a) *Ich lerne Wörter im Zusammenhang. So / Auf diese Weise erweitere ich meinen Wortschatz.*

3 Es geht auch anders. – Verbinden Sie die Sätze mit *ohne dass* oder *ohne zu*.

a) Katharina hat den Wettbewerb gewonnen. Sie hat sich nicht besonders angestrengt.
   Katharina hat den Wettbewerb gewonnen, ohne sich besonders angestrengt zu haben.
   ..., ohne dass sie sich besonders angestrengt hat.
b) Peter läuft mit 46 Jahren noch Marathon. Er trainiert nicht täglich.
c) Elfie arbeitet täglich bis zu zwölf Stunden. Der Betriebsrat kümmert sich nicht darum.
d) Karsten muss Überstunden machen. Er wird nicht dafür bezahlt.
e) Erik macht manchmal Fehler. Sein Chef kritisiert ihn nicht.
f) Luise möchte ein paar Kilo loswerden. Sie muss nicht hungern.
g) Henry fährt am liebsten Fahrrad. Er hält den Lenker nicht fest.

4 Mikro-Kosmos I – Formulieren Sie mit *womit* oder *wodurch*.

a) Indem man die Räume neu aufteilt, kann die Wohnqualität verbessert werden.
   Man teilt die Räume neu auf, wodurch/womit die Wohnqualität verbessert werden kann.
b) Man schafft dadurch Platz, dass man alte Sachen wegwirft.
c) Zusätzliche Aufbewahrungsfläche erhält man dadurch, dass man im Flur Regale anbringt.
d) In Kinderzimmern kann man Raum gewinnen, indem man ein Hochbett baut.
e) Dadurch, dass ein Schlafzimmer auch als Esszimmer genutzt wird, lässt sich zusätzlicher Platz schaffen.
f) Diese Idee lässt sich realisieren, indem man den Schlafbereich mit einem Vorhang vom Essbereich abtrennt.

5 Mikro-Kosmos II – Formulieren Sie die Sätze in 4 mit *durch*.

a) *Durch eine Neuaufteilung der Räume kann die Wohnqualität verbessert werden.*

6 Schöne Alternativen! – Formulieren Sie mit *(an)statt* + Nomen.

a) Statt teuer zu fliegen, wählen viele Reisende eine Fahrt mit dem Bus.
   (An)Statt eines teuren Flugs wählen viele Reisende eine Fahrt mit dem Bus.
b) Statt in die Oper zu gehen, sehen sich manche Leute die Aufführungen lieber online an.
c) Statt lange zu wandern, kommt bei dieser Hitze eher ein Besuch im Schwimmbad infrage.
d) Anstatt eine Wohnung zu kaufen, ist für die meisten Deutschen nur eine Mietwohnung bezahlbar.
e) Statt das Einkommen zu erhöhen, entscheiden sich viele Arbeitnehmer bei Überstunden für einen Freizeitausgleich.
f) Anstatt es zu reparieren, kommt bei diesem Auto ein Gebrauchtwagenkauf günstiger.
g) Statt die alten Häuser zu renovieren, hat der Stadtrat beschlossen, sie abzureißen.

SYNTAX

7.26 VERBALSTIL → NOMINALSTIL

träumen → der Traum

1 Funktion

Verbalstil	Der Tierpsychologe hat das Verhalten von Affen erforscht.	Alltags- und Erzählsprache
Nominalstil	Die Erforschung des Verhaltens von Affen durch den Tierpsychologen ...	Sprache der Wissenschaft, der Technik und der Verwaltung

2 Formen

	verbale Struktur	nominale Struktur	
Verb	Die Affen träumen.	die Träume der Affen	Nomen

Mit der Umformung Verb → Nomen sind weitere grammatikalische Veränderungen verbunden:

Nominativ	Die Affen träumen.	die Träume der Affen	Genitiv
Akkusativ/Aktiv	Man analysiert das soziale Verhalten.	die Analyse des sozialen Verhaltens	
Nominativ/Passiv	Das soziale Verhalten wird analysiert.		
Nomen ohne Artikel	Affen träumen.	die Träume von Affen	von + Dativ
Subjekt/ Nominativ	Ein Verhaltensforscher untersucht den Affen-Clan.	die Untersuchung des Affen-Clans durch einen Verhaltensforscher	verursachende Person/Sache: durch + Akkusativ
Verb + Präposition	Die Affen gewöhnen sich an Stresssituationen.	die Gewöhnung der Affen an Stresssituationen	Nomen + Präposition
Verb + Dativ	Die Affen vertrauen ihrem Pfleger.	das Vertrauen der Affen gegenüber ihrem Pfleger	Nomen + Präposition
Personalpronomen	Sie küssen sich zur Begrüßung.	ihre Küsse zur Begrüßung	Possessivartikel
Adverb	Sie pflegen gegenseitig ihr Fell. Sie sind sehr hilfsbereit.	ihre gegenseitige Fellpflege ihre große Hilfsbereitschaft	Adjektiv
sein + Adjektiv	Die Affen sind traurig.	die Traurigkeit der Affen	Nomen
haben + Nomen	Die Affen haben Angst.	die Angst der Affen	Nomen
Konnektor*	Wenn es blitzt und donnert, ...	bei Blitz und Donner	Präposition

* → s. Anhang Seite 233

Oft werden zwei Nomen zusammengesetzt.	die Pflege des Fells die Küsse zur Begrüßung	die Fellpflege die Begrüßungsküsse

Zur Nominalisierung s. auch Wortbildung → Seite 22 und
Fugenzeichen → Seite 24

ÜBUNGEN

1 Lernatmosphäre – Nominalisieren Sie die Verben.

Ich lerne besonders gut/schlecht,
a) wenn ich etwas esse. — Beim …
b) wenn ich gut gelaunt bin. — Mit …
c) wenn ich mich konzentriere. — Mit …
d) wenn die Sonne scheint. — Bei …
e) wenn es regnet. — Bei …
f) wenn mich niemand ablenkt. — Ohne …

a) *Beim Essen lerne ich besonders schlecht.*

2 Meeting auf dem Land – Nominalisieren Sie zuerst den Satz und bilden Sie dann zusammengesetzte Nomen.

a) Der Kurs beginnt. – *der Beginn des Kurses / der Kursbeginn*
b) Die Manager treffen sich.
c) Man kontrolliert die Kosten.
d) Die Mücken stechen.
e) Der Bus fährt ab.
f) Der Mond scheint.

3 Das Thema des Tages – Formulieren Sie Sätze.

a) Die Wirtschaftslage ist sehr instabil.
b) Der FC Bayern siegt unerwartet in der Champions League.
c) Die Aktienkurse fallen schnell.
d) Der französische Präsident heiratet.
e) Die Parteien streiten sich ständig.
f) Der Eisbär im Zoo verhält sich seltsam.

a) *Die große Instabilität der Wirtschaftslage ist das Thema des Tages.*

4 Nominalisieren Sie die Ausdrücke und ergänzen Sie den Text.

Online- (a) *Sucht* — süchtig sein
Auf Spiel- und SMS-Sucht folgt nun das Laster Online-Sucht. Nach einem (b) _____ der Universität Chicago gab ein Großteil — berichten
der 300 Probanden an, dass sie gleich nach dem (c) _____ — aufwachen
oder kurz vor dem Einschlafen noch online gehen. Das ständige Erstellen (Posten) oder Lesen von Nachrichten kann zu einer psychischen
(d) _____ führen. — abhängig sein
Die Entzugserscheinungen sind u. a. eine Tendenz zur (e) _____ — aggressiv sein
und zur (f) _____ beruflicher und privater Pflichten. — vernachlässigen
Vermutlich wird es in den nächsten Jahren einen weiteren
(g) _____ der Zahl der Online-Süchtigen geben. — ansteigen
(h) _____ bieten Tools, die den täglichen Internetzugang eingrenzen und so die (i) _____ des eigenen Tagesablaufs — helfen
verbessern. — organisieren

SYNTAX

7.27 NOMINALSTIL → VERBALSTIL

die Produktion → produzieren

1 Funktion

Nominalstil	Die Herstellung von Schokolade …	Sprache der Wissenschaft, der Technik und der Verwaltung
Verbalstil	Man stellt Schokolade her.	Alltags- und Erzählsprache

2 Formen

	nominale Struktur	verbale Struktur	
Nomen	das Trocknen der Kakaobohnen	Die Kakaobohnen trocknen.	Verb

Mit der Umformung Nomen → Verb sind weitere grammatikalische Veränderungen verbunden:

Genitiv	das Trocknen der Kakaobohnen	Die Kakaobohnen trocknen.	Nominativ
	die Erwärmung der Schokoladenmasse	Man erwärmt die Schokoladenmasse.	Akkusativ/Aktiv
		Die Schokoladenmasse wird erwärmt.	Nominativ/Passiv
von + Dativ	die Reduktion von Zuckerkristallen	Zuckerkristalle werden reduziert.	Nomen ohne Artikel
verursachende Person/Sache: durch + Akkusativ	die Verkürzung des Prozesses durch moderne Technik	Moderne Technik verkürzt den Prozess.	Subjekt/ Nominativ
Nomen + Präposition	das Interesse der Firma für die / an der Technik	Die Firma interessiert sich für die Technik / ist an der Technik interessiert.	Verb + Präposition
Nomen + Präposition	ihre Hilfe für den Kollegen	Sie hilft dem Kollegen.	Verb + Dativ
Possessivartikel	seine Überprüfung der Kakaoqualität	Er überprüft die Kakaoqualität.	Personalpronomen
Adjektiv	die häufige Durchführung von Geschmackstests	Man führt häufig Geschmackstests durch.	Adverb
Nomen	die Bitterkeit von dunkler Schokolade	Dunkle Schokolade ist bitter.	sein + Adjektiv
Nomen	der Erfolg des neuen Produkts	Das neue Produkt hat Erfolg.	haben + Nomen
Präposition*	Wegen ihres guten Geschmacks …	Weil sie gut schmeckt, …	Konnektor

* → s. Anhang Seite 233

ÜBUNGEN

1 Was tun Sie …? – Formulieren Sie Sätze mit *wenn*.

a) … bei großer Kälte?
b) … bei großer Hitze?
c) … bei einem plötzlichen Regenschauer?
d) … beim Absturz Ihres Computers?
e) … bei einem langweiligen Film?
f) … bei Müdigkeit?
g) … bei Verspätung des Zuges?
h) … bei einem Anstieg der Preise?
i) … beim Umzug Ihres Freundes?
j) … bei einem unerwarteten Kuss?

a) *Wenn es sehr kalt ist, trinke ich eine Tasse heiße Schokolade.*

2 Möglichkeiten, einen Schluckauf („hicks") loszuwerden – Formulieren Sie Sätze im Aktiv und Passiv.

a) Das Anhalten des Atems
b) Das Lutschen eines Bonbons
c) Das Schlucken eines Teelöffels Zucker
d) Die Lösung von Rechenaufgaben
e) Handstand und gleichzeitiges Trinken
f) Das Zuhalten der Nase

a) Aktiv: *Man hält den Atem an.*   Passiv: *Der Atem wird angehalten.*

3 Wer macht was? – Formulieren Sie Sätze.

a) Das unterschiedliche Verhalten von Frauen und Männern
 Frauen und Männer verhalten sich unterschiedlich.
b) Die Erforschung des Einkaufsverhaltens durch Wissenschaftler
c) Die Beratung der Frauen durch das Verkaufspersonal
d) Die Wahrnehmung von Qualitätsmängeln durch Frauen
e) Die Konzentration der Männer auf elektronische Produkte
f) Die schnelle Erledigung des Einkaufs durch die Männer

4 Ein neues Smartphone – Verbalisieren Sie den Text.

a) Einschalten des Gerätes
b) Auswahl der Sprache und des Landes
c) Einlegen der SIM-Karte
d) Entsperrung der SIM-Karte durch Eingabe der PIN
e) Herstellung einer WLAN- oder Mobilfunk-Verbindung
f) Übertragung Ihrer alten Daten auf das neue Gerät
g) Aktivierung der Gerätesperre zur Verhinderung eines Fremdzugriffs

a) *Schalten Sie das Gerät ein.*
b) ___
c) ___
d) ___, indem ___
e) ___
f) ___
g) ___, um ___

RECHTSCHREIBUNG, ZEICHENSETZUNG

8.1 RECHTSCHREIBUNG (1)

Buchstaben, Zusammenschreibung

Die richtige Schreibweise deutscher Wörter findet sich in Wörterbüchern wie dem *Duden* unter www.duden.de und unter www.hueber.de/woerterbuch/online/.

1 lang, kurz

Die Rechtschreibung gibt Hinweise, ob ein Vokal kurz oder lang ausgesprochen wird.

lang	*ie*	fl*ie*gen, transport*ie*ren, w*ie*dersehen	aber: W*i*derspruch → wider = gegen
	h nach dem Vokal	die U*h*r, ge*h*en	
	doppelter Vokal	die H*aa*re, das M*ee*r, das B*oo*t	
kurz	doppelter Konsonant nach betontem Vokal	re*nn*en, fa*ll*en, la*ss*en	kein Doppelkonsonant, wenn mehrere verschiedene Konsonanten folgen: *stiften*
	ck	di*ck*	nicht bei Fremdwörtern: *die Fiktion* nicht nach Konsonanten: *kran*k, *mer*k*en*

2 ß, ss

ss	nach kurzem Vokal	der Flu*ss*
	dass als Konnektor	Ich bin der Meinung, *dass* …
ß	nach langem Vokal	der Fu*ß*
	nach Doppellauten *ei, eu, au, äu*	au*ß*erdem

3 zusammen, getrennt

zusammen oder getrennt	feste Verbindungen	mithilfe	mit Hilfe
		infrage stellen	in Frage stellen
	Verb + Verb	fallenlassen*	fallen lassen
	einzelne Konnektoren	sodass	so dass
	Nomen + Partizip I	erfolgversprechend	Erfolg versprechend
zusammen	trennbare Verben	aufräumen, zurücklassen	
	Adjektiv + Verb	weichkochen**	
	irgend-	*irgend*wann, *irgend*etwas, *irgend*jemand	
	-mal	dies*mal*, fünf*mal*	
	zusammengesetzte Adjektive	hochaktuell, tiefblau, superschnell, nasskalt	
getrennt	Verb + Verb	lesen üben, spazieren gehen	
	Adjektiv/Adverb + Verb	Sein Laden geht sehr gut. Er geht gut.	
	Partizip + Verb	geschenkt bekommen, spielend gewinnen	
	Partizip II	verloren gegangen	
	Adverb + *sein*	dabei *sein*, zusammen *sein*	
	Präpositionen + *sein*	an *sein*, aus *sein*	
	Nomen + Verb	Rad fahren***	
	Nomen mit Adjektiv + Partizip I	großen Erfolg versprechend	
	so, wie, zu + Adjektiv	*so* viel, *wie* weit, *zu* wenig	

* bei übertragener Bedeutung auch Zusammenschreibung möglich: *einen Plan / einen Freund fallenlassen*
** nur bei übertragener Bedeutung Zusammenschreibung: *jdn. weichkochen = zum Nachgeben/Aufgeben bringen*; aber: *ein Ei weich kochen*
*** Ausnahmen: z. B. *eislaufen*; bei substantiviertem Infinitiv Zusammenschreibung: *das Radfahren*

ÜBUNGEN

1 Ergänzen Sie die fehlenden Buchstaben.

i oder *ie*?

a) alarm*ie*ren
b) der T___pp
c) korrig___ren
d) die L___be
e) schw___rig
f) t___f
g) z___mlich
h) Bl___tz

k oder *ck*?

a) ba___en
b) der Bal___on
c) der Do___tor
d) drü___en
e) entde___en
f) der Geschma___
g) die Musi___
h) schi___

ss oder *ß*?

a) Wie hei___t du?
b) Du solltest besser aufpa___en.
c) Die Stra___e kenne ich.
d) Vergi___ bitte deine Tasche nicht.
e) Meine Eltern e___en kein Fleisch.
f) Sei doch nicht so flei___ig!
g) Herzliche Grü___e aus dem Urlaub.
h) Ich finde diese Stadt sehr hä___lich.
i) Meine Haare sind noch na___.
j) Wir sa___en auf einer Bank.
k) Viel Spa___.
l) Au___erdem brauchen wir noch etwas zu trinken.
m) Ich esse gern Sü___igkeiten.
n) Ich möchte mein Deutsch verbe___ern.
o) Du bist schmutzig. Bleib bitte drau___en.

2 Was muss zusammengeschrieben werden? Unterstreichen Sie.

a) <u>irgend + wann</u>
b) großen Respekt + einflößend
c) geliehen + bekommen
d) spazieren + gehen
e) super + schlau
f) vorbei + sein
g) weg + laufen
h) weiter + gehen
i) zurück + kommen
j) zusammen + fassen

3 Korrigieren Sie in diesem Brief zehn Fehler.

Beispiel: Libe – *Liebe*

> Braunschweig, den 9.1.20...
>
> Libe Petra,
>
> gestern habe ich Deinen Brief bekomen und jetzt möchte ich Dir eine Antwort schreiben. Ich weiss, dass Du Dich für Autos interessierst. Ich habe am Sonntag von einem Bekanten ein gebrauchtes Auto gekauft. Ich habe es von ihm gekauft, weil ich gewust habe, dass er es gut gepflegt hat. Das Auto ist in Ordnung. Nur die Farbe gefält mir nicht, der Wagen ist rot. Aber die Farbe spilt ja keine Role. Ich brauche ein Auto, weil es von mir zu meinem Arbeitsplatz ziemlich weit ißt. Mit dem Auto bin ich schneler und es ist billieger als mit öffentlichen Verkehrsmitteln.
> So, das waren meine Neuigkeiten.
>
> Herzliche Grüße
> Deine Elena

RECHTSCHREIBUNG, ZEICHENSETZUNG

8.2 RECHTSCHREIBUNG (2)

Groß- und Kleinschreibung

Die richtige Schreibweise deutscher Wörter findet sich in Wörterbüchern wie dem *Duden* unter www.duden.de und unter www.hueber.de/woerterbuch/online/.

1 Großschreibung

das erste Wort des Satzes	Als ich nach Hause kam, …
Nomen	der Buchstabe, die Schrift, das Buch
formelle Briefanrede, Höflichkeitsform	Sie, Ihnen, Ihr
Namen, Eigennamen	Berlin, Mozart, Süddeutsche Zeitung, Deutsche Bahn
Adjektive	
– in Eigennamen	Rotes Kreuz, Olympische Spiele
– abgeleitet von Städtenamen	Wiener Kaffeehaus
– in mehrteiligen geografischen Ausdrücken	der Indische Ozean
+ Artikel	die Schöne
+ Quantifizierung	viel Gutes, etwas Besonderes
+ Attribut	ein schönes Blau
+ Präposition	im Dunkeln
Tageszeiten	gestern Abend / heute Mittag / morgen Vormittag
Sprachbezeichnungen mit *auf* und *in*	auf Deutsch, in Englisch

2 Kleinschreibung

aus Nomen entstandene	
– Adverbien	abends, sonntags, anfangs
– Präpositionen	dank, trotz
Artikelwörter/Pronomen	ein paar Euro (aber: das neue Paar Schuhe)

3 Groß oder klein

Bei einigen Ausdrücken sind seit der Reform der Rechtschreibung beide Schreibweisen erlaubt.

präpositionale Ausdrücke	von Weitem / weitem, ohne Weiteres / weiteres
informelle Briefanrede	Du / du, Dir / dir, Dein / dein, Ihr / ihr

ÜBUNGEN

1 Groß oder klein? Was ist richtig?

		Richtig	Falsch
a)	Die Reparaturarbeiten werden bis <u>morgen Mittag</u> abgeschlossen sein.	X	☐
b)	Die Kollegen gehen <u>mittags</u> in die Kantine zum Essen.	☐	☐
c)	Er kam <u>gestern nacht</u> sehr spät von der Geschäftsreise zurück.	☐	☐
d)	Herr Sturm arbeitet manchmal bis <u>spätabends</u>.	☐	☐
e)	Heute <u>nachmittag</u> kommt der Kundenservice.	☐	☐
f)	Der Kongress beginnt <u>morgen Vormittag</u>.	☐	☐
g)	Gestern <u>morgen</u> traf sich die Arbeitsgruppe zum ersten Mal.	☐	☐
h)	Ich würde Sie gerne <u>übermorgen Abend</u> besuchen.	☐	☐
i)	Ich jogge <u>morgens</u> vor der Arbeit.	☐	☐
j)	Die <u>olympischen</u> Spiele finden alle vier Jahre statt.	☐	☐

≡ 2 **Groß oder klein? Kreuzen Sie an.**

		groß	klein
a)	Die RUSSISCHE Botschaft	☐	☒
b)	Ein WIENER Kaffeehaus	☐	☐
c)	Der SCHWEIZER Franken	☐	☐
d)	Die FRANKFURTER Börse	☐	☐
e)	Der ATLANTISCHE Ozean	☐	☐
f)	Der FRANZÖSISCHE Käse	☐	☐

≡ 3 **Markieren Sie die Wörter, die groß geschrieben werden.**

zunächst einmal ist wichtig, das richtige zu üben. dazu müssen sie erkennen, was für sie schwirig ist und wo sie fehler machen. manches, was deutsche häufig falsch machen, ist für menschen, die deutsch als fremdsprache lernen, kein problem. üben sie nur das, was für sie schwirig ist. schauen sie sich doch einmal die texte an, die sie auf deutsch bereits geschrieben haben. was hat ihr lehrer oder ihr muttersprachlicher freund als fehler markiert? z. B. groß- und kleinschreibung, doppelkonsonanten?

≡ 4 **Ergänzen Sie.**

Sehr geehrter Herr Sturm,

vielen Dank für Ihre Nachricht. Ich bestätige ___hnen den Besuchstermin am Mittwoch, dem 25. 3., in unserem Hause. Allerdings wäre es mir lieber, wenn ___ie statt um 9 Uhr erst um 11 Uhr kommen könnten. Um diese Zeit mache ich Kaffeepause und kann mich dann in aller Ruhe mit ___hnen und ___hren Kollegen unterhalten.

Viele Grüße nach Hamburg
Thomas Meier

≡ 5 **Korrigieren Sie in diesem Brief acht Fehler.**

Hallo Harry,

So weit ist es mit dem Stress jetzt schon, dass ich keine Zeit mehr habe, bei Dir vorbeizuschauen.

Gestern vormittag kam unser Chef wieder mit einer Liste an, was er noch alles braucht. Ich soll jetzt auch noch eine Bestellung machen und zwar bis heute abend. Außerdem soll ich ihm bis morgen früh einen Text ins deutsche übersetzen.

Und unser Herr Weiß aus der Buchhaltung nervt die ganze Abteilung mit seiner spanischen Musik, die er sich von Morgens bis Abends anhört. Stell Dir vor, er hat doch glatt heute morgen einen Termin mit einem von der Musikhochschule auf spanisch vereinbart! Außerdem musste ich ihm eine Karte für ein Konzert morgen abend bestellen.

Grüße von
Deiner Gabi

RECHTSCHREIBUNG, ZEICHENSETZUNG

8.3 ZEICHENSETZUNG

Punkt, Komma etc.

1 Punkt, Ausrufe- und Fragezeichen

.	am Ende des Aussagesatzes Abkürzungen Ordnungszahlen	Das war ein schönes Fest. z. B. = zum Beispiel, d. h. = das heißt Sonntag, den 1. 8. 2017; Friedrich II.
!	Ausrufe Aufforderungen, Befehle	Oh! Schade! Seid leise!
?	Fragesätze und -wörter	Wie heißt du? Warum? (nicht bei indirekten Fragesätzen)

2 Komma

,	Aufzählung Briefanrede Datum nachgestellter Beisatz	Sie ist gut im Laufen, Springen und Werfen. Hallo Eva, …; Sehr geehrter Herr Huber, … Berlin, 1. 8. 2018; Mainz, im Juni 2018 Zuse, der Vater des Computers, lebte in Berlin.
	vor – Satzteilen mit Konnektor – Relativsatz – indirekten Fragen – Infinitiv- und Partizipgruppen	 Elke lernt gern, aber nicht genug. Charlie Chaplin ist der Mann, der niemals lachte. Weißt du, wann der Zug kommt? Sein größter Wunsch ist es, nach Afrika zu reisen.
	zwischen – Haupt- und Nebensatz – Nebensätzen – Hauptsätzen	 Mein Geld reicht nicht, obwohl ich ständig spare. Ich glaube, dass er die Note verdient hat, die er bekommen hat. Ein Sturm fing an, in der Ferne blitzte es. Emily lernt Deutsch (,) und Marc lernt Französisch.

3 Bindestrich, Apostroph, Doppelpunkt

-	Wortteil wird gespart
	Wortkombinationen mit
	   – Einzelbuchstaben
	   – Abkürzungen
	   – Ziffern
		Ein- und Ausgang
		
		T-Shirt, A-Dur,
		Kfz-Papiere, VIP-Lounge, Pkw-Fahrer
		12-jährig, 80-prozentig, 2-stündig

'	Buchstaben werden weggelassen bei – Genitiv von Namen auf s, ss, ß, tz, z, x – schriftliche Wiedergabe von gesprochener Sprache	 Günter Grass' Roman Sie geh'n zur Schule. So'n Blödsinn.
:	vor – direkter Rede – Zitaten – angekündigten Satzstücken – Folgerungen	 Er sagte: „Ich weiß, dass ich nichts weiß." Das Sprichwort heißt: „Der Apfel fällt nicht weit vom Stamm." Die Bundesrepublik besteht aus folgenden Bundesländern: Bayern, Berlin, … Wie schon gesagt: Die Zeichensetzung ist ganz einfach.

ÜBUNGEN

1 Geschäftskommunikation – Ergänzen Sie fehlende Satzzeichen in den Lücken.

Kiel_, den 17. 3. 20--

Ihre Anfrage

Sehr geehrter Herr Tremel_

vielen Dank für Ihre Anfrage über eine Sammelbestellung an DVD-Abspielgeräten. Wir freuen uns_ Ihnen mitteilen zu können_ dass wir Ihnen zur Zeit besondere Konditionen einräumen können. Auf jede Bestellung_ die uns vor dem Monatsende erreicht_ geben wir Ihnen einen Sonderrabatt von 5 %_ Für weitere Auskünfte stehen wir Ihnen gerne zur Verfügung_

Mit freundlichen Grüßen

Ihre
A&B-Export

PS_ Kennen Sie bereits unsere Website_ Schauen Sie doch mal rein unter_ www.A+B@Export.com

---

Mannheim_ im Juni 20--

Neuauflage unseres erfolgreichen Führers: Sprachenschulen International

Sehr geehrte Damen und Herren_

herzlichen Glückwunsch_ Ihr Institut wurde für die zweite Ausgabe unseres Führers der weltbesten Sprachschulen ausgewählt_ Unser 5_köpfiges Team hat letzte Woche eine umfassende Auswertung von über 120 Schulen in der ganzen Welt beendet_ die in der ersten Ausgabe unseres Führers nicht verzeichnet waren_ Wir freuen uns sehr_ Ihnen mitteilen zu können_ dass Ihre Kurse unseren überaus strengen Kriterien entsprechen und dass Ihr Unternehmen in der Kategorie Deutschlernen an erster Stelle rangiert. Als kleine Anerkennung legen wir Ihnen ein T_Shirt mit unserem Logo bei.

Mit freundlichen Grüßen

Ihr
Roland Jubel
Jubel GmbH

2 Korrigieren Sie in dieser E-Mail 12 Fehler in der Zeichensetzung.

Liebe Johanna,
vielen Dank für Deine Nachricht über die ich mich total gefreut habe. Ich bin so beschäftigt dass ich kaum Zeit für meine Mails finde. D h mein Postkasten läuft schon über! Sei mir also nicht böse wenn ich erst jetzt antworte.
Dein Plan einen Schauspielkurs zu besuchen hat mich nicht sehr überrascht. Jetzt kannst Du endlich Deinen langweiligen Job an den Nagel hängen und einen sehr interessanten Beruf ergreifen. Ich erinnere mich wie oft Du gesagt hast dass Deine Arbeit Dich zu Tode langweilt. Nachdem Du von Deiner Oma Geld geerbt hast, gibt es für Dich keine finanziellen Probleme mehr. Du kannst also machen, was Du willst. Denk aber bitte daran Irgendwann ist die Erbschaft aufgebraucht, und dann musst Du von Deiner Arbeit leben können. Schauspielerjobs wachsen nicht auf den Bäumen.
Wenn Du Zeit hast ruf mich an damit wir uns verabreden können.

Liebe Grüße,
Dein Sam

ANHANG 1

DIE WICHTIGSTEN UNREGELMÄSSIGEN VERBEN

Alphabetische Liste

Die regelmäßigen Formen sind grau gedruckt.

Infinitiv	Präsens	Präteritum	Perfekt	
backen	backt (bäckt)	backte (buk)	hat	gebacken
befehlen	befiehlt	befahl	hat	befohlen
beginnen	beginnt	begann	hat	begonnen
beißen	beißt	biss	hat	gebissen
betrügen	betrügt	betrog	hat	betrogen
bewegen	bewegt	bewog	hat	bewogen[1]
biegen	biegt	bog	hat	gebogen
bieten	bietet	bot	hat	geboten
binden	bindet	band	hat	gebunden
bitten	bittet	bat	hat	gebeten
blasen	bläst	blies	hat	geblasen
bleiben	bleibt	blieb	ist	geblieben
braten	brät	briet	hat	gebraten
brechen	bricht	brach	hat	gebrochen
brennen	brennt	brannte	hat	gebrannt
bringen	bringt	brachte	hat	gebracht
denken	denkt	dachte	hat	gedacht
dürfen	darf	durfte	hat	gedurft[15]
eindringen	dringt ein	drang ein	ist	eingedrungen
empfangen	empfängt	empfing	hat	empfangen
empfehlen	empfiehlt	empfahl	hat	empfohlen
empfinden	empfindet	empfand	hat	empfunden
erlöschen	erlischt	erlosch	ist	erloschen
erschrecken	erschrickt	erschrak	ist	erschrocken
erwägen	erwägt	erwog	hat	erwogen
essen	isst	aß	hat	gegessen
fahren	fährt	fuhr	ist/hat	gefahren[2]
fallen	fällt	fiel	ist	gefallen
fangen	fängt	fing	hat	gefangen
finden	findet	fand	hat	gefunden
fliegen	fliegt	flog	ist/hat	geflogen[2]
fliehen	flieht	floh	ist	geflohen
fließen	fließt	floss	ist	geflossen
fressen	frisst	fraß	hat	gefressen
frieren	friert	fror	ist/hat	gefroren[3]
geben	gibt	gab	hat	gegeben
gehen	geht	ging	ist	gegangen
gelingen	gelingt	gelang	ist	gelungen
gelten	gilt	galt	hat	gegolten
genießen	genießt	genoss	hat	genossen
geraten	gerät	geriet	ist	geraten

ANHANG 1

Infinitiv	Präsens	Präteritum	Perfekt	
geschehen	geschieht	geschah	ist	geschehen
gewinnen	gewinnt	gewann	hat	gewonnen
gießen	gießt	goss	hat	gegossen
gleichen	gleicht	glich	hat	geglichen
gleiten	gleitet	glitt	ist	geglitten
graben	gräbt	grub	hat	gegraben
greifen	greift	griff	hat	gegriffen
haben	hat	hatte	hat	gehabt
halten	hält	hielt	hat	gehalten
hängen	hängt	hing	hat	gehangen[4]
heben	hebt	hob	hat	gehoben
heißen	heißt	hieß	hat	geheißen
helfen	hilft	half	hat	geholfen
kennen	kennt	kannte	hat	gekannt
klingen	klingt	klang	hat	geklungen
kommen	kommt	kam	ist	gekommen
können	kann	konnte	hat	gekonnt[15]
kriechen	kriecht	kroch	ist	gekrochen
laden	lädt	lud	hat	geladen
lassen	lässt	ließ	hat	gelassen
laufen	läuft	lief	ist	gelaufen[14]
leiden	leidet	litt	hat	gelitten
leihen	leiht	lieh	hat	geliehen
lesen	liest	las	hat	gelesen
liegen	liegt	lag	hat	gelegen[11]
lügen	lügt	log	hat	gelogen
meiden	meidet	mied	hat	gemieden
messen	misst	maß	hat	gemessen
mögen	mag	mochte	hat	gemocht[15]
müssen	muss	musste	hat	gemusst[15]
nehmen	nimmt	nahm	hat	genommen
nennen	nennt	nannte	hat	genannt
pfeifen	pfeift	pfiff	hat	gepfiffen
raten	rät	riet	hat	geraten
reiben	reibt	rieb	hat	gerieben
reißen	reißt	riss	hat	gerissen[5]
reiten	reitet	ritt	ist/hat	geritten[2]
rennen	rennt	rannte	ist	gerannt
riechen	riecht	roch	hat	gerochen
rufen	ruft	rief	hat	gerufen
schaffen	schafft	schuf	hat	geschaffen[6]
scheinen	scheint	schien	hat	geschienen
schieben	schiebt	schob	hat	geschoben

ANHANG 1

Infinitiv	Präsens	Präteritum	Perfekt	
schießen	schießt	schoss	hat	geschossen
schlafen	schläft	schlief	hat	geschlafen
schlagen	schlägt	schlug	hat	geschlagen
schleichen	schleicht	schlich	ist	geschlichen
schließen	schließt	schloss	hat	geschlossen
schmeißen	schmeißt	schmiss	hat	geschmissen
schmelzen	schmilzt	schmolz	ist/hat	geschmolzen[7]
schneiden	schneidet	schnitt	hat	geschnitten
schreiben	schreibt	schrieb	hat	geschrieben
schreien	schreit	schrie	hat	geschrien
schweigen	schweigt	schwieg	hat	geschwiegen
schwellen	schwillt	schwoll	ist	geschwollen
schwimmen	schwimmt	schwamm	ist	geschwommen[14]
schwören	schwört	schwor	hat	geschworen
sehen	sieht	sah	hat	gesehen
sein	ist	war	ist	gewesen
senden	sendet	sandte (sendete)	hat	gesandt (gesendet)[8]
singen	singt	sang	hat	gesungen
sinken	sinkt	sank	ist	gesunken
sitzen	sitzt	saß	hat	gesessen[11]
sprechen	spricht	sprach	hat	gesprochen
springen	springt	sprang	ist	gesprungen
stechen	sticht	stach	hat	gestochen
stehen	steht	stand	hat	gestanden[11]
stehlen	stiehlt	stahl	hat	gestohlen
steigen	steigt	stieg	ist	gestiegen
sterben	stirbt	starb	ist	gestorben
stinken	stinkt	stank	hat	gestunken
stoßen	stößt	stieß	hat	gestoßen[9]
streichen	streicht	strich	hat	gestrichen
streiten	streitet	stritt	hat	gestritten
tragen	trägt	trug	hat	getragen
treffen	trifft	traf	hat	getroffen
treiben	treibt	trieb	hat	getrieben
treten	tritt	trat	hat	getreten
trinken	trinkt	trank	hat	getrunken
tun	tut	tat	hat	getan
verderben	verdirbt	verdarb	hat	verdorben[10]
vergessen	vergisst	vergaß	hat	vergessen
verlieren	verliert	verlor	hat	verloren
verschwinden	verschwindet	verschwand	ist	verschwunden
verzeihen	verzeiht	verzieh	hat	verziehen
wachsen	wächst	wuchs	ist	gewachsen
waschen	wäscht	wusch	hat	gewaschen
weichen	weicht	wich	ist	gewichen
weisen	weist	wies	hat	gewiesen
wenden	wendet	wandte (wendete)	hat	gewandt (gewendet)[12]
werben	wirbt	warb	hat	geworben

ANHANG 1

Infinitiv	Präsens	Präteritum	Perfekt	
werden	wird	wurde	ist	geworden
werfen	wirft	warf	hat	geworfen
wiegen	wiegt	wog	hat	gewogen[13]
wissen	weiß	wusste	hat	gewusst
wollen	will	wollte	hat	gewollt[15]
ziehen	zieht	zog	hat	gezogen
zwingen	zwingt	zwang	hat	gezwungen

[1] unregelmäßig: *Motiv/Grund sein für etwas. Die Aussicht auf eine schnelle Karriere hat ihn bewogen, die Firma zu wechseln.* regelmäßig: *von einem Ort zum anderen. Wer sich nie viel bewegt hat, wird auch im Alter keinen Sport mehr treiben.*

[2] ohne Akkusativ: *sein. Katharina ist nach Hamburg gefahren.* mit Akkusativ: *haben. Tom hat den Wagen in die Garage gefahren. Das Gleiche gilt für alle weiteren Verben mit sein oder haben im Perfekt.*

[3] *Das Wasser ist gefroren.* (= unpersönliches Subjekt) – *Ich habe gefroren.*

[4] unregelmäßig: *Der Mantel hing eben noch in der Garderobe.* regelmäßig: *Er hängte die Küchenuhr über die Tür.*

[5] *Das Seil ist gerissen.* (= unpersönliches Subjekt) – *Ich habe ein Loch in die Hose gerissen.*

[6] unregelmäßig: *Dieses Werk hat Picasso geschaffen.* (= künstlerisches Werk); regelmäßig: *Denis hat seine Arbeit für heute geschafft.* (= normale Arbeit)

[7] *Der Schnee ist geschmolzen.* (= unpersönliches Subjekt) – *An Silvester haben wir früher immer Blei geschmolzen.*

[8] unregelmäßig: *schicken*; regelmäßig: *im Rundfunk/TV senden. Im Radio haben sie gerade Verkehrsnachrichten gesendet.*

[9] *Ich habe das Glas vom Tisch gestoßen.* – *Ich bin mit dem Kopf an die Wand gestoßen.*

[10] *Das Gemüse ist verdorben.* (= nicht mehr genießbar; unpersönliches Subjekt) – *Alex hat das Essen verdorben.* (= falsch gekocht)

[11] Im Süddeutschen auch *ist gelegen, ist gesessen, ist gestanden*.

[12] unregelmäßig: *Sie wussten nicht mehr weiter und haben sich deshalb an einen Experten gewandt.* regelmäßig: *umdrehen. Er hat den Wagen gewendet und ist wieder zurückgefahren.*

[13] unregelmäßig: *messen, wie schwer etwas ist. Ich habe mich heute Morgen gewogen*; regelmäßig: *etwas hin und her bewegen. Christoph wiegte das Baby in seinen Armen.*

[14] auch mit Akkusativ möglich: *Er hat den Marathon in Rekordzeit gelaufen. Er hat die 1000 Meter geschwommen.*

[15] Zusammen mit einem anderen Verb steht das Modalverb im Perfekt mit *haben* und doppeltem Infinitiv: *Die Kinder haben ins Kino gehen dürfen.*

ANHANG 2
DIE WICHTIGSTEN UNREGELMÄSSIGEN VERBEN

Liste nach Ablauten

Die regelmäßigen Formen sind grau gedruckt.

Infinitiv	Präsens	Präteritum	Perfekt	
		a		a
denken	denkt	dachte	hat	gedacht
haben	hat	hatte	hat	gehabt
kennen	kennt	kannte	hat	gekannt
nennen	nennt	nannte	hat	genannt
rennen	rennt	rannte	ist	gerannt
senden	sendet	sandte (sendete)	hat	gesandt (gesendet)[8]
stehen	steht	stand	hat	gestanden[11]
tun	tut	tat	hat	getan
wenden	wendet	wandte (wendete)	hat	gewandt (gewendet)[12]
		a		e
bitten	bittet	bat	hat	gebeten
essen	isst	aß	hat	gegessen
fressen	frisst	fraß	hat	gefressen
geben	gibt	gab	hat	gegeben
geschehen	geschieht	geschah	ist	geschehen
lesen	liest	las	hat	gelesen
liegen	liegt	lag	hat	gelegen[11]
messen	misst	maß	hat	gemessen
sehen	sieht	sah	hat	gesehen
sein	ist	war	ist	gewesen
sitzen	sitzt	saß	hat	gesessen[11]
treten	tritt	trat	hat	getreten
vergessen	vergisst	vergaß	hat	vergessen
		a		o
befehlen	befiehlt	befahl	hat	befohlen
beginnen	beginnt	begann	hat	begonnen
brechen	bricht	brach	hat	gebrochen
empfehlen	empfiehlt	empfahl	hat	empfohlen
erschrecken	erschrickt	erschrak	ist	erschrocken
gelten	gilt	galt	hat	gegolten
gewinnen	gewinnt	gewann	hat	gewonnen
helfen	hilft	half	hat	geholfen
kommen	kommt	kam	ist	gekommen
nehmen	nimmt	nahm	hat	genommen
schwimmen	schwimmt	schwamm	ist	geschwommen[14]
sprechen	spricht	sprach	hat	gesprochen
stechen	sticht	stach	hat	gestochen
stehlen	stiehlt	stahl	hat	gestohlen
sterben	stirbt	starb	ist	gestorben
treffen	trifft	traf	hat	getroffen
verderben	verdirbt	verdarb	hat	verdorben[10]

ANHANG 2

Infinitiv	Präsens	Präteritum	Perfekt	
werben	wirbt	warb	hat	geworben
werfen	wirft	warf	hat	geworfen
wollen	will	wollte	hat	gewollt[15]

		a		u
binden	bindet	band	hat	gebunden
eindringen	dringt ein	drang ein	ist	eingedrungen
empfinden	empfindet	empfand	hat	empfunden
finden	findet	fand	hat	gefunden
gelingen	gelingt	gelang	ist	gelungen
klingen	klingt	klang	hat	geklungen
singen	singt	sang	hat	gesungen
sinken	sinkt	sank	ist	gesunken
springen	springt	sprang	ist	gesprungen
stinken	stinkt	stank	hat	gestunken
trinken	trinkt	trank	hat	getrunken
verschwinden	verschwindet	verschwand	ist	verschwunden
zwingen	zwingt	zwang	hat	gezwungen

		i		a
blasen	bläst	blies	hat	geblasen
braten	brät	briet	hat	gebraten
empfangen	empfängt	empfing	hat	empfangen
fallen	fällt	fiel	ist	gefallen
fangen	fängt	fing	hat	gefangen
gehen	geht	ging	ist	gegangen
geraten	gerät	geriet	ist	geraten
halten	hält	hielt	hat	gehalten
hängen	hängt	hing	hat	gehangen[4]
lassen	lässt	ließ	hat	gelassen
laufen	läuft	lief	ist	gelaufen[14]
raten	rät	riet	hat	geraten
schlafen	schläft	schlief	hat	geschlafen

		i		ei
heißen	heißt	hieß	hat	geheißen

		i		i
beißen	beißt	biss	hat	gebissen
bleiben	bleibt	blieb	ist	geblieben
gleichen	gleicht	glich	hat	geglichen
gleiten	gleitet	glitt	ist	geglitten
greifen	greift	griff	hat	gegriffen
leiden	leidet	litt	hat	gelitten
leihen	leiht	lieh	hat	geliehen
meiden	meidet	mied	hat	gemieden
pfeifen	pfeift	pfiff	hat	gepfiffen
reiben	reibt	rieb	hat	gerieben
reißen	reißt	riss	hat	gerissen[5]
reiten	reitet	ritt	ist/hat	geritten[2]

ANHANG 2

Infinitiv	Präsens	Präteritum	Perfekt	
scheinen	scheint	schien	hat	geschienen
schleichen	schleicht	schlich	ist	geschlichen
schmeißen	schmeißt	schmiss	hat	geschmissen
schneiden	schneidet	schnitt	hat	geschnitten
schreiben	schreibt	schrieb	hat	geschrieben
schreien	schreit	schrie	hat	geschrien
schweigen	schweigt	schwieg	hat	geschwiegen
steigen	steigt	stieg	ist	gestiegen
streichen	streicht	strich	hat	gestrichen
streiten	streitet	stritt	hat	gestritten
treiben	treibt	trieb	hat	getrieben
verzeihen	verzeiht	verzieh	hat	verziehen
weichen	weicht	wich	ist	gewichen
weisen	weist	wies	hat	gewiesen
		i		**o**
stoßen	stößt	stieß	hat	gestoßen[9]
		i		**u**
rufen	ruft	rief	hat	gerufen
		o		**o**
betrügen	betrügt	betrog	hat	betrogen
bewegen	bewegt	bewog	hat	bewogen[1]
biegen	biegt	bog	hat	gebogen
bieten	bietet	bot	hat	geboten
erlöschen	erlischt	erlosch	ist	erloschen
erwägen	erwägt	erwog	hat	erwogen
fliegen	fliegt	flog	ist/hat	geflogen[2]
fliehen	flieht	floh	ist	geflohen
fließen	fließt	floss	ist	geflossen
frieren	friert	fror	ist/hat	gefroren[3]
genießen	genießt	genoss	hat	genossen
gießen	gießt	goss	hat	gegossen
heben	hebt	hob	hat	gehoben
können	kann	konnte	hat	gekonnt[15]
kriechen	kriecht	kroch	ist	gekrochen
lügen	lügt	log	hat	gelogen
mögen	mag	mochte	hat	gemocht
riechen	riecht	roch	hat	gerochen
schieben	schiebt	schob	hat	geschoben
schießen	schießt	schoss	hat	geschossen
schließen	schließt	schloss	hat	geschlossen
schmelzen	schmilzt	schmolz	ist/hat	geschmolzen[7]
schwellen	schwillt	schwoll	ist	geschwollen
schwören	schwört	schwor	hat	geschworen
verlieren	verliert	verlor	hat	verloren
wiegen	wiegt	wog	hat	gewogen[13]
ziehen	zieht	zog	hat	gezogen

ANHANG 2

Infinitiv	Präsens	Präteritum	Perfekt	
		u		**a**
backen	backt (bäckt)	backte (buk)	hat	gebacken
fahren	fährt	fuhr	ist/hat	gefahren[2]
graben	gräbt	grub	hat	gegraben
laden	lädt	lud	hat	geladen
schaffen	schafft	schuf	hat	geschaffen[6]
schlagen	schlägt	schlug	hat	geschlagen
tragen	trägt	trug	hat	getragen
wachsen	wächst	wuchs	ist	gewachsen[11]
waschen	wäscht	wusch	hat	gewaschen
		u		**o**
werden	wird	wurde	ist	geworden
		u		**u**
dürfen	darf	durfte	hat	gedurft[15]
müssen	muss	musste	hat	gemusst[15]
wissen	weiß	wusste	hat	gewusst

[1] unregelmäßig: Motiv/Grund sein für etwas. Die Aussicht auf eine schnelle Karriere hat ihn bewogen, die Firma zu wechseln. regelmäßig: von einem Ort zum anderen. Wer sich nie viel bewegt hat, wird auch im Alter keinen Sport mehr treiben.

[2] ohne Akkusativ: sein. Katharina ist nach Hamburg gefahren. mit Akkusativ: haben. Tom hat den Wagen in die Garage gefahren. Das Gleiche gilt für alle weiteren Verben mit sein oder haben im Perfekt.

[3] Das Wasser ist gefroren. (= unpersönliches Subjekt) – Ich habe gefroren.

[4] unregelmäßig: Der Mantel hing eben noch in der Garderobe. regelmäßig: Er hängte die Küchenuhr über die Tür.

[5] Das Seil ist gerissen. (= unpersönliches Subjekt) – Ich habe ein Loch in die Hose gerissen.

[6] unregelmäßig: Dieses Werk hat Picasso geschaffen. (= künstlerisches Werk); regelmäßig: Denis hat seine Arbeit für heute geschafft. (= normale Arbeit)

[7] Der Schnee ist geschmolzen. (= unpersönliches Subjekt) – An Silvester haben wir früher immer Blei geschmolzen.

[8] unregelmäßig: schicken; regelmäßig: im Rundfunk/TV senden. Im Radio haben sie gerade Verkehrsnachrichten gesendet.

[9] Ich habe das Glas vom Tisch gestoßen. – Ich bin mit dem Kopf an die Wand gestoßen.

[10] Das Gemüse ist verdorben. (= nicht mehr genießbar; unpersönliches Subjekt) – Alex hat das Essen verdorben. (= falsch gekocht)

[11] Im Süddeutschen auch ist gelegen, ist gesessen, ist gestanden.

[12] unregelmäßig: Sie wussten nicht mehr weiter und haben sich deshalb an einen Experten gewandt. regelmäßig: umdrehen. Er hat den Wagen gewendet und ist wieder zurückgefahren.

[13] unregelmäßig: messen, wie schwer etwas ist. Ich habe mich heute Morgen gewogen; regelmäßig: etwas hin und her bewegen. Christoph wiegte das Baby in seinen Armen.

[14] auch mit Akkusativ möglich: Er hat den Marathon in Rekordzeit gelaufen. Er hat die 1000 Meter geschwommen.

[15] Zusammen mit einem anderen Verb steht das Modalverb im Perfekt mit haben und doppeltem Infinitiv: Die Kinder haben ins Kino gehen dürfen.

ANHANG 3
KONJUGATION DER MODALVERBEN

	Präsens	Präteritum	Perfekt	Konjunktiv II
dürfen				
ich	darf	durfte	habe gedurft*	dürfte
du	darfst	durftest	…	dürftest
er/sie/es	darf	durfte		dürfte
wir	dürfen	durften		dürften
ihr	dürft	durftet		dürftet
sie/Sie	dürfen	durften		dürften
können				
ich	kann	konnte	habe gekonnt*	könnte
du	kannst	konntest	…	könntest
er/sie/es	kann	konnte		könnte
wir	können	konnten		könnten
ihr	könnt	konntet		könntet
sie/Sie	können	konnten		könnten
mögen				
ich	mag	mochte	habe gemocht*	möchte
du	magst	mochtest	…	möchtest
er/sie/es	mag	mochte		möchte
wir	mögen	mochten		möchten
ihr	mögt	mochtet		möchtet
sie/Sie	mögen	mochten		möchten
müssen				
ich	muss	musste	habe gemusst*	müsste
du	musst	musstest	…	müsstest
er/sie/es	muss	musste		müsste
wir	müssen	mussten		müssten
ihr	müsst	musstet		müsstet
sie/Sie	müssen	mussten		müssten
sollen				
ich	soll	sollte	(habe gesollt)**	sollte
du	sollst	solltest	…	solltest
er/sie/es	soll	sollte		sollte
wir	sollen	sollten		sollten
ihr	sollt	solltet		solltet
sie/Sie	sollen	sollten		sollten
wollen				
ich	will	wollte	habe gewollt*	wollte
du	willst	wolltest	…	wolltest
er/sie/es	will	wollte		wollte
wir	wollen	wollten		wollten
ihr	wollt	wolltet		wolltet
sie/Sie	wollen	wollten		wollten

* Zusammen mit einem anderen Verb steht das Modalverb im Perfekt mit *haben* + doppeltem Infinitiv: *Lisa **hat** die E-Mail nicht **versenden können**.*
** ohne zusätzliches Verb ungebräuchlich

ANHANG 4
KASUSERGÄNZUNGEN

Kasusergänzung	Beispielsatz
abbauen + Akk.	Die Firma hat 500 Stellen abgebaut.
abfragen + Akk. (+ Akk.)	Kannst du mich (die Vokabeln) abfragen?
abgewöhnen + Dat. + Akk.	Ich muss ihm sein schlechtes Benehmen abgewöhnen.
abholen + Akk.	Sie holt dich vom Flughafen ab.
abhören + Akk.	Die Polizei hörte das Telefongespräch ab.
abkaufen + Dat. + Akk.	Ich kaufe dir dein Auto ab.
abladen + Akk.	Er lud den schweren Koffer ab.
abnehmen (+ Akk.)	Peter hat (10 Kilo) abgenommen.
abnehmen + Dat. + Akk.	Zum Glück hat er mir diese Arbeit abgenommen.
absagen (+ Dat. / + Akk.)	Susan hat (mir / die Verabredung) abgesagt.
abschaffen + Akk.	Man hat dieses Gesetz vor fünf Jahren abgeschafft.
abschlagen + Dat. + Akk.	Ich kann ihm keine Bitte abschlagen.
abschrecken + Akk.	Dieser Pfeifton schreckt Hunde ab.
abschreiben + Akk.	Max schreibt immer die Hausaufgabe ab.
abtransportieren + Akk.	Man hat den Gefangenen abtransportiert.
abverlangen + Dat. + Akk.	Mein neuer Chef verlangt mir eine Menge ab.
achten + Akk.	Paula achtet ihre Eltern.
ähneln + Dat.	Sie ähnelt ihrem Vater sehr.
ärgern + Akk.	Warum ärgerst du mich immer?
analysieren + Akk.	Der Arzt analysierte die Blutprobe.
anbieten + Dat. + Akk.	Sie bot mir ihre Hilfe an.
androhen (+ Dat.) + Akk.	Er drohte (seinem Nachbarn) rechtliche Schritte an.
anfahren + Akk.	Der Autofahrer hat einen Fußgänger angefahren.
anfangen (+ Akk.)	Er hat (die Arbeit) schon angefangen.
anfassen + Akk.	Bitte fass diese Katze nicht an!
anklagen + Akk. (+ Gen.)	Man hat ihn (des Mordes) angeklagt.
anlachen + Akk.	Sie hat den jungen Mann freundlich angelacht.
annehmen + Akk.	Nimmst du das Angebot an?
anreden + Akk.	Ich rede ihn mit Vornamen an.
anrufen (+ Akk.)	Rufst du (mich) heute noch an?
ansehen + Akk.	Er sah die junge Frau nachdenklich an.
sich ansehen + Akk.	Ich habe mir diesen Film schon angesehen.
antun + Dat. + Akk.	Das kannst du ihm nicht antun.
antworten (+ Dat.)	Martin hat (mir) leider nicht geantwortet.
anvertrauen + Dat. + Akk.	Ich muss dir ein Geheimnis anvertrauen.
applaudieren (+ Dat.)	Das Publikum applaudierte (dem Pianisten).
auffallen + Dat.	Mir ist seine neue Frisur noch gar nicht aufgefallen.
auffordern + Akk.	Die Opposition hat die Regierung zum Handeln aufgefordert.
aufhalten + Akk.	Tut mir leid, meine Tochter hat mich so lange aufgehalten.
aufmachen + Akk.	Neugierig machte er das Päckchen auf.
aufräumen (+ Akk.)	Kannst du bitte (dein Zimmer) aufräumen?
aufschreiben + Akk.	Moment, diesen Satz muss ich aufschreiben.
aufweisen + Akk.	Diese Konstruktion weist zahlreiche Neuerungen auf.
ausgeben + Akk.	Der kleine Max hat sein ganzes Taschengeld ausgegeben.
ausführen + Akk.	Der Soldat hat den Befehl ausgeführt.
ausfüllen + Akk.	Muss ich dieses Formular ausfüllen?
auslösen + Akk.	Der Skifahrer hat eine Lawine ausgelöst.
ausmachen + Akk.	Hast du das Licht ausgemacht?

ANHANG 4

Kasusergänzung	Beispielsatz
ausweichen (+ Dat.)	Er ist (meiner Frage) ausgewichen.
ausziehen (+ Dat.) + Akk.	Die Mutter zog (ihrem Sohn) die nassen Schuhe aus.
beantworten (+ Dat.) + Akk.	Sie beantwortete (mir) keine Frage.
bedürfen + Gen.	Der Skandal bedarf einer völligen Aufklärung.
begegnen + Dat.	Mir ist auf der Straße niemand begegnet.
beibringen + Dat. + Akk.	Der Lehrer brachte den Schülern die Regeln bei.
beichten (+ Dat.) (+ Akk.)	Der Gläubige beichtete (dem Pfarrer) (seine Sünden).
beitreten + Dat.	Mit 19 Jahren trat er der Gewerkschaft bei.
bereiten + Dat. + Akk.	Die Mieterhöhung bereitet mir große Probleme.
berichten (+ Dat.)	Michael hat (uns) von seiner Reise berichtet.
beschuldigen + Akk. (+ Gen.)	Der Richter beschuldigte den Angeklagten (des Betrugs).
besorgen (+ Dat.) + Akk.	Besorgst du (mir) eine Zeitung?
bestellen (+ Dat.) + Akk.	Der Vater bestellte (den Kindern) ein Eis.
bevorstehen (+ Dat.)	Ein unangenehmes Gespräch stand (den Mitarbeitern) bevor.
beweisen (+ Dat.) + Akk.	Der Chemiker bewies (den Kollegen) die Richtigkeit seiner These.
bewilligen (+ Dat.) + Akk.	Das Sozialamt bewilligte (dem Antragsteller) das Geld.
bieten (+ Dat.) + Akk.	Was für Sozialleistungen bietet (dir) deine Firma?
borgen + Dat. + Akk.	Borgst du ihm dein Fahrrad?
braten (+ Dat.) + Akk.	Die Mutter hatte (dem Sohn) ein Steak gebraten.
brauchen + Akk.	Wir brauchen ein neues Auto.
bringen (+ Dat.) + Akk.	Tom bringt (uns) noch heute das Geld.
buchstabieren + Akk.	Wie buchstabiert man dieses Wort?
danken + Dat.	Ich danke dir für deine Hilfe.
darlegen (+ Dat.) + Akk.	Der Direktor legt (den Mitarbeitern) die neue Strategie dar.
darstellen + Akk.	Diese Grafik stellt die Entwicklung der letzten Jahre dar.
dienen (+ Dat.)	Dieses Gerät dient (den Autofahrern) zur Navigation.
drohen (+ Dat.)	Der Nachbar drohte (mir) mit einem Prozess.
einfallen + Dat.	Leider ist uns keine Lösung eingefallen.
einkaufen (+ Akk.)	Sie hat schon (alle Sachen) fürs Wochenende eingekauft.
einladen + Akk.	Zum Geburtstag habe ich alle meine Freunde eingeladen.
einpacken + Akk.	Pack die Badehose ein!
einreden + Dat. + Akk.	Du bist doch nicht zu dick. Wer hat dir denn diesen Unsinn eingeredet?
einstellen + Akk.	Der Kundendienst hat den Fernseher falsch eingestellt.
empfangen + Akk.	Die österreichischen Sender kann man bei uns nicht empfangen.
empfehlen (+ Dat.) + Akk.	Hans hat (mir) dieses Hotel empfohlen.
entfallen + Dat.	Mir ist sein Name leider entfallen.
entfernen + Akk.	Diesen Fleck entfernt man mit Benzin.
entgegenbringen + Dat. + Akk.	Der Polizist brachte uns großes Misstrauen entgegen.
entgehen + Dat. + Akk.	Meiner Frau entgeht nichts, sie ist nämlich sehr neugierig.
enthalten + Akk.	Diese Flasche enthält reinen Alkohol.
sich enthalten (+ Gen.)	Drei Parlamentarier enthielten sich (der Stimme).
entkommen (+ Dat.)	Der Dieb konnte (der Polizei) entkommen.
entlassen + Akk.	Die Firma entließ 2300 Arbeiter.
entscheiden (+ Akk.)	Du musst (das) selbst entscheiden.
entsprechen + Dat.	Das neue Auto entspricht nicht unseren Erwartungen.
erfinden + Akk.	Wer hat das Telefon erfunden?
ergänzen + Akk.	Bitte ergänzen Sie folgende Sätze.
erhalten + Akk.	Wir haben deine Postkarte erhalten.
erkennen + Akk.	Mein alter Lehrer hat mich nicht mehr erkannt.
erklären (+ Dat.) + Akk.	Kannst du (mir) die Spielregeln erklären?
erlauben (+ Dat.) + Akk.	Christiane erlaubte ihren Kindern keine frechen Bemerkungen.

ANHANG 4

Kasusergänzung	Beispielsatz
erledigen + Akk.	Eva hat ihre Arbeit schon erledigt.
ermöglichen (+ Dat.) + Akk.	Dieses Instrument ermöglicht (uns) präzises Arbeiten.
ernähren + Akk.	Sie ernährt ihre Kinder zu fett.
erreichen + Akk.	Ich habe mein Ziel erreicht.
erscheinen + Dat.	Dir erscheint diese Aufgabe vielleicht als zu einfach.
erschweren (+ Dat.) + Akk.	Der Lärm erschwert (mir) ein konzentriertes Arbeiten.
erwähnen + Akk.	Sie hat ihre Scheidung von Klaus nur kurz erwähnt.
erzählen (+ Dat.) + Akk.	Soll ich (dir) einen Witz erzählen?
erziehen + Akk.	Meine Schwester hat ihre Kinder schlecht erzogen.
fassen + Akk.	Die Polizei konnte den Einbrecher nicht fassen.
fehlen (+ Dat.)	Ein Kapitel fehlt (mir) noch, dann ist meine Doktorarbeit endlich fertig.
finden + Akk.	Nach einer Stunde hatte sie den Schlüssel gefunden.
folgen + Dat.	Folgen Sie der schwarzen Limousine!
fordern + Akk.	Die Gewerkschaften forderten mehr Lohn.
fragen (+ Akk.)	Habt ihr schon (meinen Onkel) gefragt?
geben + Dat. + Akk.	Er hat uns die Schokolade gegeben.
geben + Akk.	Es gibt keinen Wein in diesem Geschäft.
gefallen + Dat.	Dein neuer Haarschnitt gefällt mir.
gefährden + Akk.	Arbeiten gefährdet die Gesundheit!
gehorchen (+ Dat.)	Der Hund gehorchte (meiner Mutter) überhaupt nicht.
gehören + Dat.	Wem gehört dieser Mantel?
gelingen (+ Dat.)	Das Essen ist (ihr) leider nicht besonders gelungen.
genügen (+ Dat.)	Genügt (dir) diese Riesenportion Pommes nicht?
gestehen (+ Dat.) + Akk.	Der Ehemann gestand (seiner Frau) die Affäre.
gewinnen (+ Akk.)	Er hat (eine Million) im Lotto gewonnen.
glauben (+ Dat.) + Akk.	Ich habe (deinem Bruder) die Geschichte nie geglaubt.
glauben + Dat. (+ Akk.)	Ich habe deinem Bruder (die Geschichte) nie geglaubt.
glücken (+ Dat.)	Beim dritten Mal ist (den Forschern) das Experiment geglückt.
gratulieren (+ Dat.)	Der Geschäftsführer hat (mir) zu meiner Beförderung gratuliert.
grüßen (+ Akk.)	Soll ich (deine Schwester) von dir grüßen?
hassen + Akk.	Meine Freundin hasst meinen Vater.
heiraten (+ Akk.)	Er hat (sie) doch nicht geheiratet.
helfen + Dat.	Dein Rat hat mir sehr geholfen.
herstellen + Akk.	Diese Firma stellt Computer her.
holen (+ Dat.) + Akk.	Holst du (mir) bitte eine Flasche Wein aus dem Keller?
hören + Akk.	Tut mir leid, aber ich höre dich nicht.
imponieren + Dat.	Sein Verhalten gegenüber dem Chef hat allen Kollegen imponiert.
informieren + Akk.	Du darfst nicht vergessen, unsere Freunde zu informieren.
kaufen (+ Dat.) + Akk.	Kaufst du (mir) ein Eis?
kennen + Akk.	Ich kenne diesen Menschen nicht.
klarmachen (+ Dat.) + Akk.	Ich habe (dem Chef) meine Bedingungen klargemacht.
kritisieren + Akk.	Petra hat ihren Freund hart kritisiert.
leihen + Dat. + Akk.	Soll ich dir das Geld leihen?
lernen + Akk.	Ich möchte diese Sprache wirklich lernen.
lieben + Akk.	Er liebte sein altes Auto.
liefern (+ Dat.) + Akk.	Wann sollen wir (Ihnen) das Gerät liefern?
loben + Akk.	Der Lehrer lobte seine Schüler viel zu selten.
missfallen + Dat.	Das Theaterstück hat den Kritikern missfallen.
misslingen (+ Dat.)	Das Fest ist (den Gastgebern) komplett misslungen.
misstrauen + Dat.	Seine Freundin misstraut ihm völlig zu Unrecht.
missverstehen + Akk.	Ich glaube, du hast ihn missverstanden.

ANHANG 4

Kasusergänzung	Beispielsatz
mitteilen (+ Dat.) + Akk.	Bitte teil (uns) noch deine genaue Ankunftszeit mit!
nachlaufen + Dat.	Boris läuft jedem hübschen Mädchen nach.
nachschicken (+ Dat.) + Akk.	Würden Sie (mir) die Post nachschicken?
nachtragen + Dat. + Akk.	Er hat seiner Freundin ihren Flirt mit Ralf lange nachgetragen.
sich nähern + Dat.	Endlich näherten wir uns dem Reiseziel.
nennen + Akk. + Akk.	Stell dir vor, unser Nachbar nannte mich einen Idioten.
notieren (+ Dat.) + Akk.	Soll ich (dir) die Adresse notieren?
nützen (+ Dat.)	Worte allein nützen (mir) nichts.
opfern (+ Dat.) + Akk.	Er opferte (seinem Hobby) seine gesamte Freizeit.
passen (+ Dat.)	Nach dem Urlaub hat (ihm) keine Hose mehr gepasst.
passieren + Dat.	Ich hoffe, deinen Freunden ist nichts Schlimmes passiert.
probieren (+ Akk.)	Möchtet ihr (den Saft) mal probieren?
rauben (+ Dat.) + Akk.	Drei Jugendliche raubten (der alten Frau) 300 Euro.
reichen + Dat. + Akk.	Reichst du mir mal die Kartoffeln?
reichen + Dat.	Mir reichen deine dummen Bemerkungen!
reizen + Akk.	Drei Wochen Brasilien, das würde mich schon reizen.
retten + Akk.	Mutig rettete er die kleine Katze vor dem Ertrinken.
rufen + Akk.	Der Vater rief die Kinder zum Essen.
sagen (+ Dat.) + Akk.	Sie sagt (ihrem Mann) nicht immer die Wahrheit.
schaden + Dat.	Mit dieser Ernährung schaden Sie Ihrer Gesundheit.
schaffen + Akk.	Wolfgang schaffte den Job einfach nicht.
schenken (+ Dat.) + Akk.	Sie schenkte (ihrem Sohn) ein Buch.
schlagen + Akk.	Musst du deinen Bruder immer auf den Kopf schlagen?
schmecken (+ Dat.)	Deine Suppe hat (uns allen) geschmeckt.
schulden + Dat. + Akk.	Hans schuldet mir noch eine Menge Geld.
sehen + Akk.	Karin sieht die Unordnung in ihrer Wohnung nicht.
stören (+ Akk.)	Die Musik stört (mich) beim Schlafen.
trauen + Dat.	Anna traute diesem Kerl überhaupt nicht.
treffen + Akk.	Weißt du, wen ich heute zufällig beim Einkaufen getroffen habe?
trösten + Akk.	Manfred tröstete seine weinende Schwester.
überholen (+ Akk.)	Karl überholte (den Lkw).
überraschen + Akk.	Sie überraschten das Geburtstagskind mit einer Torte.
überreden + Akk.	Martina überredete den müden Jürgen zu einem Kinobesuch.
überreichen (+ Dat.) + Akk.	Die Kinder überreichten (der Mutter) ein Geschenk.
übertreffen + Akk.	Dieser Erfolg übertraf alle Erwartungen.
überzeugen + Akk.	Dein Vorschlag hat mich überzeugt.
umbauen (+ Akk.)	Die Müllers haben (ihr Haus) komplett umgebaut.
unterbrechen (+ Akk.)	Entschuldigung, wenn ich (Sie) unterbreche.
unterliegen (+ Dat.)	Der FC Bayern unterlag (den Gegnern) mit 1:2.
unterstützen + Akk.	Zum Glück unterstützen meine Eltern mich finanziell.
verachten + Akk.	Er verachtete sie wegen ihrer Boshaftigkeit.
verbieten (+ Dat.) + Akk.	Der Chef hat (seinen Mitarbeitern) private Telefonate verboten.
verdächtigen + Akk. (+ Gen.)	Die Behörden verdächtigten ihn (der Steuerhinterziehung).
verfolgen + Akk.	Die Polizei verfolgt die flüchtigen Bankräuber.
verlangen + Akk.	Die Banken verlangen die sofortige Rückzahlung der Schulden.
vermeiden + Akk.	In seinem neuen Job versuchte er, alle Fehler zu vermeiden.
verraten (+ Dat.) + Akk.	Ich verrate (dir) ein großes Geheimnis.
verteidigen + Akk.	Der Anwalt hat seinen Mandanten geschickt verteidigt.
vertrauen + Dat.	Du kannst ihm absolut vertrauen.
verzeihen + Dat. (+ Akk.)	Verzeihst du mir (meine Ungeduld)?
vorbereiten + Akk.	Er bereitete das Abendessen vor.

ANHANG 4

Kasusergänzung	Beispielsatz
vorschlagen (+ Dat.) + Akk.	Nicola schlug (ihren Eltern) eine Reise nach Neapel vor.
vorstellen (+ Dat.) + Akk.	Martha stellte (mir) gestern ihre ganze Familie vor.
vorwerfen + Dat. + Akk.	Franz warf seiner Freundin mangelnde Zärtlichkeit vor.
wahrnehmen + Akk.	Gestern auf der Party hat er mich überhaupt nicht wahrgenommen.
wehtun + Dat.	Der kleine Axel hat seinem Freund beim Spielen wehgetan.
widersprechen (+ Dat.)	Du sollst (deiner Mutter) nicht immer widersprechen!
wiederholen + Akk.	Ihr müsst diese Übung wiederholen.
winken (+ Dat.)	Die Kinder winkten (mir) zum Abschied.
wissen + Akk.	Wisst ihr den Weg dorthin?
zeigen (+ Dat.) + Akk.	Gerd zeigte (mir) gestern sein neues Haus.
zuhören (+ Dat.)	Kannst du (ihm) nicht einmal zuhören, wenn er etwas sagt?
zulächeln + Dat.	Schau mal, wie nett sie dir zulächelt!
zumachen + Akk.	Bitte mach das Fenster zu!
zureden + Dat.	Du musst ihm gut zureden, dann kommt er schon mit.
zurückzahlen (+ Dat.) + Akk.	Ich werde (der Bank) meine Schulden zurückzahlen.
zusagen (+ Dat.)	Max kommt auf unser Fest, gerade eben hat er (mir) zugesagt.
zuschauen (+ Dat.)	Wir schauten (den Kindern) beim Spielen zu.
zusenden (+ Dat.) + Akk.	Bis wann können Sie (uns) den Katalog zusenden?
zustimmen (+ Dat.)	Stimmen Sie (meinem Vorschlag) zu?
zutrauen + Dat. + Akk.	Er traute seinem Sohn nicht das Geringste zu.
zuvorkommen + Dat.	Ein anderer wollte den Wagen kaufen, doch ich kam ihm zuvor.
zwingen + Akk.	Du kannst ein Kind nicht zwingen, Spinat zu essen.

Verben mit den Vorsilben *be-* und *zer-* haben fast immer eine Akkusativ-Ergänzung:

betreten + Akk.	Sie betraten das Zimmer.
zerstören + Akk.	Unsere Landwirtschaft zerstört die Lebensgrundlage vieler Tiere.

ANHANG 5

A5 NOMEN-VERB-VERBINDUNGEN

Nomen-Verb-Verbindung	„einfaches" Verb / Bedeutung
einen Vertrag abschließen	einen Vertrag unterschreiben
ein Thema anschneiden	über etwas zu sprechen beginnen
die Hoffnung aufgeben	keine Hoffnung mehr haben
einen Beruf ausüben	etwas beruflich machen
einen Irrtum begehen	sich irren
eine Straftat begehen	etwas Illegales tun
eine Enttäuschung bereiten	jemanden enttäuschen
Freude bereiten	jemanden erfreuen
zum Abschluss bringen	etwas abschließen
zum Ausdruck bringen	etwas ausdrücken
in Bewegung bringen	etwas bewegen
zu Ende bringen	etwas beenden
vor Gericht bringen	jemanden verklagen
unter Kontrolle bringen	etwas kontrollieren
in Ordnung bringen	etwas ordnen
in Schwierigkeiten bringen	jemandem etwas schwer machen
zur Sprache bringen	etwas ansprechen
zum Stehen bringen	jemanden/etwas anhalten
in Verlegenheit bringen	jemanden verlegen machen
zur Verzweiflung bringen	jemanden aufregen
eine Pflicht erfüllen	etwas tun, was man tun soll
Protest erheben	protestieren
eine Niederlage erleiden	scheitern
Auskunft erteilen	jemanden informieren
zur Last fallen	jemandem lästig werden
in Ohnmacht fallen	ohnmächtig werden
zum Opfer fallen	zum Opfer werden
eine Entscheidung fällen	sich entscheiden
ein Urteil fällen	urteilen
den/einen Beschluss fassen	etwas beschließen
den/einen Entschluss fassen	sich entschließen
Anerkennung finden	anerkannt werden
Anwendung finden	angewendet werden
Beachtung finden	beachtet werden
Gefallen finden an + Dat.	gefallen
Interesse finden an + Dat.	sich interessieren für
eine Lösung finden	etwas lösen können
Unterstützung finden	unterstützt werden
Verständnis finden	verstanden werden
Zustimmung finden	einer Sache/Person wird zugestimmt
eine Ehe führen	verheiratet sein
zu Ende führen	etwas beenden
ein Gespräch führen	etwas besprechen
einen Kampf führen	kämpfen
eine Antwort geben	etwas beantworten
einen Auftrag geben	jemanden beauftragen
in Auftrag geben	etwas herstellen lassen
das Einverständnis geben zu + Dat.	einverstanden sein
die Erlaubnis geben	jemandem etwas erlauben
eine Garantie geben	etwas garantieren

ANHANG 5

Nomen-Verb-Verbindung	„einfaches" Verb / Bedeutung
Gelegenheit geben zu + Dat.	etwas ermöglichen
einen Hinweis geben (auf + Akk.)	hinweisen
sich Mühe geben (mit + Dat.)	sich bemühen
einen Rat geben	jemandem raten
den Vorzug geben (vor + Dat.)	jemanden/etwas vorziehen
zu Ende gehen	enden
in Erfüllung gehen	sich erfüllen
vor Gericht gehen	klagen
auf die Nerven gehen	lästig werden
zur Vernunft gelangen	vernünftig werden
in Abhängigkeit geraten (von + Dat.)	abhängig werden
in Gefahr geraten	gefährdet sein
in Schwierigkeiten geraten	in eine schwierige Lage kommen
in Vergessenheit geraten	vergessen werden
in Verlegenheit geraten	verlegen werden
in Wut geraten	wütend werden
eine/die Absicht haben	etwas beabsichtigen
eine Ahnung haben	etwas ahnen
Angst haben	sich fürchten
Auswirkungen haben (auf + Akk.)	sich auswirken
Einfluss haben	beeinflussen
zur Folge haben	bewirken
Hoffnung haben	hoffen
Interesse haben	sich interessieren für
ein Recht haben auf + Akk.	berechtigt sein
den Verdacht haben	jemanden verdächtigen
Abstand halten	sich entfernt halten
in Ordnung halten	etwas pflegen
eine Rede halten	reden
ein Referat halten	referieren
ein Versprechen halten	etwas Versprochenes tun
zum Abschluss kommen	abgeschlossen werden
zur Abstimmung kommen	abgestimmt werden
zum Ausdruck kommen	ausgedrückt werden
zu Bewusstsein kommen	sich einer Sache bewusst werden
zur Einsicht kommen	etwas einsehen
zu einer Entscheidung kommen	sich/etwas entscheiden
in Fahrt kommen	schneller werden
in Frage / infrage kommen	relevant sein
in Gang kommen	lebendig werden
zu Hilfe kommen	jemandem helfen
zu Ohren kommen	etwas hören
zur Ruhe kommen	ruhig werden
zu einem/dem Schluss kommen	aus etwas schließen
zur Sprache kommen	besprochen werden
zustande kommen	sich ergeben
zu Wort kommen	reden können
außer Acht lassen	etwas nicht berücksichtigen
in Ruhe lassen	jemanden nicht stören
im Stich lassen	in der Not allein lassen
einen Beitrag leisten (zu + Dat.)	etwas beitragen

ANHANG 5

Nomen-Verb-Verbindung	„einfaches" Verb / Bedeutung
Gesellschaft leisten	jemanden nicht allein lassen
Hilfe leisten	jemandem helfen
Widerstand leisten (gegen + Akk.)	aktiv opponieren
die Aufmerksamkeit lenken auf + Akk.	machen, dass andere etwas beachten
auf der Hand liegen	klar sein
im Sterben liegen	bald sterben
im Streit liegen (mit + Dat.)	zerstritten sein mit jemandem
zugrunde liegen	der Grund sein für etwas
eine Andeutung machen	etwas andeuten
Examen machen	fertig studieren
Gebrauch machen von + Dat.	etwas gebrauchen
sich Gedanken machen (über + Akk.)	nachdenken
einen/den Vorschlag machen	etwas vorschlagen
einen/den Vorwurf machen	jemandem etwas vorwerfen
Abschied nehmen (von + Dat.)	sich verabschieden
sich in Acht nehmen	aufpassen
in Angriff nehmen	etwas Schwieriges beginnen
in Anspruch nehmen	jemanden beanspruchen
Anstoß nehmen an + Dat.	sich empören
in Betrieb nehmen	etwas starten
Einfluss nehmen (auf + Akk.)	jemanden/etwas beeinflussen
in Empfang nehmen	jemanden empfangen
in Kauf nehmen	etwas Nachteiliges akzeptieren
Notiz nehmen von + Dat.	jemanden/etwas beachten
Rücksicht nehmen (auf + Akk.)	rücksichtsvoll sein
in Schutz nehmen	vor Kritik schützen
Stellung nehmen (zu + Dat.)	sich äußern
Frieden schließen (mit + Dat.)	sich wieder verstehen
einen Kompromiss schließen	sich einigen
einen Vertrag schließen (mit + Dat.)	einen Vertrag unterschreiben
außer Atem sein	erschöpft sein
der Auffassung sein	etwas meinen
von Bedeutung sein (für + Akk.)	bedeutend sein
im Begriff sein	dabei sein (etwas zu tun)
zu Besuch sein	jemanden besuchen
in Betrieb sein	laufen/funktionieren
im Einsatz sein	eingesetzt sein
am Ende sein	keine Kraft mehr haben
zu Ende sein	vorüber sein
in Gefahr sein	gefährdet sein
in Kraft sein	gelten
in der Lage sein	die Möglichkeit haben
auf dem Laufenden sein	informiert sein
der Meinung sein	etwas meinen
in Ordnung sein	funktionieren
im Recht sein	Recht haben (juristisch)
imstande sein	fähig sein
in Stimmung sein	gut gelaunt sein
(sich) in Bewegung setzen	etwas/sich bewegen
unter Druck setzen	jemanden bedrängen (Person)
in Gang setzen	etwas starten

ANHANG 5

Nomen-Verb-Verbindung	„einfaches" Verb / Bedeutung
in Kenntnis setzen	jemanden informieren
außer Kraft setzen	etwas abschaffen
aufs Spiel setzen	etwas riskieren
sich in Verbindung setzen mit + Dat.	jemanden kontaktieren
Vertrauen setzen in + Akk.	jemandem vertrauen
sich zur Wehr setzen (gegen + Akk.)	sich wehren
sich zum Ziel setzen	etwas anstreben
eine Rolle spielen	relevant sein
vor dem Abschluss stehen	bald abgeschlossen werden
zur Debatte stehen	soll diskutiert werden
unter Druck stehen	bedrängt werden (Person)
infrage stehen	bezweifelt werden
im Gegensatz stehen zu + Dat.	entgegengesetzt sein
in Konkurrenz stehen (zu + Dat.)	konkurrieren
unter Strafe stehen	bestraft werden
zur Verfügung stehen	kann benutzt werden
in Verhandlung(en) stehen (mit + Dat.)	verhandeln
zum Verkauf stehen	soll verkauft werden
zur Wahl stehen	kann gewählt werden
in Widerspruch stehen zu + Dat.	widersprechen
in Zusammenhang stehen (mit + Dat.)	zusammenhängen
außer Zweifel stehen	nicht bezweifelt werden
Anforderungen stellen (an + Akk.)	etwas erwarten
einen Anspruch stellen (an + Akk.)	etwas beanspruchen
einen Antrag stellen	beantragen
in Aussicht stellen	etwas versprechen
eine Bedingung stellen	etwas verlangen
zur Diskussion stellen	etwas ansprechen
eine Forderung stellen	etwas fordern
eine Frage stellen	etwas fragen
infrage stellen	etwas anzweifeln
auf die Probe stellen	jemanden testen
zur Verfügung stellen	jemandem etwas (zum Gebrauch) geben
auf Ablehnung stoßen	abgelehnt werden
auf Kritik stoßen	kritisiert werden
eine Absprache treffen (mit + Dat.)	etwas absprechen
eine Auswahl treffen	etwas auswählen
eine Entscheidung treffen	etwas/sich entscheiden
Maßnahmen treffen	handeln (um ein bestimmtes Ziel zu erreichen)
eine Vereinbarung treffen (mit + Dat.)	etwas vereinbaren
Vorbereitungen treffen	etwas vorbereiten
in Aktion treten	aktiv werden
in Kraft treten	gültig werden
in Streik treten	zu streiken beginnen
Kritik üben (an + Dat.)	kritisieren
Anstrengungen unternehmen	sich anstrengen
in Angst versetzen	jemandem Angst machen
in Aufregung versetzen	jemanden aufregen
in Erstaunen versetzen	jemanden erstaunen
eine Ansicht vertreten	etwas meinen
eine Meinung vertreten	etwas meinen

ANHANG 5

Nomen-Verb-Verbindung	„einfaches" Verb / Bedeutung
einen Standpunkt vertreten	etwas meinen / überzeugt sein
eine Überzeugung vertreten	überzeugt sein
in Erwägung ziehen	etwas erwägen
die Konsequenzen ziehen (aus + Dat.)	etwas aus etwas (Negativem) lernen
zur Rechenschaft ziehen	jemanden verantwortlich machen
den Schluss ziehen (aus + Dat.)	aus etwas schließen
zur Verantwortung ziehen	jemanden verantwortlich machen

ANHANG 6
VERBEN MIT PRÄPOSITIONEN

Verb mit Präposition	Beispielsatz
(sich) abgrenzen von + Dat.	Ich möchte diesen Themenbereich von den übrigen abgrenzen.
abhängen von + Dat.	Ob du dieses Musikstück spielen kannst, hängt ganz von dir ab.
sich abheben von + Dat.	Dieses Rot hebt sich deutlich von den anderen Farben ab.
ablenken von + Dat.	Bitte mach die Musik leiser, sie lenkt mich von der Arbeit ab.
abraten von + Dat.	Mein Bruder hat mir vom Kauf dieses Autos abgeraten.
abweichen von + Dat.	Die neuen Laborwerte weichen von den früheren stark ab.
achten auf + Akk.	Du solltest besser auf die Verkehrszeichen achten!
etwas ändern an + Dat.	Anja muss etwas an ihrem Verhalten ändern.
anfangen mit + Dat.	Fangt jetzt bitte endlich mit den Hausaufgaben an!
sich ängstigen um + Akk.	Er ängstigt sich um seine Zukunft.
ankommen auf + Akk.	Ob ich die Wohnung nehme? Es kommt darauf an, ob ich den Job bekomme.
anrufen bei + Dat.	Ich bin morgen im Büro, du kannst gern bis 18 Uhr bei mir anrufen.
ansehen als + Nom.	Ich sehe Nadine als meine beste Freundin an.
antworten auf + Akk.	Was hast du ihm auf seine Mail geantwortet?
arbeiten als + Nom.	Ich arbeite erst seit Kurzem als IT-Berater.
arbeiten an + Dat.	Wir arbeiten zurzeit an einem großen Projekt.
arbeiten bei + Dat.	Frau Schmitz arbeitet bei dieser Firma schon seit 20 Jahren.
arbeiten für + Akk.	Pauls Firma arbeitet für mehrere Großunternehmen.
sich ärgern über + Akk.	Ich habe mich sehr über Peters Verhalten geärgert!
auffordern zu + Dat.	Der Abteilungsleiter forderte die Mitarbeiter zu besserer Teamarbeit auf.
aufhören mit + Dat.	Hört endlich mit dem Lärm auf!
aufpassen auf + Akk.	Kannst du bitte auf die Kinder aufpassen, während ich einkaufe?
sich aufregen über + Akk.	Evelyn hat sich sehr über die Unordnung aufgeregt.
sich ausdrücken in + Dat.	In den Arbeitslosenzahlen drückt sich die Wirtschaftslage aus.
sich auseinandersetzen mit + Dat.	Die Firmen müssen sich mit diesem Thema intensiv auseinandersetzen.
sich auswirken auf + Akk.	Das neue Energiegesetz wirkt sich auf die Luftqualität aus.
sich auszeichnen durch + Akk.	Der neue Motor zeichnet sich durch geringere Emissionen aus.
sich bedanken bei + Dat.	Tolles Geschenk! Sag mal, hast du dich bei deinen Kollegen eigentlich schon bedankt?
sich bedanken für + Akk.	Stell dir vor, unser Kollege hat sich für das Geschenk noch gar nicht bedankt!
sich beeilen mit + Dat.	Bitte beeil dich mit den Einkäufen, unser Zug fährt schon um 12 Uhr!
sich befassen mit + Dat.	Haben Sie sich mit dem Thema „Mitarbeiterführung" bereits befasst?
befördern zu + Dat.	Schon nach drei Jahren wurde Martin F. zum Abteilungsleiter befördert.
sich befreien von + Dat.	Hans-Martin hat sich von seinen Schulden endlich befreit!
beginnen mit + Dat.	Wann beginnt ihr eigentlich mit der Renovierung?
beglückwünschen zu + Dat.	Wir beglückwünschen Sie zu Ihrem Lotto-Gewinn!
beitragen zu + Dat.	Wer möchte zu diesem Thema noch etwas beitragen?
sich beklagen bei + Dat.	Die neue Mitarbeiterin hat sich beim Chef beklagt.
sich beklagen über + Akk.	Sie hat sich sehr über ihren Kollegen beklagt.
sich bemühen um + Akk.	Matthias bemüht sich momentan sehr um ein Stipendium.

ANHANG 6

Verb mit Präposition	Beispielsatz
berichten über + Akk.	Hat Max euch über seinen Italien-Urlaub wirklich alles berichtet?
berichten von + Dat.	Hat Max euch schon von seinen Berufsplänen berichtet?
(sich) beschränken auf + Akk.	Bitte beschränken Sie sich in Ihrem Kurzvortrag auf das Wichtigste!
sich beschweren bei + Dat.	Der Kollege beschwerte sich bei seinem Chef.
sich beschweren über + Akk.	Ralf Müller beschwerte sich über den schlechten Zustand des Ferienhauses.
bestehen auf + Dat.	Der Verteidiger bestand auf einer Prüfung des Antrags.
bestehen aus + Dat.	Der Schrank besteht aus Holz und Aluminium.
bestehen in + Dat.	Das Problem besteht in der Zusammensetzung des Medikaments.
betrachten als + Akk.	Fachleute betrachten diese Erfindung als Quantensprung.
sich bewerben um + Akk.	Meine Schwester bewarb sich um eine Stelle als Patentprüferin.
bewirken bei + Dat.	Haben deine Vorschläge beim Chef irgendetwas bewirkt?
bezeichnen als + Akk.	Die Oppositionspartei bezeichnete den Minister als Lügner.
sich beziehen auf + Akk.	Ich beziehe mich auf Ihre Mail vom 26.7.
bitten um + Akk.	Ich möchte dich um einen Gefallen bitten.
bringen zu + Dat.	Wie hast du ihn dazu gebracht, dir sein Haus zu verkaufen?
danken für + Akk.	Tempo 30 km/h wegen Baustelle. Wir danken Ihnen für Ihr Verständnis.
denken an + Akk.	Anna denkt oft an das letzte Treffen mit ihrem Freund.
sich eignen als + Nom.	Unsere neue Couch eignet sich auch als Bett.
sich eignen für + Akk.	Dieser Film eignet sich auch für Kinder.
sich eignen zu + Dat.	Max, komm, die Musik eignet sich wirklich zum Tanzen!
sich einbringen in + Akk.	In unseren Workshop sollen sich alle Mitarbeiter aktiv einbringen.
eingehen auf + Akk.	Unser Dozent ist auf alle Fragen zur Prüfung genau eingegangen.
sich einigen auf + Akk.	Wir hatten uns darauf geeinigt, dass du die Blumen für Tante Frida kaufst!
sich einigen mit + Dat.	Nach langem Streit hat sich Stefan mit seinem Nachbarn geeinigt.
einladen zu + Dat.	Endlich Sommer! Wir haben alle Freunde zum Grillen eingeladen.
sich einmischen in + Akk.	Stella mischt sich in jedes Gespräch ein, obwohl sie das gar nichts angeht.
sich ekeln vor + Dat.	Tanja ekelt sich vor Spinnen und Schlangen.
sich engagieren für + Akk.	Viele Menschen engagieren sich für Frieden.
sich entscheiden für + Akk.	Peter oder Paul? Lisbeth hat sich für Paul entschieden.
sich entscheiden gegen + Akk.	Ich habe mich dagegen entschieden, mir ein neues Handy zu kaufen.
sich entschließen zu + Dat.	Lena hat sich dazu entschlossen, ihr Praktikum in London zu machen.
sich entschuldigen bei + Dat.	Andy hat sich endlich bei seinem Chef entschuldigt.
sich entschuldigen für + Akk.	Wir entschuldigen uns für die entstandene Verspätung.
entstehen aus + Dat.	Aus der lockeren Beziehung ist eine echte Freundschaft entstanden.
sich erholen von + Dat.	Anita muss sich von ihrem anstrengenden Job erholen.

ANHANG 6

Verb mit Präposition	Beispielsatz
sich erinnern an + Akk.	An die Lehrerin im letzten Deutschkurs kann ich mich gut erinnern.
sich erkundigen bei + Dat.	Wir haben uns beim Reiseleiter erkundigt, wann der Ausflug stattfindet.
sich erkundigen nach + Dat.	Endlich kommst du! Der Chef hat sich schon dreimal nach dir erkundigt.
sich ernähren von + Dat.	Hans will abnehmen, er ernährt sich nur noch von Steaks und Salat.
ernennen zu + Dat.	Frau Thompson wurde zur neuen Kulturministerin ernannt.
erschrecken über + Akk.	Über die Nachricht von Toms Unfall sind wir sehr erschrocken.
erschrecken vor + Dat.	Die kleine Tina ist vor dem riesigen Hund erschrocken.
erwarten von + Dat.	Leo, ich erwarte von dir, dass du das nächste Mal pünktlich bist!
sich erweisen als + Nom.	Der neue Trainer des FCR hat sich als Glückstreffer erwiesen.
erziehen zu + Dat.	Knut und Swantje haben ihre Kinder zur Selbstständigkeit erzogen.
sich fernhalten von + Dat.	Halten Sie sich bei Gewitter von Berggipfeln und Bäumen fern!
fliehen vor + Dat.	Viele Menschen müssen vor dem Krieg in ihrem Heimatland fliehen.
fordern von + Dat.	Das Hotel war nicht, wie im Prospekt beschrieben. Deshalb fordert Arno Schadensersatz vom Reiseanbieter.
fragen nach + Dat.	Frag doch mal den Jungen da drüben nach dem Weg zur nächsten Eisdiele.
sich freuen auf + Akk.	Anna freut sich sehr auf das nächste Rockkonzert ihrer Lieblingsband.
sich freuen über + Akk.	Annas Freund freut sich darüber, dass er Konzertkarten bekommen hat.
sich fürchten vor + Dat.	Der Politiker fürchtet sich vor der Entdeckung seiner Schwarzgeld-Konten.
gehören zu + Dat.	Italien gehört zu Europa.
es geht um + Akk.	In diesem Artikel geht es um den französischen Präsidenten.
gelten als + Nom.	Dieser Journalist gilt als scharfer Beobachter.
gelten für + Akk.	Gilt die neue Urlaubsregelung für alle Mitarbeiter?
geraten in + Akk.	Max und Lisa sind in finanzielle Schwierigkeiten geraten.
sich gewöhnen an + Akk.	Laura hat sich inzwischen an das deutsche Wetter gewöhnt.
glauben an + Akk.	Markus glaubt an die Wirkung des neuen Shampoos.
gratulieren zu + Dat.	Alle haben Thomas zum bestandenen Examen gratuliert.
halten für + Akk.	Der Chef hält Herrn Meier für einen guten Organisator.
halten von + Dat.	Max hält wenig von Lisas Vorschlag, mehr zu sparen.
handeln mit + Dat.	An der Wall Street handelt man mit Aktien und Wertpapieren.
es handelt sich bei + Dat. um + Akk.	Bei diesem Film handelt es sich um einen Dokumentarfilm.
handeln von + Dat.	Dieser Film handelt von einer Reise durch Afrika.
es handelt sich um + Akk.	Es handelt sich um einen Dokumentarfilm.
herrschen über + Akk.	Dieser König herrschte über ein riesiges Gebiet.
sich hineinversetzen in + Akk.	Bernd kann sich gut in andere Menschen hineinversetzen.
hinweisen auf + Akk.	Der Polizist weist mich auf die Gefahr hin.
sich identifizieren mit + Dat.	Tim identifiziert sich mit seiner Rolle als Vater.
sich informieren bei + Dat.	Informieren Sie sich bitte bei einer Beratungsstelle in Ihrer Nähe.
sich interessieren für + Akk.	Nico interessiert sich für deutsche Fußballspieler.
investieren in + Akk.	Die Bank investierte rechtzeitig in Gold.
kämpfen für + Akk.	Die Politikerin kämpft für sichere Arbeitsplätze.

ANHANG 6

Verb mit Präposition	Beispielsatz
kämpfen gegen + Akk.	Die Aktivisten kämpfen gegen die zunehmende Kinderarbeit.
kämpfen mit + Dat.	Heidi kämpft mit allen Mitteln.
kämpfen um + Akk.	Erik kämpft im Scheidungsprozess um jeden Cent.
sich konzentrieren auf + Akk.	Heike konzentriert sich diese Woche auf ihre Arbeit.
sich kümmern um + Akk.	Benedikt möchte sich mehr um seine kranke Tante kümmern.
lachen über + Akk.	Über diesen Witz kann ich leider nicht lachen.
leben von + Dat.	Sabine lebt im Moment von ihrem gesparten Geld.
leiden an + Dat.	Florian leidet an einer seltenen Krankheit.
leiden unter + Dat.	Stefanie leidet sehr unter der Trennung ihrer Eltern.
liegen bei + Dat.	Ob du mitkommst oder nicht, liegt bei dir.
nachdenken über + Akk.	Der Kommissar musste noch lange über diesen Fall nachdenken.
sich orientieren an + Dat.	Paul orientiert sich beim Autofahren am Mittelstreifen.
passen zu + Dat.	Axels neue Freundin passt zu ihm.
plädieren für + Akk.	Der Verteidiger plädiert für Freispruch.
protestieren gegen + Akk.	Die Studenten protestieren gegen die Studiengebühren.
reagieren auf + Akk.	Der Kunde reagierte positiv auf die Werbung.
regieren über + Akk.	Der Präsident regiert über 60 Millionen Bürger.
sich richten nach + Dat.	Hans richtet sich ganz nach den Wünschen seiner Frau.
riechen nach + Akk.	Es riecht nach Rauch! Ich glaube, es brennt!
schicken an + Akk.	Sie müssen das kaputte Gerät an den Kundenservice schicken.
schießen auf + Akk.	Bogenschießen: Die Sportler schießen mit Pfeil und Bogen auf Zielscheiben.
schimpfen auf + Akk.	Viele Menschen schimpfen auf die Politiker.
schimpfen mit + Dat.	Der Hausmeister schimpft oft mit den spielenden Kindern im Hof.
schimpfen über + Akk.	Ältere Menschen schimpfen oft über die heutige Jugend.
schmecken nach + Dat.	Das Zitroneneis schmeckt wirklich nach frischen Zitronen.
schreiben an + Dat.	Julius schreibt seit Monaten an seiner Doktorarbeit.
sich sehnen nach + Dat.	Ich sehne mich nach Ruhe und Frieden / dir.
siegen über + Akk.	Unsere Schüler der Klasse 11 siegten im Finale über die anderen Schulen.
sorgen für + Akk.	Alles klar, wir sorgen für die Getränke, ihr bringt das Essen zur Feier mit.
sich sorgen um + Akk.	Ich sorge mich um meine alten Eltern.
spielen mit + Dat.	Ich spiele mit den Kindern meiner Schwester.
spielen um + Akk.	Unsere Fußballmannschaft spielt am Wochenende um den Pokal.
sprechen mit + Dat.	Am Elternsprechtag spreche ich mit deiner Mathematiklehrerin.
sprechen über + Akk.	Alle im Haus sprechen nur noch über die geplante Modernisierung.
sprechen von + Dat.	Gut dass du kommst, wir haben gerade von dir gesprochen.
sprechen zu + Dat.	Der Politiker spricht heute zu den Senioren der Stadt.
sich schwertun mit + Dat.	Erik tut sich schwer mit dem Joggen.
sich spezialisieren auf + Akk.	Der Laden spezialisiert sich auf Importe aus Asien.
sterben an + Dat.	Du hast Liebeskummer? Daran stirbt man nicht.
stimmen für + Akk.	Stimmen Sie für unsere Partei!
stimmen gegen + Akk.	Ich stimme gegen die Abschaffung des Sportunterrichts.
streiten mit + Dat.	Die Parteien streiten mit ihren politischen Gegnern.
(sich) streiten um + Akk.	Die Nachbarn streiten sich um einen Apfelbaum.

ANHANG 6

Verb mit Präposition	Beispielsatz
suchen nach + Dat.	Die Kriminalpolizei sucht nach den Tätern.
teilnehmen an + Dat.	Alle Praktikanten müssen an der Fortbildung teilnehmen.
telefonieren mit + Dat.	Um 9:00 Uhr telefoniere ich mit einem Kunden.
träumen von + Dat.	Träumst du auch von einem Urlaub am Meer?
überreden zu + Dat.	Sie hat ihn zum Kauf eines neuen Autos überredet.
übersetzen aus + Dat.	Silvia übersetzt Gedichte aus dem Ungarischen.
übersetzen in + Akk.	Könnten Sie den Vertrag ins Deutsche übersetzen lassen?
überzeugen von + Dat.	Überzeugen Sie sich von den Vorteilen einer vegetarischen Ernährung!
umgehen mit + Dat.	Wie soll man mit faulen Schülern umgehen?
sich unterscheiden durch + Akk. von + Dat.	Petra unterscheidet sich durch ihre Freundlichkeit von ihrem Bruder.
sich unterscheiden in + Dat.	Die Tablets unterscheiden sich nur im Detail.
unterscheiden zwischen + Dat.	Sie kann nicht zwischen Wichtigem und Unwichtigem unterscheiden.
verbergen vor + Dat.	Tanja und Markus konnten ihre Liebe vor ihren Freunden nicht verbergen.
verfügen über + Akk.	Im Alter verfügen viele Rentner nicht mehr über genug Haushaltsgeld.
vergleichen mit + Dat.	Vergleichen Sie Ihre Muttersprache mit der deutschen Sprache.
verheimlichen vor + Dat.	Andreas verheimlichte seine Erkrankung vor seiner Frau.
verlangen von + Dat.	Der Vermieter verlangt ab Februar mehr Geld von seinen Mietern.
sich verlieben in + Akk.	Die Familie verliebte sich sofort in das Ferienhaus.
verstehen unter + Dat.	Was verstehen Sie eigentlich unter Gerechtigkeit?
verstoßen gegen + Akk.	Gegen wie viele Verkehrsregeln verstoßen wir an einem Tag?
(sich) verteidigen gegen + Akk.	Der Angeklagte verteidigte sich gegen die Vorwürfe.
sich vertragen mit + Dat.	Wie gut vertragen Sie sich mit Ihren Nachbarn?
sich verwandeln in + Akk.	Süße Kinder verwandeln sich in schwierige Teenager.
verzichten auf + Akk.	Eva verzichtet auf das Geld, das eigentlich ihr gehört.
(sich) vorbereiten auf + Akk.	Hans hat sich sehr gut auf das Vorstellungsgespräch vorbereitet.
wählen zu + Dat.	Thomas wurde tatsächlich zum Betriebsrat gewählt.
warnen vor + Dat.	Der Wetterdienst warnte vor Sturm und Hagel.
warten auf + Akk.	Wir warten schon gespannt auf das Wahlergebnis.
warten mit + Dat.	Lisa und Max warten noch mit dem Hauskauf.
sich wehren gegen + Akk.	Wie kann man sich gegen Einbrecher wehren?
werben für + Akk.	Die Firma wirbt für ihre Produkte im Internet.
werben um + Akk.	Die Hilfsorganisationen werben um mehr Unterstützung.
werden zu + Dat.	Durch seinen Erfolg wurde er zu einem reichen Mann.
wetten mit + Dat. um + Akk.	Ich habe sicher recht. Ich wette mit dir um ein Abendessen.
sich wundern über + Akk.	Eva wundert sich über ihr gutes Prüfungsergebnis.
zielen auf + Akk.	Mit der Anspielung zielte er auf die Politik der Kanzlerin.
zögern mit + Dat.	Der Interessent zögerte zu lange mit seiner Bestellung.
zurechtkommen mit + Dat.	Mit meinem neuen Smartphone komme ich gut zurecht.
zu tun haben mit + Dat.	Petra will mit ihrem ehemaligen Freund nichts mehr zu tun haben.
zweifeln an + Dat.	Wie konnte mir das nur passieren? Ich zweifle an meinem Verstand.

ANHANG 7
ADJEKTIVE MIT PRÄPOSITIONEN

Adjektiv mit Präposition	Beispielsatz
abhängig von + Dat.	Max ist schon seit Langem nicht mehr von seinen Eltern abhängig.
adressiert an + Akk.	Der Brief ist an Sie persönlich adressiert.
anerkannt als + Nom.	Anna Wimschneider ist seit Langem als Schriftstellerin anerkannt.
angenehm für + Akk.	Die Baustelle war nicht sehr angenehm für die Anwohner.
angesehen bei + Dat.	Heiner ist bei seiner neuen Firma sehr angesehen.
angewiesen auf + Akk.	Seit zwei Jahren ist Frau Steffens auf fremde Hilfe angewiesen.
ärgerlich auf + Akk.	Obelix war sehr ärgerlich auf seinen Freund Asterix.
ärgerlich über + Akk.	Über seine Verspätung war ich wirklich ärgerlich.
arm an + Dat.	Die meisten europäischen Länder sind arm an Rohstoffen.
aufgeschlossen gegenüber + Dat.	Sie ist neuen Ideen gegenüber immer sehr aufgeschlossen. / Sie ist gegenüber neuen Ideen …
befreundet mit + Dat.	Wolfgang ist schon seit drei Jahren mit Helene befreundet.
begeistert von + Dat.	Der Chef war begeistert von unserer neuen Idee.
bekannt als + Nom.	Ludwig ist bekannt als guter Geschichtenerzähler.
bekannt bei + Dat.	Der Schauspieler war bei Jung und Alt bekannt.
bekannt für + Akk.	Max und Moritz sind für ihre dummen Streiche bekannt.
beliebt bei + Dat.	Frau May ist bei allen Nachbarn sehr beliebt.
bereit zu + Dat.	Ich habe beste Laune und bin wirklich zu jedem Unsinn bereit.
berühmt für + Akk.	München ist für sein Bier berühmt.
beschäftigt mit + Dat.	Er ist seit zwei Stunden damit beschäftigt, den Wasserhahn zu reparieren.
beteiligt an + Dat.	Angestellte sind manchmal am Gewinn beteiligt.
beunruhigt über + Akk.	Die Ärzte sind sehr beunruhigt über seinen Zustand.
bezeichnend für + Akk.	Für diesen Maler sind die klaren Farben bezeichnend.
blass vor + Dat.	Julia war blass vor Schreck.
böse auf + Akk.	Paulchen ist sehr böse auf seinen Vater.
charakteristisch für + Akk.	Dieses alberne Benehmen ist für sie sehr charakteristisch.
dankbar für + Akk.	Ich bin dir sehr dankbar für den Tipp.
eifersüchtig auf + Akk.	Agnes war früher unheimlich eifersüchtig auf die Ex-Freundin von Peter.
einverstanden mit + Dat.	Mit euren Urlaubsplänen bin ich einverstanden.
empfindlich gegen + Akk.	Im Alter ist er sehr empfindlich gegen Hitze.
entfernt von + Dat.	Die Insel Rügen ist ungefähr 80 km von Rostock entfernt.
entscheidend für + Akk.	Dieser Hinweis war entscheidend für das weitere Vorgehen der Polizei.
entschlossen zu + Dat.	Robert sieht so aus, als wäre er zu allem entschlossen.
entsetzt über + Akk.	Lukas war entsetzt über das Aussehen seines Vaters.
enttäuscht von + Dat.	Von seinem letzten Roman war ich sehr enttäuscht.
erfahren in + Dat.	Herr Gosch ist schon älter und deshalb sehr erfahren in seinem Beruf.
erfreut über + Akk.	Willkommen! Wir sind sehr erfreut über Ihren Besuch.
erstaunt über + Akk.	Ich bin etwas erstaunt über Ihren letzten Bericht.
fähig zu + Dat.	Er ist so wütend, im Moment ist er zu allem fähig.
fertig mit + Dat.	Gott sei Dank bin ich mit dieser Arbeit endlich fertig.
frei von + Dat.	Unsere Bio-Produkte sind frei von Zusatzstoffen.
freundlich zu + Dat.	Vielen Dank, Sie waren sehr freundlich zu mir.

ANHANG 7

Adjektiv mit Präposition	Beispielsatz
froh über + Akk.	Über seinen Besuch war Karin sehr froh.
geeignet für + Akk.	Wenn Sie Rückenprobleme haben, ist dieser Stuhl für Sie nicht geeignet.
gespannt auf + Akk.	Ich bin sehr gespannt auf deine neue Wohnung.
gewöhnt an + Akk.	Claudia ist noch nicht an das hiesige Klima gewöhnt.
glücklich über + Akk.	Anna war sehr glücklich über die E-Mail ihres Freundes.
grün vor + Dat.	Schau mal, Nicole ist richtig grün vor Neid.
gut in + Dat.	Henry ist gut in Mathe.
gut zu + Dat.	Oma Braun ist gut zu allen ihren Enkeln.
immun gegen + Akk.	Seit der Impfung ist sie immun gegen TBC.
interessiert an + Dat.	Lisa ist vor allem an Sicherheit interessiert.
müde von + Dat.	Ich bin von der langen Bergtour richtig müde.
nachlässig in + Dat.	Thomas ist im Haushalt schrecklich nachlässig.
neidisch auf + Akk.	Herr Moor ist neidisch auf die schönen Rosen seines Nachbarn.
nett zu + Dat.	Kinder, gleich besucht uns der Hausbesitzer! Seid bitte nett zu ihm!
neugierig auf + Akk.	Ich bin neugierig auf sein Gesicht, wenn er dieses Auto sieht.
nützlich für + Akk.	Dein Tipp war wirklich sehr nützlich für mich.
offen für + Akk.	Für solche Verbesserungsvorschläge ist der Chef doch immer offen.
reich an + Dat.	Milch ist reich an Mineralstoffen.
rot vor + Dat.	Schau mal, Corinna ist richtig rot vor Wut.
schädlich für + Akk.	Zu große Hitze ist schädlich für die Pflanzen.
schmerzlich für + Akk.	Der Verlust ihres Bruders war sehr schmerzlich für Eva.
schuld an + Dat.	Norbert ist schuld an unserer Verspätung.
stolz auf + Akk.	Auf ihr neues Pferd war Andrea sehr stolz.
stumm vor + Dat.	Als Bernd den Bären sah, war er vor Angst ganz stumm.
traurig über + Akk.	Über den Tod seines Großvaters war Lutz sehr traurig.
tüchtig in + Dat.	Tatjana soll in ihrem Beruf sehr tüchtig sein.
überzeugt von + Dat.	Alle waren von seiner Unschuld überzeugt.
überrascht über + Akk.	Ich bin wirklich überrascht über deinen Leichtsinn.
überrascht von + Dat.	Die Mitarbeiter waren von ihrem neuen Chef angenehm überrascht.
unabhängig von + Dat.	Max ist schon seit Langem von seinen Eltern unabhängig.
unangenehm für + Akk.	Die Baustelle war sehr unangenehm für die Anwohner.
unbeliebt bei + Dat.	Herr Schmid ist bei allen Nachbarn sehr unbeliebt.
unempfindlich gegen + Akk.	Dieses Medikament macht Sie unempfindlich gegen Schmerzen.
unerfahren in + Dat.	Herr Brand ist jung und deshalb noch etwas unerfahren in seinem Beruf.
unfreundlich zu + Dat.	In diesen Laden gehe ich nicht mehr. Die waren sehr unfreundlich zu mir.
ungeeignet für + Akk.	Wenn Sie Rückenprobleme haben, ist dieser Stuhl ungeeignet für Sie.
unglücklich über + Akk.	Helga und Richard waren sehr unglücklich über das Zeugnis ihrer Tochter.
unschädlich für + Akk.	Dieses neue Pflanzenschutzmittel ist unschädlich für Insekten.
unschuldig an + Dat.	Selbstverständlich bin ich unschuldig an diesem Chaos.
unterteilt in + Akk.	Das Projekt ist in drei Phasen unterteilt.

ANHANG 7

Adjektiv mit Präposition	Beispielsatz
unzufrieden mit + Dat.	Mit seinem alten Fahrrad war er schon lange unzufrieden.
verantwortlich für + Akk.	Wir warten jetzt schon 20 Minuten! Wer ist hier für den Service verantwortlich?
verärgert über + Akk.	Über seine Verspätung war ich wirklich verärgert.
verheiratet mit + Dat.	Julia ist seit fünf Jahren mit Moritz verheiratet.
verliebt in + Akk.	Hast du das schon gewusst? Ulla ist jetzt in Jakob verliebt.
verrückt nach + Dat.	Franz ist ganz verrückt nach alten James-Bond-Filmen.
verwandt mit + Dat.	Die Leiterin der Bayreuther Festspiele ist mit Richard Wagner verwandt.
verwundert über + Akk.	Franz ist so seltsam. Ich bin etwas verwundert über sein Benehmen.
voll von + Dat.	Nach dem letzten Urlaub waren wir voll von neuen Eindrücken.
wichtig für + Akk.	Dieser Auftrag ist sehr wichtig für uns.
wütend auf + Akk.	Du Idiot! Wie kannst du das sagen? Ich bin wirklich wütend auf dich!
wütend über + Akk.	Karl war ziemlich wütend über seine Fehler im Test.
zufrieden mit + Dat.	Hermann ist sehr zufrieden mit seinem neuen Rennrad.
zurückhaltend gegenüber + Dat.	Gegenüber Fremden ist unsere Katze sehr zurückhaltend. / Fremden gegenüber ist unsere Katze ...

ANHANG 8
KONNEKTOREN – PRÄPOSITIONEN

Bedeutung		Konnektoren		Präposition
		Nebensatz	Hauptsatz	
adversativ	Gegensatz	während wohingegen	aber* doch* sondern* dagegen demgegenüber	im Gegensatz/ Unterschied/ Vergleich zu + Dat.
final	Ziel Zweck	damit um zu (+ Infinitiv)	dafür dazu zu diesem Zweck	zu + Dat. für + Akk.
kausal	Grund	da weil zumal weshalb weswegen	denn* aus diesem Grund daher darum deshalb deswegen nämlich**	aufgrund + Gen. wegen + Gen./Dat. aus + Dat. vor + Dat. dank + Gen.
konditional	Bedingung	wenn falls sofern je nachdem, ob es sei denn, dass außer wenn außer dass nur dass	sonst/andernfalls	bei + Dat. im Falle + Gen. je nach + Dat. ohne + Akk. bis auf + Akk.
konsekutiv	Folge	sodass so/derartig ..., dass solch-..., dass	infolgedessen folglich also daher darum deshalb deswegen	infolge + Gen. infolge von + Dat.
konzessiv	Gegensatz Widerspruch	obwohl obgleich obschon wenn ... auch	dennoch trotzdem zwar ... aber	trotz + Gen. ungeachtet + Gen. auch bei + Dat.
modal	Art und Weise	indem dadurch, dass ohne ..., dass ohne ... zu womit/wodurch (an)statt, dass (an)statt ... zu	auf diese Weise dadurch damit so stattdessen	durch + Akk. mittels + Gen. mithilfe von + Dat. mithilfe + Gen. ohne + Akk. statt/anstelle + Gen.

ANHANG 8

Bedeutung		Konnektoren		Präposition
		Nebensatz	Hauptsatz	
temporal	Zeit, gleichzeitig	als		bei + Dat. in + Dat. mit + Dat. an + Dat.
		wenn (immer) wenn jedes Mal wenn sooft		bei jedem + Dat.
		während solange	währenddessen	während + Gen./Dat.
		bis		bis + Akk. / bis zu + Dat.
		seit/seitdem		seit + Dat.
	Zeit, nicht gleichzeitig	bevor/ehe nachdem sobald	davor/vorher danach/dann anschließend	vor + Dat. nach + Dat. gleich nach + Dat.
Vergleich		je ...	... desto/umso	

* Steht auf Position 0.
** Steht nur auf Position 3: *Er hat nämlich keine Stelle.*

REGISTER

Die Einträge im Register sind so aufgebaut: Zunächst das Wort / der Begriff in alphabetischer Reihenfolge, danach die Seitenzahlen der Fundstellen. Wörter, Silben etc. aus den Beispielen und Listen sind *kursiv* gedruckt, grammatische Begriffe und Begriffe aus den Erklärungen gerade.

ab lokale Präposition 70
aber Modalpartikeln 82; Hauptsatz 146; hauptsatzverbindende Konnektoren 160; Adversativsatz 192
Adjektiv s. Kapitel 3; Adjektiv als Nomen 20; Adjektivdeklination 34, 36, 38; Komparativ/Superlativ 42; Graduierung durch Adverbien 46; Wortbildung 52; aus Lokaladverbien 64; Verbal-/Nominalstil 196; mit Präpositionen 230 ff.
Adverb s. Kapitel 5; Graduierung durch Adverbien 46; Wortbildung 52; Lokaladverbien 64, 66; Temporaladverbien/-adjektive 68; Negation 150
Adversativsatz 192
Agens → Subjekt Passiv 124
Akkusativ Kasus 12, 14; n-Deklination 18; Adjektivdeklination 34, 36, 38; Personalpronomen/ Stellung der Pronomen 54; Indefinitpronomen 60; lokale Präpositionen 70, 72; temporale Präpositionen 74, 76; Verben mit Präpositionen 100; Reflexive Verben 102; *kennen, wissen* ... 116; *legen/liegen* etc. 118; Relativpronomen 168; Verbal-/Nominalstil 196; Nominal-/Verbalstil 198
Akkusativ-Ergänzung Kasus 12; Verbergänzungen 98; untrennbare Vorsilben 122; Passiv 124; Hauptsatz: Verbergänzungen, Angaben 148; Negation 150
Aktiv Passiv 124, 126; Verbal-/ Nominalstil 196
aktive Bedeutung → Nomen-Verb-Verbindungen 144
alle Artikel 40
allein Graduierung durch Attribute 84
allzu Graduierung 46
als Nominativ-Ergänzung 12; Komparativ 42; Vergleiche 44; Verben mit Präpositionen 100, 225 ff.; Konjunktiv II Vergleiche 140; Temporalsatz 174
als dass irreale Wünsche und Folgen Konjunktiv II 138
also Konsekutivsatz 188
als ob Konjunktiv II Vergleiche 140
am an + bestimmter Artikel 26; Superlativ 42; lokale Präposition 72
an/am/ans Kasus 12; bestimmter Artikel 26; Präpositionalpronomen 62; lokale Präposition 72; temporale Präposition 76; Verben mit Präpositionen 100, 225 ff.; Temporalsatz 174
andere Artikel – unbestimmte Zahlwörter 40
andernfalls Konditionalsatz 184
Angabe Hauptsatz 148
angesichts Präposition Schriftsprache 80
ans an + bestimmter Artikel 26; lokale Präposition 72
anschließend Temporaladverbien 68
anstatt Modalsatz 194
Apostroph Zeichensetzung 204
Artikel Genus 8; Kasus-Signal 12; Wortbildung 22; bestimmter Artikel/Demonstrativartikel 26, 34; unbestimmter Artikel 28, 36; Negativartikel 28, 36; Nullartikel 30, 38; Possessivartikel 32, 36; Artikel – unbestimmte Zahlwörter 40; Negation 150; Verbal-/Nominalstil 196
auch Graduierung durch Attribute 84
auf diese Weise Modalsatz 194
auf lokale Präposition Wechselpräposition 72; modale Präposition 78; Verben mit Präpositionen 100, 225 ff.
aufgrund Präposition Schriftsprache 80; Kausalsatz 180
aus lokale Präposition 70; temporale Präposition 76; kausale Präposition 78; Verben mit Präpositionen 100, 225 ff.; Kausalsatz 180
Ausrufezeichen Imperativ 152; Zeichensetzung 204
außen 64
außer (wenn) Konditionalsatz 184
außer dass Konditionalsatz 184
außerhalb lokale Präposition 70; temporale Präposition 74
Bedingungen, Konjunktiv II 136
bei/beim Präposition und bestimmter Artikel 26; lokale Präposition 70; temporale Präposition 74; Temporalsatz 174; Verben mit Präpositionen 100, 225 ff., Konditionalsatz 182
bereits Graduierung durch Attribute 84
besitzanzeigend s. possessiv
besonders Graduierung durch Attribute 84
bestimmter Artikel 26; Artikel – unbestimmte Zahlwörter 40; Superlativ 42
bevor Nebensatz 162; Temporalsatz 178
Bindestrich Zeichensetzung 204
Bindewort s. Konnektor
bis lokale Präposition 70; temporale Präposition 74; Temporalsatz 176
bleiben mit Vollverb 114
bloß Modalpartikeln 82; Graduierung durch Attribute 84
brauchen + zu + Infinitiv 112
Buchstaben Rechtschreibung 200
da Lokaladverbien 64; Kausalsatz 180
da(r) + Präposition Präpositionalpronomen 62
dabei sein + Infinitiv mit *zu* Aktualität 86; vergl. Infinitiv + *zu* 166
dadurch Präpositionalpronomen 62; Modalsatz 194
dadurch, dass Nebensatz 162; Modalsatz 194
dafür Präpositionalpronomen 62
dagegen Präpositionalpronomen 62; Adversativsatz 192
daher Lokaladverbien 64; Konsekutivsatz 188
dahin Lokaladverbien 64
damit Präpositionalpronomen 62; Finalsatz 186; Modalsatz 194
danach Temporaladverbien 68
dann Temporaladverbien 68; Konjunktiv II Bedingungen 136
daran Präpositionalpronomen 62; vergl. Infinitiv + *zu* 166
darüber Präpositionalpronomen 62; vergl. Infinitiv + *zu* 166
darum Präpositionalpronomen 62; Konsekutivsatz 188
das bestimmter Artikel / Demonstrativartikel 26; Adjektivdeklination nach bestimmtem Artikel 43; betonte Personalpronomen 54; Pronomen 58; Relativsatz 168
dass Konnektor nach Pronomen *es* 56; nach Präpositionalpronomen 62; indirekte Rede 142; *dass*-Satz 164; Infinitiv + *zu* 166; Modalsatz 194
Dativ Kasus 14; n-Deklination 18; bestimmter Artikel 26; unbestimmter Artikel 28; Negativartikel 28; Possessivartikel 32; Adjektivdeklination 34, 36; 38; Personalpronomen 54; Indefinitpronomen 28, 60; lokale Präpositionen 70, 72; temporale Präpositionen 74, 76; modale Präpositionen 78; Präpositionen Schriftsprache 80; Verben mit Präpositionen 100, 225 ff.; reflexive Verben 102; *legen/liegen* ... 118; Relativsatz 168

REGISTER

Dativ-Ergänzung Kasus 14; Verbergänzung 98; Hauptsatz: Verbergänzungen, Angaben 148
Datum bestimmter Artikel 26; Zahlwörter 48; Zeichensetzung 204
dein Possessivartikel 32, 36
Deklination des Adjektivs / Adjektivdeklination nach bestimmten Artikel 34; nach dem unbestimmten Artikel, Negativartikel, Possessivartikel 36; ohne Artikel (Nullartikel) 38; Komparativ, Superlativ 42
Demonstrativartikel Pronomen 54; Relativsatz 168, 170
denen Pronomen 54; Relativsatz 168
denn Modalpartikeln 82; hauptsatzverbindende Konnektoren 160; Kausalsatz 180
dennoch Konzessivsatz 190
der bestimmter Artikel / Demonstrativartikel 26; Adjektivdeklination nach bestimmtem Artikel 34; Personalpronomen 54; Relativsatz 168
derartig ... dass Konsekutivsatz 188
deren Pronomen 26; Relativsatz 168
derzeit Aktualität 86
deshalb Konsekutivsatz 188
dessen Pronomen 26; Relativsatz 168
desto Vergleiche 44
deswegen Konsekutivsatz 188
dich Personalpronomen 54; reflexive Verben 102
die bestimmter Artikel / Demonstrativartikel 26; Adjektivdeklination nach bestimmtem Artikel 34; Personalpronomen 54; Relativsatz 168
dieser Demonstrativartikel 26; Adjektivdeklination nach bestimmtem Artikel 34
Diminutiv -chen Nachsilbe 8
dir Personalpronomen 54; reflexive Verben 102
direkte Frage → Fragesatz 156
direktes Objekt s. Akkusativ-Ergänzung
doch Modalpartikeln 82; Negation 150; Wünsche 138; Imperativ 154; Fragesatz (Antwort) 156; Adversativsatz 192
Doppelpunkt Zeichensetzung 204
doppelter Infinitiv 134, 138
doppelter Konsonant Rechtschreibung 200
dort (das dort) 58; Lokaladverbien 64
dorther, dorthin Lokaladverbien 64
draußen Lokaladverbien 64
Dritte Vergangenheit s. Plusquamperfekt

du Personalpronomen 54
Du-Form Imperativ 152
dunkel besondere Adjektive 34; Komparativ 42
durch lokale Präposition 70; modale Präposition 78; Passiv 124
dürfen Modalverb 104; Modalverb subjektiv 108, 110; Passiv 126; Konjugation 214
ehe → Nebensatz 162; Temporalsatz 178
Eigenschaftswort s. Adjektiv
eigentlich Modalpartikel 82
ein unbestimmter Artikel 28
einer Indefinitpronomen 28, 60; Adjektivdeklination nach unbestimmtem Artikel 36
einerseits ... andererseits → zweiteilige Konnektoren 172
einfach Modalpartikel 82
einfache Vergangenheit s. Präteritum
einige Artikel – unbestimmte Zahlwörter 40
Einleitungssatz → indirekte Frage 156
Einzahl s. Singular
Endung Adjektiv Adjektivdeklination 34, 36, 38
entlang lokale Präposition 70
Entscheidungsfrage 156
entweder ... oder → zweiteilige Konnektoren 172
er Personalpronomen 54
Ergänzung Kasus Nominativ-, Akkusativ-Ergänzung 12; Dativ-Ergänzung 14; Genitiv 16; präpositionale Ergänzung 62; Verbergänzung 98
Ergänzungsfrage 156
Ersatzform Passiv 130
erst Graduierung durch Attribute 84
es Personalpronomen 54; Pronomen 56
es sei denn, dass Konditionalsatz 184
etwas Indefinitpronomen 60
euch Personalpronomen 54; reflexive Verben 102
euer Possessivartikel 32
Fall s. Kasus
falls → Nebensatz 162; Konditionalsatz 182
feminin Genus 8; Plural 10; Kasus 12, 14; Wortbildung Nomen 22; Possessivartikel 32; Adjektivdeklination 34, 36, 38; Personalpronomen 54; Relativsatz 168
feste Wendung mit es 56
finale Präposition 78
Finalsatz 186
folglich Konsekutivsatz 188
formelle Anrede 54, 202
Frage Präpositionalpronomen 62; Modalpartikeln 82; Imperativ Alternativen 154

Fragesatz 156; es indirekter Fragesatz 56; Präpositionalpronomen 62; indirekte Rede 142; Zeichensetzung 204
Fragewörter 158; → Fragesatz 156
Fragezeichen 156; 204
Fugenzeichen -s-, -es-, -n-, -en-, -e- 24
Funktionsverb → Nomen-Verb-Verbindungen 144; 220 ff.
für Präpositionalpronomen 62; Präposition final 78; Verben mit Präpositionen 100, 225 ff.; Finalsatz 186
Fürwort s. Pronomen
Futur 94; werden Vollverb und Hilfsverb 96; Passiv 124; Zustandspassiv 128
gefallen 116
gegen lokale Präposition 70; temporale Präposition 76; Verben mit Präpositionen 100; 225 ff.
gegenüber lokale Präposition 70
Gegenwart Präsens 86; Modalverben subjektiv 108, 110; Konjunktiv II 132; Temporalsatz 174, 176, 178
gehen mit Vollverb 114
Genitiv Kasus 16; n-Deklination 18; Possessivartikel 32; Adjektivdeklination 34, 36, 38; lokale Präpositionen 70; temporale Präpositionen 74; konzessive Präpositionen 78; Präpositionen Schriftsprache 80; Verbergänzungen 98; Fragewörter 158; Relativsatz 168; Verbal-/Nominalstil 196, 198
Genitivattribut s. Genitiv 16
Genus 8; Wortbildung 22; bestimmter Artikel 26; Relativsatz 168
gerade Graduierung durch Attribute 84; + am + nominalisierter Infinitiv Umgangssprache 86
Gerundiv 50; → Passiv-Ersatzformen 130
Geschlechtswort s. Artikel
geschriebene/gesprochene Sprache es 56; Lokaladverbien 66; Modalpartikeln 82; Perfekt 88; Präteritum 90; indirekte Rede 142; Nomen-Verb-Verbindungen 144; Verbal-/Nominalstil 196
Gleichsetzungskasus Verben mit als 100
Graduierung 46; durch Attribute 84
Großschreibung 202
Grund Präpositionen 78; Fragewörter 158; hauptsatzverbindende Konnektoren 160; Kausalsatz 180
haben Perfekt 88; Präteritum 90; Plusquamperfekt 92; Konjunktiv II 132; indirekte Rede 142; Infinitiv + zu 166

REGISTER

haben + Nomen Infinitiv + *zu* 166; Nominalstil 196
haben + Partizip II → *haben* Hilfsverb 88, 132
haben + *zu* + Infinitiv 112
haben kein Partizip II als Adjektiv 50
Hauptsatz 146
Zeichensetzung 204
hauptsatzverbindende Konnektoren 160; Konnektoren/Präpositionen 233 f.
Hauptwort s. Nomen
helfen mit Vollverb 114
-her 64
her- Lokaladverbien 66; + Präposition + Verb 66
hier (das hier) 58; Lokaladverbien 64
hierher, hierhin 64
Hilfsverb *sein, haben,* Perfekt 88; Präteritum 90; Plusquamperfekt 92; Futur 94; *werden* 96; Passiv 124; Konjunktiv II Gegenwart 132, Vergangenheit 134
-hin 64
hin- Lokaladverbien 64; + Präposition + Verb 66
hinauf, hinaus 64
hingegen Adversativsatz 192
hinter lokale Präposition 72
hoch Adjektivdeklination besondere Adjektive 34; Komparativ/Superlativ 42
Höflichkeitsform s. formelle Anrede
hören mit Vollverb 114
ich Personalpronomen 54
ihr Possessivartikel 32; Personalpronomen 54
Ihr-Form Imperativ 152
im bestimmter Artikel + Präposition 26; lokale Präposition 72
immer Temporaladverbien 68
immer wenn → Temporalsatz 174
Imperativ 152; Futur energische Aufforderung 94; Alternativen 154
Imperfekt s. Präteritum
in lokale Präposition 72; temporale Präposition 76; modale Präposition 78; Verben mit Präpositionen 100, 225 ff.; Temporalsatz 174
Indefinitpronomen 60; → Relativsatz 170
indem Nebensatz 162; Modalsatz 194
Indikativ → gesprochene Sprache indirekte Rede 142
indirekte Frage *es* 56; Präpositionalpronomen 62; Fragesatz 156; Zeichensetzung 204
indirekte Rede 142
indirektes Objekt s. Dativ-Ergänzung
Infinitiv Nominalisierung 22; Futur Alternativen 94; *werden* + Infinitiv 96; Modalverben 104 ff.

Infinitiv + *zu* bei reflexiven Verben 102; *dass*-Satz → *dass*-Satz 164; 166; Modalsatz 194
Infinitiv Perfekt s. Futur 94; 104 ff.
Infinitiv Präsens Passiv mit Modalverben 126
Infinitiv, doppelter Konjunktiv II 134
Infinitivsatz 166; Modalsatz 194
Infinitiv- und Partizipgruppen Zeichensetzung 204
infolge Präposition Schriftsprache 80; Konsekutivsatz 188
innerhalb lokale Präposition 70; temporale Präposition 74
ins bestimmter Artikel + Präposition 26; lokale Präposition 72
Interpunktion s. Kapitel 8
intransitiv s. Verb ohne Akkusativ-Ergänzung
irgend- 60
irreale Bedingungen → Konjunktiv II 136
irreale Wünsche und Folgen → Konjunktiv II 138
irreale Vergleiche → Konjunktiv II 140
je ... desto Vergleiche 44
je nachdem, ob/wie Konditionalsatz 182
jeder bestimmter Artikel 26; Adjektivdeklination 34
jedoch Adversativsatz 192
jemand 60
jener bestimmter Artikel 26; Adjektivdeklination 34
Kardinalzahl Adjektivdeklination 38; 48
Kasus 12, 14, 16, 18; Artikelwörter 26; Verben mit Präpositionen 100; Relativsatz 168
Kasus-Signal 12, 14; 34 ff.
kausale Angabe → Hauptsatz 148
kausale Präposition 78
Kausalsatz 180
kein Negativartikel 28; Adjektivdeklination 36; Negation 150
kennen 116
Komparativ 42
Komma Zeichensetzung 204
Kompositum s. Zusammensetzung
konditionale Angabe → Hauptsatz 148
Konditionalsatz 182
Konjugation Präsens 86; Präteritum 90; Plusquamperfekt 92; *werden* 96; Passiv 124; Konjunktiv II Gegenwart 132; Konjunktiv II Vergangenheit 134; indirekte Rede 142; Modalverben 214
Konjunktion s. Konnektor
Konjunktiv I indirekte Rede 142
Konjunktiv II Gegenwart 132, Vergangenheit 134, Bedingungen 136, irreale Wünsche und Folgen 138, Vergleiche 140; *sollen* 106;

Alternativen zum Imperativ 154; Konditionalsatz 182;
Konjunktor s. Konnektor
Konnektor Syntax 146 ff.; Übersicht 233 f.
können Modalverb 104; Präsens 212; Präteritum 90; Konjugation 212; Modalverb subjektiv 110; *kennen/wissen/können* 116; Passiv mit Modalverben 126; Konjugation 214
Konsekutivsatz 188
konzessive Angabe Hauptsatz 148
konzessive Präposition 78
Konzessivsatz 190
koordinierende Konjunktion s. Konnektor
lassen mit Vollverb 114
legen 118
Leideform s. Passiv
lernen mit Vollverb 114
liegen 118
links Lokaladverbien 64
logisches Subjekt → Agens Passiv 124
Lokaladverb 64; 66
lokale Angabe → Hauptsatz 148
lokale Ergänzung 98; → Negation 150
lokale Präposition 70
mal Modalpartikeln 82
man 60
mancher Adjekivdeklination 34; Artikel – unbestimmte Zahlwörter 40
manchmal Temporaladverbien 68
männlich grammatisches Geschlecht s. maskulin
maskulin Genus 8; Wortbildung Nomen 22; Possessivartikel 32; Adjektivdeklination 34 ff.; Personalpronomen 54: Relativsatz 168
maskuline Nomen auf *-e* 10; 18
Maßangabe 12
mehrere Artikel – unbestimmte Zahlwörter 40
mehrere Adjektive Adjektivdeklination 34; 38
Mehrzahl s. Plural
mein Possessivartikel 32; Adjektivdeklination 36
mich Personalpronomen 54; reflexive Verben 102
mit modale Präposition 78; Verben mit Präpositionen 100, 225 ff.; Temporalsatz 174
mittels Präposition Schriftsprache 80
Mittelwort s. Partizip
möchte 116; 214
modale Angabe Hauptsatz 148
modale Ergänzung 98
modale Präposition 78
Modalpartikeln 82; Imperativ 154
Modalsatz 194

REGISTER

Modalverb Konjugation 214; *können, dürfen* 104, *müssen, sollen, wollen* 106; *möchten* 116; subjektiv 110; Vollverb wie Modalverb mit Vollverb 114; Passiv mit Modalverben 126; Konjunktiv II 132; indirekte Rede 142; Imperativ 154; Konditionalsatz 182
Modalverb, subjektiv 108; 110
Modalpartikeln 82 s. auch Futur 94
mögen 116; Konjugation 214
Möglichkeitsform s. Konjunktiv
müssen Modalverb 106; Konjugation 214; Modalverb subjektiv 110; Passiv mit Modalverben 126; Konjunktiv II 132
nach Lokaladverb 64; lokale Präposition 70; temporale Präposition 76; modale Präposition 78; Verben mit Präpositionen 100, 225 ff.; Temporalsatz 178
nachdem Nebensatz 162; Temporalsatz 178
Nachfeld → Hauptsatz 146
Nachsilbe Genus 8; Wortbildung Nomen 22; Wortbildung Adjektive 52
Nationalität 30
n-Deklination Genitiv 16; 18
neben lokale Präposition 72
Nebensatz → Kapitel 7; Zeichensetzung 204
Negation 150; Negativartikel 28; Wortbildung Adjektiv 52; irreale Bedingungen → Konjunktiv II 136; hauptsatzverbindende Konnektoren 160
Negativartikel 28; 36
Negativpronomen 28
neutral Genus 8; Adjektiv/Partizip als Nomen 20; Possessivartikel 32; Adjektivdeklination 34 ff.; Personalpronomen 54; Relativsatz 168
nicht Graduierung durch Attribute 84; 150
nicht nur ... sondern auch zweiteilige Konnektoren 172
nichts 60; 150
nie Temporaladverbien 68; 150
niemals 150
niemand 60; 150
nirgends 150
nirgendwo 150
Nomen s. Kapitel 1; Genus 8; Plural 10; Kasus 12, 14; Genitiv 16; n-Deklination 18; Adjektiv/Partizip als Nomen 20; Wortbildung 22; Nomen-Verb-Verbindungen 144; Verbal-/Nominalstil 196; Nominal-/Verbalstil 198
Nomen + *haben* Infinitiv + *zu* 166
Nomen mit mehreren Adjektiven Adjektivdeklination 34; 38
Nomen-Verb-Verbindung 144; Liste 220 ff.

Nomen, zusammengesetzt 22, 24
Nominalisierung 22
Nominalstil 196; 198
Nominativ Kasus 12, Nominativ-Ergänzung 14; n-Deklination 18; bestimmter Artikel 26; unbestimmter Artikel 28; Possessivartikel 32; Adjektivdeklination 34, 36, 38; Personalpronomen 54; Pronomen 56; *das* 58; Indefinitpronomen 60; Verbergänzung 98; Relativsatz 168
Nominativ-Ergänzung Kasus 14; Verbergänzung 98
Nullartikel 30; Adjektivdeklination 38
Numerus Plural 10; Wortbildung Nomen 22; Artikel 26; Relativsatz 168
nur Graduierung durch Attribute 84
nur dass Konditionalsatz 184
obgleich Konzessivsatz 190
Objekt 98; ansonsten s. Ergänzung
Objekt, unpersönliches *es* 56
obligatorisches *es* 56
obwohl Nebensatz 162; Konzessivsatz 190
oder → hauptsatzverbindende Konnektoren 160; *entweder ... oder* → zweiteilige Konnektoren 172
ohne modale Präposition 78
ohne ... zu, ohne dass Modalsatz 194
Ordinalzahl bestimmter Artikel 26; 48
örtlich s. lokal
Ortsangabe Lokaladverbien 64, 66; Präpositionen 70, 72; Relativsatz 170
Partikeln s. Kapitel 5
Partizip + *sein* Infinitiv + *zu* 166
Partizip I als Nomen 20; als Adjektiv 50
Partizip II als Nomen 20; als Adjektiv 50; Perfekt 88; Plusquamperfekt 92; nach *werden* 96; Passiv 124; Zustandspassiv 128; Konjunktiv II Gegenwart 132, Vergangenheit 134; Konjunktiv II Bedingungen 136, Wünsche und Folgen 138; Infinitiv + *zu* 166; Liste der unregelmäßigen Verben 206 ff.
Partizipialattribut 50
Partizipialkonstruktion Relativsatz 168
Passiv 124; Passiv mit Modalverben 126; Partizip als Adjektiv 50; Infinitiv + *zu* 166; Nominal-/Verbalstil 198
Passiv-Ersatzform 130
passivische Bedeutung Nomen-Verb-Verbindungen 144
Perfekt 88; Futur 94; *werden* Vollverb, Hilfsverb 96; *legen/liegen*

118; Passiv 124; Passiv mit Modalverben 126; Infinitiv + *zu* 166; Temporalsatz 178
Personalpronomen 54
persönliches Fürwort s. Personalpronomen
Plural 10; Kasus Nominativ, Akkusativ 12, Dativ 14; Genitiv 16; n-Deklination 18; bestimmter Artikel 26; unbestimmter Artikel 28; Possessivartikel 32; Adjektivdeklination 34, 36, 38; Zahlwörter 48; Personalpronomen 54; Indefinitpronomen 60; reflexive Verben 102; Fragewörter 158; Relativsatz 168
Plusquamperfekt 92; *werden* Vollverb 96; Passiv 124; Temporalsatz 178
Position Satzglied 12, 34; Pronomen 54 ff.; Hauptsatz 146; Relativsatz 168
Possessivartikel 32; Adjektivdeklination 36; Verbal-/Nominalstil 196; Nominal-/Verbalstil 198
Possessivpronomen 32
Postposition s. Präposition
Präposition s. Kapitel 5; Kasus Nominativ, Akkusativ 12, Dativ 14; Genitiv 16; + bestimmter Artikel 26; Präpositionalpronomen 62; Präposition + Lokaladverbien 64; lokale Präpositionen 70; lokale Wechselpräpositionen 72; temporale Präpositionen 74; 76; kausale, konzessive, finale, alternative, modale Präpositionen 78; Präpositionen Schriftsprache 80; Verben mit Präpositionen 100, 225 ff.; Fragewort 158; Verbalstil → Nominalstil 196; Nominalstil → Verbalstil 198; Konnektoren – Präpositionen 233
Präpositionaladverb s. Präpositionalpronomen
präpositionale Ergänzung Präpositionalpronomen 62; Verben mit Präpositionen 100, 225 ff.; Negation 150
Präpositionalpronomen 62
Präsens 86; Futur 94; Passiv 124; Passiv mit Modalverben 126; Zustandspassiv 128; Temporalsatz 178; unregelmäßige Verben 206 ff.
Präteritum 90; Passiv 124; Passiv mit Modalverben 126; Zustandspassiv 128; Konjunktiv II 132; Temporalsatz 178; unregelmäßige Verben 206 ff.
Pronomen s. Kapitel 4; bestimmter Artikel als Pronomen 26; unbestimmter Artikel als Pronomen 28; Possessivartikel als Pronomen 32; Artikel – unbestimmte Zahlwörter als Pronomen 40;

REGISTER

Personalpronomen 54; *es* 56; *das* 58; Indefinitpronomen 60; Präpositionalpronomen 62; Position der Pronomen → Hauptsatz 148; Negation 150
Punkt Zeichensetzung 204
rauf Lokaladverbien gesprochene Sprache 66
raus Lokaladverbien gesprochene Sprache 66
Rechtschreibung s. Kapitel 8
Rede, indirekte 142
reflexives Verb 102; Perfekt 88
Reflexivpronomen 102; → Hauptsatz 148
regelmäßiges Verb Präsens 86; Perfekt 88; Präteritum 90; *legen/liegen* 118; Konjunktiv II 132
rein Lokaladverbien gesprochene Sprache 66
Relativpronomen 168; 170
Relativsatz 168, 170; Zeichensetzung 204
rückbezügliche Verben s. reflexive Verben
sächlich s. neutral
sagen Präsens 86; *dass*-Satz 164; Infinitiv + *zu* 166
Satzbau s. Syntax
Satzende Hauptsatz 146; Hauptsatz: Verbergänzungen, Angaben 148; Nebensatz 162
Satzgegenstand s. Subjekt
Satzglied Hauptsatz 146
Satznegation Negation einer ganzen Aussage 150
Satzteilnegation Negation einzelner Inhalte einer Aussage 150
Satzverbindung s. Konnektor
schon Modalpartikeln 82; Graduierung durch Attribute 84
Schriftsprache Partizipialattribut 50; Präpositionen 80; Nomen-Verb-Verbindungen 144; Verbalstil 196; Nominalstil 198
schwache Adjektivdeklination s. regelmäßiges Verb
sehen mit Vollverb 114
sein Possessivartikel 32; Perfekt 88; Präteritum 90; Plusquamperfekt 92; Passiv-Ersatzformen 130; Konjunktiv II Gegenwart 132, Vergangenheit 134; Imperativ 152; + Adjektiv Verbal-/Nominalstil 196
sein + *am/beim* + nominalisierter Infinitiv 86
sein + *zu* + Infinitiv 112
sein-Passiv s. Zustandspassiv
seit temporale Präposition 74, → Temporalsatz; 176
selbst Graduierung durch Attribute 84
sich reflexive Verben 102

sich lassen + Infinitiv → Passiv-Ersatzformen 130
sie Personalpronomen 54
Sie-Form Imperativ 152
so Modalsatz 194
so + Adjektiv Vergleiche 44
so ... dass → Nebensatz 162; Konsekutivsatz 188
sobald Nebensatz 162; Temporalsatz 178
sodass Nebensatz 162; Konsekutivsatz 188
sofern → Nebensatz 162; Konditionalsatz 182
sogar Graduierung durch Attribute 84
solange → Temporalsatz 176
solchen ... dass Konsekutivsatz 188
sollen Modalverb 106; Konjugation 214; Modalverb subjektiv 108; Passiv mit Modalverben 126; Konjunktiv II 132 ff.; Alternativen zum Imperativ 154; Konditionalsatz 182; Konjugation 214
sondern hauptsatzverbindende Konnektoren 160; Adversativsatz 192
sonst Konditionalsatz 184
sooft → Nebensatz 162; → Temporalsatz 174
sowie → hauptsatzverbindende Konnektoren 160
sowohl ... als auch → zweiteilige Konnektoren 172
starkes Verb s. unregelmäßiges Verb
statt → Nebensatz 162; → Modalsatz 194
stattdessen Modalsatz 194
Steigerung s. Komparativ/Superlativ
Subjekt *es* unpersönliches Subjekt 56; Verbergänzungen 98; Passiv 124; Hauptsatz 146; Infinitiv + *zu* 166
subjektives Modalverb 108, 110
Subjunktion, Subjunktor s. Konnektor
subordinierende Konjunktion s. Konnektor
Substantiv s. Nomen
Superlativ bestimmter Artikel 26; 42; substantiviert → Relativsatz 170
Syntax s. Kapitel 7
Tatform s. Aktiv
Tätigkeitswort s. Verb
teilreflexive Verben 102
Temporaladjektiv 68
Temporaladverb 68
temporale Angabe → Hauptsatz 148
temporale Ergänzung 98
temporale Präposition 74; 76
Temporalsatz 174, 176, 178

Tempus Präsens 86; Perfekt 88; Präteritum 90; Plusquamperfekt 92; Futur 94; Passiv 124; Konjunktiv II Vergangenheit 134
transitiv s. Verb mit Akkusativ-Ergänzung
trennbare Vorsilben bei Verben 120; Perfekt 88
trotz + Genitiv 16; Präpositionen konzessiv 78; Konzessivsatz 190
trotzdem 190
über lokale Präposition 72; temporale Präposition 74; Verben mit Präpositionen 100, 225 ff.
Uhrzeit 76
um lokale Präposition 70; temporale Präposition 76; Verben mit Präpositionen 100, 225 ff.
um ... zu Finalsatz 186
Umgangssprache Genitiv 16; unbestimmter Artikel 28; Adjektive (*affenstark*) 46; *rein – raus* Lokaladverbien 66; *sein* + *am/beim* + nominalisierter Infinitiv 86; Indefinitpronomen 60; Neutralisierung von *hin-* und *her-* Lokaladverbien 66; lokale Präpositionen 70
umso Vergleiche 44
Umstandswort s. Adverb
unbestimmter Artikel 28; Plural unbestimmter Artikel Nullartikel 30; Adjektivdeklination 38
unbetonte Vorsilbe bei Verben 122
und → Hauptsatz 146; hauptsatzverbindende Konnektoren 150
unpersönlicher Ausdruck → *dass*-Satz 164
unpersönliches Objekt *es* 56
unpersönliches Subjekt *es* 56
unregelmäßiges Verb Präsens 86, 210; Perfekt 88, 210; Präteritum 90, 210; *legen/liegen* 118; Konjunktiv II 132; Imperativ 152; 206 ff.
uns Personalpronomen 54; reflexive Verben 102
unter lokale Präposition 72; Verben mit Präpositionen 100, 225 ff.
untrennbare Vorsilben bei Verben 122; Perfekt 88
Verb s. Kapitel 6; Verb Wortbildung Nomen 22; → Wortbildung Adjektiv 52; Konjugation Präsens 86; Perfekt 88; Präteritum 90
Verb der persönlichen Haltung → *dass*-Satz 164
Verb der Wahrnehmung → Konjunktiv II Vergleiche 140; → Infinitiv + *zu* 166
Verb des persönlichen Befindens → Konjunktiv II Vergleiche 140
Verb des Sagens → *dass*-Satz 164; → Infinitiv + *zu* 166

REGISTER

Verb des Wissens → Infinitiv + *zu* 166
Verb mit Akkusativ-Ergänzung 98; *legen/liegen* 118; untrennbare Vorsilben bei Verben 122; Liste 215ff.
Verb mit Dativ-Ergänzung 98; Liste 215ff.
Verb mit Präposition 100; *dass*-Satz 164; Liste 225ff.
Verb ohne Akkusativ-Ergänzung kein Partizip II als Adjektiv 50; Perfekt 88; *legen/liegen* 118
Verb + *hin-/her-* 66
Verbalstil 196; 198
Verbergänzung 98; 164
Vergangenheit stilistisch mit Präsens 86; Perfekt 88; Präteritum 90; Plusquamperfekt 92; Modalverben subjektiv 108, 110; Konjunktiv II Vergangenheit 134; indirekte Rede 142; Temporalsatz 174, 176
Vergleich Komparativ/Superlativ 42, 44; Konjunktiv II 140; Vergleichssatz 44
Vergleichssatz, irreal → Konjunktiv II 140
Verhältniswort s. Präposition
Verkleinerungsform s. Diminutiv
Verneinung s. Negation
Verstärkung Graduierung des Adjektivs 46; Wortbildung Adjektiv 52; Indefinitpronomen 60
Vollverb *werden* 96
vom von + bestimmter Artikel 26
von + Dativ statt Genitiv 16; Lokaladverbien 64; lokale Präposition 70; temporale Präposition 74; Passiv 124; Verben mit Präpositionen 100, 225ff.; Verbal-/Nominalstil 196
von ... an temporale Präpositionen 74
von ... aus lokale Präposition 70
vor lokale Präposition 72; temporale Präposition 76; kausale Präposition 78; Verben mit Präpositionen 100, 225ff.; Temporalsatz 178; Kausalsatz 180
vor allem Graduierung durch Attribute 84
vorausgesetzt, dass Konditionalsatz 182
Vorfeld → Hauptsatz 146

Vorsilbe Wortbildung Nomen 22; Wortbildung Adjektiv 52; trennbare Vorsilben bei Verben 120; untrennbare Vorsilben bei Verben 122
Vorzeitigkeit 92
während temporale Präposition 74; Temporalsatz 176; Adversativsatz 192
wann → Fragewörter 158
warum → Fragewörter 158
was → Fragewörter 158; → Relativsatz 170
Wechselpräposition 72
wechselseitige Beziehung *-einander* 102
weder ... noch → zweiteilige Konnektoren 172
wegen kausale Präposition 78; Kausalsatz 180
weiblich grammatisches Geschlecht s. feminin
weil → Nebensatz 162; Kausalsatz 180
welcher → Fragewörter 158; Relativpronomen 168
wem-Fall s. Dativ
wen-Fall s. Akkusativ
wenn Konjunktiv II 132ff.; *wenn ... auch ..., so ...* zweiteilige Konnektoren 172; Temporalsatz 174; Konditionalsatz 182
wer, wen, was 12
wer, wen, wem Relativsatz 170
werden Perfekt 88; Futur 94; Vollverb, Hilfsverb 96; Passiv 124
werden-Passiv s. Passiv 124
wer-Fall s. Nominativ
weshalb Fragewörter 158
wessen Fragewörter 158
wessen-Fall s. Genitiv
wie Vergleiche Komparativ/Superlativ 44; Fragewort 158; Modalsatz 194
wie + Adjektiv/Verb Fragewörter 158; Rechtschreibung 200
wieso Fragewörter 158
wir Personalpronomen 54
wissen 116
wo Fragewörter 158; Relativsatz 170
wo(r) + Präposition Präpositionalpronomen 62; Fragewörter 158; Relativsatz 170
wodurch Präpositionalpronomen 62; Fragewörter 158; Modalsatz 194
wofür 62; Fragewörter 158
woher Lokaladverbien 64; 158

wohin Lokaladverbien 64; → Fragewörter 158; Relativsatz 170
wohingegen Nebensatz 162
wollen Modalverb 106; Konjugation 214; Modalverb subjektiv 108; Passiv mit Modalverben 126; Konjugation 214
womit 62; Fragewörter 158; Modalsatz 194
woran 62; Fragewörter 158
worden Partizip *werden* Hilfsverb 96
Wortbildung Nomen 22; Graduierung des Adjektivs 46; Adjektiv 52; trennbare Vorsilben bei Verben 120; untrennbare Vorsilben bei Verben 122
worüber 62; Fragewort 158
würde Konjunktiv II 132; indirekte Rede 142; Alternativen zum Imperativ 154
Zahl (Mehrzahl, Einzahl) s. Numerus
Zahlwörter 48
zu Graduierung des Adjektivs 46; lokale Präposition 70; temporale Präposition 76; finale/modale Präposition 78; Verben mit Präpositionen 100, 225ff.; Infinitiv + *zu* 166; Finalsatz 186; Modalsatz 194
zu + Adjektiv Graduierung durch Adverbien 46
zu + Infinitiv 166
zu + Partizip I + Adjektivdeklination Passiv-Ersatzformen 130
zu ... als dass irreale Wünsche und Folgen Konjunktiv II 138
Zukunft als Tempus s. Futur I; temporale Präposition 74; Temporalsatz 174ff.
Zukünftiges Präsens 86; Perfekt 88; Futur 94
zum/zur zu + bestimmter Artikel 26
Zusammenschreibung 200
Zusammensetzung Wortbildung Nomen 22; Graduierung des Adjektivs 46; Wortbildung Adjektiv 52; Verbal-/Nominalstil 196
Zustandspassiv 128
zwar ... aber zweiteilige Konnektoren 172
Zweck s. final
zweite Präposition 70
zweiteilige Konnektoren 172
Zweite Vergangenheit s. Perfekt
zwischen lokale Präposition 72; temporale Präposition 74